National Image

Mutual Learning among Civilizations and National Image

国家形象

文明互鉴与国家形象

范红 胡钰 主编

清华大学出版社
北京

版权所有，侵权必究。举报：010-62782989，beiqinquan@tup.tsinghua.edu.cn。

图书在版编目（CIP）数据

国家形象：文明互鉴与国家形象 / 范红，胡钰主编 . —北京：清华大学出版社，2021.9
ISBN 978-7-302-58898-6

Ⅰ.①国… Ⅱ.①范…②胡… Ⅲ.①国家—形象—研究—中国 Ⅳ.① D6

中国版本图书馆 CIP 数据核字（2021）第 160354 号

责任编辑：纪海虹
封面设计：傅瑞学
责任校对：王荣静
责任印制：沈　露

出版发行：清华大学出版社
　　　　网　　址：http://www.tup.com.cn, http://www.wqbook.com
　　　　地　　址：北京清华大学学研大厦 A 座　　邮　　编：100084
　　　　社 总 机：010-62770175　　邮　　购：010-62786544
　　　　投稿与读者服务：010-62776969, c-service@tup.tsinghua.edu.cn
　　　　质量反馈：010-62772015, zhiliang@tup.tsinghua.edu.cn
印 装 者：三河市吉祥印务有限公司
经　　销：全国新华书店
开　　本：170mm×240mm　　印　张：27.75　　字　数：451 千字
版　　次：2021 年 9 月第 1 版　　印　次：2021 年 9 月第 1 次印刷
定　　价：88.00 元

产品编号：090326-01

本书为国家社科基金艺术学重大项目《文化自信与"国家形象"研究》（项目编号为18ZD21）的阶段性成果。

前　言

2019年适值中华人民共和国成立70周年。70年来，中华民族上下一心、奋发图强，在艰苦奋斗中缔造了从"站起来""富起来"到"强起来"的伟大历史进程，迎来了实现伟大复兴的光明前景。70年来，随着改革开放的不断深化，中国以更加开放、包容的姿态拥抱世界，不断创新全球治理理念，提出了"一带一路"倡议，描绘了构建人类命运共同体的宏伟蓝图，充分展现了大国担当、大国责任与大国贡献。70年来，中国在国际舞台的核心竞争力不断壮大，中国的国家形象也随之发生了巨大变迁。回溯历史，从"黄祸论""东方睡狮论"到"中国威胁论""中国崩溃论"等西方"他者"的臆想与建构，如今的中国则以一个独立自主、开放包容、自信担当、文明发展、充满活力的大国形象屹立在世界的东方。

国家形象既是一种"自塑形象"，也是一种"他塑形象"。也就是说，中国的国家形象既取决于"讲好中国故事，传播好中国声音"，又取决于世界各种文明文化之间的互通互鉴。在各种文明风云际会、盛衰枯荣的全球化进程中，如何促进不同文明之间的平等对话与合作交流，不断加深国际社会对中国文化内涵的认知与认同，进一步提升中国国家形象的塑造力、影响力和感召力，成为我们学界研究新时代国家形象的课题和使命。在2019年召开的亚洲文明对话大会上，习近平主席作了题为"深化文明交流互鉴，共建亚洲命运共同体"的主旨演讲，他总结道："文明因多样而交流，因交流而互鉴，因互鉴而发展。我们要加强世界上不同国家、不同民族、不同文化的交流互鉴，夯实共建亚洲命运共同体、人类命运共同体的人文基础。"

在新中国成立70周年这一重要历史节点，在文明互鉴这一时代趋势下，探讨中国国家形象研究的理论体系与实践方法极具特殊的意义。有鉴于此，2019年11月2日，清华大学国家形象传播研究中心在清华大学举办了以"文明互鉴与国家形象"为主题的"2019清华国家形象论坛暨新中国国家形象专题研讨会"。300 余位来自政界、学界、业界的专家学者紧密围绕主题,就中国发展的历史新机遇和新阶段展开深入交流与对话,多维度、多层次、多领域地探讨国家形象建构、塑造和传播等问题,分别聚焦新中国国家形象、人文交流与国家形象、国家形象与全球传播、文明互鉴与传统文化、全球品牌与企业文化、建筑表达与城乡文化、文化产业与国家形象、博物馆与国家形象、文化遗产与国家形象、城市品牌与文旅发展 10 个主题。

《国家形象:文明互鉴与国家形象》是此次论坛智慧成果的结晶,收录了各界同仁最新的研究与实践成果,其中既有来自政界领导紧扣时代脉搏,从宏观上对现存问题及未来发展趋势的睿智见解,也有国内知名学者的前沿理论贡献与研究成果,还包括具有丰富一线从业经验的行业专家的经验分享,同时也有该领域内优秀青年学者的创新探索。本书分为五章:第一章"主论坛发言"收录了与会嘉宾的重要发言,从高站位、宽视野的宏观层面出发,在文明互鉴的时代背景下探讨中国国家形象发展的理论体系和实践方法,不约而同地聚焦于中华民族优秀传统文化与中华文明精神气质的挖掘与探索;第二章"新中国国家形象"以发展变迁的历史视角,从新中国对外传播的实践经验到改革开放以来主流媒体上的国家形象呈现,再到聚焦于电影等载体的国家视觉形象呈现,全面、系统地回溯新中国成立 70 年来国家形象的历史变迁与时代特征,对研究和探讨当前中国国家形象的塑造与传播具有重要意义;第三章"文明互鉴与文化传播"聚焦于不同文明间的对话与交流,既立足于文化创新与融合的当前形势,又着眼于中国国家形象"以文化人、以文服人"的未来趋势,涵盖了关于文化外交、跨文化传播理论与实践的探讨,以及借助数字技术与文化产业不断创新呈现国家文化形象传播载体的研究;第四章"国家形象与全球传播"着眼宏观大势,紧扣时代脉搏,在世界多元文化、复杂国际形势以及新媒体时代背景下,探讨了国家形象与全球传播的理念、格局、实践与趋势研究,国家形象与全球传播矛盾、问题与路径研究以及中国国家形象对外传播与"一带一路"、人类命运共同体建设的现实问题;第五章"品牌战略与形象塑造"转向更为聚焦的国家形象塑造,收录了大量前沿实践案例,重点考察国家品牌、区域品牌、企业品牌等不同品牌形象维度如何在中国国家形象塑造中发挥重要作用。

2019 年是清华大学国家形象论坛举办的第 6 个年头,自 2014 年清华大学国家形象传播研究中心成立以来,始终致力于打造国家形象研究领域的世界一流智库,同时为中国国家形象的塑造提供有价值的学术建议和时代思考。过去 6 年,每届论坛都得到了国内外政界领袖、学界专家、业界权威等各界精英的大力支持,碰撞思想,交流智慧,共同探寻关于中国国家形象塑造的未来。目前已出版的图书包括《国家形象研究》(2015)、《国家形象多维塑造》(2016)、《国家形象:创新与融合》(2017)、《国家形象:"一带一路"与品牌中国》(2018)、《国家形象:文化自信与国家形象》(2019)。本书是该系列丛书的第 6 本,既是对以往著述的继承,又是对新时代主题的响应,旨在不断完善国家形象研究的理论体系和知识框架,不断丰富国家形象塑造的实践路径与传播策略。

最后,本书得以付梓出版,要感谢清华大学校领导、清华大学出版社,以及各界同仁的大力支持与信任。未来,清华大学国家形象传播研究中心将继续朝着国家形象研究领域内世界一流智库的目标前进,与社会各界一同为推动中国国家形象研究迈向世界前沿作出积极贡献。

编者于清华园
2020 年 6 月

目　录

第一章　主论坛发言　1

2019年清华国家形象论坛开幕致辞　　向波涛　2
突出四类传播　助力国家形象　　张首映　4
国家形象之魂：中国精神·中国价值·中国力量　　柳斌杰　8
增强文化自信　树立国家形象　　周和平　17
敦煌与故宫：两大世界文化遗产的国家形象　　王旭东　21
创新加强新时代国际文化交流工作　积极服务国家形象塑造和传播
　　　　　　　　　　　　　　　　　　　　许红海　27
公民礼仪教育是重塑国家形象的基础　　彭林　30

第二章　新中国国家形象　35

新中国成立以来国家形象的历史变迁　　蒋积伟　36
新中国形象的再建构：70年对外传播理论和实践的创新路径
　　　　　　　　　　　　　　　　史安斌　张耀钟　54
改革开放以来新中国的形象建构变迁分析
　　——基于《人民日报》1978—2019年报道文本数据
　　　　　　　　　　　　　　范红　向安玲　沈阳　68
国有企业品牌70年：历史演进与未来展望　　张驰　黄升民　80
电影叙事与国家形象的建构研究
　　——基于新中国成立70年来电影发展变迁史的思考　　郭致杰　104

第三章　文明互鉴与文化传播　　115

国家身份建构：文化外交的基本理论命题　　王缅　范红　　116

东亚文明：中心与周边人文交流的历史及展望
　　——以中国与韩国人文交流为例　　金炳珉　　125

中国春节故事对外传播的USP理念与策略分析　　陈先红　江薇薇　　141

基于文化自信与国家形象视角的中华文化海外出版策略分析
　　　　　　　　　　　　　　　　　　　　张骐严　慕玲　　149

中国文化海外沉浸传播模式
　　——以Facebook Live为例　　李沁　史越　　157

中国非物质文化遗产数字传播的新挑战和新对策　　薛可　龙靖宜　　172

从米兰三馆看国家文化形象塑造　　程雪松　　185

主体与他者耦合：中国儒家英雄故事跨文化传播的范畴和路径
　　　　　　　　　　　　　　　　　　　　　　　　陈佳怡　　198

探析汉服文化的发展之路
　　——与和服、韩服的比较研究　　杜欣　　212

第四章　国家形象与全球传播　　223

中国如何成为全球传播格局中的引领者　　胡钰　　224

美国国家战略传播理念与实践的历史沿革　　程曼丽　赵晓航　　232

当代中国国际传播的主体视野和身份认同变迁　　周庆安　　246

重视用户思维：数据时代讲好中国故事的关键　　马越然　陈昌凤　　253

真实、立体、全面：我国主流媒体的国际传播与国家形象塑造
　　　　　　　　　　　　　　　　　　　　　　　王润珏　胡正荣　　260

从人类命运共同体理念的国际认知看中国国家形象的全球传播
　　　　　　　　　　　　　　　　　　　　　　　　　　毕铭　　269

以当代中国价值观为抓手塑造良好国家形象
　　——基于2018年东盟六国网络调查数据的分析　　黄钦　　283

社交媒体环境下涉华新闻接触与对华态度
  ——基于在京外国人的实证研究 冯海燕 范红 292
全球媒体视野中的"一带一路"倡议报道研究
            蒋贤成 孙丰艺 胡岸 等 309
TikTok 短视频中的全球传播与中国形象分析 王沛楠 336

第五章 品牌战略与形象塑造 347

品牌传播与国家形象：中国企业在德国 吴璟薇 谢宗旭 348
国家品牌建构中的智库角色 朱旭峰 357
粤港澳大湾区旅游品牌共建要素谱系及协同发展路径研究
                  梁江川 刘少和 361
城市文化品牌设计中非遗的价值认知与重构 孟磊 375
西安城市形象研究
  ——"他塑"与"自塑" 范红 任娇 389
"重大工程"系统性创新设计对国家形象的建构与呈现
  ——以京张高铁为例 刘强 李斯雯 孙路静 黄晟昱 409
关于清华大学海外形象塑造与传播的思考 范红 周鑫慈 420

第一章
主论坛发言

2019年清华国家形象论坛开幕致辞

向波涛[①]

尊敬的柳斌杰院长、张首映副总编辑、周和平副部长,尊敬的各位领导、嘉宾:

上午好!

今年是中华人民共和国成立70周年,在这举国欢庆的日子里,我们也共同迎来了第六届清华大学国家形象论坛。今日群贤毕集,高朋满座,共话文明互鉴与国家形象议题的责任担当。首先,我谨代表清华大学向出席2019年清华大学国家形象论坛的各位领导和嘉宾表示热烈的欢迎,向积极参与支持举办本次活动的各界朋友表示诚挚的谢意!

清华大学国家形象传播研究中心自2014年成立以来,积极响应习近平总书记提出的"加强国际传播能力建设,精心构建对外话语体系"的重大部署,利用清华大学的跨学科优势,以新闻与传播学院为依托单位,联合公共管理学院、经济管理学院、人文学院、建筑学院、美术学院5个学院,共同搭建一个专门研究国家形象的智库平台,为国家形象塑造提供科学合理的理论体系和切实有效的传播策略。

6年以来,中心致力于国家形象理论的体系建构和实践探索,努力为国家战略、政府决策、城市形象、企业品牌等学科领域提供智库与学术支持。中心依托国家社科基金重大项目——文化自信与国家形象研究,从理论层面将国家形象这一主题提升到全新的科研战略高度,使国家形象的跨学科研究在前沿学术领域占据重要位置。

回望中华人民共和国70年光辉岁月,中国的综合国力和文化实力持续蓬勃发展,我们正在接近"大国崛起,民族复兴"的梦想。这次论坛的主题是"文

---

① 向波涛:清华大学党委副书记。

明互鉴与国家形象",中国的大国形象,既取决于内部的综合国力,又取决于与世界各国文明之间的沟通交流。习近平总书记指出,"一个国家和民族的文明是一个国家和民族的集体记忆",因此,文明互鉴的意义正是基于各国不同的历史、价值、思想、文化,促进国家和民族之间的沟通与交往。此外,在2019年5月召开的亚洲文明对话大会上,习近平主席提到:"文明具有多样性,就如同自然界物种的多样性一样,一同构成我们这个星球的生命本源。"在现代化的历史进程中,如何立足世界文明的多样性,运用东方文化特有的智慧在文化互鉴中为世界提供中国方案,同时塑造中国的国家形象,是清华大学国家形象传播研究中心应担当的重任。

本次论坛立足于文明互鉴与国家形象的国际背景,充分结合新中国成立70周年的盛事,具有理论站位高、研究议题广等特点,同时,具有深远的实践意义。随着中国在世界经济和政治版图上的迅速崛起,中国文化和中国形象也吸引了全世界的目光。中国人民和世界人民同样向往更加美好的生活,也拥有推动构建人类命运共同体的共同期待。清华大学和清华大学国家形象传播研究中心将共同迎接未来可能的风险挑战,共同推进文明互鉴,努力推动新中国国家形象的持续构建。

在这个秋意浓浓的美丽校园里,我希望各位领导和专家学者能够畅所欲言,围绕本次论坛的主题展开深入交流,发表真知灼见,为共同推进中国国家形象的多维塑造作出积极贡献。

最后,预祝本次论坛取得圆满成功,谢谢大家!

突出四类传播　助力国家形象

张首映[①]

"清华国家形象论坛"已成功举办多年,今年的主题紧扣中华人民共和国成立70周年这一重大历史节点,必将为推动新时代中国国家形象建设发挥积极作用。

当今世界正处于百年未有之大变局,中国正在日益走近世界舞台中央。在这样的时代背景下,国家形象建设的重要作用日益凸显。对于走过70年伟大历程、取得经济快速发展和社会长期稳定"两个奇迹"的新中国来说,塑造良好国家形象,有利于增进国际社会对中国特色社会主义道路、理论、制度、文化的理解与认同,增强中国的国际话语权,为实现中华民族伟大复兴的中国梦营造更为友好的外部环境。

习近平总书记对于塑造国家形象提出了明确要求。他指出:"要注重塑造我国的国家形象,重点展示中国历史底蕴深厚、各民族多元一体、文化多样和谐的文明大国形象,政治清明、经济发展、文化繁荣、社会稳定、人民团结、山河秀美的东方大国形象,坚持和平发展、促进共同发展、维护国际公平正义、为人类作出贡献的负责任大国形象,对外更加开放、更加具有亲和力、充满希望、充满活力的社会主义大国形象。"这四个"大国形象"不仅从战略高度明晰了中国国家形象的丰富内涵,而且也为中国国家形象建设指明了努力的方向。

从时间维度看,国家形象建设要兼顾时代精神与传统文化。从站起来、富起来到强起来,中国人民书写了感天动地的奋斗史诗,这是对中国国家形象的最佳诠释。我们不仅要向世界展示5 000年灿烂文化,更要展示中华人民共和国70年彪炳史册的伟大成就,展示当代中国继承优秀传统文化、奋发向上拥抱未

[①] 张首映:时任人民日报社副总编辑。

来的时代风采。从空间维度看,国家形象建设要兼顾民族精神与共同理念。世界好,中国才能好;中国好,世界才更好。在保持自身文化独立基础上,为世界文明交流互鉴作贡献,推动建构人类命运共同体,这是一个负责任大国应有的国家形象。

如何做好国家形象研究?这里与大家分享几点认识和体会。

一是突出主题传播,让议题引导话题。主题传播是国家形象的集中展示,是议题设置的重要载体。精心作好重大活动、主场外交等主题传播,可以把中国媒体设置的议题变为国际传播的话题,有效影响国际舆论。重大历史节点是展现中国制度形象、社会形象的良好契机。以新中国成立70周年为例,雄健密集的主题传播极大地激发了中国人的爱国热情,也使中国国家形象传播水平提升到前所未有的高度。围绕70年来中国国家形象建构与历史变迁,《人民日报》集中发表一系列评论理论文章,推出《70年中国发展的世界意义》《国庆盛典启示录》等系列评论文章,以及《光辉的历程 深刻的启示》《解码活力中国》等系列专题专版,用高度的理论逻辑,凝练出全面、立体、真实的中国国家形象。2020年是全面建成小康社会收官之年,也是全面展现中国经济、社会、民生各方面形象的关键之年。围绕习近平总书记新年贺词精神,《人民日报》评论、策划了"习近平主席2020年新年贺词启示录"系列,通过《初心和使命是走好新时代长征路的不竭动力》《爱国主义精神构筑起民族的脊梁》《向世界展示一个文明包容开放的中国》等评论员文章,充分展现了党的形象、中国人民的形象、中国国家形象。重大主场外交是塑造中国国际形象的重要平台。2019年,"一带一路"国际合作高峰论坛、北京世界园艺博览会、亚洲文明对话大会、第二届国际进口博览会,中国主场外交全面开花,《人民日报》评论围绕每场主场外交策划的系列专题也精彩纷呈,有力引导了海内外关于中国国家形象的积极舆论。

二是突出故事传播,让内容更有内涵。习近平总书记曾指出,"讲故事是国际传播的最佳方式"。在2018年全国宣传思想工作会议上,习近平总书记明确要求"主动讲好中国共产党治国理政的故事、中国人民奋斗圆梦的故事、中国坚持和平发展合作共赢的故事",这为我们进一步讲好中国故事明确了具体内容。党的十九届四中全会《决定》在理论上提出了中国国家制度和国家治理体系的13个显著优势。这些优势是我们坚定"四个自信"的基本依据,对于构建新时代的国家形象具有重要意义。制度问题带有全局性、根本性、稳定性、长期性,制度建设与国家形象建设息息相关,国家形象建设也具有长期性和稳定性。把13个显著优势理解好、宣传好、阐释好,将为我们构建国家形象、塑造国家形象、研究国家形象、传播国家形象注入新时代的精气神,丰富新时代的内涵和本质,彰显新时代的特色。但制度是抽象的,是治国理政的纲领性内容。让制度宣传为国家形象服务,还需要讲好中国制度的故事,尤其是基层故事,在故事中传递中国制度的优越性。《人民日报》评论版《一线视角》栏目是一个由一线记者而非评论员撰写的评论栏目,以《人民日报》各地方分社记者为创作主力,评论视角下沉,有泥土味,着眼于制度在基层落实过程中的曲折与矛盾,观察制度种子如何在中国基层大地生根发芽,透出中国制度的蓬勃生命力。2019 年,《一线视角》通过《壮丽 70 年 奋斗新时代》《守初心 减负担 促实干》等系列评论,讲述了众多脱贫攻坚的故事、基层减负的故事、创新发展的故事、驻村干部的故事,使制度传播具有很强的可读性。

　　三是突出情感传播,让共鸣激荡共识。"国之交在于民相亲,民相亲在于心相通",情感传播能激发情感共鸣,产生润物无声的传播效果。如果说制度是国家形象的骨骼,经济与社会发展成就是国家形象的躯干,那么中国人的精神面貌、家国情怀则是国家形象的灵魂。人是情感的载体,书写人物是情感传播的基本方法。2019 年,《人民日报》大地副刊发表了一大批书写英雄模范人物的文章。其中既有"共和国勋章"获得者张富清、袁隆平等典型个体,又有"时代楷模"称号获得者"八步沙六老汉"等模范群体。这些文章善用情感元素,运用细腻的文学化笔触,在对时代人物的记录中讲述大爱,铺开中国这片英雄辈出的热土,也塑造了崇尚英雄、奋发有为的时代气息和国家形象,用态度和温度凝聚海内外对中国形象的积极共识。此外,中国拥有积淀了悠久历史的人情文化,在国际社会的普遍认知中,中国也是一个格外讲究情理的国度。因此,情感传播与中国文化根性本质上是一致的,也符合国际社会对中国的认知和期待。《人民日报》评论版《暖闻热评》就是一个有温度的人文类微型评论栏目。2019 年,《暖闻热评》策划了《驻村第一书记》《择一事 终一生》《最美奋斗者》等系列评论文章,评论以人为本,一事一议、一人一议,进而生发对于当代中国社会风尚的入微观察,折射出一个健康向上、暖人心扉的中国形象。

　　四是突出趣味传播,让有意义变得更有意思。面对不同文化背景的传播对象,趣味是开启沟通之门的钥匙。趣味传播能够显著提高国际关注度和受众参与度,激发国外受众的好奇心,让他们在清新愉悦的体验中提高中国国家形象传播力、落地力、接受力。近年来，《人民日报》评论不断探索视听评论创新路径，先后推出语音评论、快板评论、海报评论等全新评论形态。2016年开办的《睡前聊一会儿》如今已成长为具有一定传播力、影响力的新媒体评论品牌，聚合了一批年轻活跃的粉丝社群。其成功之处就在于打碎传统评论的高远立意和宏大叙事框架，一部热播偶像剧、一个网络新热词、一张网友抓拍照片，甚至是一碗面、一首歌、一个段子，都可以成为评论由头。它们是散落于社会大地的珍珠，富有鲜活而趣味盎然的光泽。这些由社会碎片发散开去的评论，避开了台前的恢宏肃穆，有意把目光转向幕后一隅，让人们体味庄严大国的情趣与幽默，在思考中莞尔一笑。"两会'石'评"创造性地运用快板、说唱等形式，推出短视频评论，在轻快表达中讲好了中国制度优势，将曲艺等中国传统文化元素和流行文化、现代传播方式结合，也更易击中海外用户兴趣点。"画里有'话'"将海报形态运用于时评创作，特别是在中美经贸摩擦等重大问题上连续发声，以图文融合的创意表达及时维护中国国家形象。这些创新，都让观点表达更有力、更有趣，丰富了国家形象的传播维度。

如果说70年国庆盛典是中国国家形象传播的重要里程碑，那么实现中华民族伟大复兴中国梦的伟大征程，为中国国家形象的传播描绘了更为壮丽的光明前景。没有任何力量能够阻挡中国人民和中华民族的前进步伐，让我们齐心协力创新传播形式，拓展传播渠道，为提升中国形象、创造美好未来贡献力量。

最后，预祝论坛圆满成功！

谢谢大家！

国家形象之魂：
中国精神·中国价值·中国力量

柳斌杰[①]

尊敬的中外嘉宾、各位专家学者、老师们和亲爱的同学们：

大家上午好！

在庆祝中华人民共和国成立70周年的喜庆氛围中，在秋高气爽的清华园中，我们迎来了第六届清华大学国家形象论坛。感谢大家在百忙中来清华大学参会研讨。

由清华大学国家形象传播研究中心主办的国家形象论坛每年都紧密结合中国国情和国际传播学术研究趋势，邀请各学科、各行业代表，多维度、多角度、多形式地讨论国家形象建设、塑造和传播等问题，每次会议都设有主论坛和分论坛。每届论坛都邀请知名学者、政府领导等各界精英共聚一堂，进行思想争鸣，剖析过去一年的重要科研成果和国际舆情案例。我本人一直关心和参与这个年度盛会，从这个论坛中也获益匪浅。

今年论坛以"文明互鉴与国家形象"为主题，非常契合当下的国际、国内发展形势。2019年5月，在北京召开的亚洲文明对话大会上，习近平主席指出，"夯实共建亚洲命运共同体、人类命运共同体的人文基础，才能应对共同挑战、迈向美好未来"。我们的论坛就是基于这样的探索而研讨。

一、文明因交流互鉴而发展

中华人民共和国成立70年来，中国经历了从站起来、富起来到强起来的

---

① 柳斌杰：十二届全国人大教科文卫委员会主任委员、清华大学国家形象传播研究中心理事长、清华大学新闻与传播学院院长。

历史进程,国家形象也在不断建构和完善,但国家和民族形象不是我们单方面建构的结果,还需要得到世界各国的认同。当前中美贸易摩擦的背后也隐含了美国等西方国家对中国社会制度、意识形态、发展道路的误解。如何通过文明互鉴、平等对话与文化交流,深入了解国际社会对中国文化的认同程度和存在的误解,帮助各国人民全面真实地了解中国,为中国发展营造良好的外部环境,为人类命运共同体夯实人文基础,是一个很值得研究的重大课题。

首先,我想分享一些关于文明和文化的认识。文明和文化涉及一个民族全面的生产方式、生活方式和生存状态,文明是放大了的文化,但文明与文化之间存在明显区别——前者包括技巧、技术和物质的因素,后者包括价值、理想、信仰和更高级的思想艺术性、政治性、道德性。文明与文化是一个国家的根基,文化是一个国家、一个民族的血脉和灵魂。文化兴则国运兴,文化强则民族强。文明和文化也是维护国家凝聚力和向心力的关键所在,文化软实力可体现一个国家综合实力最核心的、最高层的、事关一个民族精气神的凝聚。没有高度的文化自信,没有文化的繁荣兴盛,就没有中华民族的伟大复兴。

2019年发生的几起重要文化事件就是中外文明互鉴与文化交流的例证。一是中国良渚古城遗址成功申报世界文化遗产。"良渚文明"体现了中国五千多年的文明史,将中国文明的历史跨度延长,并且获得了世界认可。二是韩国新儒学书院同时成功申报了世界文化遗产,它反映了中国儒学在韩国发展、演变的历史进程,这是中国儒家文化影响韩国及其周边国家的典型案例,是文明互鉴的成果。

这两个案例表明中华文明从诞生以来,是在同其他文明不断交流互鉴中形成的开放体系。从历史上的佛教东传、"伊儒会通",到近代以来的"西学东渐"、新文化运动、马克思主义和社会主义思想传入中国,再到改革开放以来的全方位对外开放,中华文明始终在兼收并蓄中历久弥新,也在互相交流中展现魅力。

不论是中华文明,还是世界上存在的其他文明,都是人类文明创造的成果,都在恩惠着现实的我们,各国人民都在享受着古代文明的成果。习近平主席也总结道:"文明因多样而交流,因交流而互鉴,因互鉴而发展。"透过历史的长镜头端详中华文明,我们看到的是一幅文明交流互鉴、繁荣多彩的美丽画卷。在古往今来的文化交流中，无论是通过欧亚草原、浩瀚的印度洋和太平洋还是中亚的巨大山脉、沙漠和绿洲，亚洲、非洲、欧洲和其他文明的一些有益思想、器物和技术都跨越了千山万水，通过海陆丝绸之路，辗转传入中国，随后散播到全国各地，极大推动了中国文明的发展，丰富了中国文化的内涵。中华文明里凝结着不同文明和谐发展、和平共处的基因和密码。文明如水，润物无声，中国创造的很多文明成果、技术方法也同样传播到域外。

中华人民共和国成立以来，我们一直注重对于自己文明和民族文化的研究，同时也注重中华文明与世界文明关系的探索。敦煌文化研究在国内外的传播都受到了极大关注，中国"良渚文明"申报世界文化遗产成功的案例，表明中国文明的出现和发展并没有孤立于世界其他地区。这些探索研究都非常有意义，让我们知道了中华文明一直与世界文明并行发展，相互兼容、吸收。因为我们从古至今一直深知文化是一个民族最深层的精神积淀，对于文化的高度追求反映了一个国家的理想。我们现阶段也认识到文化自信是最基础、最深厚，也是最久远的自信，没有文化自信，就难以做到对道路坚定、对理论坚持、对制度坚守。我们的文化自信也是建立在中华文明的博大精深、中国优秀传统文化的源远流长和马克思主义的实践真理基础之上，既兼容优秀传统又开放包容，始终与时俱进。

德国著名哲学家哈贝马斯指出："不同文化类型应当超越各自传统的生活形式的基本价值局限，作为平等的对话伙伴相互尊重，并在一种和谐友好的气氛中消除误解，摒弃成见。"文明互鉴是解决文明冲突的"金钥匙"，只有交流互鉴，一种文明才能充满生命力；只有秉持包容精神，才可以实现文明和谐共生，增强人类的共识。

互鉴，重点要解决"互"和"鉴"。"鉴"就是鉴赏、欣赏，用"各美其美、美人之美"的眼光欣赏其他文明的美好、美妙之处，同时，"鉴"也是借鉴、学习，用他人的长处来弥补自身的短处，让文明之间形成良性互动；"互"就是要彼此而不是单向，任何文明都有"美人"之处，要善于用谦虚、客观和鉴赏的眼光来虚心学习，让"美美与共"成为现实，最终实现"天下大同"。

历史和现实都证明，中华民族的文明是在各民族中创造的，中华文化也是在互鉴中形成的，中华民族有着强大的文化创造力。5 000多年文明史，源远流长，而且是没有断流的文化，一直持续发展。每到重大历史转折的关头，文化都能感国运之变化、立时代之潮头、发时代之先声，为亿万人民、为伟大祖国鼓掌欢呼。中华文化既坚守根本,又与时俱进,不断吸收外来文化,中国历史上有几次西方宗教文化传入、外来民族移民的浪潮,最终都融汇到中华民族里面。这些经历使中华民族保持了坚定的民族自信和强大的修复能力,培育了中华民族共同的情感和价值、共同的理想和精神情操。

没有中华文化繁荣兴盛,就没有中华民族伟大复兴。一个民族的复兴需要强大的物质力量,也需要强大的文化精神力量。没有先进文化的积极引领,没有人民精神世界的极大丰富,没有民族精神力量的不断增强,一个国家、一个民族不可能屹立于世界民族之林。因为文明是属于全世界的,文化是没有国界的,对文明文化的研究也应该怀有大视野、大格局,多进行国际合作,开放思维共同研究,通过文明文化的研究向国际社会传递一个包容、开放、有担当的大国形象。

经济全球化和文化多样性是我们文明互鉴理念提出的背景,这也是未来世界的发展准则之一,我们更应该审时度势,提高理论研究水平,推进文化产业发展,将中国国家形象传播理念依托文明互鉴理念提升到一个理论新高度。古代的丝绸之路极大地繁荣了沿途各国,辐射到很多国家和地区,促进了很多技术文化的更新和变革。当今经济全球化惠及欧亚各国,让所有国家有机会融入全球的分工体系,公平地参与竞争。中国的和平发展与中国文明历史演进传统相互吻合,中华民族的血脉中流动着"和"的基因,"水利万物而不争"一直是中国人的处世哲学。我们始终崇尚和平、和睦、和谐,强调公平正义和互利互惠,这也是国际贸易和文化交流的基础。这种文化传统决定了中国将坚持和平发展的道路,与世界各邻国友好相处,与全球人民共享发展。中国既无意挑战美国,也无意称霸于周边国家。文明互鉴理念需要亚洲各国携手共同传播。

二、坚定自信,塑造和传播国家形象

刚刚过去的中华人民共和国成立70周年大庆,向全世界展示了新中国的形象,举国上下倍感自豪。学术界也在对新中国成立以来的国家形象进行思考和研究。2019年国家形象论坛也增设了"新中国国家形象"这一专题。我们在学术界首次发出倡议,希望大家共同总结过去70年新中国国家形象,分析过去学术界在国家形象研究方面的探索和经验,进一步夯实相关理论研究基础。过去的物质积累为中国的文化复兴提供了坚实基础，也为今后更好地发展和飞跃做好了准备，我们学界应乘势而为。习近平主席在国庆讲话上提到了"中华民族迎来了从站起来、富起来到强起来的伟大飞跃，迎来了实现伟大复兴的光明前景"。学术界理应为中华民族的伟大复兴贡献自己的力量，把我们的过去和未来传播到全球。

新中国的国家形象经历70年的努力建构，已取得了丰硕成果，人们关于国家形象的认识也蕴含新中国政治、经济、文化、社会、生态等方面的具体形象，通过各行业的形象综合地勾勒出了一个自信、自强和开放的中国形象。国家形象从来没有像今天这样得到全国人民和世界的关注，文化认知也从来没有像今天这样反差巨大，这需要我们共同努力，客观、全面、科学地研究和传播。进入新时代，国家形象建构的内涵得到进一步丰富。习近平主席要求"重点展示中国历史底蕴深厚、各民族多元一体、文化多样和谐的文明大国形象，政治清明、经济发展、文化繁荣、社会稳定、人民团结、山河秀美的东方大国形象，坚持和平发展、促进共同发展、维护国际公平正义、为人类作出贡献的负责任大国形象，对外更加开放、更加具有亲和力、充满希望、充满活力的社会主义大国形象"。这为新时代建构国家形象指明了方向。

在习近平新时代中国特色社会主义思想指导下，中国已经向世界展示了一个敢于担当、自强不息、开放创新、文明发展的大国形象。

（1）敢于担当的中国形象。当今世界正处于信息化发展带来的大变革、大调整时期，世界多极化、经济全球化、文化多元化和社会信息化的深入发展，已使各国人民前途命运紧密相连、息息相关。当然，发展成果是需要共享的，但是也应该看到，在经济全球化的浪潮中，所有风险也是需要人类来共同承担的。美国次贷危机引发的金融危机迅速席卷全球，演变成为世界性经济危机，美国、欧盟和日本等世界主要金融市场无一幸免地遭受不同程度的冲击，任何国家都无法独善其身。中国经济稳步增长、持续发展，也是对世界发展实践经验进行的科学分析和总结，成为引领时代潮流和人类文明进步方向的鲜明旗帜。近期举办的"一带一路"发展论坛和上海进口博览会是中国对世界当前反全球化逆流的反击，为全球发展提供平台。

（2）自强不息的中国形象。自古以来，中国就是一个自强不息的国家，从近现代以来经过一代又一代中国人的努力，中国从半殖民地半封建社会的落后国家走上独立自主的道路。特别是经过40多年的改革开放，中国从一穷二白的落后国家发展成为全球第二大经济体、世界上综合国力最强的发展中国家,成为世界经济领域内不可或缺的一股强大力量。这一切成就背后的动力都是中华民族所凝聚的自强不息精神,同时也通过中国人勤劳踏实的行动展现给了世界。在21世纪科技和人才竞争加剧的时代,自强不息的中国一定会带给世界更多精彩。

（3）开放创新的中国形象。中华人民共和国的成立改变了中华民族的命运,让中国有机会屹立于世界民族之林。改革开放政策的制定和实施,在很大程度上改变了中国发展的命运,它不仅让中国走向了世界,同时也让世界走近了中国。正是因为敞开了国门,吸收了世界各国的先进技术和经验成果,中国经济和各方面实力才能够得到迅猛发展,各种文化思想也随之蓬勃发展、互鉴交流,中国和世界各国一起创造了新的时代。中国的发展离不开世界,同样,世界的发展也离不开中国。现阶段,中国关于"构建人类命运共同体""一带一路"倡议的提出将在建设和谐的世界环境、促进各国之间友好互助等方面起到积极的作用,为世界贡献了中国方案和中国智慧。构建人类命运共同体思想展现了中国包容并蓄的东方大国姿态,体现了中国勇于承担国际责任的担当精神。构建人类命运共同的理念是中国向世界发出的声音,是中国为世界和平发展贡献出的中国方案,凝结了深厚的中国文化和中国智慧,将进一步提升中国对外开放水平,同时也鼓励全人类共享世界发展成果,从而促进全人类的共同发展。

（4）文明发展的中国形象。在当今复杂的世界格局下,作为亚洲文明、世界文明的重要组成部分,中国需要进一步深化人文交流互鉴,在教育、文化、体育、卫生等领域加强青少年、民间团体、地方、媒体、智库等全方位的交流互动,以海纳百川的宽广胸怀打破文化交往的壁垒,以兼收并蓄的态度汲取其他文明的养分,消除隔阂和误解,促进民心相知相通,认识文明的多样性和文化的多元化,探索文明演进的规律,挖掘人类追求文明的感情基础。在与其他文明良性互动对话中向世界展示中华文明的魅力,让世界更加了解并接受中华文明,以中国的文化自信更好地塑造国家形象。

2019年在这方面我们采取了很多措施:成功举办非洲论坛、第二届"一带一路"国际合作高峰论坛、世界顶尖科学家论坛等一系列世界级的交流互鉴活动,让更多的海内外朋友了解中华文明的物质基础和精神内涵,借助交流互鉴的力量推动人类文明的发展和繁荣。

三、传播国家形象、精神、价值、力量核心要素

这些年社会各界在中国形象传播中积累了丰富的经验和办法,取得了巨大成就,促进了文化交流和合作,提升了中国的国家形象。在全球范围内,中国形象逐步好转,信任度也在提升。但是,中国形象在多数国家中还停留在印象、表象、具象的层面:文化符号、山水风景、国际工厂和市场等方面。对于中国国家民族精神、文化特征、历史贡献、当代发展等核心要素知之甚少,原因当然是多样的,其中也有意识形态方面的争论,特别是制度之争、价值之争、道路之争对中国形象影响比较大。2019年出现的敌对势力抹黑中国形象的例子比比皆是,颠倒黑白、歪曲事实,制造失实舆论事件,故意加剧文明差异,扩大分歧,特别是在中国庆祝中华人民共和国成立70周年之际更是暴露了它们的反华本质,西方媒体的这些做法使我们看到了它们的真面目。因此,在这种形势下,塑造、传播中国形象实际上是意识形态的斗争,所以习近平总书记把"兴文化、展形象"列入意识形态工作的15个任务之中,这需要我们长期地坚持奋斗,才能取得决定性的胜利。

刚刚闭幕的党的十九届四中全会公报指出:坚持和完善繁荣发展社会主义先进文化制度,巩固全体人民团结奋斗的共同思想。发展社会主义先进文化、广泛凝聚人民精神力量,是国家治理体系和治理能力现代化的深厚支撑。必须坚定文化自信,牢牢把握社会主义先进文化前进方向,激发全民族文化创造力,更好地构筑中国精神、中国价值、中国力量。要坚持马克思主义在意识形态领域指导地位的根本制度,健全人民文化权益保障制度,完善、坚持正确导向的舆论引导工作机制,建立健全把社会效益放在首位、社会效益和经济效益相统一的文化创作生产体制机制。

这里提出的不仅是坚持社会主义先进文化制度建设的要求,也指明了国家文化建设的核心要求,即构筑中国精神、中国价值、中国力量,这正是国家形象塑造和传播的核心要素,是国家的灵魂问题,必须把它纳入国家形象塑造、研究、传播的全过程。

(1)以坚定自信的中国文化立场,推动影响文明对话和各国文化交流。以对话代替对抗,以交流代替交恶,以互鉴代替互斗,以平等代替霸权,以包容代替冲突,要紧紧把握文明演进的规律和文化发展的趋势,在数字文明的时代尤其是要以人类命运共同体的全球视野和人类情怀为引领的方向。

（2）要把中国精神放在国家形象传播的核心地位，突出中国精神的世界性。早在中国古代，我们的祖先就培育了勤劳勇敢、不怕困难、自强不息、团结友爱、耕读传家、崇礼向善、兼爱天下、协和万邦、助人为乐的优良传统；在近年来的革命斗争中，又培育了爱国主义、集体主义、民族主义和井冈山精神、长征精神、延安精神、雷锋精神、铁人精神、改革开放精神及国际主义精神。这些精神滋养着中华民族的品格和气节，体现了我们的社会价值，也赋予了我们主张民族独立、建立新中国、发展中国特色社会主义事业的伟大力量。不管讲中国的什么故事，无论传播中国的什么层面，都要把这些精神渗透其中，让人们感受中国形象的内在核心和气质，丰富传播的内涵。

（3）突出中国价值观念的传播。让社会主义核心价值观深入人心。社会主义核心价值观体现了马克思主义推动人类解放的根本思想，它将会传播到世界上去，突出中国精神、价值观念。

（4）突出表达中国力量的世界意义。新中国成立以来，在党的领导下，团结凝聚了强大的中国力量，正是这种力量战胜了国内外的敌对势力，战胜了无数的自然灾害和艰难困苦，战胜了内部的消极腐败影响，战胜了各种落后痼疾，进行了伟大的政治、经济、思想和文化方面的革命与改革，解放了全体人民的精神生产力，初步建成了一个富强、民主、文明、和谐、美丽的社会主义国家。这是人类在社会发展中一个奇迹，显示了中华民族伟大的创造力和实现民族复兴的巨大决心。

我们要展示带有中国精神、中国力量、中国价值的这种形象，这是以后在国家形象传播上的一个重要问题。中国精神、中国价值、中国力量是中国人民创造的，但其具有广泛的世界意义和国际意义，对全人类走向新的文明，具有引领和示范意义。这是我们作为形象塑造和传播的精神实质。

新中国成立以来，围绕国庆纪念、建党纪念、改革开放纪念、港澳回归纪念等重大节庆事件，中国举行了系列纪念庆祝活动。在举行纪念活动的过程中，始终注意总结新中国的发展成就和进步，并以报告会、展览、游行、艺术表演、影视专题、纪录片等方式加以呈现，塑造中国形象，全方位展示国家形象。国庆70周年的大阅兵、大游行、大展览极大地激发了全国人民奋发向上的精神，我们要把这种成果转化到国家形象的塑造和研究中去。

清华大学国家形象传播研究中心成立5年以来，已经成为社会各界交流国家形象观点的平台。目前中心正在实践指导和国家智库方面扩充内容。本次清华国家形象论坛议题广泛、内容丰富，希望大家集思广益、畅所欲言，提出真知灼见，为加强文明互鉴，增强文化自信，讲好中国故事，塑造和传播良好的中国国家形象贡献力量！

最后，预祝本次论坛圆满成功！

谢谢大家！

增强文化自信　树立国家形象

周和平 ①

各位同仁：

大家好！

非常高兴出席今天的国家形象论坛。改革开放以来，中国发生了翻天覆地的变化，并以崭新的面貌走向世界，目前，中华民族正走在实现伟大复兴的道路上，树立良好的国家形象至关重要。

中华文明历史悠久，博大精深。中华文化多元一体，相互融合，滋养了中华民族，推动了社会发展，是实现中华民族伟大复兴和树立国家形象的不竭动力与智慧源泉。

一、中华民族优秀传统文化是国家形象的根基

先辈留给我们的文化遗产数量之巨和质量之高在世界独树一帜，是我们树立国家形象的坚实根基。具体表现在以下几个方面。

（一）遍及全国的文物古迹实证中华文明

国务院现已公布8批"全国重点文物保护单位"，总数达5 058处，省市各级数以十万计，列入联合国《世界遗产名录》的世界遗产55项，位列世界第一位，国家公布的"历史文化名村"799个。这些遗存和数以亿计的文物记载了中华民族的历史，是中华文明发展的实证。随着人们文化自觉的提高和科学技术的发展，考古不断有新的发现：河姆渡遗址、良渚遗址、石峁遗址、三

---

① 周和平：原文化部副部长。

星堆和金沙遗址等,中华文明的源头在向前延伸,内涵也在不断丰富。

(二)浩如烟海的古籍记载了中华民族的智慧和经验

国务院现已公布5批《国家珍贵古籍名录》和"全国古籍重点保护单位"。截至目前,共有12 274部古籍入选珍贵古籍名录,180家单位入选"全国古籍重点保护单位",省市各级古籍善本数以千万计,其中《黄帝内经》与《本草纲目》入选《世界记忆名录》。这些典籍涵盖内容广泛,记载着中华民族悠久历史和灿烂文化,是我们取之不竭的宝贵精神财富和智慧源泉。

(三)丰富多彩的非物质文化遗产传承着中华文明

非物质文化遗产(下称"非遗")根在祖先,活在当代,是民族的文化特质和文化基因(DNA)。非遗是各族人民在生产生活中创造,在流布中不断丰富创新,以其旺盛的生命力传承千百年,至今仍在滋养着中华民族。

中国的非物质文化遗产保护工作开始于2005年,十几年来主要开展了以下工作:第一,建立国家底账。经过全面普查,登记在册的非遗资源总量达到87万项。第二,建立名录体系。分为中央、省、市、县四级名录体系。国务院先后公布的4批"国家级非物质文化遗产名录",达到了1 372项,省级名录15 777项。第三,建立传承人保护制度。传承人是掌握非物质文化遗产项目文化内涵和精湛技艺的杰出性代表人物。截至目前,国家已经公布了5批传承人,达到3 068人,各省的传承人已达到了16 432人。第四,建立文化生态保护区。截至目前,已经建立了国家级"文化生态保护实验区"21家,在一个区域内的文化遗产人缘、地缘相通,具有整体性的特点。保护区的建立对整体保护非物质文化遗产的生态具有非常重要的意义。第五,积极参加国际社会的非遗保护工作。截至目前,中国入选联合国教科文组织非遗名录的项目已达41项,远远高于其他国家。这一点可以说明,虽然我们的工作开展时间不长,但和其他国家相比处于较为明显的优势地位。第六,推动立法。2011年6月1日,全国人大颁布《中华人民共和国非物质文化遗产法》,而且有29个省、直辖市、自治区颁布非遗相关条例,有关部委还制定了相关政策,使非遗保护的政策法规体系更健全。非物质文化遗产保护工作已成为党中央、国务院高度重视、深受广大人民群众欢迎的一项工作,它对推动社会的发展,为树立良好的中国国家形象发挥了重要的作用。

包括非遗在内的中华民族优秀的传统文化,是我们树立文化自信和国家形象的根基与底气所在,事关民众对自身文化的认同,也事关国际社会对中国的认知。

二、新时期树立全新国家形象的几点建议

习近平总书记多次提到,要塑造负责任的大国形象,讲好中国故事,传播好中国声音,建设社会主义文化强国,这些论述均与国家形象相关。伴随着全球化、现代化和城市化进程,中国国家形象的发展与传播模式发生了巨大变革,急需从继承和弘扬中华优秀传统文化入手,树立多元化和多维度的新时代中国国家形象。

(一)充分利用中国优秀的历史文化资源

一是加强典籍的整理和利用,汲取前人智慧,要文献先行,透视历史,开阔视野;二是要充分利用文物资源,合理使用能代表中国历史形象的文化遗址,挖掘整理文物背后的故事;三是拓展对非遗资源的认知,要把非遗资源的精神标识、文化精髓提炼出来,使其在不断的创造性转化和创新性发展中焕发出强大的文化生命力。

(二)大力培育国人的文化自信心

一是培育国人的文化自觉意识,使国人深刻认识到中华优秀传统文化的历史意义与现实价值,从而增强文化自信心;二是挖掘传统节日的文化内涵,利用传统节日使国人体验传统文化,接受文化的熏陶和洗礼;三是从娃娃抓起,大力推动优秀传统文化进家庭、进校园,使我们的孩子知书达礼,从如何做人来起步人生,从而全面提升国民素质和文化自信心。

(三)提高中华优秀传统文化的国际影响力

一是要讲好中国故事,全面展示一个立体、充满历史文化底蕴又与时代同步的中国国家形象;二是要开发受人欢迎的文化产品,构建符合国家形象的文化产业体系,打造代表中国元素的文化品牌,全面提升文化软实力;三是要全面开展对外文化交流,广泛参与世界文明对话,促进文化交融互鉴,增强中华

优秀传统文化的感召力和影响力。

总之,国家形象是国家软实力的重要组成部分,树立良好的国家形象对于中国未来的发展至关重要。因此,这个论坛非常有意义。最后预祝论坛圆满成功!

谢谢大家!

敦煌与故宫:两大世界文化遗产的国家形象

王旭东[①]

非常感谢柳院长的邀请,很高兴来到清华国家形象论坛现场,和大家一起从文化遗产看国家形象,与大家分享文博人传承弘扬中华优秀传统文化为国家形象建设所作出的不懈努力!

文物承载灿烂文明,传承历史文化,维系民族精神,是老祖宗留给我们的宝贵遗产,是国家形象的"金牌代言"。敦煌石窟和故宫是举世瞩目的世界文化遗产,是中华民族优秀传统文化的杰出代表,见证了多元文化的交流荟萃,承载着中华文明的独特魅力。我在敦煌工作了28年,深深感悟到灿烂辉煌、博大精深的敦煌文化艺术对中华民族文化的繁荣发展,对增强人民文化自信,对建设提升国家形象具有无可比拟的重要价值。现在我又有幸到故宫再当"小学生",学习、体悟故宫承载的深厚中华文化,深入思考如何更好地挖掘故宫蕴含的珍贵价值,弘扬传播其承载的中华优秀传统文化,为我们国家形象建设添砖加瓦。

今天借这个机会,把我半年多的学习、体会、思考、感悟跟大家作一个分享。

一、从历史走向今天

敦煌,位于甘肃省河西走廊西端,是古代"丝绸之路"上的重镇,迄今已有2 000多年的历史。它总绾中西交通的"咽喉之地",在欧亚文明互动、中原民族和少数民族文化交融的历史进程中处于重要的历史地位,故称"华戎所交,一大都会"。

---

① 王旭东:故宫博物院院长。

公元前 111 年，汉武帝在敦煌设郡，并在敦煌西部设立了阳关、玉门关，移民定居，经营开发，确立了敦煌在历史上的战略地位。汉武帝的雄才大略也凝聚了我们这个民族向西进取的雄心和向东回望的无限乡愁。随着敦煌郡的建立，丝绸之路的兴盛，来自印度的佛教文化沿着西域、沿着河西走廊向中原传播。敦煌的"门户"地位，使它成为佛教东传落地中华的必经之路和重要驿站。公元 4—14 世纪，古代艺术家们按照丝绸之路传来的古印度佛教建窟传统，在此地区建造了敦煌莫高窟、西千佛洞，肃北五个庙石窟，瓜州榆林窟、东千佛洞等一批石窟，统称为"敦煌石窟"，其中以莫高窟最为典型。

莫高窟始建于公元 366 年，历经北凉、北魏、西魏、北周、隋唐、五代、宋、回鹘、西夏、元 10 多个政权历代相袭，持续千年。在莫高窟 1 700 米的崖面上，保存了 735 个洞窟，其中有 492 个洞窟有壁画和彩塑，有 4.5 万多平方米壁画，2 000 多尊彩塑。莫高窟是集建筑、彩塑、壁画为一体的综合佛教艺术宝库，其题材和内容包罗万象，涉及古代历史地理、政治军事、社会民俗、建筑服饰、音乐舞蹈、教育体育、丝路商贸、民族宗教等，具有珍贵的历史价值、艺术价值和科学价值。1900 年，在莫高窟发现藏经洞，出土了包括宗教典籍、社会文书、中国传统四部书、少数民族语言文字材料、刺绣、绢画、法器等各类文物近 6 万件。

敦煌石窟及藏经洞文物内容无限丰富，真实见证了丝绸之路千年间中外多元文明、多民族文化的交流荟萃，具有独特的、不可替代的珍贵价值。它既是一座保存了人类千年历史的美术馆，也是一座保存了人类千年历史的图书馆，表现了千年古代社会的生活，保存了千年内涵丰富的文化。既有图像资料，又有文字信息；既反映了汉民族的发展历程，又体现了月支、乌孙、匈奴、鲜卑、吐谷浑、吐蕃、回鹘、党项、蒙古等多元民族的交融荟萃；既是佛教的圣地，又保留了道教、景教、摩尼教、祆教等多种宗教资料；既保存了中国传统文化艺术，又定格了希腊艺术与印度、犍陀罗佛教艺术，以及波斯、萨珊艺术等多种文化艺术，是当之无愧、无与伦比的中华优秀文化的杰出典范。

从敦煌石窟和藏经洞文物我们可看到佛教逐渐中国化的过程，可以看到中西文化从冲突到包容，再到互学互鉴、交流融合，融汇成文化长河的壮观历程。这样的脉络整整延续了 1 000 年，这种融合的力量来自哪里？来自百姓的信仰、来自人民的创造、来自多元文化的碰撞。当看到这些壁画里丰富多彩、不同文化的印迹，不禁启发我们思考：今天我们能不能有这样的一种心胸接纳来自其他地方的文明成果？不同民族、宗教如何和谐共存？莫高窟留存的文化艺术遗迹将有助于我们去思考新时期国际化、全球化的格局下，如何提升中华文化国际影响力，如何兼容并推动世界多元文化的相偕相长。

二、从敦煌到故宫

莫高窟开窟至元代结束，故宫的营建从明代开始。穿越汉唐走向明清，对我而言，真是一段难得的因缘际会和奇妙的文化旅程。

过去我对故宫是不了解的，来到故宫，有很多知识和问题需要学习、探究，如明清两朝是怎样的历史发展脉络？这一时期是如何治理整个中国的？故宫是如何持续数百年的？故宫典藏蕴含了怎样的价值，等等。带着种种思考和问题，我从头开始认识故宫。

故宫是明、清两代的皇宫，是世界上现存最大、最完整的木质结构古建筑群。它既是至高无上的权威反映，也是中国古代中央集权和国家统一的重要象征，是明、清两朝文化发展的见证，也是中华5 000年文明的结晶。故宫的建筑在总体布局、空间设计上传承和凝聚了轴线布局、中心对称、前朝后寝等中国古代城市规划和宫城建设传统特征，成为古代建筑制度的典范。其宫殿建筑技术与艺术反映了中国古代官式建筑的最高成就，体现了丰富的民族文化特色，见证了14世纪之后满、汉、蒙、藏民族文化的融汇与交流。故宫拥有的186万多件数量庞大的皇家珍贵藏品，涉及陶瓷、青铜器、书法、绘画、石刻、钟表、珍宝等，展示了古代工匠的高度智慧和创造才能，见证了中国明清时期的宫廷文化和典章制度。

故宫建筑的形制、空间与功能及其宫廷收藏和制作，同样充分呈现出跨民族、跨文明的多元文化交流与融合特征。其宫殿廊庑、亭台楼阁等建筑形制是中国传统建筑、技艺的典范和代表；宫中钦安殿、坤宁宫等建筑又融合了满、藏、蒙等不同的民族信仰、习俗和文化特征；宝蕴楼、延禧宫等西洋风格建筑、伊斯兰式穹顶等外国建筑艺术风格则充分反映出17—20世纪中外文化的交融。故宫的丰富藏品除中国传统艺术品，还有大量来自不同国家使团、传教士赠送的礼品，包括科技仪器、武器、生活用品等，中西合璧，相得益彰。

敦煌石窟保存了自汉至元代上千年的文化遗存，而故宫正是明、清两代中华文化的接续。敦煌和故宫像一对默契的文化使者，让我们通过物质性遗存得以探寻、窥见中华民族源远流长、绵延不绝的灿烂文化。两处文化遗产所承载的文化价值,是今天文化发展繁荣、生生不息、持续创造重要的推动力量。

三、"走出去"与"请进来"促进多元文明对话

多年来,不管敦煌研究院还是故宫博物院,都以弘扬祖国优秀传统文化为己任,通过多元化的弘扬传播方式,"走出去"面向国际传播中华文化,提升中华文化国际影响力,展现国家开放、自信的文化形象。"请进来"展示世界多元文明,促使我们以开放的胸怀,将中华文明放到人类文明大格局中去认识。

敦煌莫高窟和故宫都是举世瞩目的世界文化遗产,以其独特的魅力,吸引着全世界数以万计的游客到访。2019年,到目前为止,敦煌莫高窟的年游客数量已经突破200多万,故宫的游客数量已经有1 700多万。我们坚持负责任的文化旅游,通过组建专业化、懂外语、高素质的讲解员队伍,通过合理规划旅游参观线路,通过丰富参观内容、扩大开放区域,通过提供人性化、方便化的服务设施、服务方式,让每一位到敦煌、到故宫的观众都能看得懂、记得住,获得高质量、高水准的文化知识与文化服务和文化体验。

除了做好实地开放参观,推出高水平的文物展览是文博机构传播弘扬文化的重要方式。敦煌文化艺术展览自20世纪50年代起就走出国门,走进日本、印度、泰国、美国、英国、法国、俄罗斯、波兰、土耳其、韩国、捷克、印度尼西亚等世界诸多国家,所到之处,无不引起轰动。通过展览面向国际讲述中国故事,增进了世界各地区人民对敦煌文化的了解与认识,反响超出预期。2014年在意大利举办了"丝路明珠:敦煌石窟在威尼斯"展览,通过展览让敦煌和威尼斯两个昔日丝绸之路的重要节点城市再相遇,搭建起新时期友好往来的桥梁,意大利总统先生特别参观了展览。英国王储查尔斯也喜欢中国文化,他创办了英国王储传统艺术学院,致力全球优秀传统文化的传承与弘扬,学院邀请敦煌研究院举办"丝绸之路上的宗教艺术:敦煌佛教石窟"展览,敦煌艺术作品的现场制作,在庄园举办展示、交流与汇报敦煌文化的活动,让境外观众深度体验敦煌文化,培育了不少中国文化"粉丝"。除了"走出去",敦煌研究院还"请进来",通过举办"丝路秘宝——阿富汗国家博物馆珍品展""平山郁夫的丝路世界——平山郁夫丝绸之路美术馆文物展""丝绸之路上的文化交流:吐蕃时期艺术珍品展"等展览,把阿富汗、法国、日本、美国等地所藏文物在莫高窟

进行展示，带来了不同文化交流碰撞的机会，带来了不同学者的对话，让大众通过文物用世界化的视野看待中华文明的重要价值。

故宫博物院同样以开阔的国际视野，促进故宫文化"走出去"，让世界各国人民通过故宫文物藏品了解中华优秀传统文化发展的过程，也让他们了解文物所凝聚的中华民族智慧。同时，我们持续不断引进包括其他国家宫廷文物展、其他的博物馆以及不同文明古国的展览，放到故宫这一大的文化平台上来展示。比如，2019年以来，举办的"穆穆之仪——来自莫斯科克里姆林宫的俄罗斯宫廷典礼展""釉彩国度——葡萄牙瓷板画500年""传心之美——梵蒂冈博物馆藏中国文物展"等，产生了广泛的影响，取得了良好的社会效应。

敦煌、故宫还通过举办不同形式的文化教育活动，面向青少年、儿童弘扬祖国文化，从小培育他们对祖国文化的热爱之情；搭建"敦煌论坛""故宫讲坛"等学术交流、研讨平台，邀请文化学者来到讲坛，交流、探讨敦煌故宫所承载的文化力量；接待不同国家元首、国家领导人、外交使节走进敦煌，走进故宫，近距离感受中华文化的魅力，促进文化外交，提升中华文化的影响力；充分利用数字化技术、全媒体平台，面向全球上线"数字敦煌""数字故宫"，推出"敦煌岁时节令""吾爱敦煌""每日故宫""皇帝的一天""韩熙载夜宴图"等兼具趣味性和文化性的各类线上文化作品，使文物插上科技翅膀，走向社会，走出国门，走近大众。

近些年，尤为引人注目的是"故宫文创"，这也是故宫文化"走出去"的方式之一。蕴含故宫文化元素的创意产品，如"故宫日历""故宫口红""故宫壁纸"等深受大众喜爱；《我在故宫修文物》《上新了·故宫》《故宫回声》《绘真·妙笔千山》等文化节目、动漫作品、文化游戏等，使故宫文化以年轻化、创意化、亲民化的方式走近百姓，帮助他们滋养情操，提升审美，感悟文化。文创一定要杜绝低俗、媚俗、庸俗，我们未来还将通过扩大与社会各方的不同合作，设计出代表中华优秀传统文化与这个时代契合的创意产品。通过多样化的弘扬传播，让文物蕴含的深厚价值"活起来"，让中华优秀传统文化"走出去"。清华大学专门成立了国家形象传播研究中心，今后，我们有很多地方可以携手合作，共同从中华优秀传统文化中汲取营养，把文化遗产蕴含的价值传播出去，促进新时代多元文化交流对话，为塑造和建设更加良好的国家形象作出贡献。

我们所处的时代，世界文化多样化深入发展，科技进步日新月异，全球化趋势不可阻挡，人类命运休戚与共。国与国之间、地区与地区之间的距离从未像今天这样之近。通过敦煌与故宫两大世界文化遗产，我们共同感悟多元文化的交流、不同文明的碰撞，一直伴随着人类历史的演进，越是开放包容，交流互鉴越能促进文明进步、发展，共存共荣。面对现在更加密切、更加多元的世界文化交融，我们需以更开放的胸怀、更开阔的视野，通过广泛的国际合作交流，把中国如此宝贵的文化遗产保护好、研究好、传承好，让世界范围内的人民大众，通过文化遗产感悟中华文化的魅力和精髓，感悟中华文明的源远流长；要持续利用新手段、新技术充分弘扬文化遗产的多元价值，多种方式讲好中国故事，展示好中国形象，让古老文物绽放时代生命和活力，为人类命运共同体的建设、为人类的美好明天作出我们的贡献。

谢谢大家！

创新加强新时代国际文化交流工作 积极服务国家形象塑造和传播

许红海[①]

尊敬的柳院长、各位中外嘉宾、专家学者：

大家好！

很荣幸受邀作主题发言，我今天发言的题目是《创新加强新时代国际文化交流工作 积极服务国家形象塑造和传播》。中国国际文化交流中心成立于1984年，是最早从事中外人文交流与合作的全国性社团之一。原党和国家领导人彭冲同志、王兆国同志、李建国同志曾先后担任文化中心的理事长。2014年10月15日，在中国国际文化交流中心成立30周年之际，习近平总书记作出重要批示，他特别提到"文化中心要大力弘扬中华优秀传统文化，在推进人类各种文明的交流交融、互学互鉴中，增强我国的文化软实力，维护世界和平"。5年来，我们认真学习贯彻习近平总书记的重要批示，积极主动做好对外文化交流工作，广交朋友，广结文缘，以文明互鉴促民心相通，为增强中国文化软实力和构建人类命运共同体作出了应有的贡献。

这次论坛的主题包括"文明互鉴"和"国家形象"。如果说"国家形象"是"目的"的话，那么"文明互鉴"就是"手段"和"渠道"；"国家形象"是国家"软实力"的重要表现，"文明互鉴"则是提升"国家形象"的重要途径。

中华人民共和国成立70周年，中国特色社会主义实践取得了巨大的成就。即便如此，我们的"国家形象"建设仍然任重道远，国际社会对我们国家的认识不到位、评价不客观等现象屡见不鲜。为有效维护和提升国家形象，我

---

① 许红海：中国国际文化交流中心秘书长。

们不仅要加强国际传播能力建设,提高国际话语权,更要加强国际文化交流能力建设,做好文明互鉴,做到以文化人。

在此,我愿意向在座的各位分享国际文化交流中心在促进中外文化交流、塑造国家形象方面所作的四点思考和探索。

第一,国际文化交流要充分汲取中国传统文化的养分。鲁迅先生曾经说过:"只有民族的,才是世界的。"在人类历史长河中,中华民族创造了源远流长、博大精深的优秀传统文化,其丰富的哲学思想、人文精神、价值理念等,蕴含着强大的文化感召力和吸引力。中国的茶文化、陶瓷文化、丝绸文化、园林文化、书画艺术、民族乐器等都是我们开展国际文化交流的重要题材。中国文化讲究多元、和谐、共存的传统智慧,所谓"和实生物,同则不继""大道之行,天下为公""协和万邦,和衷共济"。为此,我们联合国内外知名机构共同举办了"中国茶文化传承与国际传播主题沙龙""丝路·文明·传承——中国书法精品全球巡回展"等系列活动,取得了良好的效果。

第二,国际文化交流要积极发挥知名外国专家的作用。在从事对外文化交流的过程中,我们曾经原封不动地把一些中国传统文化项目介绍到国外,但往往效果事与愿违。通过反思我们认识到,国际文化交流要从简简单单地"走出去"升级为深入人心地"走进去",真正打动国外民众的心,赢得他们的喜爱。而要实现这个目标,需要一大批能以西方视角、能够将中国传统文化精髓以客观、准确语境传达的知名外国专家学者。前一段时间,我们中心在吴祖光、新凤霞之子吴欢理事的支持下,联合美国洛杉矶郡立美术馆、美国伯克利大学高居翰教授亚洲艺术中心知名专家,举办了"明朝'吴氏止园'历史文化展暨中国园林文化传承与国际传播研讨会"。"止园"位于江苏常州,因年代久远已经不复存在,仅有20幅精确描述其盛景的《止园图册》存世,其中有12幅收藏于洛杉矶郡立美术馆,另外8幅收藏于柏林东方美术馆。美国伯克利大学高居翰教授曾经是其中6幅《止园图册》的收藏者,他是美国研究中国艺术史的权威之一,享有世界范围的学术声誉,被称为是"最了解中国绘画的美国人"。由于他酷爱中国艺术,能用西方人读得懂的叙事语言和方式来介绍以"止园"为代表的中国园林文化,因此更容易为西方学者、民众所接受和喜爱。如今高先生虽然已去世,但是他2012年与两位中国年轻学者合作完成的《不朽的林泉:中国古代园林绘画》,在世界园林史和艺术界所引起的巨大反响以及确立的地位依然无人企及。从这个意义上说,全力挖掘、推介理解中国传统文化的西方知名学者,发挥好他们的作用是做好国际文化传播的有效途径之一。

第三,国际文化交流要坚持走好国际交往的群众路线。"国之交在于民相亲,民相亲在于心相通",策划、设计国际交流文化活动要以所在国大众群体为工作的出发点和落脚点,要真正地走进人心,深入人心。大家都知道,日本社会各界对周恩来总理伟大的人格魅力极为推崇,我们中心从1998年周恩来总理诞辰100周年开始,每年以纪念周总理为主题在日本多地开展形式多样的纪念活动,许多日本民众自发参加。由于注重在日本民间深耕细作,中心在配合国家外交工作大局、加强中日民众友好往来方面作出了重要贡献。

第四,国际文化交流要抓住特色领域和重要节点。要做好、做实国际文化交流活动必须充分考虑对象国的国情、社情、民情,并且要学会抓住主要矛盾,把有限的资源集中在最能发挥作用的交流领域和最具传播效应的时间节点。例如,书法艺术在东亚文化圈最受推崇,而油画艺术则在欧美国家更受欢迎。多年来,我们中心紧扣特色领域和所在国重要节庆日或两国元首高访期间等重要节点,通过"走出去"与"请进来"相结合,举办了"国际文化交流赛克勒杯中国书法竞赛获奖作品展""愿景:'一带一路'人文与自然之美——中国—尼泊尔建交64周年尼泊尔艺术展"等一系列文化交流项目,为增进中外民众相互了解,积极塑造良好的中国形象起到了重要作用。

总之,文化交流是沟通心灵的桥梁,在国家形象塑造和传播中具有不可替代的作用。我们要充分发挥民间文化交流的优势,讲好中国故事,弘扬中国精神,把一个文明进步、开放包容、繁荣发展的中国展现在世界人民面前。

公民礼仪教育是重塑国家形象的基础

彭林①

各位领导、各位朋友:

大家好!

今天我们大会的主题是"文明互鉴与国家形象"。在我看来,一个国家是否有美好的形象、如何树立自己的形象,除了需要从理论上去阐述之外,更重要的是需要举国上下切切实实地去建设、去推动、去完善。多年以前,我到访德国洪堡大学,一栋大楼的墙上居然镌刻着马克思的名言:"哲学家们只是用不同的方式解释世界,而问题在于改变世界。"在《哥达纲领批判》中,马克思说:"一步实际行动比一打纲领更重要。"足见,"行胜于言",是古今中外的共识,理论不能见诸行动,就是无用的废话。今天我想就这一问题谈谈自己的看法。

一、礼仪教育长期缺位,民族形象亟须"止损"

如今我们讨论国家形象,兴奋点主要集中在物质、经济、科技等方面,这是一种非常偏颇而又非常普遍的现象。人类社会的进步,归根到底是人类自身的进步。从猿到人,从自私、自我之人到高尚、博爱之人,是人类进步的基本路径,国民素质则是国家文明进步程度的直接体现。

中国古称"华夏","有服章之美谓之华,有礼仪之大谓之夏",自古以来就以服饰华美、礼仪典雅著称于世。中华文明是高度成熟的文明,中国人友善、和谐、典雅,民族形象令人自豪。但非常遗憾,经由近百年以来反传统思潮的

---

① 彭林:清华大学中国经学研究院院长,清华大学文科资深教授。

洗礼,加之国内大中小学校中,礼仪教育长期缺位,相当多的国民已经不知道何谓礼仪,行为失范,素质低下。近几十年来,中国经济取得长足进步,人们生活水平大幅提升,有能力周游世界的人越来越多,但是海外舆论对中国游客的评价相当不堪,不排队、大声嚷嚷、随地吐痰、扔废弃物等失礼行为,触目皆是,有些现象令人瞠目,令人痛心,例如,"大闹海外机场的中国游客""在泰国用餐盘铲虾的中国游客""喝日本人祭拜前洗手水的中国游客"等,中国游客在国际上的形象已受到严重损害。如何使我们民族形象"止损",是当下最紧迫的事情。

二、"礼"是树立民族形象的基础

最近两三个月里,我先后到访澳大利亚、新西兰和加拿大等国。这些地区,华侨、华人的数量越来越多,所到之处,他们都告诉我,该国是多元文化的国家。那么问题来了,华人作为多元文化里面的一元,将以什么样的文化形象参与进去?换言之,你们身上负载了什么样的中国文化?

我与上述国家的华人华侨座谈时提及,你们作为移民,千万不能给当地人以这样的印象:我们经过多少年的努力,把这里的环境、交通等方方面面建设得这么好,你们中国人就蜂拥而至,来分享我们奋斗的"红利"。希望每一位华人都想一想:我们应该以什么样的形象出现在当地?自从我们来到这片土地之后,对于当地文明进步作出了什么样的贡献?如果所有的华人华侨都能很好地思考这些问题,我们的民族形象就会得到提升,就能赢得当地人发自内心的尊重。这对于诸位在当地的发展,也会产生正面的影响。

人类社会的发展,说一千道一万,归根到底是人自身的发展。所有的发展最后都要落实到人的精神状态上,也就是中国人经常说的"精气神儿"上面。如果在这一点上站不住,就谈不上整个中国民族的长远发展。而讲究人的"精气神儿",追求内外兼修,正是中国文化的强项。中国是世界上最早提出物质和精神要同步发展的国家,司马迁高度赞扬《管子》中的一句话:"仓廪实而知礼节,衣食足而知荣辱",在解决温饱之类的物质需求后,要注重精神生活的提升,要学习礼仪,懂得荣辱,自觉规范自己的行为,塑造自己的形象,这是中华民族最早的文化自觉,礼仪之邦的美名正是基于这一认识而树立起来的。但事与愿违,这么好的理念却被近代以来的国人逐渐抛弃了。

经过几十年的奋斗,中国的经济体量已经达到世界第二,脱贫工作也已经得到全世界的高度肯定,已经基本达到"仓廪实""衣食足"的目标,接下来的任务是要引导大众"知礼节""知荣辱",知礼守礼,重建全社会的文明。实际上我们已经有这样的意识了,根据中央文明办的要求,每个省都在张贴格式一致的口号:"做文明有礼的北京人""做文明有礼的武汉人""做文明有礼的杭州人",等等。但这只是一个标语,仅仅靠标语不能治国、不能移风易俗,只有让这些标语、口号转换为具体的行为规范,才能把礼仪教育落到实处,才能避免走蹈空履虚之路的错误。

今天在全国范围内倡导公民礼仪教育,重塑民族形象,以自身的文明行为赢得全世界的广泛尊重,让中华礼仪之邦再度辉煌,无疑是一项具有伟大战略意义的工程,需要政府以踏石留印的精神切实推展。

三、让"礼"内化于每一个人心中

中国文化以"修身、齐家、治国、平天下"作为治国之道。"礼"是依据道德理性的要求制定的典章制度与行为规范,具有很强的操作性,是将"德"落实到每个人身上的最佳途径。如果落实到一个人身上就改变了这个人;如果落实到一个学校里面,那么这个学校就可以改变;如果落实到整个社会,那么社会也就被改变了。中国文化以人怎样成为真正的人作为核心展开,首先要求做一个合格的社会人。在此基础上还要做优秀的社会人,这是君子。清华大学的校训,就是取自梁启超先生当年在清华所作的《君子》。一个优秀的社会人,必须要从最基本的地方做起,言谈举止要有君子之容,方正清雅,有君子之词,更有君子之德,此即所谓"君子风范"。

孔子要求"博学于文,约之以礼",广博地学习文化,懂得用礼(符合道德理性的行为规范)约束自己的行为,这是文明人一生最重要的追求,"知"与"行",两者缺一不可。以礼修身,旨在培养自尊自律的意识,是立德树人的起点,也是做合格的、优秀的社会人,这便是《君子》题中的应有之义。王阳明说:"未有知而不行者。知而不行,只是未知。""知行合一",可谓精辟。这几年,王阳明被炒得很热,可是很少有人细细体味王阳明"知行合一"的深意,人们依然在"知"的方面说得太多,在"行"的方面却做得很少。

曾经在清华中文系执教的朱自清先生,写过一本《经典常谈》。他在书中特别谈到一个社会一定要有礼,他说:"日常生活要有秩序和规矩,哪怕是婚姻、宴会都有规矩,不能随便马虎,这是表示郑重,也是表示敬意和诚心。就是一个人饮食言动,也都该有个规矩,别叫旁人难过,更别侵犯着旁人,反正诸事都记得着自己的分儿。这些个规矩也是礼的一部分。"可惜,我们没有记住朱先生的这些教导!如今,社会上的种种失礼行为,问题出在部分人的身上,但根却是在教育上,从幼儿园直到博士毕业,没有一个环节告诉过他们"礼是什么",那又怎么能去要求他们呢?

基于以上原因,这些年,我们用自己的微薄力量开始编写礼仪教材,与中航集团、粤港澳大湾区等许多单位合作推动礼仪教育。2008年,瑞士洛桑有一个世界非遗的国际学术讨论会,我们接到邀请去作大会发言。西方人对于我们这样一个礼仪之邦知之甚少,当他们了解到我们中国将近3 000年前的礼乐文明已是非常友善而高雅,感到非常吃惊,希望和我们多多交流。

今天,我希望国家形象传播研究中心同我们合作,作出一套中国人的礼仪规范,然后把它推向社会。期待我们的合作,能把国家形象建设真正地落到实处,进而推动世界越来越美好。

谢谢大家!

第二章
新中国国家形象

新中国成立以来国家形象的历史变迁[①]

蒋积伟[②]

【摘要】 中华人民共和国成立70年以来,中国的国家形象发生了巨大变迁。中华民族迎来了从"站起来""富起来"到"强起来"的伟大飞跃,一个独立自主、改革开放、务实高效、自信担当、文明包容、充满活力的社会主义大国屹立在世界的东方,科学社会主义在21世纪的中国焕发出了强大的生机和魅力。但是,中国的国家形象尚存在双重性问题,"他塑"而非"自塑"的现象依然严重,要注重提升理论话语的比较优势,切忌宣传工作的简单化和庸俗化,注重精神气质的塑造和方式,突出国家形象塑造的特色。

【关键词】 新中国成立以来、国家形象、历史变迁、塑造

国家形象是软实力的重要组成部分,是国内外基于一个国家的物质基础、制度体系和精神气质等多个层面作出的一种综合评价。"国家形象具有极大的影响力、凝聚力,是一个国家整体实力的体现,是国家一笔雄厚的无形资产。"[③]中华人民共和国成立以来,中国的国家形象产生了比较大的变化。但是,中国在世界上的形象很大程度上仍是"他塑"而非"自塑",存在着中国真实形象和西方主观印象的反差。从"黄祸论""睡狮论"到"崩溃论""威胁论",丑化和诋毁中国的论调不绝于耳。因此,梳理70年来中国国家形象的历史变迁,既能宏观地、历史地呈现新中国的巨变,也对当前国家形象的塑造具有重要意义。

---

① 本文主要内容已发表在华南师范大学学报(社会科学版)2019年第6期。
② 蒋积伟:华南师范大学马克思主义学院研究员。
③ 管文虎.国家形象论.成都:电子科技大学出版社,1999:3.

一、独立自主的东方大国形象

近代以来,一盘散沙的中国屡遭侵略,中华民族备受侮辱。中华人民共和国的成立,第一次改变了国家形象。邓小平说:"鸦片战争以来的一个多世纪里,外国人看不起中国人,侮辱中国人。中华人民共和国建立后,改变了中国的形象。"① 崭新的东方大国形象主要表达的是一种政治崛起。

(一)站起来的独立自主形象

1949年9月,毛泽东庄严宣告:"我们的工作将写在人类的历史上,它将表明:占人类总数四分之一的中国人从此站起来了。"② 国家形象往往是多元和主元的统一。独立自主是新中国国家形象的核心元素,也是新中国最独特的精神气质,意味着历经苦难的中国人民实现了站起来的伟大飞跃。独立自主包含了多层意思。

第一,不再受民族压迫。"一个不是贫弱的而是富强的中国,是和一个不是殖民地半殖民地的而是独立的,不是半封建的而是自由的、民主的,不是分裂的而是统一的中国相联结的。"③ 新中国的成立,标志着中国人民摆脱了民族压迫,实现了民族独立,为中国走向富强之路奠定了政治基础。当然,对于彼时的中国来说,如何保卫来之不易的独立成为迫在眉睫的任务。朝鲜战争爆发后,毛泽东力主出兵朝鲜,打出了国威,但并没有完全消弭战争的危险。因此,毛泽东主张做大量的准备工作。面对质疑,他说:"有人说怕敌人不来用不上,不是浪费吗?那不对,一定要搞,准备好了敌人可能不来,准备不好敌人就可能来,敌人来了总要打掉一些坛坛罐罐。不是浪费,敌人不来也不是浪费。"④ 在这个问题上,毛泽东充分想到了最坏的结果,做好准备,争取最好的结果,体现了鲜明的底线思维。

第二,自信心提高。自信是维护独立自主的重要心理基础。长期处于半殖民地半封建社会,并深受战争的摧残,民众的自信心备遭打击。毛泽东说,

---

① 邓小平文选(第三卷).北京:人民出版社,1993:60.
② 毛泽东文集(第五卷).北京:人民出版社,1996:343.
③ 毛泽东选集(第三卷).北京:人民出版社,1991:1080.
④ 建国以来毛泽东军事文稿(下).北京:军事科学出版社,中央文献出版社,2010:243-244.

"有些人做奴隶久了,感觉事事不如人家,在外国人面前伸不直腰"。① 新中国的成立结束了民族压迫的历史,而且通过民主政权的建设,使老百姓真正当家做了主人,在积极参与社会主义革命和社会主义建设中,经受了历练,自信心发生了根本扭转,对社会主义事业的前途充满了信心。面对外国的战争讹诈,毛泽东用"鬼论"来克服民众的害怕心理。他说:"经验证明鬼是怕不得的。越怕鬼就越有鬼,不怕鬼就没有鬼了。"② 新中国探索社会主义建设道路的历史是曲折的,"人定胜天""跑步进入共产主义""人有多大胆,地有多大产"这样一些口号固然是冒进的、错误的,但背后所表现出来的人们对于社会主义建设的热情和信心是不能抹杀的。这种积极的心理状态是新中国实现独立自主在精神层面的彰显。

第三,独立自主的道路探索。近代历史的发展证明,道路问题至关重要。西方的路走不通,苏联的路也走不通。对此有着深刻体会的毛泽东说:"我们的方针是,一切民族、一切国家的长处都要学,政治、经济、科学、技术、文学、艺术的一切真正好的东西都要学。但是,必须有分析有批判地学,不能盲目地学,不能一切照抄,机械搬运。"③ 1956年苏共二十大揭开了反对个人崇拜的盖子,这对中国独立自主地探索社会主义建设道路是一个契机。毛泽东果断地提出"以苏为鉴",强调"对待苏联经验只能择其善者而从之,其不善者不从之"④,独立自主地探索适合中国情况的社会主义建设道路,并形成了一系列重要的理论成果。比如,"论十大关系""双百方针""对中国社会主义矛盾的判断""正确处理人民内部矛盾的理论""对社会主义发展阶段的判断",等等。尽管新中国存在有"左"的错误,但也为改革开放之后的历史奠定了物质基础、理论准备和宝贵经验,有些理论成果在今天看来依然具有重要的启发意义。

第四,奉行独立自主的外交方针。新中国成立后,确立了"一边倒"的外交方针。"究竟'一边倒'对不对?我们一边倒是和苏联靠在一起,这种一边倒是平等的。"⑤ 1964年1月,毛泽东在《赫鲁晓夫的日子不好过》一文中指出:

---

① 毛泽东外交文选.北京:中央文献出版社,世界知识出版社,1994:238.
② 毛泽东外交文选.北京:中央文献出版社,世界知识出版社,1994:374.
③ 毛泽东外交文选.北京:中央文献出版社,世界知识出版社,1994:236.
④ 毛泽东外交文选.北京:中央文献出版社,世界知识出版社,1994:311.
⑤ 毛泽东外交文选.北京:中央文献出版社,世界知识出版社,1994:279.

"现在我们转入了反攻,有大闹天宫的势头,打破了他们的清规戒律。"①当苏联推行强权政治时,中国坚决贯彻"独立自主"的方针,维护中国的核心利益,甚至不惜两个拳头出击,同时对抗两个超级大国。除了保持自身的独立性之外,在外交中,中国提出了"和平共处五项原则",充分尊重其他国家的主权独立。面对世界上存在的霸权主义,毛泽东创造性地提出了"三个世界划分"理论,团结广大的第三世界,争取第二世界,用和平的诚意和举动,捍卫民族的独立和世界和平。

(二)鲜明的革命形象

新中国成立后,中国共产党面临着角色的转变,学术研究通常将其概括为革命党向执政党的转变,有些外国媒体甚至认为毛泽东是"职业革命家"治国。由此,学术界往往把新中国在探索社会主义建设道路上的失误归咎于转型不成功,中国共产党依然是以革命党的思维治国理政。实际上这种理解不是很准确,把革命理解得过于狭隘。

1. 自我革命的优良品格

革命者必先自我革命,才能保持旺盛的生命力。新中国成立后,中国共产党延续了革命时期勇于自我革命的优良品格,在执政后相对较好地保持了党的先进性和纯洁性。毛泽东对党的建设,尤其是对贪污腐败和官僚主义问题时刻保持着密切关注,并通过整风、整党等方式,保持共产党人的生机活力。1951年开始的"三反""五反"运动,把反贪污和反行贿结合起来,对当时构建政商关系具有重要的启发意义。对于党群关系问题,毛泽东说:"我们应当相信群众,我们应当相信党,这是两条根本的原理。如果怀疑这两条原理,那就什么事情也做不成了。"②在如何防止官僚主义和脱离群众的问题上,新中国继承了优良的革命基因。面对大量的群众来信,毛泽东作出"必须重视人民群众来信"的批示,要求"给人民来信以恰当的处理,满足群众的正当要求,要把这件事情看成是共产党人和人民政府加强和人民联系的一种方法,不要采取掉以轻心置之不理的官僚主义的态度"。③1957年,面对大量的社会矛

---

① 中共中央文献研究室. 毛泽东文集(第八卷). 北京:人民出版社,1999:358-359.
② 中共中央文献研究室. 毛泽东文集(第六卷). 北京:人民出版社,1999:423.
③ 中共中央文献研究室. 毛泽东文集(第六卷). 北京:人民出版社,1999:164.

盾,毛泽东作出了"人民内部矛盾"和"敌我矛盾"的区分,主张用不同的方法处理不同性质的矛盾,对化解社会矛盾、防止激化为群体性事件具有启发意义。在浮夸风盛行时,毛泽东主张大兴调查研究之风。他指出:"我的经验历来如此,凡是忧愁没有办法的时候,就去调查研究,一经调查研究,办法就出来了,问题就解决了。"[1] 调查研究是共产党人克服官僚主义、密切联系群众的重要方法。在党的建设问题上,中国共产党需要一些"自我革命"的勇气和魄力。

2. 艰苦奋斗的革命风貌

在诸多影视作品或文学作品中,人们经常用"火红的年代"或"激情燃烧的岁月"来描绘 20 世纪 50 年代和 20 世纪 60 年代的历史。彼时,社会生活中充满了大量的革命话语,人们就像沉浸在红色话语的海洋里,为它激动,受它指引,表现出了昂扬的革命风貌。新中国成立后,面对一穷二白的烂摊子,艰苦奋斗依然是各条战线上最鲜明的精神品质。1956 年 11 月 15 日,毛泽东在中共八届二中全会上讲道:"人是要有一点精神的。""根本的是我们要提倡艰苦奋斗,艰苦奋斗是我们的政治本色。"[2] "大跃进""人民公社化运动"出现了诸多错误,但中国共产党领导民众艰苦奋斗的精神风貌依然值得肯定。而且,在国家利益面前,外国的力量是靠不住的。中苏交恶后,苏联把专家撤走,撕毁了合同,这对中国既有弊也有利。中国没有办法,就靠自己,靠自己两只手。毛泽东说:"我们不是从一个一穷二白的基地上经过十五年的努力,在社会主义革命和社会主义建设的各方面,也达到了可观的水平吗?我们不是也爆炸了一颗原子弹吗?过去西方人加给我们的所谓东方病夫的称号,现在不是抛掉了吗?"[3] 这些成就的取得,最根本的还是中国共产党领导群众艰苦奋斗的结果。1955 年,基于中国大规模工业化建设的考虑,国务院决定把地处上海的交通大学西迁至西安,也就是今天的西安交通大学。交大人毅然放弃了优越的生活条件,扎根黄土地艰苦奋斗,铸就了不朽的"西迁精神"。铁人王进喜和大庆人本着"宁可少活二十年,拼命也要拿下大油田"的奋斗精神,在艰苦的条件下胜利完成了石油大会战,结束了中国的"洋油"时代。1964 年,为应对可能发生的战争,党中央决定推动"三线建设"。党让去哪里,就背起

---

[1] 中共中央文献研究室.毛泽东文集(第八卷).北京:人民出版社,1999:261.
[2] 中共中央文献研究室.毛泽东文集(第七卷).北京:人民出版社,1999:162.
[3] 中共中央文献研究室.毛泽东文集(第八卷).北京:人民出版社,1999:341.

行囊去哪里,三线建设的历史就是一部顾全大局、艰苦奋斗的历史。人们全身心投入到社会主义建设中,为党和国家奉献了自己的岁月而没有丝毫怨言,生动诠释了什么是独立自主、艰苦奋斗。

二、开放务实的社会主义国家形象

中华人民共和国的成立是国家形象的第一次改变,这次转变主要是实现并捍卫了独立自主,向世界展示了一种昂扬的新风貌。但是相对政治上的崛起,经济方面的变化并没有达到预期。邓小平说,中国"现在已经是一个政治大国了""中华人民共和国在不长的时间内将会成为一个经济大国"。[①] 改革开放实现了国家形象的第二次转变,使中国人民逐步富裕起来。

(一)富起来的社会主义形象

建立社会主义国家,是中国共产党梦寐以求的奋斗目标,而老百姓对社会主义也充满了真挚、朴素的美好憧憬。20世纪50年代,经典红色歌曲《社会主义好》风靡大江南北,唱出了人们对社会主义的情感认同和建设社会主义的满腔热情。邓小平说:"干社会主义,要有具体体现,生产要真正发展起来,相应的全国人民的生活水平能够逐步提高,这才能表现社会主义制度的优越性。"[②] "贫穷不是社会主义",经济水平徘徊不前极大地影响了中国社会主义的形象。

邓小平曾谈道:"从一九五七年下半年开始,实际上违背了八大的路线,这一'左',直到一九七六年,时间之长,差不多整整二十年。"[③] 对这段历史有着切身体会的邓小平,致力于反思社会主义建设中的惨痛教训,对"什么是社会主义,怎样建设社会主义"问题进行了深刻思考,通过推动改革开放的伟大革命,开创了中国特色社会主义道路。改革开放40多年来,"我们始终坚持以经济建设为中心,不断解放和发展社会生产力,我国国内生产总值由3 679亿元增长到2017年的82.7万亿元,年均实际增长9.5%,远高于同期世界经济2.9%

---

① 邓小平文选(第三卷).北京:人民出版社,1993:358.
② 中共中央文献研究室.邓小平年谱(1975—1997)(上).北京:中央文献出版社,2004:277.
③ 邓小平文选(第三卷).北京:人民出版社,1993:253-254.

左右的年均增速"①。中国人民在富起来、强起来的路上,迈出了关键一步,在世界舞台上充分展示了中国特色社会主义蓬勃的生机活力。

（二）独特的精神标识

人无精神则不立,国无精神则不强。国家形象既包括外在的物态形象,也包括内在的精神形象。"改革开放铸就的伟大改革开放精神,极大丰富了民族精神内涵,成为当代中国人民最鲜明的精神标识！"②改革开放精神极大地塑造了国家形象,使中国表现出不同于以往和其他国家的独特气质。

1. 敢闯敢试,敢为人先

党的十一届三中全会前夕,邓小平访问日本期间谈及乘坐"光"号新干线列车的感觉时指出:"就像推着我们跑一样,我们现在很需要跑。"③巨大的差距、深深的忧患意识、强烈的担当精神,推动着改革开放的大幕徐徐拉开。改革的共识已达成,但如何改革仍存在不小争议,思想解放的程度比较有限。对此,邓小平强调:"改革开放胆子要大一些,敢于试验,不能像小脚女人一样。看准了的,就大胆地试,大胆地闯。"④当年曾主政广东的习仲勋也指出:"要有闯劲,要当孙悟空,解放思想,敢于创新,敢于改革,只要不背离四项基本原则,就可以大胆试验,不要等。"⑤阻碍改革开放的是观念,而改革开放最吸引人的恰恰也是观念。推进改革开放,就是要冒天下之大不韪,冲破思想的束缚,摸着石头过河,敢闯敢试、敢为人先,体现了一种魄力和勇气,体现了一种责任担当,体现了一种顾全大局的奉献精神,体现了一种敢闯敢拼的拓荒精神。

2. 埋头苦干,务实高效

面对改革开放初期坐而论道的问题,邓小平说:"不搞争论,是我的一个发明。不争论,是为了争取时间干。一争论就复杂了,把时间都争掉了,什么也干不成。"⑥在他看来,无谓的争论只能使问题更加复杂化,白白耗费大量时

---

① 习近平. 论坚持全面深化改革. 北京:中央文献出版社,2018:507.
② 习近平. 论坚持全面深化改革. 北京:中央文献出版社,2018:507.
③ 小平访日,坚定改革开放决心. 北京:新京报,2008-10-22.
④ 中共中央文献编辑委员会. 邓小平文选（第三卷）. 第372页.
⑤ 王全国. 习仲勋提出让广东先走一步:坚决搞大胆搞放手搞. 深圳特区报,2013-10-13.
⑥ 中共中央文献编辑委员会. 邓小平文选（第三卷）. 北京:人民出版社,1993:74.

间,丧失发展的机遇。他说:"我读的书并不多,就是一条,相信毛主席讲的实事求是。"① 《春天的故事》词作者蒋开儒在1992年来到深圳,怀着激动的心情,写下这样的句子:"观念是由人创造的。这里的人,不谈谦虚谈自信,不排辈分排股份,不找市长找市场,不拜灶王拜财神,不求安稳求创新,不惜汗水惜光阴。光阴就是时间,时间就是金钱,效率就是生命……"② 改革开放后,有很多短小精悍的口号,实际上是改革开放观念的浓缩,也最能代表改革开放后中国的国家形象。有人把邓小平时期的改革和现在的改革进行对比,认为今天的改革难度更大,理由是改革初期面临的是普遍贫穷的状况,改革会使所有人都受益,只是受益的程度不同。而经过40多年的发展后,改革面临的是水平参差不齐的状况。从某种程度上讲,触动人的利益比触动人的灵魂还难,改革的难度自然加大。当然,这种观点并不完全准确,实际上,两段时期的改革难度都很大。改革初期的难度更多来自思想观念的不解放。因此,从无谓的争论中解放出来,埋头苦干、务实高效、只争朝夕成为改革初期鲜明的形象。

3. 海纳百川,开放共赢

1970年代,中国政府对待外资的态度以排斥居多,把"联合经营"和"引进外资"看作低三下四的乞求。邓小平指出:"中国在西方国家产业革命以后就变得落后了,一个重要原因就是闭关自守。建国以后,人家封锁我们,在某种程度上我们也还是闭关自守,这给我们带来了一些困难。三十几年的经验教训告诉我们,关起门来搞建设是不行的。"③ 他一再强调说:"要实现四个现代化,就要善于学习,大量取得国际上的帮助。要引进国际上的先进技术、先进装备,作为我们发展的起点。"④ 改革开放40多年来,从创办经济特区到开放沿海城市,从沿海、沿江、沿边地区开放到内陆地区开放,从设立自由贸易试验区到设立自由港,一个全面开放的格局正在形成。作为一个后发国家,中国的发展离不开世界,世界的发展同样离不开中国。据统计,2018年中国占全球出口、进口的份额分别是12.8%、10.8%。2008年全球金融危机爆发以来,中国经济增长对世界经济增长的贡献率年均在30%以上,成为名副其实的全球贸易运行

---

① 中共中央文献编辑委员会. 邓小平文选(第三卷). 北京:人民出版社,1993:382.
② 韩文嘉,姚卓文. 深圳敢闯敢试 敢为人先. 深圳特区报,2016-06-27.
③ 中共中央文献编辑委员会. 邓小平文选(第三卷). 北京:人民出版社,1993:64.
④ 中共中央文献编辑委员会. 邓小平文选(第二卷). 北京:人民出版社,1994:133.

的"稳定器"。① 关于改革开放这场伟大的革命,用再多华丽的词汇去定义它都不为过,但开放毫无疑问是最核心的词汇之一。正是有了开放的眼光,中国才真正了解到与世界的差距,并产生了再不改革就有被开除"球籍"的忧患和压力,内生了改革的动力。这也是所谓的"开放倒逼改革"的含义。

(三)走自己的路

走自己的路主要有两个方面的含义。

第一,开辟了中国特色社会主义道路。新中国成立后,迫于国际形势的压力,走上了联苏的路。苏共二十大后,中国共产党开始独立自主地探索。遗憾的是,一些探索成果更多存在于理论层面,没有很好地付诸实践。实际上,在探索社会主义建设道路的过程中,中国并没有完全从苏联模式的束缚中摆脱出来。正如邓小平所讲:"坦率地说,我们过去照搬苏联搞社会主义的模式,带来很多问题,我们早就发现了,但没有解决好,我们现在要解决好这个问题,我们要建设的是具有中国自己特色的社会主义。"② 1982年,邓小平在党的十二大开幕词中提出:"走自己的路,建设有中国特色的社会主义,这就是我们总结长期历史经验得出的基本结论。"③ "走自己的路"就是走中国特色社会主义道路,这是改革开放初期邓小平提出的一个具有代表性的论断,也是贯穿新中国发展的一条主线。中国特色社会主义是改革开放以来党的全部理论和实践的主题,社会主义在21世纪的中国焕发出强大的生机活力,"走自己的路"是最基本的逻辑前提。

第二,高举社会主义的旗帜。改革开放后,中国能否坚持社会主义是世界各国比较关注的问题。1985年8月,坦桑尼亚总统尼雷尔访问中国,在谈及国际上对中国进行经济体制改革的议论时,邓小平说:"世界上对我国经济改革有两种评论。有些评论家认为改革会使中国放弃社会主义。另一些评论家则认为中国不会放弃社会主义。后一种看法比较有眼光。我们所有的改革都是为了一个目的,就是扫除发展生产力的障碍。"④ 从20世纪80年代的情况来看,很多西方国家是支持中国进行改革开放的,它们认为,一个改革开放的中国会

---

① 中国经济发展为世界作出巨大贡献.人民日报,2019-05-30.
② 中共中央文献编辑委员会.邓小平文选(第三卷).北京:人民出版社,1993:261.
③ 中共中央文献编辑委员会.邓小平文选(第三卷).北京:人民出版社,1993:2-3.
④ 邓小平与外国首脑及记者会谈录.北京:台海出版社,2011:238.

在意识形态上出现一些它们所期待的变化，很快会变成另外一个西方国家。面对国际社会的种种疑问，1986年4月，邓小平在和南斯拉夫社会主义联邦共和国主席团主席拉多万·弗拉伊科维奇谈话时再次强调："坚持社会主义，是中国一个很重要的问题。如果10亿人的中国走资本主义道路，对世界是个灾难，是把历史拉向后退，要倒退好多年。"①表达了坚定走社会主义道路的信念。

20世纪80年代末90年代初，国际国内形势十分严峻。一方面，当西方国家最终意识到中国不可能成为另外一个"他们"的时候，掀起了一波又一波的"中国威胁论"，且以美国为首的西方国家对中国发起了制裁；另一方面，东欧剧变，苏联解体，国际共产主义运动陷入低潮。中国面临着严酷的挑战，再次引起了人们对中国前途命运的关注。1989年10月，美国前总统尼克松在中美关系非常严峻的时刻到访中国，邓小平说："西方有一些人要推翻中国的社会主义制度，这只能激起中国人民的反感，使中国人奋发图强。"②"我们的政治体制改革是有前提的，即必须坚持四项基本原则。发展经济要有一个稳定的局势，中国搞建设不能乱。"③1989年11月，坦桑尼亚革命党主席尼雷尔再次来到中国，在谈到世界形势时，邓小平强调："中国坚持社会主义，不会改变……什么威胁也吓不倒我们。我们这个党就是在威胁中诞生的，在威胁中奋斗出来的，奋斗了二十八年才真正建立了人民共和国。现在我们总比过去好得多。只要中国社会主义不倒，社会主义在世界将始终站得住。"④应该说，在国内外局势动荡不安时，中国共产党人始终保持着"乱云飞渡仍从容"的战略定力，对形势作出了理性、科学的分析，使社会主义的旗帜屹立不倒，并把中国特色社会主义胜利地推向了新的世纪。

三、自信、担当、文明的世界大国形象

邓小平在和外宾谈话时指出："我们这个国家又是大国又是个小国，大就是地方大、人口多，小就是穷、经济落后。"⑤改革开放40多年来，中国在经济

---

① 邓小平与外国首脑及记者会谈录.北京:台海出版社,2011:156.
② 中共中央文献编辑委员会.邓小平文选（第三卷）.北京:人民出版社,331.
③ 中共中央文献编辑委员会.邓小平文选（第三卷）.北京:人民出版社,332.
④ 中共中央文献编辑委员会.邓小平文选（第三卷）.北京:人民出版社,345-346.
⑤ 中共中央文献研究室.邓小平年谱（1975—1997）（上）.北京:中央文献出版社,2004:139.

上实现了快速发展,经济总量稳居全球第二,成为名副其实的世界大国,并处在"由大向强"的发展新起点,国家形象呈现出新特点。

(一)新时代强起来的形象

党的十九大报告指出:"经过长期努力,中国特色社会主义进入了新时代,这是我国发展新的历史方位。"①中国特色社会主义进入新时代,意味着近代以来久经磨难的中华民族迎来了从站起来、富起来到强起来的伟大飞跃。如果说站起来是一种政治崛起,富起来是一种经济崛起,那么强起来则是一种全面崛起。中国经济发展由数量向高质量转变,创新正成为经济发展的新动力;全面深化改革取得重大突破,重要领域和关键环节的改革取得突破性进展;民主法治建设迈出重大步伐,社会主义协商民主全面展开,中国特色社会主义法治体系日益完善;思想文化建设取得重大进展,马克思主义在意识形态领域的指导地位更加鲜明,社会主义核心价值观和中华优秀传统文化广泛弘扬,文化事业和文化产业蓬勃发展,文化自信得到彰显;人民生活不断改善,脱贫攻坚战取得决定性进展,社会治理体系更加完善;生态文明建设成效显著,"绿水青山就是金山银山"的生态发展理念日渐深入人心;强军兴军开创新局面,军队面貌发生了深刻变化,军队改革取得历史性突破;全方位外交深入展开,国际影响力、感召力和号召力进一步提高;全面从严治党成效卓著,党内政治生态明显好转。党的十八大以来的成就是全方位的、开创性的,变革是深层次的、根本性的。中国共产党以巨大的政治勇气和强烈的责任担当,解决了许多长期想解决而没有解决的难题,办成了许多过去想办而没有办成的大事,推动党和国家事业发生了历史性的深刻变革,呈现出一种强起来的国家形象。

(二)自信担当

习近平指出:"当今世界,要说哪个政党、哪个国家、哪个民族能够自信的话,那中国共产党、中华人民共和国、中华民族是最有理由自信的。"②自信首先源自文化自信。文化自信是更基本、更深沉、更持久的力量。"中华文化独一无二的理念、智慧、气度、神韵,增添了中国人民和中华民族内心深处的自信和

---

① 习近平.决胜全面建成小康社会 夺取新时代中国特色社会主义伟大胜利.北京:人民出版社,2017:10.
② 习近平.在庆祝中国共产党成立95周年大会上的讲话.北京:人民日报,2016-07-02.

自豪。"① 其次,自信源于历史的成就。党的十九大报告用"极不平凡的五年"来表达过去五年的成就。2018年,在庆祝改革开放40周年大会上,习近平指出:"改革开放极大地改变了中国的面貌、中华民族的面貌、中国人民的面貌、中国共产党的面貌。中华民族迎来了从站起来、富起来到强起来的伟大飞跃!中国特色社会主义迎来了从创立、发展到完善的伟大飞跃!中国人民迎来了从温饱不足到小康富裕的伟大飞跃!"② "三个伟大飞跃"充分彰显了改革开放40年的巨变,这是自信的重要基础。同时,国家的自信也源自政党的自信。党的十八大以来,以习近平同志为核心的党中央把全面从严治党作为治国理政的突破口,"打铁必须自身硬",既靠教育也靠制度,两者一柔一刚,同向发力,人们深恶痛绝的"四风"得到有效遏制,党内政治生态愈来愈风清气正。中国共产党正在呈现出一种自觉、自立、自省、自律、自强的崭新形象,党自身的变化既有效提升了治国理政的能力,也得到了老百姓更多的认可和拥护,自信度显著提高。

　　自信是担当的重要心理基础,一个越来越从容、自信的党,必将会有更大的担当和作为。责任担当是以习近平同志为核心的党中央治国理政的鲜明品格。习近平说:"对我来讲,人民把我放在这样的工作岗位上,就要始终把人民放在心中最高的位置,牢记人民重托,牢记责任重于泰山。"③ "以人民为中心"的发展思想,是中国共产党担当、作为的内在动力。党的十八大以来,党中央围绕实现中华民族伟大复兴的中国梦,统筹推进"五位一体"的总体布局,协调推进"四个全面"的战略布局,逢山开路,遇水架桥,展现出了将改革进行到底的责任担当。同时,面对贸易保护主义、单边主义抬头和不稳定的国际形势,中国发出共建"一带一路"的倡议,创办"亚投行",提出构建"人类命运共同体"的思想,不断扩大开放的程度,充分彰显了一个负责任的世界大国形象。党的十八大以来,中国特色社会主义进入了新时代。从改革开放的发展历程看,新时代的改革开放已经度过了"而立之年",进入"不惑之年",方向愈来愈清晰,但如何深化改革扩大开放依然是一个巨大的挑战。面对"深水区"的挑战,自信和担当是成功到达"彼岸"的品质支撑。

---

① 中共中央文献研究院. 习近平关于社会主义文化建设论述摘编. 北京:中央文献出版社,2017:15.
② 习近平. 论坚持全面深化改革. 北京:中央文献出版社,2018:511.
③ 习近平引用的从政箴言. 人民日报:海外版,2018-04-04.

(三)文明包容

中华文明是世界上最古老的文明之一,5 000年来绵延不断,积淀着中华民族最深层的精神追求。"鸦片战争"后,无论是物质文明、精神文明,还是制度文明,都已经全方位落后。尤其是在文化方面,那种曾经引以为傲的文化自信开始慢慢地变为文化自卑,甚至出现了全盘西化的思潮。"没有中华文化繁荣兴盛,就没有中华民族伟大复兴。"[①] 党的十八大以来,中国共产党人深化了对中国特色社会主义的认识,中国特色社会主义文化被纳入中国特色社会主义的基本结构中。建设社会主义文化强国的步伐不断加快,弘扬中华优秀传统文化的氛围日渐形成,文化体制改革持续深入,文化产业快速发展,文化事业日趋繁荣。"中华文化既坚守本根又不断与时俱进,使中华民族保持了坚定的民族自信和强大的修复能力,培育了共同的情感和价值、共同的理想和精神。"[②]

尤其需要指出的是,中国共产党创造的社会主义制度文明正在焕发出灿烂的魅力。2008年之后,关于"普世价值"的争论甚喧尘上,各种宣扬西方制度文明的观点粉墨登场。实际上,冷静地分析,争论的双方已经偷换了概念,不是在争论"价值"本身,而是争论实现"价值"的模式孰优孰劣,并且"普世"一词本来就蕴含着些许霸权逻辑。伴随着中国不断强大的脚步,争论的声音愈发微弱,甚至销声匿迹。一些客观的西方学者也认为,中国在经济上不断崛起,背后肯定有制度设计的支撑,中国的制度设计也越来越引起了西方国家的兴趣。诺贝尔经济学奖获得者罗伯特·恩格尔曾说:"当中国为了下一代而制定五年规划的时候,我们(指美国)的一切计划都是为了下一次选举。"[③] 社会主义制度集中力量办大事、讲究效率、谋划长远、善于集中群体智慧等优势,越来越显示出不同于资本主义制度文明的比较优势。

文明因交流而多彩,文明因互鉴而丰富。中华文明具有极强的包容性,这也是中华文明博大精深、源远流长的重要原因。"一花独放不是春,百花齐放春满园。"习近平强调,"坚持美人之美、美美与共……我们既要让本国文明充满勃勃生机,又要为他国文明发展创造条件,让世界文明百花园群芳竞

---

① 中共中央文献研究室编. 习近平关于社会主义文化建设论述摘编. 北京:中央文献出版社,2017:7.
② 中共中央文献研究室编. 习近平关于社会主义文化建设论述摘编. 北京:中央文献出版社,2017:7.
③ 鄢一龙. 中国共产党何以独具强大生命力. 中国社会科学报,2016-12-12.

艳"①,充分彰显了中华文明兼收并蓄的开放性和包容性。近年来,这种文明的基因深深地融入对外开放和对外关系上。面对全球贸易保护主义抬头的严峻形势,中国的态度是"对外开放的大门永远不会关闭,只会越开越大"。负面清单不断减少,更多领域向外商独资开放,营商环境不断改善,一个陆海内外联动、东西双向互济的全面开放格局正在形成,向世界展示了开放包容的文化品格。2014年3月27日,习近平主席在法国巴黎举行的中法建交50周年纪念大会上特别强调:"中国这头狮子已经醒了,但这是一只和平的、可亲的、文明的狮子。"②这里所表达的是"国强必霸"的逻辑不适合中国,中华民族没有称霸世界的基因,而是崇尚平等的文明交流。面对国际冲突的危险,中国方案是推动构建"人类命运共同体"。这种文明包容的品格得到国际社会的广泛认可。中国从一个全球化的参与者成为全球化的塑造者,逐步走向世界舞台的中央。

(四)充满活力

自东欧剧变后,社会主义力量遭受重大挫折,国际共产主义运动相对处于低潮的状态。面对"旗帜"的严峻考验,中国共产党人埋头于国内经济发展,胜利地把中国特色社会主义推向了21世纪。习近平在2019年新年贺词中指出:"一个流动的中国,充满了繁荣发展的活力。"③中国特色社会主义进入新时代以来,科学社会主义在中国焕发出了生机活力:首先是发展理念的活力。党的十八届五中全会实现了发展理念的深刻变革,提出了"创新、协调、绿色、开放、共享"的新发展理念,既顺应了时代潮流,也顺应了发展和人民的需要,不仅给中国发展注入了新的可持续性的动力,也为解决世界发展的难题贡献了中国智慧。新发展理念及其带来的变化重塑了中国的政党形象和国家形象。其次是精神风貌的活力。改革会有阵痛,不改革就有长痛。党的十八大以来,中国共产党痛定思痛,凭借刮骨疗毒的勇气,以全面从严治党为突破口,在新发展理念的引领下,全面深化改革,为中国经济社会的发展注入了新的动力、新的底色并寄予新的期待。这些变化极大地提升了人们的认同度,既包含了对中国共产党的情感认同,也包含了对"中国梦"的目标认同,还包括对实

---

① 习近平主席出席亚洲文明对话大会开幕式并发表主旨演讲.人民日报,2019-05-16.
② 习近平.论坚持推动构建人类命运共同体.北京:中央文献出版社,2018:85.
③ 纪东冲."活力中国"从哪里来.人民日报,2019-03-11.

现人生理想的价值认同。基于这种情感认同,"撸起袖子加油干"逐渐成为中国共产党和老百姓的精神风貌,展示了新气象,彰显了新作为。最后是世界舞台上的活力。党的十八大以来,中国在国际舞台上表现出越来越高的参与度和活跃度,怀着"永远做可靠朋友和真诚伙伴"的真挚情感,坚持正确的义利观,为维护国际公平正义,推动世界和平稳定发展,不遗余力地贡献中国智慧和中国方案。在外交方面,有定力、有张力,也不缺乏亲和力的外交风格,绽放出了更多的自信和从容。一句"欢迎大家搭乘中国发展的列车",道出了中国"亲、诚、惠、容"的外交理念。据统计,《习近平谈治国理政》第二卷自2017年11月7日发行以来,截至2018年1月12日,海外发行量已超过1 000万册,[①]这充分说明了世界人民对中国的认可。

四、新中国国家形象变迁的现实启迪

70年来,中国国家形象发生了巨大的历史变迁。梳理这一变迁的历史,展望未来国家形象的塑造,可以得出以下几个结论。

(一)国家形象存在双重性

新中国成立以来,中国的国家形象一直存在双重问题,即正面形象和负面形象并存。负面形象的存在,首先是中国自身发展中产生的问题所导致的。改革开放后,中国坚持走自己的路,逐步富起来;但经济高速发展的同时也产生了负面效应,生态环境恶化、道德水平滑坡、贫富差距拉大、腐败问题严重、公平正义缺失,等等,这也是很多人用改革开放前的历史否定改革开放后的历史的重要原因。党的十八大以来,中国的国家形象空前提升,但在很多领域里依然存在不少问题,如黑恶势力和微腐败等影响群众获得感的问题依然存在;形式主义和官僚主义表现出新的形式;政府办事效率在回应速度上大幅提升,有效度还有待提高;宣传工作简单化、粗暴化,难以起到实效;大力度地推进全面从严治党,改善了党的形象,净化了党内政治生态,但不敢担当、不愿担当和不能担当的问题也严重地存在着,影响到改革事业的持续深化,等等。上述问题的存在,构成了国家形象的另一面。

---

① 《习近平谈治国理政》第二卷全球发行突破1000万册.人民日报,2018-01-13.

其次,负面形象的存在是意识形态斗争和冷战思维的结果。党的十九大结束后,美国白宫高级顾问贾里德·库什纳认真研读了十九大报告,认为中国共产党的"野心"好大。美国国务院政策规划办公室主任凯润·斯金纳在"未来安全论坛"上,把中美之间的贸易摩擦上升为两种不同的文明和不同的意识形态的斗争。基于国家利益和意识形态考虑,西方国家对中国的国家形象长期进行丑化,"中国崩溃论""中国威胁论""中国战略欺骗论""新殖民主义"等论调不绝于耳。美国三大报纸《纽约时报》《华盛顿邮报》《洛杉矶时报》对中国的报道,负面报道远远多于正面或者客观的报道。

(二)国家形象塑造的几点建议

国家形象的双重性说明了中国国家形象还有很强的可塑性。从新中国国家形象的历史变迁和当前的国际形势来看,国家形象的塑造依然任重而道远。

1. 打造理论话语的比较优势

新中国成立70年来,中国在各领域取得的成就有目共睹。但这种变化源自什么,却长期争论不休。西方国家主流的论调认为,中国经济的奇迹是拥抱全球化的结果,对所谓的"中国道路"不以为然。我们不能把这个问题简单归咎于西方国家的有色眼镜,而是要深刻反思在理论话语上的差距。新加坡国立大学的郑永年先生毫不掩饰对中国知识界的失望之情,认为很多学者做的都是假知识,用中国的素材来论证西方的命题。的确,在很长的时间里,哲学社会科学界西方命题加中国证据的研究模式,曾经被看作是学术视野宽阔、把握国际学术前沿的表现。但是,以西方的框架解释中国的问题,势必会落入西方国家的话语陷阱,导致哲学社会科学的研究滞后于中国发展的现实,无法有说服力地阐释中国奇迹的原因。在新中国成立70年之际,哲学社会科学界能否深刻解读新中国70年历史性变革中所蕴藏的内在逻辑,讲清楚历史性成就背后的中国特色社会主义道路、理论、制度、文化优势,是改善国家形象的关键所在。而要打造理论话语的比较优势,最终还是取决于制度环境和制度创新。2018年以来,国际形势风云突变,国内充斥着举全国之力进行技术研发的言论,但就实际情况来看,国家的巨额投入不能产生成效才是症结,制度创新比技术创新更加迫切。

2. 宣传工作切忌简单化和庸俗化

重视理论指导和理论创新是中国共产党区别于其他政党的鲜明特色,但历史也留下了深刻的教训。1960年,邓小平在主持天津会议时指出:"现在的主要问题是把毛泽东思想用得庸俗化了,什么都说成是毛泽东思想。""例如,一个商店的营业额多一点就说是毛泽东思想发展了,打乒乓球也说是运用了毛泽东思想。"① 这种把理论作用绝对化的做法,事实上降低了理论的科学性和权威性,是庸俗化的典型表现。形象塑造离不开宣传,但宣传工作是一项复杂的工程。由于简单化、庸俗化问题的存在,宣传工作很容易跨过一个"度",反而影响了党和国家的形象。比如,对诋毁党的领袖、丑化党和国家形象的历史虚无主义思潮,铺天盖地的文章以"骂"者居多,缺少理性的、学理的分析。舆论和宣传工作的简单化、庸俗化,往往会适得其反,造成消极的影响。

3. 注重精神气质的塑造

中国的国家形象不断改善,更多的还是经济奇迹带来的一种变化。相对来说,精神气质还有待继续提升。尤其是在面临不确定性时,人们所表现出来的精神状态。从目前的情况看,无论是官方文件还是领导人讲话,"四个自信"出现的频率极高,但仅限于"提到"这个层面,至于人们是一种什么心态、"四个自信"怎么理解,似乎没有给予太多关注,甚至出现了理解的偏差。《厉害了我的国》这样一种宣传,固然能传达一种"厉害"的信息,但是也传达了一种错误阐释,把"四个自信"和"静态"的历史成就截然画等号。如果把自信与过去等同起来,那么每当形势发生急剧变化时,有些人就会发生心理波动。2018年中美贸易摩擦发生后,有些人就讲"我的国一点都不厉害";中兴被制裁后,有些党员干部说"都这个样子了,还讲什么自信"?过去的成就只是"四个自信"的一个基础,但不是全部。自信也源于对形势和发展趋势的研判。有些人是因为看见才会相信,有些人是因为相信才看得更远。毛泽东为什么总表现出强烈的自信和定力?这种力量更多来源于他对问题和形势的科学分析,而不是仅来自对自身实力的评估。

---

① 中共中央文献编辑委员会.邓小平文选(第一卷).北京:人民出版社,1994:283.

4. 国家形象塑造要突出特色

国家形象是一个国家特色的呈现,而塑造国家形象也需要突出特色。2011年,首部中国国家形象片在纽约时代广场循环播放,使更多人了解了中国的发展变化。但是,从西方人的逻辑来说,他们在关注中国富起来的同时,也会质疑中国是否会像当年富起来的西方国家一样实行对外扩张。著名的地缘战略家兹比格涅夫·卡济米尔兹·布热津斯基在《大棋局:美国的首要地位及其地缘战略》一书中,深入分析了美国的地缘特点,认为美国地缘的优势是可以制约别人,劣势是当世界重回大陆文明时,美国将会产生"孤岛"效应。目前,中国的国家战略是"一个核心,两个重点",即"一带一路"是核心,和平与发展是两个重点。随着"一带一路"的倡议逐步转化为实际行动,大陆之间的联系和交往越来越频繁和密切,中欧之间的班列已达到1.4万列,"陆权说"重回人们的视野,在某种程度上会印证美国人对地缘劣势的担忧。从这层意义上来说,丑化和抵制"一带一路"倡议者在所难免。这说明,中国国家形象"他塑"而非"自塑"的局面依然没有根本扭转,一些国家敌视、丑化、误解中国的问题还在一定程度上存在着。因此,塑造国家形象要突出特色。习近平说:"塑造我国的国家形象,重点展示中国历史底蕴深厚、各民族多元一体、文化多样和谐的文明大国形象,政治清明、经济发展、文化繁荣、社会稳定、人民团结、山河秀美的东方大国形象,坚持和平发展、促进共同发展、维护国际公平正义、为人类作出贡献的负责任大国形象,对外更加开放、更加具有亲和力、充满希望、充满活力的社会主义大国形象。"① 这段论述,既明晰了中国国家形象塑造的内涵和方向,也包含了塑造国家形象要突出自身特色的路径指向。

---

① 中共中央文献研究室. 习近平关于社会主义文化建设论述摘编. 北京:中央文献出版社,202.

新中国形象的再建构:
70年对外传播理论和实践的创新路径[①]

史安斌[②]　张耀钟[③]

【摘要】 本文按照从"宣传"到"国际传播"的理念变迁对中华人民共和国成立70年形成的中国特色社会主义对外传播理论体系进行梳理和总结,再按照历史分期对新中国对外传播的实践经验作出归纳和评析,以"红色中国""开放中国""全球中国"的更新迭代串联起新中国形象再建构的主线。

【关键词】 对外宣传、国际传播、国家形象、全球化、中国特色社会主义

依据马克思主义新闻观的基本观点,对外宣传是外交工作借助新闻传播手段的一种实践方式,它通过真实、客观、全面地展现一个国家的内外政策、建设成就、传统文化以及风土人情等,来为国家现代化建设创造一个良性的外部舆论环境和有利的国际发展机遇。中华人民共和国成立70年来,在中国共产党的领导下,全国各族人民勠力同心、艰苦奋斗,虽然历经各种风险挑战的考验,但依旧不忘初心、砥砺奋进,谱写了一部波澜壮阔的史诗。目前,中国已成为世界第二大经济体,人民安居乐业,国际地位显著提升。正如习近平总书记所概括的那样:"我们比历史上任何时期都更接近中华民族伟大复兴的目标,比历史上任何时期都更有信心、有能力实现这个目标。"在建设新中国的历史进程中,对外传播事业作为"认同政治"(identity politics)的载体与延伸,发

[①] 本文主要内容已发表在《全球传媒学刊》2019年第6卷第2期。本文系教育部哲学社科重大攻关项目"新时代中华文化走出去策略研究"(项目编号:18JZD012)阶段性成果。
[②] 史安斌:教育部青年长江学者特聘教授,清华大学新闻与传播学院副院长。
[③] 张耀钟:清华大学新闻与传播学院博士生。

挥了其塑造国家形象、引导国际舆论、夯实文化软实力的独特作用。

早在延安时期,中国共产党就将对外传播事业视作意识形态工作的重要环节来加以推进。毛泽东、周恩来、朱德等第一代领导人亲力亲为,多次接受外国记者的专访,主动向国际社会宣介和推广中国共产党的最新理念及其对未来愿景的描绘。中华人民共和国成立后,党中央根据国内外形势的需要,将"外宣"与"内宣"分立并重,初步奠定了中国特色对外传播事业的路线和基础。在70年的奋进历程中,外宣战线始终坚持为人民服务、为社会主义建设服务的"二为"方向和独立自主的原则,根据政治社会语境的嬗变和不同传播对象的特点,及时总结经验、调整方略、推动创新,实现了政治性与科学性、理论性与实践性、原则性与灵活性的有机统一,这也是70年来对外传播事业不断取得新进展的根本所在。

从整体来看,新中国的对外传播事业在以下几个层面上获得了发展和突破:(1)在工作目标上,推动从"求生存"到"促发展"再到"谋融通"的转变;(2)在理念上,践行从"对外宣传"到"国际传播"再到"全球传播"的升级,逐步建立起中国特色社会主义对外传播理论和实践体系;(3)在策略上,由"被动应对"转向"主动讲(故事)传(声音)",由"单向宣介"转向"复调传播";(4)在体制上,促成从"单一主体"到"多元利益攸关方"(multiple stakeholders)的转型升级,搭建起政府、企业、媒体、智库和社会组织等多方协作的战略传播格局;(5)在渠道上,大力引入前沿科技和创新成果,完成了从"单一媒体"到"融媒体矩阵"再向"全程、全息、全员、全效媒体"的更新迭代。

本文首先按照从"对外宣传"到"国际传播"的理念变迁,对中华人民共和国成立70年来形成的中国特色社会主义对外传播理论体系进行梳理和总结,再按照历史分期对新中国对外传播的实践经验作出归纳和评析。一般而言,中华人民共和国的国史迄今采用"两段式"的划分,即1949—1978年的"前30年",和1979年至当下的"后40年"。本文在总体沿用此模式的同时,结合对外传播战略重点的转移和新中国形象构建的特点作出相应调整,大致分为三个阶段:第一阶段是1949—1978年,重点建构的是"红色中国"的形象;第二阶段是1979—2008年,重点建构的是"开放中国"的形象;第三阶段是2009—2019年,重点建构的是"全球中国"的形象。

一、从"对外宣传"到"国际传播"的理念演进

马克思和恩格斯在《共产党宣言》中对传播与文化的全球化趋势作出了准确的预言。在长期的革命和建设实践中,中国共产党人创造性地将马克思主义理论与中国具体实践相结合,积累形成了中国特色社会主义对外传播理论体系。

无论是在新民主主义革命时期,还是在社会主义建设时期,抑或是在改革开放的新时代,中国共产党的历届领导人都十分重视外宣工作,强调外宣工作的重大意义。他们基于当时的具体语境和实践需要对外宣工作提出了独到的见解,形成了一脉相承的外宣思想。

早在中华人民共和国成立初期,毛泽东同志就深刻意识到对外宣传工作的重要性,并敏锐地察觉到当时中国外宣工作的"短板"。1955年,他就加强新华社外宣工作提出看法,认为新华社驻外记者派得太少,无法发出新中国自己的声音,完全不能满足当时对外宣传工作的要求。他充满豪情和自信地指出:"应该大发展,尽快做到在世界各地都能派有自己的记者,发出自己的声音,把地球管起来,让全世界都能听到我们的声音。"[①]

"把地球管起来",充分体现了毛泽东对新中国外宣工作的殷切希望和美好愿景。一方面,他强调对外报道不能闭门造车,要有更多的记者走出国门;另一方面,既要走出国门,更要写出有深度、有影响的报道,在国际舆论中发出自己的声音。

1978年年底,党的十一届三中全会召开后不久,邓小平同志富于远见卓识地指出,和平与发展是当代世界的两大主题。他强调:"恢复我们党在全国各族人民中、在国际上的地位和作用,是摆在我们面前需要解决的非常重要的问题。"[②]为此,新闻工作者要注意将中国的真实情况向外做正确的报道,要注意了解我们的宣传对象,使对方尽可能地理解,同时宣传应尽量做到客观、真实、准确。他还针对如何解决外宣实践中存在的一些"痼疾"作出了明确的指示:"无论宣传和文风等方面,都值得注意,""主要是反对不真实、八股调",等等。

---

① 毛泽东. 毛泽东新闻工作文选. 北京:新华出版社,1983:182.
② 邓小平. 坚持党的路线,改进工作方法. 邓小平文选(第二卷). 北京:人民出版社,1994:274.

在世纪之交中国全面融入世界的时代背景下,1999 年,江泽民同志在全国外宣工作会议上强调指出:外宣工作者应站在更高的起点上,审时度势,力争在国际上形成同中国的地位、声望相称的强大宣传舆论力量,更好地为改革开放和现代化建设服务,为促进祖国统一、世界和平和人类进步作出更大的贡献。这篇讲话首次将"加强对外宣传工作"明确为国家重大战略任务之一,并且为新形势下改进和完善外宣工作树立了明确的目标和方向。

2008 年,胡锦涛同志在视察人民日报社时特别强调:国际形势的发展变化呈现出新的特点,随着我国开放程度的不断加深,我们与世界的联系愈加紧密。做好党和国家工作必须统筹国内国际两个大局,宣传工作也必须统筹国内国际两个方面。"统筹国内国际两个方面"是在新形势下做好对外传播工作必须具备的意识,也成为中国外宣工作的重要指导方针。

在实现中华民族伟大复兴的"中国梦"的进程中,习近平同志继承、创新和发展了中国特色社会主义对外宣传观。他提出的"提高国家文化软实力,努力提高国际话语权"[①]等理念继承并发展了毛泽东同志"发出自己的声音,把地球管起来"的战略构想。"讲好中国故事""传播好中国声音",不仅仅满足于内容导向的"讲中国好故事""传播中国好声音"等前沿理念,突出了传播效果和策略的重要性,更加契合新形势下国际传播的要求。

在改进传播方式和创新对外话语体系方面,中国共产党的历届领导人结合当时新闻传播的发展大势对外宣工作提出了明确的部署和要求。毛泽东强调要尊重国外读者的接受习惯,"软硬结合",力戒"党八股"和"浮夸之风";邓小平强调要了解国外受众,实现话语对接;江泽民强调要"积极运用现代化信息技术加强和改进对外传播手段"[②];胡锦涛则提出"构建现代传播体系,提高国际传播能力"[③]的主张。习近平吸取了前任领导人外宣思想中的精髓,明确提出"精心构建对外话语体系"打造"融通中外的新概念、新范畴、新表述",践行"中国立场、国际表达""展现真实、立体、全面的中国",并使之成为新形势下加强和改进外宣工作的中心任务。

---

① 习近平. 胸怀大局　把握大势　着眼大事　努力把宣传思想工作做得更好. 北京:人民日报,2013-08-21.
② 江泽民. 站在更高起点上把外宣工作做得更好,要在国际上形成同我国地位和声望相称的强大宣传舆论力量,更好地为改革开放和现代化建设服务. 人民日报,1999-02-26.
③ 胡锦涛. 坚定不移沿着中国特色社会主义道路前进,为全面建成小康社会而奋斗——在中国共产党第十八次全国代表大会上的报告. 人民日报,2012-11-09.

习近平提出的"展现中华文化魅力,创新人文交流方式"沿袭了历届领导人对民族文化和传播方式的高度重视。毛泽东曾提出"提倡新文风"(毛泽东,1993),周恩来曾提出"宣传出去,争取过来""不同对象区别对待"(胡正强,2003,pp.79-105),胡锦涛曾提出"弘扬中国文化,构建和谐世界"(胡锦涛,2004),等等。在此基础上,习近平进一步明确了以"中华民族最基本的文化基因"和"当代中国价值观念"(习近平,2013)作为核心,贯穿于对外交往和国际传播的方方面面。在新的传播生态下,他还强调运用互联网思维、新媒体平台和国际表达来传播中国文化和价值观。

在当今世界处于百年未有之大变局,中国特色社会主义建设进入新时代和世界进入"新全球化"时代的背景下,习近平同志结合"一带一路"倡议和"构建人类命运共同体"的宏伟构想,对如何推进外宣工作在内容、手段和方式上的改革创新提出了更为具体的要求,明确提出要"把握大势、区分对象、精准施策,主动宣介新时代中国特色社会主义思想,主动讲好中国共产党治国理政的故事、中国人民奋斗圆梦的故事、中国坚持和平发展合作共赢的故事,让世界更好地了解中国"[①]。上述这些精辟论述为新时代对外传播事业的发展界定了"风向标",绘制了"路线图",既尊重国际传播规律,又富于时代特色,将会成为今后很长一段时间里中国对外传播事业的根本遵循。

二、"红色中国"时期(1949—1978年)

1949年中华人民共和国成立之初,内部面临着"一穷二白"的困境,外部处于美苏两极争霸的"冷战"格局中。在此背景下,确保国家的主权和安全,进而巩固独立自主的国际地位,成为外事工作的根本出发点。由此,外宣工作的重点是在国际新闻舆论场上彻底改变积贫积弱的旧中国形象,打造出独立自主、印记鲜明的"红色中国"形象。

在新中国百废待兴、百业待举的形势下,外宣工作得到了充分的重视。1949年,政务院设立新闻总署国际新闻局。1950年,该局出版《人民中国》等多种杂志,开始向世界说明中国。1952年,国际新闻局改组为外文出版社,

---

① 习近平.举旗帜 聚民心 育新人 兴文化 展形象 更好完成新形势下宣传思想工作使命任务.人民日报,2018-08-23.

其后几年,对外宣传的具体业务被分散于外交部、中联部等多个机构,而这一体制基本都在模仿苏联,这与当时奉行的"一边倒"对外政策是相适应的。

1958年,为了改变"事出多头"的状况,外宣工作改由中央外事小组统一领导,国务院外事办下设对外文化联络委员会(以下简称"对外文委")具体负责,这也是对外传播事业跳脱"苏联模式"而探索自身道路的起点(习少颖,2010,p.81)。在以美国为首的西方国家联手打压"红色中国"的国际环境下,这一时期外宣工作的总基调是"联苏抗美"与"广交朋友",针对美国开展宣传战、舆论战,促成朝鲜停战谈判的顺利进行;对苏联展开全方位的文化交流,巩固同盟关系;借助日内瓦会议、万隆会议等有限的国际场合,积极宣传"和平共处五项原则",争取国际社会对"红色中国"的同情和支持。

20世纪60年代,苏联领导层转向修正主义立场,明里暗里挑战中国"主权独立"的底线,从而导致中苏关系的恶化。中国外宣工作的基调由"联苏抗美"调整为"反美反苏"(即"反帝反修")。其间,最具代表性的事件莫过于"中苏论战",中共中央先后发表"九评《苏共中央公开信》",[①] 有力回击了"苏修"的霸权主义行径,在国际舆论场上强化了独立自主、自力更生的"红色中国"形象。

1966年"文革"爆发后不久,"对外文委"被迫撤销,在极"左"思潮的影响下,外宣工作的调门和方式趋于激进,不分对象都鼓吹"世界革命",引发了各国民众的反感。"文革"前,中国对外广播的读者来信逐年增多,在1965年达到28万多封的峰值,到1967年暴跌至4万多封,1970年只有2万多封。这充分表明,"文革"中奉行的错误路线在一定程度上破坏了"红色中国"的形象。

20世纪70年代,在新的世界形势下,中美关系走向缓和。"乒乓外交"和尼克松访华成为改变世界地缘政治格局的重大事件,让"红色中国"成为全世界舆论关注的焦点。在周恩来、邓小平的亲自过问下,外宣工作机制得以逐

---

① 1963年9月6日至1964年7月14日,"九评"陆续发表在《人民日报》上,分别是:《苏共领导和我们分歧的由来和发展》(一评,1963年9月6日);《关于斯大林问题》(二评,1963年9月13日);《南斯拉夫是社会主义国家吗?》(三评,1963年9月26日);《新殖民主义的辩护士》(四评,1963年10月22日);《在战争与和平问题上的两条路线》(五评,1963年11月19日);《两种根本对立的和平共处政策》(六评,1963年12月22日);《苏共领导是当代最大的分裂主义者》(七评,1964年2月4日);《无产阶级革命和赫鲁晓夫修正主义》(八评,1964年3月31日);《关于赫鲁晓夫的假共产主义及其在世界历史上的教训》(九评,1964年7月14日)。

步恢复。其间也出现了具有突破性的亮点：1970年国庆，以毛主席邀美国记者斯诺重登天安门城楼为契机，向西方世界释放出积极信号；1972年，有关部门通力合作，促成百名美国记者组成的庞大采访团随尼克松访华，并首次让西方观众通过电视实况转播一睹"红色中国"的风采。

新中国前30年间，在中国共产党的领导下，中国外宣战线从无到有，初步建立起了由通讯社、出版社、报社和广播电视台组成的较为完备的媒介体系。1955年，毛主席作出了新华社要"把地球管起来，让全世界都能听到我们的声音"的批示。新华社加快了海外布点的速度，在亚非拉等第三世界国家拓展业务，迈出了向世界性通讯社转型的步伐。在对外出版方面，中国外文局下辖的外文出版社、新世界出版社和《人民画报》《中国建设》（后更名为《今日中国》）《北京周报》等外宣期刊成为塑造"红色中国"形象、传播"红色中国"声音的主力军。

新中国成立之初恰逢"广播时代"。1950年在原有基础上成立了"北京广播电台"（Radio Beijing），在亚非拉民族解放运动中发出了不可忽视的"强音"。原中央广播事业局局长梅益曾回忆道："很多革命者……在越南前线、在马来西亚的森林、在缅甸的山区、在非洲的沙漠……冒着生命的危险听我们的广播。"

作为20世纪60年代的"新媒体"，中央电视台的前身"北京电视台"也派出了第一位走出国门的记者和第一位常驻国外的记者，并与36个国家建立了购买或交换新闻、文艺和体育等节目的合作关系（即"出国片"），迈出了电视外宣的第一步。总体看来，伴随着新中国前30年的风云变幻，对外传播事业始终围绕建构和巩固独立自主、自力更生的"红色中国"形象这一目标，在维护国家主权和为推动社会主义建设营造有利的舆论环境等方面发挥了重要作用，奠定了中国特色社会主义对外传播事业的路线和基础。

三、"开放中国"时期（1979—2008年）

1978年，党的十一届三中全会召开，开启了改革开放的新征程。对外传播事业的主要任务由"求生存"转向"促发展"，在理念上由以传者为主体、单向输出的"对外宣传"转向以受众为主体、双向沟通的"国际传播"。这一时期，战略重点也相应地调整为主动建构顺应全球化大潮的"开放中国"

的新形象。

在西方话语体系中,"共产党""社会主义"等概念长期遭到标签化、污名化,根深蒂固的"冷战思维"不利于中国顺利融入世界政治经济体系。有鉴于此,这一时期中国对外传播事业的首要任务,是"祛魅"前30年被过度政治化和意识形态化的"红色中国"形象,积极宣介、阐释好改革开放、和平发展的基本国策,努力与世界各国,尤其是西方发达国家发展友好关系,营造良好的国际舆论环境。

1980年4月,为了适应改革开放的新形势,中央对外宣传小组(以下简称"小组")成立,专责协调国际以及港澳台侨宣传方面的重要事务,这标志着外宣工作被纳入顶层设计的范畴。1981年《中国日报》创刊;1985年《人民日报》发行海外版,进一步拓展了对外传播阵地。1986年,中央批转"小组"《关于加强和改进对外宣传工作的意见》,明确了外宣工作服务于"四化"建设和改革开放的功能,也强调要讲求实效、策略、时机和方法。

由于其间出现的一些波折,"小组"在1987年被裁撤,致使外宣工作一度陷入被动局面。1990年,在世界进入"后冷战"时代的新形势下,"小组"的建制得到恢复,并由虚体逐步转为实体,以"国务院新闻办公室"的独立建制定期发表《中国人权状况白皮书》,对美国为首的西方国家发动的"人权攻势"予以坚决回击。同年,中国外文局也从文化部系统调整至外宣系统管理,专司对外文化出版事业。中央电视台也组建了对外电视中心,宣告电视外宣时代的到来,至此形成了新华社、《人民日报》、中国国际广播电台、中央电视台、《中国日报》和中国新闻社六大央媒与中国外文局共同组成的"外宣国家队"。1992年,"小组"更名中央对外宣传办公室,自此,中央外宣办/国务院新闻办"两个牌子、一套班子"的领导体制延续至今。比照中央的建制,各省市宣传部也相继设立了外宣办(处),为外宣工作实现跨越式发展、全方位建构"开放中国"的新形象提供了可靠的保障。

2001年是改革开放进程中具有里程碑意义的历史节点。中国加入世界贸易组织(WTO),开始全面融入世界体系。同时由于"9·11"事件的影响,美国将恐怖主义视作主要威胁,中美之间进入了全方位合作的新阶段。由此,传播中国和平发展的形象,倡导建设和谐世界的主张,便成为这一时期中国外宣事业的主旋律。另外,随着跨文化传播、公共外交、形象/品牌传播等前沿理念的引入,外宣工作在功能上不再局限于服务国内经济建设,而是被视为提升国家文化软实力、建构大国形象的重要手段,其模式也由改革开放初期的"被动回应"转向"主动说明",由"请进来"转向"走出去"。

2003年上半年,"传染性非典型肺炎"(SARS)在中国大地上肆虐,由于新闻发布和信息公开的机制不健全,导致国家形象受损。危机过后,全面推进新闻发布制度逐渐成为全社会的共识,并成为这一时期外宣领域的中心工作。在国新办的牵头和协调下,采取"以培训带建设"的方式推动了中央、省、市三级政府新闻发布制度的全面确立。到2004年年底,基本建立起了从中央到地方全覆盖的新闻发布体系。

2008年的北京奥运会被时任国际奥委会主席雅克·罗格先生誉为"无与伦比",完成了新中国在世界舞台上的"成人礼"。2010年,上海世博会和广州亚运会也获得了国际舆论的广泛好评,这标志着"开放中国"的新形象已得到国际社会的认可和接受。为了配合北京奥运会的顺利召开而颁布的《中华人民共和国政府信息公开条例》与《外国常驻新闻机构和外国记者采访条例》,成为建构"开放中国"新形象的制度保障。2008年"汶川地震"和2009年爆发的"甲型H1N1流感"疫情等危机事件期间,在国新办的统一协调下,相关政府部门秉持公开透明、及时发布权威信息的原则,进一步强化了"开放中国"的新形象,成为公共传播中"化危为机"的范例。

从战略布局上看,建构全方位、多层次、宽领域的"大外宣"格局,推动中华文化和中国媒体"走出去"成为这一阶段的工作重点。自2003年起,中国开始与世界各国互办"国家文化年"的交流活动。2004年,全球第一家孔子学院成立,迄今已遍布世界100多个国家和地区,成为传播中华文化的重要窗口。自2010年至今,一年一度的"欢乐春节"活动在全球各地广泛开展,成为展示中华文化的大舞台。

总体来看,改革开放以来的40年为中国对外传播事业实现跨越式发展提供了历史性的契机。无论是从理念策略的创新、体制机制的建设还是从传播平台的拓展来看,中国特色社会主义外宣事业在走向科学化、专业化和体系化的道路上迈出了坚实的步伐。

四、"全球中国"时期(2009—2019年)

2010年中国GDP总量超越日本,成为世界第二大经济体。2012年11月召开的党的十八大标志着中国特色社会主义进入了新时代,中国日益走进世界舞台的中央。与此同时,2008年从美国华尔街波及全球的"金融海啸"和2016年英国脱欧、美国大选等事件标志着世界进入了"后西方、后秩序、后真相"的时代。以"启蒙"与"现代性"为核心的"欧洲文化想象"(European cultural imaginary)和1945年以来建立起来的"美国秩序"(Pax Americana)正一步步逼近内爆和崩塌的边缘。20世纪80年代迄今由美国等西方国家主导的经济/文化全球化遇到了前所未有的挑战,"逆全球化"(De-globalization)的思潮席卷全球,世界进入了一个充满高度复杂性和不确定性的历史节点。

在当前"逆全球化"浪潮挑战和"一带一路"倡议的大背景下,中国外宣工作的战略重点转移到构建以"积极、主动参与全球治理的负责任大国"为特征的"全球中国"形象。在全面深化改革开放的战略部署下,中国外宣事业在内容、渠道、技术等方面进入快速提升的阶段,并随着"一带一路"倡议和构建"人类命运共同体"理念的落地生根,开始引领重塑全球传播新秩序的时代潮流。

2009年以来,中央实施了以"加强媒体国际传播能力"为目标的"媒体走出去"战略,对六大央媒投入了大量的人力、物力和财力,对已有的媒体资源进行优化整合,对内容进行全方位更新,大力推进全球布点和海外业务的开展。同年,外交部成立了公共外交办公室,推动公共外交成为创新外宣工作的重要手段,各类民间组织、智库、基金会等社会力量都被纳入"大外宣"战略中来,多元主体的"复调传播"模式初具雏形。另外,创新传播手段,适应新兴媒体生态也成为外宣工作改革的重点。2011年,国家互联网信息办公室挂牌成立,并挂靠在国务院新闻办公室,互联网和社交媒体随之成为外宣工作新的增长点。

作为建构"全球中国"新形象最为醒目的标志性外宣成果,《习近平谈治国理政》第一卷/第二卷持续热销海外,以35个语种发行到世界160多个国家,发行量突破千万,对人类共同面对的各种危机与挑战提供中国方案,贡献中国智慧,受到了国际政界、商界和学界主流人群和各阶层读者的广泛关注。

"媒体走出去"工程加快推进,建立起了"1+6+N"(即一家旗舰媒体+六家央媒+其他部门)的立体化"大外宣"格局,以往"舢板"式的"单媒体机构"转型升级为"航母"级别的"融媒矩阵",在全球新闻舆论场的蓝海中稳步靠近领航的位置。新华社海外布点达到180个,数量超过路透、美联等竞争对手，跃居全球通讯社的第一位。2016年12月31日开播的中国环球电视网（CGTN）问世不到半年便跃升为脸书（Facebook）上的第一大媒体账号，同时被南非一家调研机构评为最"公正"（neutral）的国际媒体。这表明中国媒体在走向全球的进程中，不仅在硬件建设和规模效应上取得了长足进步，而且新闻理念和品质也开始获得国际受众的认可。

在移动社交媒体蓬勃发展的今天，中国外宣媒体主动适应传播变局，适时转变话语方式，中国网推出了短视频新闻评论栏目《中国三分钟》，获得了广泛赞誉。由澎湃新闻网推出的《第六声》借助"外脑""外口"发声，主打可视化传播，成为地方外宣创新的品牌平台。尤其值得一提的是，技术创新也成为这一阶段外宣工作发展的重要抓手。短视频平台"抖音"的海外版Tiktok，2018年上半年成为"苹果应用商店"全球下载量第一位的APP。"快手"的海外版Kwai，则在韩国、东南亚和俄罗斯等地成为下载量最大的短视频社交平台，它们有望成长为中国对外传播事业的新兴力量。

随着"大国外宣"的不断推进，加之"后西方""后秩序"时代恰逢"战略窗口期"的有利时机，中国的国际形象呈现稳步上升的势头。根据皮尤中心（Pew Research Center）2018年发布的调查结果，全球民众对中国持正面看法的比率创近5年来的新高（45%）；在世界绝大多数国家当中，相较于50岁及以上的年长者，年轻人对于中国的好感度更高。从地区来看，非洲、拉美、亚太地区的多数国家和澳大利亚、希腊、荷兰、英国、法国、西班牙、加拿大等西方主要国家对中国持正面看法的比例都在均值以上。这充分表明，提升中国国家形象的努力已经初见成效。但必须清醒地看到，目前，中国对外传播的一些"瓶颈地带"仍然没有显著改善，尤其是德国、意大利等欧洲国家和日本、韩国等周边国家民众对于中国的态度普遍较为负面。这对进入"新时代"中国媒体改进外宣工作、提升国际传播能力建设的成效提出了更高的要求。

从更为宏观的战略层面入手，中国外宣媒体还以"人类命运共同体"理念为指导，借力"'一带一路'沿线国家媒体合作联盟""金砖国家媒体峰会""世界互联网大会乌镇峰会"等跨国机制，积极开展媒体外交和合作传播，推动建立更加公平、公正和均衡的全球传播新秩序。

为了更好适应建构"全球中国"新形象和构建全球传播新秩序的时代潮流，中国对外传播工作者应当继续大胆进取，锐意创新。具体而言，从概念和理论的层面上看，传统的"国际传播"（International communication）应被更符合现实的"全球传播"(Global communication)所代替。所谓"全球传播"是指信息、符号、观念及意识形态在全球范围内进行跨越民族国家边界的共时性流动。它不同于肇始自"冷战"时代的、以民族国家为核心、遵循"内外有别"原则而进行的"国际传播"[①]。从实践的层面来看,传统的对外宣传或对外传播应当升级为国家战略传播,由为"现实政治"服务的单一目标上升为以强化"观念政治"为核心的系统工程。

回望 70 年,"红色中国""开放中国""全球中国"的更新迭代串联起新中国形象再建构的主线,既绘出了中国人民在中国共产党的领导下完成从"站起来"到"富起来"再到"强起来"的奋斗轨迹,也融入了几代外宣工作者与时俱进、锐意创新的激情与智慧。根据盖洛普公司 2019 年 3 月发布的对 133 个国家的民调结果显示,超过 1/3 的受访者认可中国是新的"全球领导者",这个比例超过了美、俄、英等"守成大国"。这充分表明,在"一带一路"倡议引领的"新全球化"时代背景下,一个勇于担当、奋发有为的"全球中国"形象将会得到更多有识之士的接纳和信赖,中国对外传播事业将在"世界百年未有之大变局"的因缘际会中获得新的发展动力,为推动建设"人类命运共同体"的宏伟目标作出更大的贡献。

---

① 史安斌. 国际传播研究前沿. 北京:清华大学出版社,2012:3-15.

参考文献

中共中央文献研究室.邓小平年谱(1975—1997年).北京:中央文献出版社,1977.

邓小平.建设有中国特色的社会主义(增订本).北京:人民出版社,1984.

邓小平.坚持党的路线,改进工作方法.见:邓小平文选(第二卷).北京:人民出版社,1994.

丁柏铨.时代变迁与中国对外传播理论和实践的发展.中国地质大学学报:社会科学版,2011(4):96-103.

梅益谈广播电视.广电部政策研究室编.北京:中国广播电视出版社,1987.

胡耀亭.中国国际广播大事记.北京:中国国际广播出版社,1996.

胡锦涛.胡锦涛在亚非峰会上发表重要讲话,http://politics.people.com.cn/GB/1024/3343050.html,2005-04-22.

胡锦涛.在人民日报社考察工作时的讲话,http://politics.people.com.cn/GB/1024/7408514.html,2008-6-20.

胡锦涛.坚定不移沿着中国特色社会主义道路前进 为全面建成小康社会而奋斗——在中国共产党第十八次全国代表大会上的报告.人民日报,2012-11-9.

胡正强.中国现代报刊活动家思想评传(上编).北京:新华出版社,2003.

江泽民.站在更高起点上把外宣工作做得更好,要在国际上形成同我国地位和声望相称的强大宣传舆论力量,更好地为改革开放和现代化建设服务,http://www.people.com.cn/item/ldhd/Jiangzm/1999/huiyi/hy0002.html,1999-02-26.

李舒东.中国中央电视台对外传播史(1958—2012).北京:人民出版社,2013.

马克思.路易·波拿巴的雾月十八日.中共中央马克思恩格斯列宁斯大林著作编译局译(3版).北京:人民出版社,2001.

马克思,恩格斯.共产党宣言.马克思恩格斯文集(第2卷).北京:人民出版社,2009.

中共中央文献研究室,新华通讯社.毛泽东新闻工作文选.北京:新华出版社,1983.

中共中央文献研究室.毛泽东文集(第一卷).北京:人民出版社,1993.

申宏磊,于淼,崔斌箴,沈晓雷.对外宣传工作应改革开放而生——专访新时期外宣事业的开拓者朱穆之.北京:对外传播,2008(11):5-7.

史安斌.国际传播研究前沿.北京:清华大学出版社,2012.

史安斌,张卓.西方媒体的"中式全球化".青年记者,2015(16):84-86.

史安斌,张耀钟.构建全球传播新秩序:解析"中国方案"的历史溯源和现实考量.新闻爱好者,2016（5）:13-20.

史安斌,张耀钟.联接中外、沟通世界:改革开放40年外宣事业发展述评.北京:对外传播,2018（12）:4-7.

史安斌.讲好中国故事、传播好中国声音.郑保卫编.马克思主义新闻观十二讲.北京:高等教育出版社,2019:178-193.

习少颖.1949—1966年中国对外宣传史研究.武汉:华中科技大学出版社,2010.

习近平.胸怀大局把握大势着眼大事 努力把宣传思想工作做得更好.人民日报,2013-08-21.

习近平.建设社会主义文化强国 着力提高国家文化软实力.人民日报,2014-01-01.

习近平.在中国国际友好大会暨中国人民对外友好协会成立60周年纪念活动上的讲话.人民日报,2014-05-16.

习近平.举旗帜 聚民心 育新人 兴文化 展形象 更好完成新形势下宣传思想工作使命任务.人民日报,2018-08-23.

姚遥.新中国对外宣传史:建构现代中国的国际话语权.北京:清华大学出版社,2014:236-244.

赵启正.向世界说明中国——赵启正演讲谈话录.北京:新世界出版社,2005:127-128.

中国社会科学院新闻研究所编.中国共产党新闻工作文件汇编（下卷）.北京:新华出版社,1980.

中国外文局编.中国外文局五十年回忆录.北京:新星出版社,1999.

中共中央办公厅.关于加强和改进新形势下对外宣传工作的意见.中发〔2004〕10号.

朱穆之.风云激荡七十年（上册）.北京:五洲传播出版社,2007:201-285.

GALLUP.（2019）. Rating World Leaders:2019 Report.Retrieved from https://www.gallup.com/analytics/247040/rating-world-leaders-2019.aspx?g_source=link_NEWSV9&g_medium=&g_campaign=item_&g_content=Rating%2520World%2520Leaders%25202019.

New World Wealth.（2017）.CGTN被国际机构评为最中立的国际新闻媒体.Retrieved fromhttp://www.cctv.cn/2017/09/20/ARTICdYCGwJ8OwD2hI4 KdtGT170920.shtml.

Pew Research Center.（October 1,2018）.International publics divided on China.Retrieved from https://www.pewglobal.org/2018/10/01/international-publics-divided-on-china/.

改革开放以来新中国的形象建构变迁分析
——基于《人民日报》1978—2019年报道文本数据

范红[1] 向安玲[2] 沈阳[3]

【摘要】 本文基于1978年到2019年《人民日报》上有关中国国家形象的新闻报道文本数据,通过政治、经济、文化、社会、生态5个维度下热点词汇变化趋势分析,结合趋势"转折点"背后的历史原因,总结国家媒介形象建构变迁的规律。研究发现,《人民日报》中各个时期报道中的流行词汇,与国家当期重点政策和主推政治任务显著相关。研究结果表明,中国媒介形象在政治维度上呈现出从重视自身"现代化"到关注"人类命运共同体"建设的变迁;经济维度上呈现出从追求"速度"到以"高质量"为目标的形象变迁;文化维度上始终以"和平"与"力量"为突出特点;社会维度上呈现出从积极"探索"到积极"创新";生态维度上从呈现出"退耕还林"转向"绿色发展"的变迁。

【关键词】 新中国、国家形象、媒介形象、形象建构变迁、文本数据分析

一、引言

国家形象是国家软实力的重要组成部分,是国内外民众基于一个国家的物质基础、制度体系和精神气质等多个层面作出的一种综合评价。媒介作为承载国家形象的重要工具,是公共信息的提供者,也是一种重要的历史建构工具。国家形象在媒介中的呈现即为国家媒介形象。国家媒介形象是结晶化了的社

---

[1] 范红:清华大学国家形象传播研究中心主任,清华大学新闻与传播学院教授、博士生导师。
[2] 向安玲:清华大学新闻与传播学院博士生。
[3] 沈阳:清华大学新闻与传播学院教授、博士生导师。

会事实,是国家形象的重要组成部分,同时也是大众传媒建构、缔造的产物。

改革开放40多年以来,中国经历了经济高速增长、社会阶层的深刻变化与综合国力的持续上升,中国在国际社会中的话语权与影响力得到了大幅提升,中国的国家形象也发生了重大变化,国家媒介形象作为国家形象的重要组成部分,正在被重新塑造。从已有的研究工作可知,中国国家媒介形象建构方面的研究成果颇为丰富,但多数作者只选取了某个时间段或某个事件进行切片分析,缺乏有关国家媒介形象历史变迁的历时性分析,此外,对于国家媒介形象不同维度的分析也较少。因此,为了更真实、更具体地反映中国国家形象在历史变迁中的变化情况,本文基于《人民日报》1978—2019年报道文本数据,将国家媒介形象划分为政治、经济、文化、社会、生态5个维度,分析40多年国家方针政策核心词的变化和重点,以反映官方对构建国家形象的思考与实践成果。《人民日报》作为中国共产党中央委员会机关报,其所呈现的文本数据对中国国家形象的分析具有真实、可靠的参考价值。

二、文献回顾

近年来,关于中国国家形象与国家形象建构的相关研究颇为丰富,本章节将从中国国家形象、中国国家媒介形象与中国国家形象变迁三方面来进行研究现状综述。

(一)中国国家形象

随着中国的不断发展与综合国力的提升,"中国国家形象"的相关研究逐渐成为近些年来国内研究学者所关注的热点问题。在中国知网(CNKI)以"中国国家形象"为关键字进行检索,共可检索出3 130条结果,其文献数量趋势如图1所示。

从文献数量趋势图中可见,"中国国家形象"的相关研究始于20世纪90年代,在2008年出现了一次小高峰,从2010年开始逐年增长。经过分析可以发现,20世纪90年代有关"中国国家形象"的研究主要侧重于探讨国际新闻传播在塑造国家形象中所起到的作用,如徐小鸽在《国际新闻传播中的国家形象问题》中,以中美两国在各自新闻媒介中的形象问题进行对比分析,探讨了造成国际新闻传播中国家形象问题的原因、影响以及解决办法;黄庆在《对

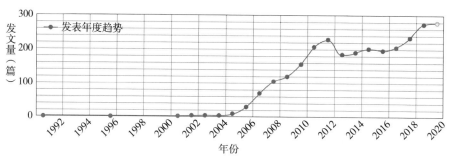

图 1 文献数量趋势图[2]

外宣传中的国际意识与国家形象》中强调了媒体报道中塑造国际形象的重要性,呼吁媒体工作者在报道中国时注重塑造中国的国际形象。2008年北京奥运会的举办,使得中国国家形象开始获得学术界的广泛关注,相关论文及书籍不断涌现,这一时期的相关研究主要以具体案例为切入点研究中国国家形象的塑造策略,如涂光晋与宫贺的《北京奥运与国家形象传播中的议程建构》。2010年以来,中国逐渐在世界舞台上发挥出越来越大的作用,对于"国家形象"的重新定义与塑造国家形象策略的全新探索成为研究的主要焦点,其中代表性研究包括范红的《国家形象的多维塑造与传播策略》、卢小军的《国家形象与外宣翻译策略研究》等。近些年来,随着中国特色社会主义进入新时代,中国取得了举世瞩目的伟大成就,世界的目光前所未有地聚焦于中国。与此同时,由于中国的快速发展所引发的竞争和冲突(如中美贸易战等)也时有发生,学者对于中国国家形象的研究视角由探索国家形象塑造策略,转向关注国家形象塑造背后的话语建构与权力争夺的问题,国家形象的"自塑"与"他塑"成为全新的关注热点,如孙发友与陈旭光的《"一带一路"话语的媒介生产与国家形象建构》、张美云与杜振吉的《基于媒体计算的中国形象"他塑"模型建构——以印度尼西亚等东盟国家为例》等。

在研究路径方面,当前中国国家形象研究的基本路径大致分为两类:第一类是具体实务类的研究,多见于将本国媒体中的国家形象或外国媒体上的国家形象进行研究,研究方法多为文本分析、话语分析或内容分析;第二类是相对抽象的概念化策略研究,多为思辨性质化研究,从国家形象的观念演变、国家形象的具体研究范围界定与国家形象战略建构等多个维度展开。近年来,华中科技大学等高校也开始借由量化的问卷调查方法,调研国外民众心中的中国国家形象。

在国家形象的评价体系方面,国际上有 6 个主流国家形象评价体系,如表 1 所示。其中主要分为 8 个维度,即自然及文化艺术、旅游业、商品及服务、政治及经济、科学及科技、环境、社会及和平、国民。

表 1 国家形象评价系统示例

国家形象评价系统	具体评价项目
Anholt-GfK Nation Brands Index	文化及文化遗产;旅游业;出口;政府;移民及投资;国民性
The Good Country Index	文化;财富与公平;世界需求;科学及科技;健康;环保与气候;国际和平与安全
Country Brand Index	文化及遗产;旅游业;制造业;价值体系;商业潜能;生活质量
The Soft Power 30	文化;企业;世界参与度;政府;教育;数字化;国民性
Brand Finance Nation Brands	旅游业(产品与服务);市场(产品与服务);社会;统治(投资);人口及技术(投资);市场(投资);政府(产品与服务)
SERI-PCNB NBDO Nation Brand Rankings(Substance)	卢誉;遗产;现代文化;经济与合作;科学及技术;政府政策;基础建设;国民

(二)国家媒介形象

国家形象建构包括实体决定、媒介呈现与认知印象 3 个维度,国家的实体形象是本源,国家的媒介形象是渠道和参照,国家的认知形象是结果。在 3 个维度中,国家媒介形象在国家形象建构的过程中起着不可取代的作用。在中国国家媒介形象的相关研究中,外媒报道中的中国形象是备受研究者关注的热点问题,如 O.A.巴库林与沈昕的《俄罗斯大众传媒上的中国形象——以北京奥运会报道为例》、甘险峰的《美国主流媒介文本中的中国形象变迁——基于普利策新闻奖获奖作品中中国题材的梳理》等。此外,部分研究以具有代表性的媒介事件为案例进行国家媒介形象建构的分析,如李凯的《全球性媒介事件与国家形象的建构和传播——奥运的视角》、万晓红的《北京奥运会报道与中国国家形象塑造的实证分析》等。

(三)国家形象变迁

在以往有关中国国家形象变迁的研究中,研究者主要关注美国媒体中中国国家形象的变迁,如甘险峰在《美国主流媒介文本中的中国形象变迁》中,通过对普利策新闻奖获奖作品中的中国题材作品的历史梳理,展现了普利策新闻奖中的中国题材与相应的中国国家形象所经历的从被忽视、敌视到正视的转变；高楠楠与吴学琴在《美国媒体话语中的当代中国国家形象变迁审视》中，通过分析美国媒体报道中关于当代中国国家形象的话语变迁线索，得出美国媒体话语中当代中国国家形象变迁的基本特征与变迁产生的原因。

（四）研究问题的提出

通过对中国国家形象、中国国家媒介形象和中国国家形象变迁相关研究的分析可以发现，关于中国国家形象与国家形象建构的相关研究颇为丰富，但大多数研究以某一媒介事件对于国家形象的建构为关注点，缺乏对时间跨度大、传播文本数量庞大的纵向历时性研究。此外，研究者的研究文本主要为国外媒体报道的文本内容，而缺少对国内媒体报道中的中国国家形象的研究，将中国国家媒介形象划分为不同维度进行分析的研究也较少。

《人民日报》作为塑造中国国家形象最具权威力和影响力的发声渠道，其报道文本中所呈现的中国国家形象具有真实性、可靠性，其构建的中国国家形象更能反映出真实的中国形象。因此，本文采用对比分析与趋势变化分析的方法，对1978年到2019年《人民日报》的报道文本数据进行历时性分析，从政治、经济、文化、社会、生态5个维度出发，分析40多年来国家方针政策核心词的变化和重点，挖掘"转折点"背后的历史原因，总结国家媒介形象建构变迁的规律，对更真实、更具体地反映中国国家形象在历史变迁中的变化情况具有深远意义。

三、研究方法

张昆和王创业在研究国家形象传播中提到，在客观层面，国家被分为物质国家与制度国家。物质国家由疆域、人口、自然景观等构成；制度国家是由政治、经济、文化等规定。范红和胡钰提出，决定国家形象的最主要认知维度是政府维度、企业维度、文化维度、景观维度、国民维度、舆论维度这6个维度。《光明日报》在庆祝中华人民共和国成立70周年的评论中写道："新中国70年建构的国家形象是多维立体的，蕴含新中国经济、政治、文化、生态等方面的具体形象。"综合前期相关研究本文认为：经济形象是国家形象的基础，政治形象是国家形象的支柱，文化形象是国家形象的重要组成部分，社会形象是国家形象的投影,生态形象是国家形象不可缺少的要素。本文沿用上述学者研究中国家形象的政治(政府)、经济(企业)、文化3个维度,将"景观"(自然景观)定义为"生态"维度,国民、疆域等则整合为"社会"维度,进一步采用定量与定性相结合的方法展开研究。

首先,本文将国家媒介形象划分为政治、经济、文化、社会、生态5个维度,确定总体的研究方向;接下来,对1978—2019年国务院政府工作报告、1978年以来历届中央全会报告进行内容文本定性分析,利用中文分词工具提取关键词词频,参考新华社"中国面貌"系列述评——"奇迹中国""创新中国""民主中国""法治中国""文明中国""和谐中国""健康中国""美丽中国""开放中国""和平中国",对结果进行人工筛选,整理出5个维度中在媒体报道的具体事件和具体情境下塑造国家形象的关键词,共185个;此外,还有27个在各领域报道中都较为常见的"共通词",如表2所示。

在此基础上,本文利用《人民日报》全文电子数据库的高级搜索方式,在正文中搜索目标关键词,统计各关键词在1978年1月1日至2019年10月21日的新闻报道中被提及的次数;为保证关键词与相关主题领域的匹配准确性,统计过程中灵活调整相关词匹配等查询方式,并对无关数据进行手动筛除。进一步采用Tableau对关键词统计结果进行可视化处理并分析其变化规律,具体包括总体词频的对比分析、不同历史阶段的热门关键词对比分析(20年流行词、10年流行词和近期热词等)、核心形象关键词的时间趋势变化分析等。通过观察数据变化特征,旨在挖掘"转折点"背后的历史原因,总结国家媒介形象建构变迁的规律。

表2 各领域报道中较为常见的"共通词"

主题维度	媒介形象关键词	数量
政治	制度自信、理论自信、道路自信、人民民主、中央权威……	54
经济	飞速发展、富民强国、世界第二大经济体、全面小康、物价稳定……	30
文化	文化复兴、中华文明、历史悠久、智力开发、身份认同……	32
社会	人道主义、人文关怀、老龄化、八荣八耻、凝聚力……	30
生态	绿色产业、人类命运共同体、荒漠化、绿色发展、可持续发展……	41
多主题	自信、创新、开放、中国特色、实事求是……	27

四、结果分析

基于上述研究方法,针对1978—2019年《人民日报》上有关中国国家形象的新闻报道文本数据进行对比分析与趋势分析,获得如图2至图6所示的数据变化情况图,分别表示政治、经济、文化、社会、生态5个维度的国家媒介形象建构变化趋势。

(一)"现代化"到"共同体":政治形象的历史变迁

从图2可见,"合作"这一关键词是改革开放40多年以来政治维度中最为突出的核心形象关键词,这一关键词反映出中国在处理国际关系问题时始终坚持的基本理念与基本原则。与美国总统特朗普所坚持的美国利益优先不同,中国在近年来先后提出"一带一路"倡议、建立亚洲基础设施投资银行、金砖国家组织,推动建设以公平正义、合作共赢为核心的新型国际关系,中国开始展现给世界一种负责任的大国形象。此外,"和平"与"统一"这两个关键词也长期处于政治方面词频热度榜单的前位,反映出新中国在40多年间对于祖国和平与统一的坚持和不懈努力。正如习近平总书记所说:"'一国'是根,根深才能叶茂;'一国'是本,本固才能枝荣。"推动"一国两制"实践,沿着正确方向走稳、走实、走远,是中国社会主义进入新时代后更为深刻的目标。在词频热度的变化趋势方面,政治方面的流行热词从40多年前的"现代化"变

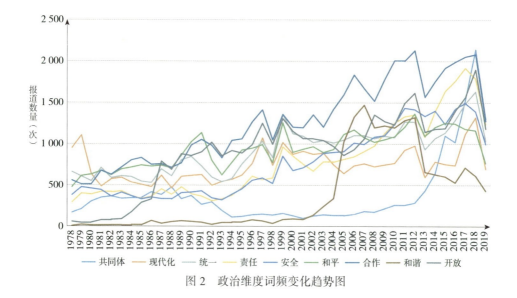

图2 政治维度词频变化趋势图

化为近期的"共同体",这一流行热词的变化反映出中国从40多年前对于自身发展的关注转向了对世界发展的关注。

(二)"高速"到"高质量":经济发展的目标转向

由图3可见,在经济维度中"工业化"这一关键词在近40多年间始终热度不减,是中国经济发展的主旋律。改革开放之前,中国在经济上以农业为主,农业又以人力畜力为主,温饱问题一时成为了一项难以解决的问题。改革开放后,中国计划经济向市场经济转型,在市场化发展的进程中,中国也在同步进行工业化发展,并将工业化作为40多年来中国经济领域发展的主要方向。进入21世纪以来,在全球化趋势的影响下,"共享""双赢""融合""一带一路""高质量"这些关键词的热度也在近些年逐步攀升。这一变化趋势一方面反映出中国的工业化道路正从高速发展阶段转向高质量发展阶段,另一方面也反映出中国工业化道路的目标从加速自身发展走向了共享和双赢。

图3 经济维度词频变化趋势图

(三)"和平"与"力量":文化形象的醒目标签

由图4可见,"和平"与"力量"一直是40多年间位居榜首的热门关键词,成为了新中国国家文化形象最为突出的标签,也是其他国家了解中国的第一印象。"创新""一带一路""与时俱进"这些关键词随着国家发展,也逐渐成为了国家文化形象的重要标签。从词频热度的变化趋势来看,文化维度上的热点关键词正从10多年前的"爱好和平""勤劳勇敢""爱国主义"向近期的"一带一路""与时俱进""文化／身份认同"等关键词转变。这一变化趋势反映出中国在文化领域的目光逐渐从聚焦自身转向了放眼世界,从专注于增强自身力量到主动承担国际义务与责任。

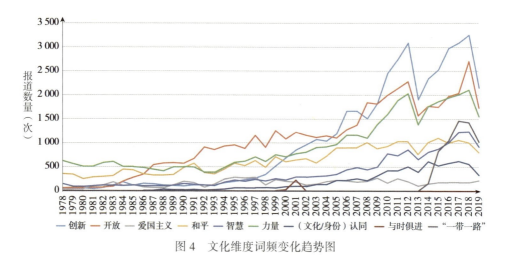

图4 文化维度词频变化趋势图

(四)"积极改革"到"开放创新":社会形象的执着追求

由图5可见,社会维度的关键词词频热度与领导人指出的大发展方向密不可分。改革开放以来,面对各种异常严峻的挑战,中国始终以积极主动的心态不断"摸着石头过河"、不断寻找解决各类问题和挑战的方法。正因如

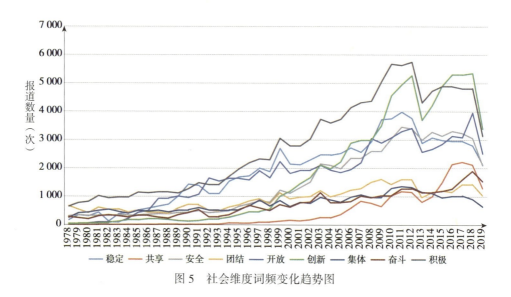

图5 社会维度词频变化趋势图

此,"积极"是中国社会40多年来发展态度的核心关键词,位于词频总数的首位。积极进取的态度一直是中国社会发展的加速器,这种积极进取的态度激励着国人不断开放、创新,促使着中国奋斗出今日的成果。而排在后三位的"稳定""创新""开放",亦体现了40多年来社会发展的整体基调。此外,从词频热度的变化趋势可以看出,"创新"这一关键词在近几年有着显著的上升趋势,反映出中国对于创新的日益重视,正如习近平总书记所说"创新是改革开放的生命",改革开放之所以能取得如此大的成就,与创新精神是分不开的。

（五）"退耕还林"到"绿色发展":生态建设的重要途径

生态文明建设是关系人民福祉,关乎民族未来的大计。由图6可见,"节能"这一关键词一直遥遥领先于其他关键词而位居榜首,体现出中华民族一以贯之的节俭美德。从词频数值变化曲线中可以看出,生态领域的热门关键词从40多年前的"保护环境""统筹兼顾""退耕还林"转向了近些年的"生态文明""绿色发展""生态建设"等关键词。这一变化趋势反映出了中国从对抗荒漠化的退耕还林转向兼顾经济与生态的绿色发展,呈现出坚持把握生态治理主动权,发展循环经济,致力于将经济发展和生态建设全面融合的发展方向,体现了中国坚持左手经济,右手生态,坚决守住生态底线,推进生态文明建设的决心。

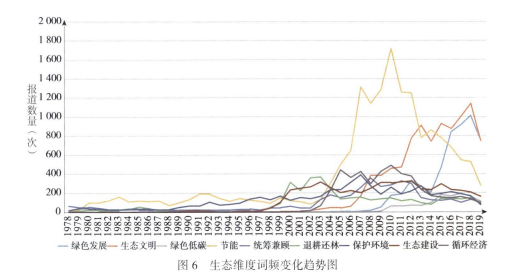

图6 生态维度词频变化趋势图

五、结论与讨论

本文通过对1978—2019年《人民日报》上中国国家形象相关新闻报道进行文本分析,基于不同关键词提及频次的变换规律,探讨了改革开放40多年以来不同时期、不同维度、不同形象关键词的媒介曝光率,总结了国家媒介形象建构变迁的规律。研究发现,改革开放以来,中国国家媒介形象在政治维度以合作、和平、统一、开放为突出特点,呈现出从重视自身现代化发展到关注人类命运共同体建设的变迁;经济维度以工业化为突出特点,呈现出从追求速度到以高质量为目标的形象变迁;文化维度上,以和平与力量为突出特点,从致力于简单的爱国主义教育转向提倡建立自身的文化/身份认同,塑造可以使中国自立于世界民族之林的伟大精神力量;社会维度中,从改革开放初期的积极探索到社会主义进入新时代以来的积极创新,积极是中国国家媒介形象一直以来的主体基调;生态维度上,中国国家媒介形象的整体基调为节约资源与绿色发展,呈现出从对抗荒漠化的退耕还林转向兼顾经济与生态的绿色发展。

参考文献

蒋积伟.新中国成立以来国家形象的历史变迁.华南师范大学学报:社会科学版,2019(6):46-54、192.

计量可视化分析—检索结果,https://kns8.cnki.net/kns/Visual/Cente-r,2020-04-09.

徐小鸽.国际新闻传播中的国家形象问题.新闻与传播研究,1996(2):35-45.

黄庆.对外宣传中的国际意识与国家形象.中国记者,1998(9):54.

涂光晋,宫贺.北京奥运与国家形象传播中的议程建构.中国广播电视学刊,2008(7):6-7.

范红.国家形象的多维塑造与传播策略.清华大学学报:哲学社会科学版,2013(2):141-152、161.

卢小军.国家形象与外宣翻译策略研究.上海外国语大学博士学位论文,2013.

孙发友,陈旭光."一带一路"话语的媒介生产与国家形象建构.西南民族大学学报:人文社科版,2016(11):163-167.

张美云,杜振吉.基于媒体计算的中国形象"他塑"模型建构——以印度尼西亚等东盟国家为例.海南大学学报:人文社会科学版,2019(6):150-157.

T.E.Team.Country Brands:2017 Anholt-GfK Roper Nation Brands Study Reveals Winners, Losers and Trends.https://placebrandobserver.com/anholt-gfk-nation-brands-index-2017-highlights/.

Good Country-Source Data, Good Country.https://www.goodcountry.org/index/source-data/.

FutureBrand Country Index 2019.

https://www.futurebrand.com/uploads/FCI/FutureBrand-Country-Index-2019.The SoftPower30 Report 2019-1.https://softpower30.com/wp-content/uploads/2019/10/The-Soft-Power-30-Report-2019-1.

B.F.-http://brandfinance.com,Brand Finance-Brand Finance Nation Brands 2019.Brand Finance.http://brandfinance.com/knowledge-centre/reports/brand-finance-nation-brands-2019/.

Dong-Hun,L.Nation Brands,2011 Survey Results.2011,6.

王朋进.媒介形象:国家形象塑造和传播的关键环节——一种跨学科的综合视角.国际新闻界,2009(11):37-41.

O.A.巴库林,沈昕.俄罗斯大众传媒上的中国形象——以北京奥运会报道为例.国际新闻界,2008(11):19-24.

甘险峰.美国主流媒介文本中的中国形象变迁——基于普利策新闻奖获奖作品中中国题材的梳理.新闻大学,2010(2):70-72.

李凯.全球性媒介事件与国家形象的建构和传播——奥运的视角.复旦大学博士学位论文,2005.

万晓红.北京奥运会报道与中国国家形象塑造的实证分析.首都体育学院学报,2009(6):694-697.

高楠楠,吴学琴.美国媒体话语中的当代中国国家形象变迁审视——以《基督教科学箴言报》为例.安徽大学学报:哲学社会科学版,2017(5):120-129.

张昆,王创业.时空维度下的国家形象模型探析——基于认知互动的视角.新闻界,2017(5):45-51.

范红,胡钰.论国家形象建设的概念、要素与维度.人民论坛·学术前沿,2016(4):55-60.

陈金龙.新中国70年国家形象的建构.贵州民族报,2019-09-24.

国有企业品牌70年：历史演进与未来展望[①]

张驰[②] 黄升民[③]

【摘要】 自中华人民共和国成立以来，国有企业一直在社会和经济发展中发挥重要而关键的作用，在中国具有特殊的地位和功能。大量国有经济和国有企业的存在是中国社会主义市场经济制度的鲜明特点，国有企业品牌也是中国品牌的一个特殊而重要的组成部分。回顾70年国企品牌几经波折的发展之路可以发现，国企品牌的发展与国家经济结构变迁、消费变动、社会和政治意识形态嬗变有密切关系，国企品牌的演进之路集中体现了中国品牌成长过程中"市场—政府"双核驱动与博弈共谋的特点，"市场—国企—政府"的三角互动关系是理解中国国企品牌发展的一个关键。当下，面对竞争环境、媒体环境和消费环境等的剧烈变化，国企品牌又一次走到了十字路口并遭遇一个"双核问题"：如何在处理好企业与市场关系的同时也要关照好与政府的关系，能否在无形的制约和有形的支撑之下继续既往的路径依循？这是国企品牌发展不得不回应的大问题。

【关键词】 国有企业、品牌、改革开放、独立性

一、引言

为了更好地理解中华人民共和国品牌70年的发展，笔者尝试提出"中国品牌体系"这一概念，并从中国品牌发展的多元构造、四种要素、双核驱动、

---

① 本文主要内容已发表在《新闻与传播评论》2020年第1期。本文系国家社会科学基金一般项目"中国广告40年研究"阶段性成果。
② 张驰：中国传媒大学广告学院博士生。
③ 黄升民：中国传媒大学广告学院院长、教授、博士生导师。

双角色轮替、延续与变异这 5 个方面进行阐释。国企品牌就是"双角色轮替"的双角色之一。笔者将视点从中国品牌进一步聚焦到中国国企品牌的发展与演变上。中华人民共和国成立以来，国有企业在中国经济和社会中一直具有重要而特殊的地位，被经济学界视为一种"特殊的企业"。国企不仅承担一般企业参与市场竞争的任务，也需要兼顾国家战略、国计民生等方面的要求。当下，品牌问题日益受到政府和国有企业自身的重视，品牌在客观上对于企业和经济发展的巨大价值也要求国有企业将品牌发展好、建设好。然而，现实情况却不尽如人意，国内外舆论对于国企均存在很多误读和不解，某些国家甚至将其视为打压中国的一个重要依据，国企品牌污名化和大而不强的问题也亟待解决。在中华人民共和国成立 70 周年的重要历史时刻，深入梳理国企品牌的发展历程，明晰其发展逻辑，无论是对于国企自身还是对国家发展均有重大的意义。在国内和国际上把国企品牌发展的基本事实和内在逻辑梳理清楚，既有助于更好地推动国企品牌的进一步发展，也有助于化解国内、国际广泛存在的误解，并以此寻求更多的理解。另一个原因在于，与私企品牌天然依靠市场力量自我发生和成长不同，国企品牌的发展要复杂得多。国企本身作为所谓"中国特色社会主义市场经济"的一个核心要素，其品牌发展过程中所体现的"市场—政府"的内在张力以及其形成的复杂发展特点也值得关注。实际上，国企品牌提供了一个不可多得的样本，通过对国企品牌的研究，一方面，可以加深对中国国企品牌的认识；另一方面，也可以考察在复杂环境中，尤其是在不同于西方的市场经济环境中、与政治因素相牵扯背景下的品牌发展特点。

　　国有企业的概念经历了一个演变的过程。在中国，国有企业的概念最早可以追溯到古代封建社会的官府手工业。近代以来，先后出现过洋务运动下的官办企业，民国时期开始出现的国营企业、公营企业和国家资本企业的概念。西方国家的国有企业大多兴起在"二战"之后，源于凯恩斯主义指导下的资本主义国家对于经济的全面干预和调节。如果从我们党和政府的历史进行追溯，国有企业的雏形最早可以追溯到革命时期党和政府创办的各类工商企业。中华人民共和国成立后，政府通过对此前国民党政府统治时期的官僚资本工业和少量的敌伪工业的没收与接管，加上原先党和政府在根据地和解放区成立的公营企业，三者共同构成了国有企业的最初基础。中华人民共和国成立后到改革开放之前，国家通过政府代表全民行使对企业的所有权直接管理企业,故将全民所有制企业称为"国营企业"。"全民所有制企业过去实行的完全是'国有国营'体制,由国家直接经营管理企业。"1992年党的十四大报告中首次将全民所有制企业称为"国有企业"。1993年通过的《中华人民共和国宪法修正案》,将"国营经济"改称"国有经济","国营企业"也被重新命名为"国有企业"。本研究将原来的国营企业、按《全民所有制工业企业法》登记注册的国有独资企业、按《公司法》登记注册的国有独资公司及国有控股公司(包括绝对控股、实际控制)等,统称为国有企业。按照股权结构,国有企业可以分为国有独资企业、国有控股企业以及国有参股企业。按照国有资产管理权限,国有企业可以划分为中央企业(由中央政府监督管理的国有企业),简称"央企";而由地方政府监督管理的国有企业,则称为"地方国企"。集体企业也是公有制经济的实现形式,可以粗略地理解为国有企业概念在乡镇层级的具体化。

  一般而言,品牌是一个名称、名词、标记、符号或设计,或是它们的组合,其目的是识别某个销售者或某群销售者的产品或劳务,并使之同竞争对手的产品和劳务区别开来。本研究所言的品牌主要是市场意义上的企业品牌,是企业出于商业目的而塑造的一种差异化,是生产者和消费者双向互动中的一种营销结果。品牌的基本功能包含差异呈现、价值创造以及关系建构。国企品牌就是国有企业在市场竞争的环境中出于商业目的而建构的一种差异化,是国企开展营销活动的一种结果。在中国,很长一段时间内品牌被片面地理解为"名牌""牌子"或"商标",内涵上虽有差异,但是其商业的内在属性是一致的。国有企业品牌活动的主体是国有企业,活动的内容是品牌经营。

  本研究的分析对象是国有企业品牌70年的发展和演变,分析重点是国有企业品牌在不同时期所呈现出的发展特点及背后的原因。从大历史的视角来看,中华人民共和国成立前后的政治制度、意识形态等方面呈现出完全不同的状态。此后,虽然出现"文革"浩劫和改革开放的历史巨变,但是社会的政治制度、组织体系、意识形态基本上实现了维系而没有断裂。虽然在发展阶段上有起有伏,但总体来看,这70年历史是一个前后延续的过程而非前后截然断裂的两个阶段。笔者将着重考察国有企业品牌70年的整体发展情况,而不只是关注某一国企品牌个案或者具体的战略战术等微观、中观层面的问题。从微观和中观的视角考察国企品牌已经有一部分学者涉及,如谢地、[①] 施春来、胡百精、雷春辉、张子凡、罗子明等人的研究。此外,本研究会将国有企业品牌发展置于中华人民共和国成立以来70年的宏观经济发展、政治与意识形态变迁、产业结构演变、消费的变化等背景中考察其发展特点,强调站在特定的时空和语境中考察国企品牌彼时的发展情形,力求客观中立。笔者在结合国有企业的经营与发展情况(见图1)的基础上,将中华人民共和国成立以来国有企业品牌的发展以1978年为界分为两个大的历史时期和六个小的历史阶段,即国有企业品牌的萌芽与曲折发展时期(1949—1978年),包括国企品牌的萌芽与初步发展阶段(1949—1957年),国企品牌的曲折与畸形发展阶段(1958—1978年);国企品牌的恢复与快速发展时期(1978—2019年),包括国企品牌恢复发展阶段(1978—1988年),国企品牌的艰难发展阶段(1989—1999年),国企品牌的超常规发展阶段(2000—2012年),国企品牌的转型发展阶段(2013—2019年)。笔者将依循这两个大的历史时期和六个小的历史阶段,基于历史事实,分析各个阶段的国企品牌发展特点,并进一步讨论国企品牌发展的内在规律以及当下面临的挑战及未来应对。

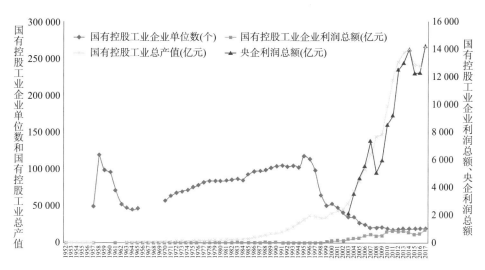

图1　1952—2017年国有控股工业企业单位数、利润总额、工业总产值及央企利润总额
注:部分数据缺失。
数据来源:国家统计局。

---

① 由于出版目次较多,本文不一一列出。

二、国企品牌的萌芽与曲折发展（1949—1978 年）

1949—1978 年的国企品牌走出了一条先扬后抑、曲折动荡的发展道路：1949—1952 年的国民经济恢复时期，国企中出现了带有萌芽性质的品牌活动；1953—1957 年社会主义改造和"一五"计划实施期间，部分私企品牌经过改造后被国企接收并实现了一定的发展；此后国有企业在"大跃进""三年经济困难"以及国民经济的调整中波动发展，国企的品牌经营事业遭受挫折，呈现出停滞和倒退的特点；1966 年后，商标、品牌、广告等遭受严重冲击，国企品牌的发展走向低迷，甚至于消失。

（一）国企品牌的萌芽与初步发展（1949—1957 年）

1949—1957 年，国民经济实现了较好的恢复和发展，为国企及其品牌经营事业提供了良好的外部环境。其中，1949—1952 年是国民经济的恢复期，工业总产值从 140 亿元增加到 343 亿元。按照可比价格计算，1952 年比 1949 年增加 1.45 倍，年平均增长 34.8%。随后，"一五"计划开始实施，并于 1957 年超额完成任务，为中国工业化奠定了初步基础。1952—1957 年 GDP 从 679.1 亿元增加到 1 071.4 亿元，[①] 实现了较快的发展。国有企业及其品牌的发展在这一时期呈现出两个特点。

其一，中华人民共和国成立之前的国企开始开展具有萌芽性质的品牌活动。中华人民共和国成立之初，党和政府控制的国营企业会在报纸上发布布告或者引导消费者购买其商品的广告信息。如 1949 年 10 月 1 日的《人民日报》第四版刊登北京市人民政府企业局所属各厂的联合广告，广告的产品包括毛毯、包装纸、药品等。此后，《人民日报》等报纸也依然在刊登各类国企消费品和工业品的广告。如果按照品牌的定义，国有企业的这种行为已经初步具备了品牌萌芽的性质。之所以政府主导的国有企业会产生品牌的萌芽，主要与两个因素有关。首先，当时社会主义改造尚未开始，国内的经济构成既有国有成分，也有私有成分。直到 1952 年，资本主义性质的工业占工业产值的比重依旧达到 30.6%，当时的市场基本上是"资本主义的自由市场"，自由市场的存在则意味着一定程度的市场竞争。其次，工农业生产和居民消费得到

---

① 根据国家统计局公开发布的数据整理。参见国家统计局官网：http://www.stats.gov.cn/.

了有效的恢复,市场上出现了局部的供大于求。当时市场上许多中高档产品,甚至包括肥皂之类的日用品出现了滞销的情况。但需要明确的是,虽然国企的品牌萌芽有商业竞争内在因素的驱动,但这种商业的目的却是受到政治目的支配的。中华人民共和国成立之初,政府为了顺利接管经济并整顿资本主义企业,需要国有企业参与到这一"经济斗争"的战线中,所倚仗的"斗争方式"之一便是做广告。因此国有企业在国民经济恢复期的品牌萌芽很大程度上是以政治目的为主、商业目的为辅下的产物,是一种缺乏企业独立性的、无自主意识的品牌行为。可见,国有企业品牌发展的最初就具有浓厚的政治色彩。

其二,国有企业接收了一部分私营企业品牌并实现了整体实力的壮大。中华人民共和国成立之后资本主义官僚企业和敌伪企业为中国政府所接收,并在社会主义改造中转变为国有企业,其原有的品牌也自然而然成为国有企业的品牌。一些存在多年的老字号品牌如全聚德、百雀羚等均是通过这种方式被国企吸纳。数据显示,国有工业在工业总产值中的占比从1952年的41.5%上升到1957年的53.8%,如果加上准国有性质的集体所有制工业和公私合营工业,占比则在1957年达到了99.1%,而私营工业占比则从30.6%下降到0.1%;从社会商品零售总额来看,国有商业的占比从1952年的34%升至1957年的62.1%,如果加上国有性质的集体所有制商业和公私合营商业,占比则在1957年达到了94.5%,而私营性质的个体商业占比则从60.9%下降到2.7%。[①] 总体来看,这一时期的国有企业在国民经济中逐步占据主导地位,国有企业的品牌在自身萌芽和吸纳私营品牌的基础上得到了一定的发展。然而,正是随着国有经济占据主导地位,计划经济体制正式成形并得到全面贯彻,国企的品牌事业开始走向低迷和萎缩。

(二)国企品牌的曲折与畸形发展(1958—1978年)

1958—1978年,由于各种内外因素的干扰,中国经济发展的突出特点是波动幅度较大,虽然GDP从1958年的1 312.3亿元增加到1978年的3 678.7亿元,但是这一时期的经济常常大起大落,其发展也是畸形的。伴随着大起大落的畸形经济以及各种政治活动的冲击,国企的品牌发展也陷入了曲折和畸

---

① 各类所有制占比相加不等于100%,因为还有部分"农民对非农业居民的零售"占比未列在表中。全民所有制包括国营商业和供销合作社。1952年和1957年的数据中包括了私营企业。

形的状态中。

一方面,这一时期的国企品牌发展是曲折的:1958 年"大跃进"开始,国民经济在虚报中"狂奔";1959 年进入"三年经济困难时期";1961 年进入调整时期,经济得到了一定的恢复;1966 年"十年动乱"开始;1977 年又开启"洋跃进"。多年的动荡之后,无论是国企本身还是整个国民经济都到了崩溃的边缘。在这种背景下,国企的品牌被冲击得七零八落。如十年动乱中,传统的老字号、牌匾等被当作是"封资修"的"黑货"砸烂。上海市一商局所属的 8 个公司的 3 700 多家零售商店,改换牌匾的达 3 000 多家,更换后的牌匾名称重复现象严重,失去了品牌的标识功能和历史内涵。在北京,"王府井"被改为"北京市百货商店","全聚德"被挂上了"北京烤鸭店"的牌子。如此等等,不一而足。根据改革开放之初的统计数字,80% 以上的注册企业都没有自己的商标。[1] 当时已不存在市场意义上的商标,只存在为行政管理服务的各类厂名。

另一方面,这一时期的国企品牌发展又是畸形的。这种畸形主要表现在国有企业的品牌与消费相脱离,形成了一种有规模增长而无品牌发展的奇特现象。由于 20 世纪 50 年代开始中国奉行"生产资料优先增长"理论和片面迷信苏联经验,实行"以钢为纲"优先发展重工业的政策,重工业的比重从 1952 年的 35.5% 上升到 1978 年的 56.9%。从 1970 年开始,重工业的占比稳定超过轻工业,并维持数年不变。在 1953—1978 年的制造业产值增长格局中,重工业远高于轻工业,重工业年均增长 12.3%,比轻工业年均增长 8.4% 高约 4 个百分点。而在 1953—1978 年的投资结构中,重工业占整个制造业投资的 86.5%,轻工业仅占 13.5%,相差近 5 倍。无论是轻工业的投资还是增速,都严重滞后于重工业的发展。在彼时的中国,有限的工业生产能力大部分用于生产中间产品和资本品,[2] 最终产品和消费品所占的份额很少。如 1973 年工业产品中最终产品只占 39.7%。由于脱离最终消费需求而推行重工业的发展,中国当时实际上已经出现了重工业自我循环式的增长。再加上居民消费受到

---

[1] 在艾丰《名牌论:市场竞争的法宝》一书中这一数字是 70%,但可以基本确认的是中国当时大部分企业是不注册商标的。

[2] 中间产品是指为了再加工或者转卖用于供别种产品生产使用的物品和劳务,如原材料、燃料等;与中间产品相对应的概念是最终产品。资本品一般是指一切协助生产其他商品或服务的物品,例如,企业用于生产的机器设备,车床是一种资本品;与资本品(生产资料)相对应的概念是消费品(消费资料、生活资料)。

人为的抑制和阻碍,长期处于停滞的状态。在消费不足、工业结构畸形的情况下,品牌失去了其产生的生产—消费互动的基础;此外,由于计划经济体制的全面渗透和实施,国企沦为行政的附属物,自由市场被压缩到最低限度,国企自身也不存在经营品牌的可能性和积极性。从1957—1978年,国有工业企业的总产值从378.84亿元增加到3 289.2亿元,数量上和规模上实现了极大的扩张,然而其品牌经营却陷入倒退,几乎消失于市场。

但是一息尚存的外贸品牌还是为当时的中国国企品牌延续了几近断裂的发展脉络。1949—1978年,中国逐步建立了高度集中、统一的外贸经营管理体制。从1952年开始,国营外贸公司占比已经超过90%,到1955年达到99.2%,国有企业是中国对外贸易企业的主体。虽然这一时期对外贸易工作同样受到冲击,但是出口总额却实现了增长。1958—1978年,出口贸易额由19.81亿美元增加到97.5亿美元,增长近5倍。在出口产品的构成中,轻工业产品长期占据主要地位。1959年及之后,中国出口商品中轻工业产品的占比常年超过40%,高点时超过50%。而轻工业产品往往与大众日常消费密切相关,面对的市场竞争也往往更为激烈。轻工业产品占主导地位的出口事业的存续,以及海外市场存在的竞争性环境刺激了外贸国企的品牌经营活动,这一点与国民经济恢复期的国企品牌萌芽具有相似之处。国企开展外贸活动,除了政治目的之外,也有商业目的。从国内外不同时空的对比中可以发现,外部竞争是催化品牌发展的重要条件。

一般而言,研究者对于改革开放后的国企品牌发展虽然有所诟病,但是也认识到其成绩及其重要性,对于国企品牌的研究也开始多了起来。但是,一旦涉及改革之前的国企品牌发展,研究者往往片面地强调国有企业在国家工业化历程中的角色、功能、作用、得失等,而有意无意地忽视了对于其品牌发展的考察,不得不说这是一种遗憾和缺失。实际上,这一时期的国企品牌发展虽然水平较低,但是揭示了一些值得铭记的经验教训,而不仅仅是其作为国家实现初步工业化载体所带来的成就。从这一时期的国企品牌发展中起码可以得出三点经验教训:其一,计划经济环境下无法产生品牌的有效发展,只会让品牌走向消亡,市场经济环境则是品牌发展的必要条件;其二,任何脱离市场需要的产业、企业和品牌的发展必然是低效的,也是不可持续的;其三,品牌的发展不仅需要关注供给侧的产业和企业发展情况,更需要关注需求侧的市场和消费情况,并且只有两者有效互动才能有力推动品牌发展。

这些经验教训直到现在也依然很具启发作用,无论是企业经营者还是政策制定者都应注意。

三、国企品牌的恢复与快速发展（1978—2019 年）

总体上来看,国企品牌在改革开放之后的发展虽有过低谷,但是快速发展的状态是主流。具体可以从以下几个阶段加以分析。

（一）国企品牌的恢复发展（1978—1988 年）

改革开放之后,国企品牌迅速恢复了生机,并在改革的前 10 年里实现了前所未有的快速发展。其集中表现为两点：

第一,国企广告活动的恢复。国企创下了诸多改革后广告业的第一次：天津牙膏厂于 1979 年 1 月 4 日在《天津日报》上刊登了改革开放后第一条商业广告,也是第一条报纸广告——"蓝天牌"牙膏广告；上海药材厂于 1979 年 1 月 28 日在上海电视台刊登了改革开放后第一条电视广告——参桂养容酒广告；上海家化于 1979 年 3 月 5 日在上海广播电台播出了改革开放后第一条广播广告——春蕾药性发乳广告。天津牙膏厂、上海药材厂和上海家化无一例外均是大中型国企,市场的压力和内在销售更多产品的动力促使它们开展了广告活动,并创下了改革开放后的报纸广告、电视广告、广播广告的"三个首次"。有些国企刊登的广告甚至创造了"一条广告救活一个厂"的奇迹般效果。1979 年 6 月 25 日,作为国家首批扩权试点国企之一的四川宁江机床厂将一则向国内外订货的广告登在了《人民日报》上,这是该厂自 1956 年完成社会主义改造后的第一则生产资料广告。广告刊登之后,宁江机床厂出现了"原先任务吃不饱,现在任务吃不了"的情形,订货合同迅速增加到 1 100 多台,其中与外商签订合同 200 多台。此后,国企的广告活动在广告公司快速发展的情况下也逐步走向高级化和专业化,其策划和创意水平显著提高。如上海家化露美化妆品的广告策划、上海手表厂的广告活动等均是代表。国企的品牌建设手段也逐步丰富,公关活动、名人广告、体育营销等进入国企视野。

第二,国企开始恢复商标的使用,并萌发了一定的商标保护和发展意识。1978 年 12 月 4 日,《人民日报》上刊登了《恢复商标,维护名牌信誉》的文章,指出"人们强烈要求尽快在纺织品上标上厂名,恢复商标,而且要求各厂固定商标,专厂专用,以维护名牌信誉"。在消费者需求的引导下,最先恢复商标的是国企的老字号品牌,全聚德、吴裕泰、内联升等老字号品牌在1978—1979年前后重新恢复了商标。同时,企业申请商标注册的数量也大增。数据显示,1980年一年的商标申请数量就达到了2万多件。1983年政府制定了改革开放后的第一部《商标法》,标志着中国品牌迎来了以商标保护为特点的发展新阶段,促进了国有企业的商标保护和运用意识的升级,到1988年,包含国企在内的中国企业商标申请数量已经增加至47 549件。[①]

国企之所以能够实现品牌经营的迅速恢复,除了改革之后实现带有反弹性质的快速恢复经济和消费发展作为基础之外,主要还得益于三点:

(1) 国企改革的推进激发了国企的市场意识和竞争意识,品牌成为国企开展市场营销活动的自然结果。这一时期国企改革通过放权让利的措施激发了国企的内在独立性,同时私营性质企业的快速发展甚至在家电等领域造成了一些局部的竞争。正是这些因素刺激了国企的品牌经营活动。

(2) 国家实行优先发展轻工业[②]的政策扭转了消费品供应不足的局面。1978年轻重工业的比例为43.1∶56.9,到1981年这一比例变为51.5∶48.5。在短短的3年时间内就改变了过去30年轻、重工业比例严重失调的局面。工业企业按照国家的政策调整方向开始生产更多满足居民日常所需的消费品,一些军工企业也开始转向生产更多的民用品,如生产电视起家的四川长虹就是原来生产雷达的军工企业。1984年,消费品短缺的局面基本消除。1978—1988年,轻工业的比例上升了6.2个百分点。

(3) 居民消费的快速恢复为国企品牌的发展营造了良好的市场环境。城乡居民由于包产到户农业大增收、统购统销体制的改变、农产品收购价格的提高、社队企业(1984年改称"乡镇企业")的快速发展、企业工资的调整和增加、城乡个体经济的发展等多种因素,实现了收入水平和消费水平的快速提高,居民的收入和消费增速在多个年份高于GDP的增加速度,"恩格尔系数"也在不断下降。改革开放后,限制居民消费的各种制度层面的原因逐渐消除,居民的消费热情日渐高涨,甚至在1984年出现过一次小范围抢购风潮,1988年则出现了一次全国范围的抢购风潮。

---

① 根据国家市场监督管理总局商标局公布数据整理。
② 国家对当时的轻工业实行六个优先的政策。六优先指原材料、燃料、电力供应优先;挖潜、革新、改造措施优先;基本建设优先;银行贷款优先;外汇和引进新技术优先;交通运输优先。

品牌快速恢复的背后也是国有企业自身的快速发展,以国有控股工业企业为例,1978—1988年利润总额和工业总产值分别增加了1.75倍和3.15倍。1988年这两个指标均创下历史新高,工业总产值首次突破1万亿元,利润总额逼近900亿元,取得了1949年以来的最好成绩。

(二)国企品牌的艰难发展(1989—1999年)

1989年国企经济整顿开始,1991年为期3年的经济整顿收官,1992年中国宣布社会主义市场经济体制改革目标,市场经济随后迎来了大发展,各类私营企业和品牌活力迸发。然而得到政府背书和国家政策倾斜扶持的国有企业反而没有随着经济快速发展而好转,而是难以为继,陷入了"市场经济越发展,国企经营越困难"的怪圈。在1988年国有控股工业企业的利润总额创下历史新高后,1989年便急转直下,降幅达16.6%。1990年降到388.1亿元,比1978年还要低120.7亿元。直到1999年,国企的利润总额也没有突破1 000亿元。1989—1999年工业总产值上虽然扩大了3.44倍,但是效益低下。1995年之后,大多数国企陷入亏损的状态,据当时国务院发展研究中心的一份报告显示,国有企业的亏损面超过40%,企业负债率平均高达78.9%,与10年前相比,资产增长4.1倍,债务则增长了8.6倍。到1997年仍未好转,14 923家国有大中型工业企业的亏损率高达52.7%,分别比非国有大中型企业高10.1和26.2个百分点。而同期的私营企业和外资企业却发展迅速,它们的品牌迅速从小到大、在市场上攻城略地,与国企的市场"失落"形成了鲜明对比。国企虽然在品牌经营上也有进步,但是逊色许多。从工业总产值的占比上看,国有控股工业的总产值占比从1989年的54.06%下降到1999年的28.21%,而私营工业的占比则从1989年的8.24%上升到1999年的44.32%。虽然国企工业产值的占比下降与后期"抓大放小"的改革措施有关,但是依旧能够反映出市场实力的增减。

造成国企品牌发展进入低谷的原因是多方面的。主要可以归结为以下三点:其一,计划经济时期形成的国企数量过多和体质虚胖的问题在改革之后没有得到改善反而走向恶化,如国有控股工业企业的数量从1957年的4.96万家一路增加到1978年的8.37万家,到1995年又增加到历史性的11.8万家。数量增加但效益却在下滑。单个国企工业企业的利润创造能力从改革开始的1978年的60.8万元下降到1995年的56.4万元。其二,国企面对的市场环境发生了前所未有的变化,国企改革滞后难以适应。1992年之后,外资企业和本土民营企业实现了快速的发展,共同推动了市场产品供给的急剧增加,中国市场完成了从供不应求到供大于求的根本性转变,市场竞争空前激化;国企改革虽然从此前的"放权让利"过渡到产权改革阶段,然而由于推进缓慢,导致国企无法适应激烈的市场竞争,集中表现为产能的结构性过剩和与消费市场的不适应。其三,国企品牌的传播力和品牌理念落后。这一时期,包括国企在内的所有中国企业都意识到品牌的竞争功能和溢价功能。国企在品牌营造上一方面实施CI战略重塑形象,另一方面依靠大规模如央视标王的传播力量将品牌广而告之。但是由于片面地将品牌理解为名牌,等同于广告和宣传,没有意识到品牌的内外系统整合要求和持续性关系建构的本质,造成品牌的不可持续,秦池、孔府家酒等标王国企正是忽视了这一点导致了企业和品牌的坍塌。这不仅是国企的问题,当时本土私企也存在这个问题,只不过多种负向因素叠加,国企的问题表现得更为严重。

综上,国企这一时期发展停滞的主要原因在于国企本身生产力和传播力的低效与不适应。在私企品牌快速发展的情况下,国企的这一问题表现得更加明显。在激烈竞争的市场中,缺乏自主性和独立性的国企没有应对、疲于应对或者应对失策的状况频发,无论是企业发展还是品牌经营,与天然独立的私企品牌相比,都呈现出滞后的特点。从某种程度上说,国企品牌在20世纪90年代的低谷是市场环境剧烈变化和国企自身弊病无法有效解决的必然结果。

(三)国企品牌的超常规发展(2000—2012年)

2000年之前,业界和学界对于国企的将来充满悲观情绪,随着加入世贸组织的脚步加快,人们预测庞大却又羸弱的国有企业会遭遇全面溃败。技术老化、产能过剩,市场上的既有品牌必然节节败退。然而,现实的市场却出现了不可思议的反转。品牌向来被视作是国有企业的短板,但不可否认,国有企业这一时期在品牌领域有良好的表现,在经营规模、品牌管理、市场营销、技术创新、品牌价值等方面实现了前所未有的突破,成为中国企业参与国际竞争的主力军和先锋队。值得一提的是,这些成就是短短的10多年内所取得的,与西方国家许多历经百年而成就的品牌比较,发展速度相当惊人。

第一,从企业发展上看,国企的经营指标显著好转,体质虚胖的问题得到明显改善。以工业方面的国企为例,2012年国企控股工业的数量比2000年显著降低,但其每个企业平均创造的利润和总产值分别比2000年增加了18.9倍和18.1倍,比1995年增加了150.7倍和51.9倍,改革塑造了一批大型世界企业集团,上榜《财富》世界500强的国有企业由2000年的9家增至2012年的54家。2000年入选该榜单并居中国企业第一位的中石化位居榜单第58名。2012年的榜单中,3家央企中石化、中石油和国家电网进入《财富》世界500强榜单前10,分列第5、6、7位。该阶段国企面貌焕然一新,被当时的经济学界称为"新国企"。

第二,从品牌经营上看,国企实现了蜕变式的发展,国企品牌经营水平稳步上升,品牌结构也得到了优化。具体来看,一是国企在市场竞争中迸发出品牌活力,品牌传播意识显著提高。比如,央企各大品牌积极投资各类大型媒体和大型活动,在品牌传播上十分活跃的同时品牌营销的水平也在提高,与此前的盲目和僵化形成了很大的差别,令人耳目一新。又如,中国移动瞄准年轻人推出的子品牌动感地带大获成功,中国电信和中国移动也在品牌竞争中塑造了自身的品牌;华润、中粮等消费品类国企孕育了诸多品牌;此外,国有企业品牌在社会责任方面较为领先,这与国家相关要求和国企的定位有关。相关研究显示,2012年中国国有企业社会责任发展指数为40.9分,高于民营企业15.2分和外资企业13.2分。国有企业中的央企社会责任发展指数最高,为45.5分。二是国企品牌市场价值显著提升。在世界品牌实验室发布的世界品牌500强榜单中,2006年首次有2家国企品牌入选,2012年这一数字已经增加到15家,均为央企品牌,占所有入选的中国品牌数量的65.2%。另据Brand Finance公司2013年2月发布世界最有价值品牌500强榜单显示,有32家大陆企业(港澳台4家除外)入选,其中25家是国企品牌,进入榜单前100的有8家中国品牌,均为国企品牌中的央企品牌。其中,中国电信位居榜单第34位,是中国品牌在该榜单中的最好排名。可见,国企品牌,尤其是央企品牌是中国品牌的主力构成。三是国有企业的品牌国际化发展较为迅速,成为中国品牌国际经营的领头羊。2003年国企占中国对外投资存量90%以上,到2012年这一比重有所下降,但依然占59.8%,这是中国品牌出海的主要构成。截至2012年年末,中国非金融类对外投资存量前30名企业中,除华为等少数私营企业外,对外投资的主力大多还是国有企业。其中,中石化、中石油、中海油、中远、华润、国家电网等央企是中国品牌国际化经营的领导者。① 四是国有企业品牌在技术创新上的积累和突破。如中国的高铁就是这一时期国企自主创新的一个典范。五是服务行业国有企业品牌实现了高速发展。银行业、保险业、电信业、航空业等服务业领域无不形成了以国企为主导的品牌竞争格局。在世界各大品牌排行榜单中,四大国有银行总是占据显眼位置。

国企在这一阶段能够实现超常规的发展原因除了全球化红利以及消费的走高之外,主要还包括以下五点:

(1) 国企实现了战略焦点的集中,实力得以大幅提升。20 世纪 90 年代中后期国企的改革成效在这一时期开始显现。由于国企的聚焦化,国企品牌的分布逐步走向国家关键行业,通过一系列带有垄断性质的产业政策的辅助,这些关键行业形成了国企主导的、多家竞争的品牌格局。

(2) 现代企业制度的建立和国有企业自主性的显著增强。1993 年虽然提出了建立现代企业制度的改革目标,但经过多年改革后效果并不明显,国有企业依然缺乏市场自主性和独立性。这一点在 2000 年后现代企业制度大部分建立,并于 2003 年成立国资委才相对有效地理顺了政府和国企的关系。国企导入了独立和专业的经营层,经营层和资本层实现了剥离,增强了国企的市场独立性和市场竞争力。通过改革,国企一方面适应政府的长期战略需要,另一方面,企业的内在市场独立性被激发出来。这些因素驱动国企追求长远的、可持续的市场发展,品牌作为长期战略自然被纳入考虑。

(3) 国际化竞争倒逼下市场—政府的有效协作。2001 年中国加入世贸组织,在符合世贸组织规则的要求下进一步开放市场,倒逼了包括国企品牌在内的所有中国品牌的发展,加速了中国企业的模仿和学习速度。国企充分利用内外市场时间与空间的差异以及政策的扶持,创造了品牌发展的空间,实现了政府—市场资源的两手利用,双头获利,刺激了品牌高歌猛进式的发展。

(4) 政府对于品牌的高度重视,直接刺激了国企品牌的快速发展。国企与政府有着天然的血缘联系,这一关系使得国企在发展中受国家战略和国家政策的影响较大。这一时期,政府已经意识到自主创新和品牌战略的重要性,并强调企业的国际化问题,国企首当其冲。2002 年党的十六大报告指出要"形成

---

① 根据商务部、国家统计局和外汇管理局发布的 2003 年度和 2012 年度的《中国对外直接统计公报整理》。

一批有实力的跨国企业和著名品牌",2003年的十六届三中全会、2006年发布的"十一五"规划、2007年的十七大报告、2011年发布的"十二五"规划报告,以及这一时期的政府工作报告等重要政府文本中,可以发现政府对企业发展重心的关切。在国家战略的指引下,国企的企业行为自然而然也会受到影响并着力于这些方面。企业发力的同时,国家相关的产业政策也在跟进,尤其是给予国有企业发展所需的政策扶持和战略资源。

(5)产业结构朝着有利于国企发展的方向变化,也促成了国企品牌的壮大。中国这一时期的产业结构变动具有三个动向:一是第三产业的快速发展,2012年第三产业在经济中的占比自1978年以来首次超过第二产业占比;二是在第二产业中,国企占据较大份额的重工业再次加速发展,在2003年以后表现得尤为明显;三是重点服务业的快速发展催生了银行业、保险业、航空业、电信业、房地产业等的快速发展。有些行业虽然开放竞争,但由于部分行业的垄断性产业政策,国企在产业的上下游中都能获利,国企品牌也由此孕育得更为庞大。

(四)国企品牌的转型发展(2013—2019年)

"缺少全球叫得响的知名品牌是中央企业最突出、最严重的短板",2013年国资委相关领导曾指出央企当前面临的品牌发展较为薄弱问题。也正是在这一时期,政府对于品牌的发展日益重视,从"三个转变"的提出,到《国务院办公厅关于发挥品牌引领作用推动供需结构升级的意见》的发布,再到"中国品牌日"的设立,品牌已经成为国家的顶层发展战略。政府为了推动国企的转型升级,培育世界一流企业,国有企业的品牌建设也日益受到重视,央企品牌成为重点关注对象。2013年国务院国资委印发《关于加强中央企业品牌建设的指导意见》。随后又发布《中央企业"十三五"发展规划纲要》《国资委加强中央企业科技创新的工作举措》等文件,进一步加强品牌建设的顶层设计和战略部署。可见,品牌建设已经成为这一时期国企的核心任务。与此同时,随着宏观经济走弱以及结构性问题的逐步显现,中国经济整体走向了转型升级、提质增效的新常态发展阶段。国企也结束了过去10多年的高歌猛进式的发展,呈现出震荡发展的状态。这一点从国有控股工业企业的工业总产值和利润总额的波动中可以看出。党的十八大之后,国企改革进入全面深化阶段,十八届三中全会提出要全面深化改革,改革的核心依旧是如何处理好政企分开以及在新的经济环境中进一步激发国企活力。

2013年以来,国企进入以品牌建设为核心的转型发展期,虽然面临诸多挑战,但整体实力得到了进一步的提升。在发展上主要有以下特点：

(1) 国有企业规模进一步扩大,形成了更多的世界级大型企业集团,全球影响力扩大的同时,对中国经济的发展也产生更为重要的影响。根据2018年《财富》世界500强的排行榜单,中国企业上榜120家,其中83家为国有企业,较2012年的54家增加29家。在这83家国有企业中有48家央企,占目前95家央企总数的一半以上。国家电网、中石油和中石化分列第2~4位。央企营业收入占中国全部上榜企业营业收入的49.1%。此外,中央企业对中国的整体综合影响力指数达到0.172,美国的大企业则为0.160,说明中央企业对中国发挥着同美国大企业对美国同样的重要作用。

(2) 国有企业的品牌价值进一步增加。如在Brand Finance 2019年世界最具价值品牌500强榜单中,中国一共入选77个品牌,其中40家国企,占比过半,比2013年的25家增加了15家。位居中国所有品牌第一的中国工商银行进入榜单前10,排名第8[①]。这也是近年来中国品牌取得的最好排名成绩。

(3) 国有企业在高技术领域成绩亮眼,成为中国品牌创新的"主力军"和"火车头"。2000—2017年,央企获国家科技进步一等奖19项,二等奖154项,分别占该奖项的47.5%和27.1%。2017年国家科技奖励中,央企获奖83项,占全国奖项的35.2%,并被成功地运用于航空航天事业、基础设施建设、奥运等项目建设。国有企业的技术创新,一方面,具有高层面的战略意义;另一方面,还会促进民企品牌的技术进步。如国机集团下属的科研院所只有30%的技术是提供给国有企业的,而另外70%的技术则是提供给民营企业的。在引发国外舆论热议和某些国家极度焦虑的《中国制造2025》中,国企也在其中承担着重要责任。

(4) 这一时期国家进一步对外开放的同时,走出去的力度也越来越大,国有企业的国际化品牌经营进一步深化。"一带一路"倡议的提出和践行,带动了国企品牌进一步走出去,拓展了中国品牌在全球的整体影响力。截至2018年10月末,央企已在"一带一路"沿线承担了3 116个项目,已开工和计划开

---

① 根据Brand Finance官网数据整理,参见：https://brandfinance.com/.

工的基础设施项目中,中央企业承担的项目数占比达50%左右,合同额占比超过70%。

（5）国有企业自身顺应国家政策和宏观经济环境的变化,积极进行供给侧改革,着力在转型中提高企业实力和品牌实力。此外,国企之间也在进一步整合重组,国企品牌朝着进一步集中化的方向发展。如2014年中国南车和中国北车合并为中国中车。经过多年的兼并重组,央企从2003年的196家减少到2019年的95家,创造了一批世界级的大型企业和品牌集团。

2013年以来,国企的生产力在其分布的领域中保持着相当的强势和领先的位置。技术创新方面取得多项重大突破,是中国企业技术创新的领导者,只有少数私企能够与国企相比。但国企品牌发展面临的不确定性明显增加,消费市场虽然依旧在增大,但出现了增速放缓或波动的情况。国企存在的薄弱之处还包括传播力和市场、组织等方面的灵活性与创新性较差,导致在与消费市场的沟通中效率不高甚至出现反向效果,在沟通中缺乏消费者关系的建构和维护意识,难以有效适应市场化的竞争。这些问题集中表现为国企品牌规模大但形象不佳,污名化甚至妖魔化的问题严重;企业对于品牌危机的处理显得笨拙而迟缓;涉及核心的品牌发展战略和品牌定位方向不清,摇摆不定,导致一再错失品牌发展先机,经常"起了个大早却赶了个晚集",国企在新兴的互联网领域缺乏作为就是一个典型。可以发现,70年的发展,国企在企业运转的硬件、核心技术积淀等硬实力层面实现了极大的进步,但是在品牌发展战略决策、品牌的文化与价值观引领、市场反应与嗅觉等软实力方面的短板依旧明显。

四、国企品牌 70 年发展之反思

客观地评价复杂且饱受争议的国有企业是一件十分困难的事情。但毫无疑问的是,巨大规模的国有企业的存在是中国市场经济体制的一个重要特点,并对中国经济整体的发展乃至中国与他国间的全方位竞争产生了极其深刻的影响。避开国有企业谈中国品牌的发展也是不符合实际情况的。尤其是在改革开放之后,国有企业以及依托国有企业而诞生的国企品牌一直是支撑中国品牌整体发展中一个不可或缺的轮子,这是中国品牌发展历程中的一个基本事实。

（一）国企品牌集中体现了中国品牌"市场—政府"双核驱动特点

上文指出,70 年的中国品牌发展形成了独特的"中国品牌体系",在这个体系中,"市场—政府"双核驱动品牌发展是一个重要的特点,而国企品牌的发展就是这一特点的集中体现。国企在中华人民共和国成立之初就拥有独特的企业属性,国企作为一种名义上的企业组织既受到市场需求的牵引,也代表国家利益,反映国家意志和国家制度。品牌是基于生产端（企业）和消费端（市场需求）双边互动的产物,"市场—政府"分别侧重于"需求—生产"两端对国企品牌的发展产生重要影响。政府通过对国企生产力的把控来实现其意图,市场则通过需求的引导以体现其力量。在不同阶段,市场和政府的力量对比不同,相互适应的程度也不同,继而造成国企品牌发展不同的阶段性特点。

在 1949—1978 年,中国逐步实行计划经济体制,国企的发展以政府规划为主,市场需求的力量被压制在很低的层面,生产与消费间的互动受到人为阻隔,国企的品牌发展近乎消失。1978 年改革开始导入市场机制,尤其在 1992 年之后,市场经济得到了极大的发展,来自国内外的市场需求不断膨胀,为品牌的发展营造了良好的需求环境。在 1978—1988 年,政府逐步减少对国企的直接干预,国企品牌在契合市场需求的基础上得以恢复并实现了较为快速的发展。但 1989 年后,国企由于改革的滞后,品牌发展又与市场需求脱节,导致发展进入低谷。2000—2013 年是国企品牌发展的高歌猛进期,这一时期,市场需求在国企品牌发展中占据主导,政府有效调整国企的生产力布局和生产力结构,实现了与市场意志的顺应,形成了国企品牌的大发展。2013 年至今,政府的力量继续强化,出台诸如《中国制造 2025》等重磅产业规划,然而由于各种内外因素叠加,市场却出现了需求放缓的态势,国企品牌的发展再次面临新的挑战。历史证明,单纯依靠政府或者依靠市场均不能实现国企品牌如此迅速的发展。一方面,国企品牌的发展有赖于市场需求的支撑;另一方面,也取决于国企自身改革的进展情况。

（二）"政府—市场—国企"三角互动关系是国企品牌发展的关键

基于国企品牌"市场—政府"的双核驱动机制可以发现,国企品牌 70 年的发展其实是一场包含"市场—国企—政府"三个角色关系、有着不断磨合

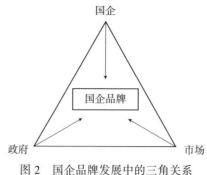

图 2　国企品牌发展中的三角关系

与调整过程的三角互动（见图2）。计划经济时期，国有企业的生产与市场需求相脱离，在与政府保持紧密的"父子关系"的同时轻视乃至否认与市场的关系。其结果是国企的规模虽然得到了扩大，但却缺乏品牌的发展，创造了世界企业发展史上的一种"有规模无品牌"的奇观。改革开放以后，市场经济逐步导入，国有企业开始考虑市场需要，并开始着手建构与消费者的关系，在日益成为独立的市场主体的情况下与政府的关系也朝着良性方向变革，国企开始恢复其作为市场竞争主体的本来面貌，而不再单单是行政的附属物。改革开放以来的国企品牌发展实际上走的是"政府—市场"两头讨好的路线，国企品牌既要让政府认可，也要让消费者满意。国企之所以需要两头讨好，这是由国企实际上的官、商两面性所决定的，国企占据国家关键行业和经济命脉，在品牌经营中不仅要考虑市场因素，也要考虑政治因素，其品牌经营具有明显的政治—经济的双重目的，这是国企品牌区别于私企品牌的核心特点之一。双重目的的属性既为国企的发展带来了额外的发展动力，但也成为掣肘其品牌发展的一个重要因素。

（三）国企品牌未来发展面临四大挑战

在环境相对稳定和封闭的市场中，21世纪以来国企的双核发展模式和三角关系处理有其成功之处，国有企业的品牌经营也取得了公认的巨大成绩。但是当下国企面临的环境发生了巨变，其中有四点尤其值得注意。

（1）市场竞争环境的变化。当下市场竞争正在发生巨大的变化，一个主要的特点就是日益深化的开放。首先是对内开放。国家当下的政策取向是开放垄断的行业，打破垄断和低效，借此激发国企市场活力，带动产业升级。这就意味着，国企原有的政策屏障在慢慢减弱，来自本土私企的竞争压力会变大。其次是对外开放。一是对外资企业开放，导致竞争增大，外资在管理、品牌和技术积淀上往往具有优势；二是走出去参与国际市场竞争。因此，国企品牌面对的不仅是国内市场的竞争对手，也包括国际市场上广泛存在的竞争对手。此外，互联网时代，不同产业在不断重构和融合，国企面临的竞争环境也因此更为复杂。除了开放所致的日益激化的竞争，企业间的竞争也不再局限于产品、技术、管理、组织、资源等方面，而是全方位的竞争。

（2）传播环境的复杂化。过去的传播环境相对简单，国企可以依靠央视等权威媒体，辅以大规模的广告投入塑造品牌。这套打法实行多年，屡试不爽。然而自互联网加速发展以来，媒体环境变得日益复杂。消费者的媒体接触习惯在互联网时代发生了极大的改变，媒体本身的格局也在重构之中。一方面，新的媒体不断涌现，呈现出极度碎片化的状态，原有传统媒体一家独大的状态被打破；另一方面，不同媒体所使用的传播手法也不一样，依附于传统媒体的一整套品牌传播的手段在逐渐失效，然而新的打法又尚未形成，一切尚在摸索之中。如何适应新的媒体环境，这是包括国企品牌在内的所有中国品牌都要深思的。

（3）消费者关系的建构。无论是企业的产品、服务，还是营销、品牌，所有的终极目标，不外乎建构和维系生产者与消费者之间一种虚拟而纤细的关系。这种关系可以是一次性的、短暂的，也可以是多次的、永续的，当下这种关系的脆弱性愈发显著。改革开放之后，国企依靠强大的宣传力，实现了品牌的差异化呈现和品牌资产增值，直接表现为在市场中品牌价值的急剧提升。但是在核心的消费者关系建构上，始终没有引起国企的足够重视。长久的品牌发展必须依赖与消费者长期关系的建立。当下的国内消费走向多元化、个性化，需求多变。海外市场的不确定性在增加，国企对于海外消费者更是相对陌生。海内外两种市场，两类需求实际上都在变化。日益多变的消费者让关系的维系和以此为基础的可持续的品牌发展成为一个巨大的难题。

（4）国企品牌的企业独立性问题，这一点最为关键。前文所谈的与国企品牌发展密切相关的三类环境要素，包括竞争环境、媒体环境和消费者环境，其核心特点是日益快速的变化与开放，属于外部变化。在这种情况下，国企的内在应变就显得十分重要，应变的核心在于市场独立性的问题，但是，这一点恰好是国企当下的"死穴"所在。1978年以来，国企改革的核心目标是将国企改造成独立的市场竞争主体。通过一系列的改革，国企不再是行政的附属物,可以以独立的法人身份参与市场竞争和按照自身发展需要独立地配置资源,但与天然具备市场独立性的私营企业相比,国企的企业独立性始终是不完全的,这是由国企和政府斩不断的血脉联系所决定的。不充分、不完全的市场独立性表现为,国企无法完全独立地按照市场规律和单纯的企业发展需要来制订发展战略和作出关键决策,总是不可避免地受到政治因素的干扰,违反作为市场竞争主体的企业经营的独立原则、价值原则和效率原则。其中一个重要表现就是为各方诟病的国企效率低下的问题。从国企品牌经营上看,时至今日,国企品牌虽然在基本的战术动作和常规的品牌战略上拥有一定的自主性,但是一旦到涉及核心的品牌发展战略和品牌方向上,国企的自主性则立即主动地或被动地弱化,陷入内在的"市场—政府"相互撕扯的"人格分裂"中,在政府意志和国家战略的敲打中前行。在涉及品牌发展的重大战略决策中,从竞争性的市场主体倒退成为性质截然不同的"国家机关"或"事业单位",导致国企在拥有资源和政策优势的情况下屡次错失品牌发展先机,在市场中陷入迷茫和被动。与私企相比,国企在资金、土地等资源方面的问题并不明显,最严重的问题其实是企业内在独立性的不足。这一点与改革之初国企面临的核心问题是一致的,只是程度有差别。如果国企要成功适应日益复杂多变的竞争、媒体和消费者环境、保持品牌的长久发展,必然要进一步理顺与政府的关系。

五、结语

中华人民共和国成立以来,国企品牌经历了一个从萌芽到消失、从消失到复苏、从小到大、从大到强、从国内走向国际的发展历程。从国企的品牌发展史中可以看出:

(1)国企品牌发展的主流是契合生产和消费两端发展的总体趋势的,在历史的长河中企业面临的生产和消费两端的各种变化深刻地影响了国企品牌的发展状态。除了基本的生产和消费因素以外,传播和技术也是影响国企品牌发展的重要变量。

(2)国企品牌的发展不仅是市场力量的结果,也是政府规划的结果,是两者意志不断绞合和形成合力的产物。2000年以来,国企依靠这种路径实现了快速发展。但在未来日益多变的环境中,过去国企发展的动力也可能成为阻力,过去的成功路径也许会失效。那么,如何适应环境变化摆脱路径依赖,这是国企不得不深思的问题。

(3)在品牌的三重构造——差异化呈现、价值创造和关系建构中,改革至今的国企依靠生产、消费、传播和技术等的多重适应性调整,完成了品牌的差异化呈现和品牌资产的增值,品牌价值得到了极大提升。但核心问题是,可持续的品牌发展不仅仅是品牌的差异化和品牌资产的增值,更需要利益相关方关系的处理。对于国企来说,除了要建构与市场上消费者的长期关系以适应品牌发展的需要,也要在现行体制下处理好与政府的关系。无论是市场关系的建构还是政府关系的处理,对于国企而言都是一个巨大的挑战,都需要国企明确作为市场竞争主体的企业独立性所在,这恰好又是国企的一个纠结点。

(4)国企品牌的发展也为世界提供了一个独特的品牌发展样本,对于国企品牌的考察,一方面,有助于深化人们对于品牌的认识,推动国企品牌的进一步发展,也为其他后发国家的品牌发展提供借鉴;另一方面,也有助于品牌理论的进一步丰富化。

当下来看,国企品牌的发展又到了一个十字路口。如果国企内在独立性不足,战略模糊,依靠惯性前行必然危机不断,前路堪忧。回顾国有企业品牌的70年历程,可以发现,国企品牌经历了两次较大的危机。第一次是20世纪70年代中后期国有企业处于不可持续的崩溃边缘,依靠国有企业的市场化改革,国企得到了重生,实现了品牌的恢复和前所未有的发展;第二次是20世纪90年代中后期国企经营难以为继,品牌发展问题频出,为此国企通过断臂求生式的改革再一次为自己赢得了发展空间。但在更加开放、复杂、多变的环境中,国企还能依循过去的发展路径吗?如何通过改革再次实现品牌突围?这是国企品牌在未来的发展中不得不回答的问题。

参考文献

黄升民,张驰.新中国七十年品牌路:回望与前瞻.现代传播:中国传媒大学学报,2019(11):1-11,46.

黄升民,张驰.改革开放四十年中国企业品牌的成长动力考察.现代传播:中国传媒大学学报,2018(9):1-12.

金碚.论国有企业是特殊企业.学习与探索,1999(3):10-13.

肖飞,肖春明.国有企业概念的历史辨析——基于近代.中国集体经济,2017（7）：57-58.

汪海波,刘立峰.新中国工业经济史（第三版）.北京：经济管理出版社,2017：56.

蒋一苇.试论社会主义的企业模式.经济管理,1987（1）：3-10.

黄速建,胡叶琳.国有企业改革40年：范式与基本逻辑.南京大学学报：哲学·人文科学·社会科学,2019（2）：38-48、158.

Maurya,U.K.,Mishra,P.What is a Brand? A Perspective on Brand Meaning.*European Journal of Business and Management*,2012,4（3）：122-133.

谢地.中央企业品牌建设报告（2011、2012、2013、2014）.北京：中国经济出版社.

施春来.基于全球思维的国企品牌国际化的战略路径与对策研究.求实,2014（S1）：101-103.

胡百精.敞开的品牌：央企品牌传播8讲.北京：中国人民大学出版社,2016.

霍春辉,张银丹,袁少锋.国有企业品牌不利刻板印象的逆转机制研究——基于技术导向视角.辽宁大学学报：哲学社会科学版,2017（3）：80-88.

张子凡.央企品牌传播的话语表达及传播效果提升研究——以国家电网公司为例.西南交通大学学报：社会科学版,2017（2）：29-36.

罗子明,郭媛媛.基于身份认同理论的国有企业品牌建设问题及思考.品牌研究,2016（1）：31-36.

国家统计局.伟大的十年.北京：人民出版社,1959：14-17、74.

商业部商业经济研究所.新中国商业史稿（1949—1982）.北京：中国财政经济出版社,1984：152.

马洪,孙尚清.中国经济结构问题研究.北京：人民出版社,1981：423、766.

国家统计局.中国统计年鉴（1984）.北京：中国统计出版社,1984：194；

国家统计局工业统计司.2012中国工业经济年鉴.北京：中国统计出版社,2012：19.

国家统计局.光辉的三十五年统计资料（1949—1984）.北京：中国统计出版社,1984：103.

吴仁洪.中国产业结构动态分析.杭州：浙江人民出版社,1990：57-74.

王海忠.中国品牌演进阶段的划分及其公共政策启示.中山大学学报：社会科学版,2015（4）：169-183.

侯隽.品牌60年：专家讲述新中国60年企业品牌史.中国经济周刊,2009（40）：6-13.

对外经济贸易部政策研究室.中国对外经济贸易指南——进出口贸易专辑.香港：经济导报社,1984：264-265.

丁允朋.外贸广告浅谈.外贸教学与研究.上海对外贸易学院学报,1982（2）:17-21.

谷一.一则广告引起的变化.经济管理,1979（9）:26-27.

黄升民,赵新利,张驰.中国品牌四十年（1979—2019）.北京:社会科学文献出版社,2019.

吴复民.恢复商标维护名牌信誉.人民日报,1978-12-04.

中国经济体制改革研究所综合调查组.改革:我们面临的挑战与选择.北京:中国经济出版社,1986:16-17.

吴晓波.历代经济变革得失.杭州:浙江大学出版社,2013:218.

吕政,黄群慧.努力实现国企三年脱困目标.人民网·人民论坛,2000,9,http://www.People.com.cn/GB/paper85/1864/300252.html,2019-11-05.

国家统计局工业统计司.2012中国工业经济年鉴.北京:中国统计出版社,2012:16.

金碚,黄群慧."新型国有企业"现象初步研究.中国工业经济,2005（6）:5-14.

王小润.国企社会责任表现良好.光明日报,2012-11-29.

何宗渝.国资委:央企品牌建设应成为"一把手"工程.中国政府网,2013-10-15,http://www.gov.cn/jrzg/2013-10/15/content_2507275.htm,2019-11-05.

黄升民,张驰.改革开放以来国家品牌观念的历史演进与宏观考察.现代传播:中国传媒大学学报,2018（3）:1-9.

胡鞍钢,马英钧.中央企业:从经济支柱迈向世界一流.现代国企研究,2018（Z1）:55-56.

黄茂兴,唐杰.改革开放40年我国国有企业改革的回顾与展望.当代经济研究,2019(3):21-31,32,113.

贺大卓,梁海松.机械龙头国机的千亿牌局.英才,2010（6）:34-40.

甄新伟.央企高质量参加"一带一路"建设意义重大.人民网,2019-04-22,http://ccnews.people.com.cn/n1/2019/04/22/c141677-31041868.html,2019-11-07.

电影叙事与国家形象的建构研究
——基于新中国成立 70 年来电影发展变迁史的思考[①]

郭致杰[②]

【摘要】 电影具有描摹文化生态现象与凝聚意识形态表征的双重功能,这就决定了电影叙事与国家形象的建构存在密不可分的重要关联。本文在分析电影叙事与国家形象建构关系的基础上,梳理中华人民共和国成立 70 年来中国电影叙事与国家形象建构的变迁,概括出四个阶段的不同特征,同时总结出电影叙事与国家形象建构变迁带来的启示与问题,并尝试提出优化电影叙事与国家形象建构的路径。

【关键词】 电影叙事、国家形象、建构、主旋律电影

电影具有描摹文化生态现象与凝聚意识形态表征的双重功能,这就决定了电影叙事与国家形象的建构存在密不可分的重要关联。中华人民共和国成立 70 年来,中国的电影叙事在国家一系列改革政策与措施的推动下进行了探索与有益尝试,在记录国家发展、勾勒民族命运变迁、建构国家形象方面展现出不可替代的重要作用,承载了特殊的文化使命与历史责任。

一、作为叙事媒介的电影

赫尔曼认为,后经典叙事学语境下的叙事,强调了叙事与认知相关的重要特征。因此,叙事作为一种信息传播过程,它不仅具有传统的审美功能,而且

---

① 本文主要内容已发表在《新闻知识》2019 年第 11 期,经作者同意,部分内容有所调整。
② 郭致杰:中国传媒大学新闻学院博士生。

被赋予认知、交流的传播意义。

　　认知与交流活动需要借助一定的物质与精神媒介,而电影作为一种大众叙事媒介,具有不同于其他媒介的特征与优势,在建构与传播国家形象方面发挥着自身无可替代的作用:其一,电影这种叙事媒介本身所具有的虚拟性、主体创造性,使得它可以从"应然"的维度与主观假定的情境中艺术性地展现与传播国家形象,这与强调真实性与时效性的新闻媒介有所不同,电影在叙事表达中更具张力与塑造空间;其二,电影在建构国家形象时,往往选取完整封闭的文本、起伏波折的故事情节、典型人物命运及特定的情感表达,这也与碎片化的新闻报道呈现差异,由此可以看出,电影在建构国家形象时基于人们的情感体验与记忆结构所特有的强大感染力;其三,电影不仅能为受众带来视觉盛宴,而且通过具有震撼力的声音效果及基于电影剪辑艺术的多重声画表达来传递政治理念,彰显国家形象。

二、国家形象的电影图谱与建构逻辑

　　关于国家形象的概念,学术界尝试从多个学科、多个角度进行定义。其中,管文虎对"国家形象"的定义较为全面:"国家形象是一个综合体,它是国家的外部公众和内部公众对国家本身、国家行为、国家的各项活动及其成果所给予的总的评价和认定。"[①] 这个定义兼顾了国内、国外两个空间视野,也强调了公众舆论是国家形象的重要构成,但此定义稍显宏观一些。有学者将国家形象的考量细化为具体的指标,分为三个方面:物质要素、制度要素与精神要素。"制度要素"是指支撑国家生存和发展的自然物质基础与各种物质因素的总和;"制度要素"包括国家的政治、经济、文化、法律等方面的具体制度;"精神要素"涵盖民族的文化心理与社会意识两个层面。

　　基于上述国家形象要素指标的三个方面可以发现,电影中所建构的国家形象也是从这三个维度展开的。如物质要素方面,《黄土地》体现了对中国"寻根文化"的阐释;制度要素方面,《马背上的法庭》是体现中国主旋律法律制度题材的电影;精神要素方面,《活着》讲述了一个人在时代大背景下,经历社会变革与人生苦难所产生的关于生命的感悟。

---

① 陈林侠.跨文化背景下中国电影的国家形象建构.北京:人民出版社,2014.

电影叙事中的国家形象建构需要特定的逻辑路径：首先，电影叙事通常在一定的语境下展开，这样的语境必须具备生成某种国家意义的文本；其次，在电影叙事的过程中，借助电影媒介所特有的想象、假定与放大功能，建构起唤醒观众形成国家观念及认同的逻辑论证与理性推演；最后，电影叙事在建构逻辑中与观众认同形成同频共振，从而促进国家形象的建构与传播。

三、近 70 年来中国电影叙事与国家形象建构的变迁

中华人民共和国成立 70 年来，在不同的历史时期中，中国电影叙事深受国家政治、经济、文化因素的影响，电影叙事中展现的国家形象也在政治环境与国家政策的作用下，体现出鲜明的阶段特色与时代特征。

（一）社会主义建设的叙事话语：建构红色主题的先进形象（1949—1965 年）

自 1949 年新中国成立至 1966 年，这段时间的电影事业，被称为"十七年电影"。这个阶段国家的主要任务围绕社会主义建设与解决建设中出现的各种矛盾与问题进行。因此，这个时期的电影立足于社会主义现实题材，叙事话语主要集中在回顾革命斗争历史、歌颂社会主义建设、塑造以工农兵为主的无产阶级先进人物形象上，展现无产阶级的情怀。

以农民、工人阶级为主的红色主题先进形象，成为这个时期国家形象的最显著表征之一。随着社会主义改造的完成，电影的政治性与主流意识形态加强，坚持以"工农兵为主"的宣传方向与政治基调。在农民形象的呈现与塑造方面，集中反映此时期农民的进步性、模范性、教育性的典型特征并在人物刻画上倾向于农民阶级的审美趣味，如影片《李双双》，塑造了一个性格直爽、泼辣的农村妇女队长形象，她坚持集体主义，积极努力与自私现象作斗争，并成功改造丈夫的思想，成为劳动模范与表率；在工人阶级形象的塑造上，工人阶级以国家主人的身份登上银幕，影片主要集中表达了工人阶级的劳动热情与精神品质，折射工人阶级在社会主义新时期由革命性向先进性转变的问题，如《桥》中展现的不怕困难、抢修桥的东北工人形象，《红旗歌》中马芬姐、金芳等勇于反抗官僚资本家压迫的女工形象。

这一时期的银幕，集中建构了以农民、工人为主的红色主题先进形象，展

现了农民的勤劳热情,工人的创新奋进,营造了团结向上、锐意进取的社会主义建设氛围,呈现出新中国朝气蓬勃、万象更新的国家形象。

（二）"文革"时期的"斗争话语"叙事：工农兵形象被符号化与理想化（1966—1976年）

"文革"时期电影以"斗争话语"为主导模式,打破了正常艺术创作的规律与范式。这一时期的电影叙事塑造的工农兵形象倾向于符号化与概念化,主要表现在以下几个方面。

第一,银幕上展现国家形象的代表多以工农兵为主。工人与农民成为那个特定时期的国家形象代表,如《智取威虎山》中塑造的在解放战争中足智多谋、勇敢无畏的剿匪英雄杨子荣、《沙家浜》中与敌人巧妙周旋的女地下党员阿庆嫂。

第二,这一时期电影中工农兵形象符号化,基本上按照当时主流政治价值诉求与主流意识形态的要求加以塑造,具有鲜明的政治立场与倾向。这种高度"符号化"与"理想化"的工农兵形象,反映在外在与精神两个层面。从外表来看,这些工农兵形象的亮相都是正气凛然的,双眼眺望远方,目光坚定。从精神来看,这些人物都拥有坚定不移的政治信仰与顽强不屈的意志品质,如《春苗》《反击》。

由此看来,"文革"时期的电影艺术叙事高度程式化与符号化,创作主体的艺术理想与追求被严重扭曲,艺术效果的审美愉悦功能也被严重破坏与瓦解。千篇一律的表演范式与形象背后,单一化与保守性的国家形象进一步形塑。

（三）探索变革中的多元叙事话语：多方位展现新时期国家建设的新风貌（1978—1996年）

1978年后,在改革开放的大环境影响下,电影文化的发展也沐浴着"思想解放"的春风,逐渐回到正常的轨道中。

在改革开放初期,中国的经济建设处于恢复与探索阶段,在总结反思过去经验与教训的学习中曲折前进。因此,电影叙事在此时也呈现出一种"批判与反思"的叙事话语样态,如《天云山传奇》是第一部反思"文革"给社会发展与人性带来深度影响的电影作品。同时,这个阶段涌现了一些展现改革中出现的问题与阻力的电影,如《血,总是热的》《最后的选择》。

随着社会主义市场经济的不断发展与改革进程的持续推进,知识分子重新受到社会的尊重,同时,随着市场多样化经济的发展,个体、私营工商阶层逐渐兴起且经济地位得到提高。因此在电影中,知识分子与小市民阶层的形象开始回归,多层次、多方位地展示新时期国家建设中各个阶层的风貌与精神,如《青春祭》刻画了在云南傣寨插队中成长并感受乡亲们温暖的女知青李纯,引发了对青春与个人价值的思考;《城南旧事》以小女孩英子的视角,描述了老北京城南的发展及周遭人物的生活与命运。

在20世纪90年代初期,一些反映重大历史革命题材的电影开始涌现,如《开国大典》《大决战》《周恩来》等主旋律影片开始立足于国家叙事主题,传播国家形象。总之,自改革开放至20世纪90年代中期,电影在探索变革中呈现多元叙事话语,多方位展现了新时期国家建设的新风貌。

(四)走向市场化与个性化的叙事话语:借助历史与民族记忆组建国家形象(1997—2019年)

1997年贺岁影片《甲方乙方》标志着中国电影开始以市场化运作作为电影叙事的驱动力。进入21世纪,电影叙事呈现出的一个新特征为主旋律电影多依靠市场化方式、借助历史与民族记忆题材传播与输出国家形象。

首先,这些历史与民族记忆题材的电影,多借助庆典仪式事件创作与播出。比如,在中华人民共和国成立60周年之际,2009年9月上映的《建国大业》就是将国家政治叙事渗透与融合到每个国民的国家与民族记忆中,将国家意识形态的表达置于政治资本的庇护下,再借助电影文化消费,从而促成国家形象的建构与传播。又如,2010年上映的《唐山大地震》则是为了纪念唐山大地震34周年,代表了对灾难记忆的铭记。而国粹京剧作为国家软实力文化的重要体现,此类题材的电影也是展示国家形象的重要窗口,如影片《梅兰芳》。作为庆贺中华人民共和国成立70周年的献礼片,《我和我的祖国》成为2019年国庆档中备受好评的主旋律电影。它以时间递进为叙事逻辑、以平民视角为叙事线索,将"小人物"的个体故事放置宏大的时代背景中,选取新中国70年风雨征程中具有重要历史意义的关键节点,讲述了7个不同的故事,唤醒了几代人共同的家国记忆与爱国情怀,勾勒出70年间祖国经济腾飞、科技进步、繁荣和谐、国际地位不断提升的变迁图景,展示了更加从容自信、开放进取的大国形象。

其次,选取古装大片来传播中国历史传统文化,展现国家形象。由于古装类型电影具有一定的直观视觉表现力与冲击力,可以通过战争、武侠、宫廷、文化等几种分类型进行演绎。而这些分类型又具有典型的中国文化、历史象征元素与符号,因此对观众具有较强的吸引力,如战争类型的《赤壁》、武侠类型的《英雄》《锦衣卫》《投名状》、宫廷类型的《夜宴》、文化类型的《孔子》等。

从1997年至今,中国电影走向市场化与个性化的叙事话语,并借助历史与民族记忆组建国家形象,或联合庆典仪式事件创作与播出,或结合古装大片来唤醒国家与民族意识,传播中国历史传统文化,展现国家形象。

四、中国电影叙事与国家形象建构变迁带来的启示与问题

在特定的历史时期,中国的电影叙事往往呈现特定的叙事话语与风格,建构与展现特定时期的国家形象。综上,梳理中华人民共和国成立70年来中国电影叙事与国家形象建构变迁的四个阶段后发现,中国电影叙事在建构国家形象的探索中存在一定的规律与经验,但同时也产生了一些亟待解决的问题。

(一)电影叙事紧随国家命运、政策变迁、观众心理的发展

纵观中华人民共和国成立70年来电影发展变迁史可以发现,电影叙事的发展紧随国家命运、社会政策、经济文化、观众心理的变迁与发展,并被打上意识形态的烙印。

在社会主义建设时期,电影叙事围绕当时社会主义经济建设的工作重心,建构以工农兵为主的红色主题先进形象,成为当时国家形象的重要代表;在"文化大革命"的特殊时期,电影叙事受"斗争话语"影响,叙事模式与范式渐趋固化,国家形象也呈现出单一化与保守性;改革开放以后,中国电影叙事在探索变革中形成多元化模式,叙事对象也由单一的工农兵扩展为知识分子、小市民阶层,从多个方位展示新时期国家的新风貌;从1997年至今,中国电影呈现出市场化繁荣发展的欣欣向荣景象,观众的心理诉求变得更加丰富与多元,国家形象传播与市场化资本运营相结合形成了多样化、个性化的叙事话语,并借助重大事件的纪念仪式唤醒观众的民族与国家记忆来建构国家形象。

（二）古装片中泛化的"武打"元素设置弱化了国家叙事的严肃性与深刻性

在近年来的电影里，古装类型的电影成为传播中国传统文化、反映国家与民族历史、阐释国家形象的重要体裁。古装电影以其绚丽的视觉色彩，华丽多变的感官影像刺激观众的消费想象，如今古装片中泛化的"武打"元素，依靠身体动作形成的具有强烈吸引力的奇观效果，在世界范围内的华语电影界引发关注与议论。然而，这些"武打"元素的泛化设置在建构国家形象时存在一定问题，弱化了国家叙事的严肃性与深刻性。

第一，"泛娱乐化"色彩较重，缺乏历史真实性。"武打"元素在古装电影中的泛化，使得武侠题材电影的叙事态度显得浮夸，很多古装电影并没有真正完整、清晰地去叙述历史，而是加强了"戏说"与"泛娱乐化"的色彩。如电影《鸿门宴传奇》中的电影叙事也只是选取一个历史故事作为背景，而史料中的具体典籍素材并未展示出来，使得国家传统文化的展示缺乏客观真实性。

第二，只追求视觉冲击力与效果，缺乏国家形象建构的深刻内涵与价值意义。许多武侠片千篇一律的武打元素只追求视觉层面上的"炫技"，忽视了电影叙事中人物思想、内在情绪的阐释与表达，使得影片叙事单调肤浅，难以提供合理、深刻的叙事资源去建构国家形象。

（三）政治电影中"明星奇观"效应的消费消解了国家形象的建构

政治仪式是国家形象建构与传播的重要载体。政治仪式的意义在于向受众传递与阐释政治统治的合法性、政治人物的特质和领导素质、政治制度的合理性与权威性，强化其政治观念。此外，政治仪式能够激起与唤醒公众关于国家与民族的集体记忆，将个人情感体验与民族国家共同体相联系，从而形成与促进民族和国家认同。

近年来，借助重大的政治事件背景进行创作的政治电影频频出现，如《建国大业》《建党伟业》《建军大业》。这三部主旋律电影最大的看点是选用近百位明星出演，形成一种"明星奇观"效应。这种明星聚合虽然带来了强大的粉丝经济与视觉中美好的观赏体验，然而也引发了观众的娱乐情感，消解了本身影片中政治事件所应激发出的政治情感与认同。

五、当代电影叙事促进国家形象建构的路径探究

要解决当前电影商业化与市场化运作所带来的主旋律电影叙事缺乏严肃性、深刻性及"明星奇观"效应消解国家形象建构的显著问题,中国当代的电影叙事应立足全球语境与中国国情,植根中国核心价值观体系,优化叙事逻辑与话语,致力于寻求与建构具有民族和国家认同的重要叙事符号,深耕影片所阐释的文化精神与艺术价值,从而完善与促进国家形象的建构与传播。

(一)满足大众审美诉求,优化叙事逻辑与叙事话语

中国主旋律电影作为建构国家形象的重要载体,被放置在社会历史、文化政治的语境中,同时,文化传统、资本控制、主流意识形态表现、市场化运作诉求、多元价值观这些要素之间相互博弈,影响电影叙述艺术的定位与发展。

电影文化功能的日益突出与强化,促使中国主旋律电影要实现艺术效果与经济效益互惠双赢。因此,当下中国主旋律电影的叙事需要将政治叙事与审美叙事有效地嫁接与融合。电影审美叙事的内容、风格、话语需要立足于特定的时代文化体系,需要满足大众审美诉求,结合中国主流价值观构建通俗化、具有市民精神的叙事方式,符合受众心理接受习惯与审美趣味,将影片所要表达的价值伦理、精神追求、艺术价值在叙事逻辑与叙事话语中进行优化。

(二)在国家与民族叙事中建构形成认同的政治象征符号

在电影叙事中,建构国家形象的关键在于组建与确立民族共同体,从而形成具有凝聚力与向心力的政治象征符号。李俊增认为:"要人民认同政治社群,对之产生政治情愫,此一政治社群必须能在人民心中产生意象,因此它必须赋予某种明确的形态。"① 这种"明确的形态"需要在电影的国家与民族叙事中,建构具有形成认同作用的政治象征符号。

这种具有形成认同作用的政治象征符号,一般作为国家形象与明确政治观念的标志。如《建国大业》中选取"政治协商制度"作为国家政治制度的代表;影片《天安门》中选择"天安门"这一被广泛熟知的政治地点,更容易

---

① 陈林侠.跨文化背景下中国电影的国家形象建构.北京:人民出版社,2014.

引起受众的高度认同。因此，选取具有民族共同体象征意识的政治符号，在电影叙事中进行合理化插入与凸显，可以充分唤醒公众的情感共鸣与民族国家认同。

（三）在全球化语境下讲好中国故事，打造立体鲜明的中国形象

当今世界全球化的语境，形成了多元的文化格局与纷繁的文化生态。作为重要的时代与文化传播载体，电影也在用自己特有的形式体验并讲述着本土全球化的历史进程。在全球化语境下结合中国国情特色，讲好中国故事，传播中国文化传统、历史风云与意义诉求，将成为当代电影在国际化视野下建构国家形象的重要路径。

首先，要将中国特色的文化传统元素放置在多元的文化空间中进行重组与整合。在跨文化的背景下，中国电影的国际化面临与不同历史、文化背景进行对话、沟通、理解、协商、改造的情形。因此，保留与凸显电影叙事中具有极强表现力的中国特色元素与价值，成为展现中国形象的重要名片与窗口。

其次，将叙事话语中的核心价值观与形塑国家形象相结合。电影叙述中所呈现的人物形象、故事情节、话语设置，都具有一定的价值内涵与意义指向。如2015年、2016年上映的两部主旋律色彩浓厚、强烈激发观众爱国主义情感的电影《战狼》《湄公河行动》，皆选取军事题材，立足于"强国形象"传播的建构诉求，结合民族主义与英雄主义的精神，传播"中国梦"的故事内涵，运用寓言式的手法呈现中国的国际地位，进而彰显中国国家形象。

六、结语

在当今世界全球化的语境下，如何克服传统、浮躁、扁平化的叙事模式，描绘出具有深刻文化意涵与鲜明时代特征的国家精神图谱；如何将体现民族气节、民族精神、国家文化的话语进行言语的精心编排与组织内化，讲出中国好故事；如何运用现代多元的媒介技术带来具有深度沉浸式的观影体验，打造立体鲜明的中国形象……这些仍然是今后研究电影叙事与国家形象建构问题时，需要不断努力与突破的方向。

参考文献

陈林侠.跨文化背景下中国电影的国家形象建构.北京:人民出版社,2014.

厉震林.中国国际获奖电影的国家形象研究.北京:中国电影出版社,2013.

傅红星.社会变迁与国家形象——新中国电影60年论坛论文集.北京:中国电影出版社,2010.

习钰伟.影视作品中的国家形象构建和传播——以《我和我的祖国》为例.科技传播,2020(3):75.

第 三 章
文明互鉴与文化传播

国家身份建构：文化外交的基本理论命题[①]

王缅[②]　范红[③]

【摘要】 对于如何定义以及实现文化外交，一直存在争议。本文从"国家身份"这一基本概念出发，阐明建构清晰的国家身份是使文化能够承载外交功能，使文化外交成为可能的关键所在。国家身份的建构来自于时间维度上历史与未来的相互观照，以及空间维度中自我与世界、文化与空间的互动交流。在实践领域，国家身份建构理论能够解释为何文化外交需要具备长期性、互动性与创造性，文化外交实践中应如何平衡传统与现代文化之间的关系，以及空间对于国家身份的建构作用。

【关键词】 文化外交、国家身份、传记叙事、文化空间

一、文化外交的基本命题与挑战

"文化外交"的概念最早由美国正式提出。1959年，美国负责国际教育与文化关系的国务卿特别助理罗伯特·塞耶在缅因大学的一次演讲中提到，当今的国际关系已不再是政府之间的关系，而是各国公众之间的关系。由于公众之间的关系受制于生活方式与思维方式等文化因素，因此，文化外交将是通过促进人们之间相互理解，进而促成政府之间相互理解的最重要手段。美国开展文化外交的目的便是促进各国公众对美国生活与文化的充分理解。美国随后在一本正式出版物中对"文化外交"作出了定义：文化外交通过"各

[①] 本文主要内容已发表在《社会科学战线》2019年第9期。
[②] 王缅：清华大学新闻与传播学院博士生。
[③] 范红：清华大学国家形象传播研究中心主任，清华大学新闻与传播学院教授、博士生导师。

国公众之间直接和持久的接触",旨在"为国际间的信任与理解创造更好的环境,从而确保官方关系的顺利运行"①。

然而,自文化外交概念提出以来,围绕如何定义文化外交以及文化外交如何成为可能的争论却从未停息。人类社会的文化交流活动自古便有,无论是中国古代的丝绸之路,还是 16 世纪欧洲传教士在世界各地的文化活动,均通过沟通交流促进了不同文化间的相互理解。既然如此,是否有必要提出一个新的"文化外交"概念?对此,理查德·阿恩特指出,文化关系从字面上理解就是不同国家文化之间的关系,是根植于任何一个社会之中的智力与教育资源的跨越国界的沟通与交流。但文化关系是一种民间自发行为,而不是政府行为。与文化关系不同的是,文化外交是由代表政府意志的外交人员来主导,将原属于自发行为的文化关系项目通过引导,塑造成为服务于国家利益的政府行为。因此,文化外交是由一国政府所主导的、服务于国家利益、具有外交功能的国家行为。

将文化外交与文化关系或文化交流的概念予以区分,却引发了进一步的质疑,即文化能否真正实现外交功能?文化与外交之间似乎始终存在着一定的矛盾性。诚然,外交与文化都是传播形式,但却属于不同类型的传播。美国前外交官约翰·布朗就曾提出,在国际关系学中,外交的本质是谈判,通常被认为是一种具有隐蔽性的、并非完全公开的行为。然而文化,无论是高雅的还是粗俗的,本质上都是一种开放的对话或宣言,艺术家们通常会用最为吸引人且令人难忘的方式,面对观众展现自己的天赋。文化外交能否成为可能,需要我们思考对外文化交流如何服务于国家利益,如何将人们对一种文化的认知转换为对一个国家的认知。

在文化外交实践中,文化认知与国家认知的统一并非易事,人们对某种文化形式的喜爱并不一定会带来对这个国家的喜爱。文化外交实践中所暴露出的文化认知与国家认知相互割裂的问题,其根源在于缺乏对国家身份的清晰认知与定位。文化外交的目的在于通过文化手段,促进不同国家之间的相互理解,而相互理解的基础则是对自我与他人的清晰定位。由此,文化外交成为可能的关键则是要通过文化交流建构清晰的国家身份,即在充分了解自我和

---

① Gienow-Hecht,J.C.E.& Donfried,M.C.,eds.Searching for a Cultural Diplomacy. New York and Oxford:Berghan Books,2010,25,footnote 2.

他国的基础上,对本国身份进行清晰定位,让公众充分认识并理解两国在价值观、思维与生活方式等方面所存在的共性与差异。

二、国家身份的概念及内涵

"身份"是文化研究中的一个重要概念,源自于英文中的"identity"一词,在中国也经常被翻译为"认同"或"同一性"。阎嘉对上述三种翻译进行了区分,认为在人类学、心理学、社会学和文化研究中,"identity"一词具有两种基本含义:一是指某个个体或群体据以确认自己在特定社会里之地位的某些明确的、具有显著特征的依据或尺度,如性别、种族、阶级等,在这种意义上可以使用"身份"一词来表示;二是当某个个体或群体试图追寻、确证自己在文化上的身份时,可以用"认同"来表达。身份与认同的基本内涵都来自于"同一性",即与某种事物原本固有的特质、本质相关。然而,在当今的文化研究中,认为"身份"和"认同"是固定不变的本质主义观念越来越受到挑战,取而代之的是身份在历史和现实语境下处于流动、不断变迁的观点。

与本质主义下的身份观念相对立的观点认为,"身份"是一种建构,是一个永远未完成的过程。当今,越来越多的文化研究学者赞同身份是流动的、是在历史和现实语境下不断变迁的观点。人们对身份的认识正在从如何发现其本质发展为如何定位与建构。身份认同的意义根植于不断变化的社会关系与文化关系中,它可以向无数的方向延伸,具有无边无际的可能性。斯图亚特·霍尔提出:"文化身份并不是已经完成的,然后由新的文化实践加以再现的事实,而应该把身份视作一种'生产',它永不完结,永远处于过程之中,而且总是在内部而非在外部构成的'再现'"。[①] 身份就是认同的时刻,是认同与缝合的不稳定点,而这种认同与缝合是在历史和文化的话语之内进行的。

将文化研究中的"身份"主体上升到国家领域,便有了"国家身份"的概念。国家身份是一种归属性国家认同,是指个体把自己作为一种文化共同体成员,基于文化形式、共同记忆以及历史传统等确认自己是否在文化心理层面归属于一个国家。凯勒指出,国家身份由属于某一种文化的一系列意义组

---

① 斯图亚特·霍尔. 文化身份与族裔散居. 见罗钢、刘象愚编. 文化研究读本. 北京:中国社会科学出版社,2000.

成,将其与其他文化区分开来。国家身份具有内向与外向两个层面上的含义:对内来讲,它是国民对自身文化接受和理解的过程和结果,其目的在于使国民拥有共同的价值观、信念和行为习惯,从而比较顺利地生活于社会;对外来讲,国家身份的认同也起着区别"自我"与"他者"的作用,是对一国文化的定位,其目的在于通过与外来文化的交流促进其他文化对本国文化的理解和认可,这也正是文化外交的目的所在。

三、国家身份在时间与空间维度的建构

身份并非本质而是一种定位。人们总是通过经验来认识自己。正如海德格尔所指出的,存在发生在生与死的时间跨度之中,因为直到死亡的那一刻,对自我与存在的认知都是未完成的。这种演变的特征意味着身份是一个动态的建构过程,一个不断地通过揭示世界与自我来获得身份认同的过程。

国家身份也不是与生俱来、固化不变的,而是通过特殊的阐发策略而被生产出来的。国家是一种传记叙事,国家身份正是透过叙事而得以建构。正如海登·怀特所指出的,人类具有天生的叙事冲动。叙事是一种"元代码",它可以在我们体验世界的过程中产生,试图去描述经验并对其赋予意义。林马尔进一步将个人的身份认同过程扩展到国家范畴,并提出国家因叙事而成为一个有意义的实体。国家对自我身份的定位是建立在该国对自我与他人的连贯叙事基础之上的。正如吉登斯所认为的,自我身份是以"保持特定叙事得以持续的能力"为基础,并由此提出"传记叙事"的概念。

时间与空间是国家身份建构的两个重要维度。国家身份的动态建构性来自于复杂的历史与文化环境对国家身份的持续影响,同时也体现在"我者"与"他者"相互依存、相互建构的关系中。

国家身份建构首先产生于时间维度中。国家身份是一个国家或民族在过去、现在、未来的时间轴线中对自身的定位。在此过程中,国家或民族不断地回顾历史、检视现在,并憧憬未来,从而形成一个国家完整的传记式的叙事。安德森曾提出,国家是一个以时间为取向的"想象的共同体"。[1]博尔丁也认为,

---

[1] 本尼迪克特·安德森.想象的共同体:民族主义的起源与散布.吴叡人译.上海:上海人民出版社,2003.

一个国家的形象是跨越时间的,最远可以追溯到有史料记载或神话诞生的年代,而在时间轴线的另一端则应该延伸到想象中的未来。

历史与记忆对国家身份的建构具有重要意义。记忆能够将我们的自我认同与过往经历相连接,通过回答我们从何处来以及我们曾经经历了什么,为历史赋予意义。然而,历史或记忆对于国家身份的建构是有选择性的。肯瓦尔提出,一个国家对自身历史的讲述实际上是一种创造性记忆,是对过往经历中那些"有用"的创伤或荣耀进行选择后的结果。传记叙事并不仅仅是对国家所发生的一切的记录,而是对过往经历的一种抽象和艺术加工。伯恩斯科特进一步解释说,国家的传记叙事是一个被简化了的故事,通过排除掉一些经历而刻画出一种独特的生活路径,并使该国的某些特征清晰可见。

对历史进行选择与刻画,需要具有前瞻性视野思考一个国家在未来的定位。实际上,对未来的定位是国家身份中最重要的组成部分,它需要解释这个国家未来将是什么样的。伯恩斯科特在对国家身份的未来导向进行论述的过程中曾引用了奥斯卡·王尔德的一句经典语录:"一张没有乌托邦的世界地图是丝毫不值得一顾的。"人类社会的发展总是伴随着记忆,同时将对未来美好的愿景融入他们的传记式叙事中。国家身份是一种动态的进程,一方面根植于历史,同时也在根据当前与未来的需求进行着持续的建构。

国家身份的建构不仅体现在时间维度中,也同样存在于空间维度中。国家身份在"我者"与"他者"的互动关系中得到确认和发展变化。科利尔等人在开展身份建构研究时提出了"声明"(avowal)与"归属"(ascription)两个概念。其中"声明"是指自我的文化身份表达,而"归属"则来自他人对自己的文化身份判断。更多的情况下,"归属"是他人对自己的刻板印象。身份建构一方面是对"归属"的回应,一方面是持续的、动态化的身份表达。国家身份是"我者"与"他者"、"声明"与"归属"两个过程相互作用的结果。

"我者"与"他者"的相遇需要空间,因此国家身份的建构需要特定的文化场域,即不同国家和民族开展文化交流的对话地带。随着空间理论的提出,空间被认为是能够生产意义的场所,在特定的社会中具有表征意义和象征意义。随着列斐伏尔和福柯以及其他空间理论学者对空间理论研究的日益深入,空间逐渐摆脱了原本单纯的地理学属性,被赋予了更多的社会功能。空间不再只是故事发生的背景和环境,而是作为一种象征系统和指涉系统,与其他元素一起参与叙事以及主题意蕴的生成。在一个可被感知的物理空间中,人们通过视觉、触觉、嗅觉、听觉或者味觉获得对所处环境的真实体验。这样一种包含了情感与记忆、想象与体验的空间,为主体与客体之间的互动提供场所,并从中生产出特定的文化意义。

四、国家身份建构理论对于文化外交实践的指导意义

将文化研究中的"身份"概念引入文化外交研究,并对国家身份建构的过程进行剖析,其根本目的都是为了回应"文化外交如何成为可能"这一问题。只有当文化外交活动能够建构清晰的国家身份时,才能真正担负起外交功能,文化外交的概念也才能因此而成立。因此,国家身份建构理应成为文化外交研究中的基本理论命题。国家身份建构理论对于当今文化外交实践具有重要的指导意义。

(一)国家身份的动态性与复杂性决定了文化外交的根本性质

身份并不是与生俱来的、本质化的和固有的,而是随着历史进程的发展和社会环境的变迁而不断变化,一个国家所谓的文化传统也总是在不同的时代和环境下得到更新。与此同时,受到不同的社会和文化因素的影响,当国家身份面对不同国家的受众以及不同的文化背景时,又会变得更为复杂和多元。身份是对自我的一种定位,这种定位是一个人或一个国家从为数众多的潜在资源中,根据自己所处的位置和环境而进行个性化筛选后的结果,是被生产的、动态的和具有无限可能的。国家身份之所以具有动态性和复杂性,其根源在于身份是被建构出来的,这种建构来自于自身因素,但更多取决于环境或他人的因素。从文化外交的实践中可以看到,当很多国家的政府试图单方面地向外界展现和推广自身文化,而没有设法让对方国家的受众参与其中时,往往并不会收到很好的效果。其原因就在于,文化外交并不意味着单纯的文化输出,也不应该是单纯的学习吸收,而是在双方的互动,尤其是人际层面的互动过程中,通过共同建构一种文化身份,以此来获得双方在文化上的认同。

只有在"我"与"他"的互动中建构清晰的国家身份,传统的文化交流才能升级为文化外交,文化外交的概念也才能得以成立。国家身份的复杂性和动态性决定了文化外交所应具备的长期性、互动性与创造性,也使文化外交与公共外交在根本性质上有所不同。公共外交关注的重点在于将外国公众作

为传播的对象,并以影响外国公众进而影响对象国家的某项外交政策为目的,因此公共外交通常是一种以单向传播形式为主的短期行为;文化外交则是一种创造性的外交活动,它关注的是如何通过与受众之间长期持久的互动来建构清晰的国家身份。然而在很多情况下,国家身份的动态性和复杂性并没有得到人们的广泛认知,负责文化外交的政府官员只是将本国文化中那些自认为值得骄傲的、能够体现本国特色的资源展现在外国公众面前。由于缺乏国家身份的建构与双方的认同,这样的文化外交活动与传统的公共外交并没有本质上的区别。

(二)对历史元素的选择须服务于对国家未来的定位

国家身份的建构首先是一种时间维度的建构。国家是一部传记式叙事,而国家身份则涉及一个国家在过去、现在以及未来这条连贯的时间轴线上的定位。存在于历史中的传统文化能够通过回答我们从何处来,以及我们曾经经历过什么,来对一个国家的历史赋予意义。然而历史与传统对国家身份的建构是有选择性的,这种选择既要服务于国家当前的需求,又要面向国家的未来。国家身份建构的过程应该是在具有前瞻性的视野下回顾历史,将对未来的美好愿景融入一个国家的传记式叙事中。

在文化外交实践中,许多国家都很重视对本国传统文化的挖掘与整理,并思考如何让其他国家认同并喜爱属于自己民族的灿烂文化。然而人们也逐渐意识到,传统文化的全球传播并非易事。传统文化诞生于一个国家过往的历史中,让现代的人们去接受并喜爱它则需要为其赋予新的意义。哪些传统文化应该被继承和传播,在很大程度上取决于一个国家对现在与未来的思考和定位。与此同时,将对传统文化的挖掘放置于对未来的思考当中,也会使传统文化因不断更新而具有时代意义,从而更加适应文化外交的需要。

(三)文化空间既是场域也是参与国家身份建构的文化要素

文化外交更加注重人际传播,而人与人之间的交流除了电话和网络媒介外,更需要一个可以被双方所感知的物理空间。文化空间因人的交流而不断生产新的意义,能够不断创造新的文化内容,因此文化空间不仅仅是一种场所,同时也成为构成文化内容的重要元素。随着社会学的空间转向,空间理论被逐渐应用到身份的研究中来。空间不再仅仅是一种物理层面的容器,它的文化属性更值得研究者来挖掘。

在文化外交实践中,博物馆、展览馆、文化中心等文化空间是一系列具有价值观念的象征系统,它们同语言、艺术、体育、教育等一样,是构成一个国家文化内容的重要元素,但却并没有引起相关学者应有的重视。在文化外交实践中,空间元素如何为参与文化外交的双方提供交流的机会,在这个过程中生产了怎样的文化意义,又是如何促成了双方在文化上的认同,这些问题都需要借助国家身份建构理论来寻求答案。

总之,国家之间的文化交流只有通过国家身份的清晰建构才能服务于国家利益,文化也才能真正承载外交功能。以国家身份建构为基本理论命题的文化外交研究,对文化外交实践具有重要的理论指导意义。国家身份的时间建构特性让我们意识到,中国的文化外交需要从国家当前以及未来的定位出发,有选择性地将传统或现代文化元素进行组合,构成自己国家独特的传记叙事,并透过叙事实现国家身份建构。而国家身份的空间建构特性又进一步为我们揭示出,中国的文化外交为何迫切需要以更为开放的心态实现自我与世界、文化与空间之间的互动交流。文化外交能否成为可能,关键在于我们是否能够通过与外国公众长期持久的文化交流与互动,共同理解何为世界,何为中国。

参考文献

Thayer, R.H. Cultural Diplomacy: Seeing is Believing. *Vital Speeches of the Day*, 1959, 25(24): 740–744.

Arndt, R.T. The First Resort of Kings: American Cultural Diplomacy in the Twentieth Century. Washington D.C.: Potomac Books, 2005.

Brown, J.H. What We Talk About When We Talk About Cultural Diplomacy: A Complex Non-Desultory Non-Philippic. *American Diplomacy*, March 2016.

阎嘉. 文学研究中的文化身份与文化认同问题. 江西社会科学, 2006(9).

Keillor, B.D.& Hult, G.T.M. A five-country Study of National Identity: Implications for International Marketing Research and Practice. *International Marketing Review*, 1999, 16(1): 65–82.

White, H. The Content of the Form. Baltimore, MD: Johns Hopkins University Press, 1987.

Ringmar, E.On the Ontological Status of the State. *European Journal of International Relations*, 1996 (2): 439-466.

Giddens, A.Modernity and Self-Identity, Cambridge: Polity Press, 1991.

Boulding, K.E.National Images and International System. *Journal of Conflict Resolution*, 1959, 3 (2): 120-131.

Kinnvall, C.Globalization and Religious Nationalism: Self, Identity, and the Search for Ontological Security. *Political Psychology*, 2014, 25 (5): 741-767.

Berenskoetter, F.Parameters of a National Biography. *European Journal of International Relations*, 2014, 20 (1): 262-288.

Chen, Y.& Collier, M.J.Intercultural Identity Positioning: Interview Discourses from Two Identity-Based Nonprofit Organizations. *Journal of International and Intercultural Communication*, 2012, 5 (1): 43-63.

东亚文明:中心与周边人文交流的历史及展望
——以中国与韩国人文交流为例①

金柄珉②

人类进入后工业社会之后,共同面临着多种危机,生态危机和人口危机日益加重。伴随着资本逻辑的膨胀和科学技术的发展,民族、区域之间的矛盾与冲突趋于复杂,人类对未来的焦虑和对自身异化的担忧更加沉重。"人是文明交流互鉴最好的载体。深化人文交流互鉴是消除隔阂和误解、促进民心相知相通的重要途径。"③ 加强全方位、多层面、多维度的人文交流是解决人类危机、矛盾以及焦虑的有效途径和方法。顾名思义,所谓人文交流就是人类的文化交流,④ "人即是文化",⑤ 离开了人,无从谈起人类社会的发展,更无从谈起人类的共生共存与和谐发展。中韩人文交流具有悠久而辉煌的历史,并且为世界重要文明之一的东亚文明的形成与发展作出了重要贡献。中韩人文交流的深入发展不仅为东亚文化新秩序、新格局的构建,而且为人类命运共同体的构建提供了极其宝贵的经验与文化启示。鉴于此,本文拟探讨中韩人文交流的历史传统和未来发展的愿景。

一、前近代中心与周边的共同发展模式

"天朝礼治体系"是东亚文明形成和发展的制度保障。"天朝礼治体系"

---

① 本文主要内容已发表在《中山大学学报》2019年第4期,经作者同意,部分内容有所调整。本文系国家社会科学基金重大项目"中韩近代文学交流史文献整理与研究"(项目编号:16ZDA189)阶段性成果。
② 金柄珉:原延边大学校长,朝汉文学院特聘教授,山东大学(威海)特聘兼职讲席教授。
③ 习近平出席亚洲文明对话大会开幕式并发表主旨演讲. 人民日报,2019-05-16.
④ 从狭义上或学术意义上讲,把人文交流也可以理解为不同民族、国家、区域之间的人文学的交流。
⑤ 爱德华·霍尔. 超越文化. 何道宽译. 北京:北京大学出版社,2012.

在性质和形式上,都不同于近代帝国主义的殖民体系,它是以中国封建王朝为中心,以礼仪往来(朝贡制度、册封制)为主要形式,以追求天下秩序为基本目标。"天朝礼治体系"并不主张文化的侵略和毁灭,而主张文化的辐射与融通、中心和周边的共同发展,它对东亚的和平、安定及历史文化发展起过重要作用。东亚各国主动引进中华文化,促进社会文化发展,规范人们的伦理道德和心理活动。历史悠久的中韩人文交流是在"天朝礼治体系"框架下展开的,所以,几千年来的中韩人文交流体现着互动与认同的发展原则、官方与民间并行的发展机制以及共享资源与相互合作发展途径等特征。

(一)互动与认同的共同发展原则

东亚文明以汉字、儒释道、朝贡制(册封制)等中国文化为基石而形成并发展起来,汉字作为共同书面语起到促进文化传播与影响的功能。儒、释、道作为价值观念起到促进互信与认同的功能;册封制(朝贡制)作为礼仪往来机制起到形成并维系文明圈的功能。中国秉承"用夏变夷"的理念,一方面,积极传授、传播中国文化,扩大中国文化辐射力和张力;另一方面,明确主张"遣使朝贡""复利万国"(《后汉书·高句骊传》《魏书》卷五至卷十二)"君临四海,统御群生"(《魏书·百济传》)的政治文化秩序,即坚持中心与周边的共同发展和和谐发展的原则,并以肯定、包容、开放的姿态看待韩国文化乃至整个韩国。认为韩国、韩国文化是"久慕华风,抚礼仪之邦"(《高丽史》卷三)"东夷之号,惟'朝鲜'之称美"。(《李朝实录》)比如,对韩国留学文人评价道:"十二乘船渡海来,文章感动中华国。十八横行战词苑,一箭射破金门策。"[1] 又如,对韩国诗歌文学评价道:"记得朝鲜使臣语,果然东国解声诗"[2] "倒履常迎天下士,吟诗最忆海东人。"[3]

韩国是慕华、仿夏、习汉最积极、最执着的国家。韩国对中国乃至中国文化认同植根于自身发展需要和文化自觉,可谓是边缘的发展需求与历史选择。韩国历代朝政和士大夫认为:"惟我东方,久慕华风,文物礼乐,悉尊唐制"[4]

---

[1] 三国史记·卷四十六·崔致远传.唐代诗人顾云赠别新罗崔致远的诗所云.
[2] 王士禛:《戏仿元山论诗绝句32首》,收录在《渔洋精华录》,共论评李白、杜甫等32名诗人,其中有一位朝鲜诗人金尚宪,其绝句如下:"淡云微雨小姑祠,菊秀兰衰八月时。记得朝鲜使臣语,果然东国解声诗。"
[3] (清)纪昀.寄怀而后先生;朴长奄.缟纻集,燕京图书馆.
[4] 高丽史.卷二.

"则中朝必嘉其同文,同轨之化矣"①"以小事大,保国之道。我国家统三以来,事大以勤。"② 韩国对中国文化的接受与认同是其快速融入天朝礼治体系的前提。在古代东亚各国关系史中,韩国与中国之间维系了最为长久、最为典型的朝贡册封关系(册封制不是任命制,而是对王权的肯定),使两国在各方面的人文交流源远流长、丰富多彩。

中国和韩国的互动与认知是通过汉字、汉文的传播,儒、释、道的接受与创新、各种制度,即政治制度、土地制度、教育制度、法律制度的借鉴与使用过程中进一步完善发展的。中韩两国通过互动与认知,即通过以使节交流、留学生交流、求道僧交流等为基本内容的人文交流,共同构筑了东亚文明的核心价值。韩国人服膺中国的思想文化理念,主动接受儒、释、道,并进行本土化,甚至促进了创新性发展,由此儒、释、道呈现出文化的张力和潜力,成为维系中韩社会发展和人民生活的文化理念与文化资源。中心与周边的互动与认知是人类文明发展的普遍规律,欧洲文明、阿拉伯文明和印度文明在其发展过程中都呈现着中心与周边互动及认知的样态,在继承核心价值观的前提下共同发展。中韩人文交流中所体现的互动与认知既是天朝礼治体系框架下的良性运行形态,又是东亚文明的发展模式。

在东亚文明的形成与发展过程中,汉文化的传承与创新是极为重要的,因为文明圈的形成必须具备两个重要条件:一是中心文化的共同继承与发展;二是周边文化的多样性发展。中国的汉字、儒、释、道以及制度文化不仅在中国得到继承与发展,而且通过人文交流在韩国得到创新性发展。值得瞩目的是,在文化信息的发送与接受过程中,出现文化变异,这种变异恰恰加速了文化的创新,而文化创新又促进了文化的多样性发展。儒、释、道思想是东亚文明的核心价值观,且儒、释、道三者不断融合。然而在传播过程中呈现变异与创新,从而具有明显的"和而不同"("湛然,融二而不一,独静,离边而非中",元晓)③的特色。中国的儒释道在韩国的传播过程中有了新的阐释,如韩国李朝李滉的《圣学十图》、李耳的《圣学辑要》;高丽元晓的《金刚三昧经》、均如的《孔目章记》、义天的《释苑词林》等对儒家思想和佛家思想作了创新性阐释,体现出韩国特色。又如,早在新罗时期韩国就产生"花郎道"伦理道德思想,

---

① 李朝实录.1219–1230 页.
② 高丽史.崔莹传,386 页.
③ 元晓.金刚三昧经.

而"花郎道"思想就是融合了儒、释、道思想（儒家的忠君、道家的无为、佛家的积善）的多元要素而成的、具有韩国特色的文化内涵。再如，在艺术领域，韩国在接受古筝基础上结合本土情况创制伽倻琴，进而发展成具有韩国民族特色的伽倻琴艺术。这样的例子不胜枚举，韩国的吏读文字、盘索里、唱剧、乡乐、各种风俗文化等，还有浩如烟海的汉籍，[①] 包括诗歌、小说、散文、史书和学术论著等，这些都受到了中国汉籍的影响，但具有明显的韩国特色，既是韩国文化的重要部分，又是东亚文明的重要组成部分，是东亚文明圈国家共同的精神遗产。可以说，对汉文化的共同继承与创新以及多样化发展，是中韩人文交流几千年来共同的价值取向。

（二）官方与民间并行的发展机制

回顾几千年的中韩人文交流，占据主导地位的还是官方交流，即韩国的朝贡使节和中国的使节（册封使、刺使、诏使）是官方交流的主体和直接参与者，但这些政府的使节既进行政治、外交、经济交流，也履行人文交流的任务。其主要的人文交流活动有：参加官方组织的庆典艺术交流活动、购入重要的文献图书等。韩国自古朝鲜时代就开始引进汉字文化，韩国从中国搜集、输入文化资源，图书文献的购入可以比作"书籍之路"。汉代"乐浪文化"在朝鲜半岛生根变异，中国南北朝至唐代，中韩之间又在大乘佛教的风潮下开启了大规模的人文交流。如新罗神文王六年（686年）"遣使入唐，奏请札记并文章"，唐朝"勒成五十卷，赐之""新罗日本相前后，遣使入贡，多求方成张鹫之文集归本国"。与此同时，在官方交流中也夹杂着丰富多彩的民间交流，中韩使节团曾在旅途或在京城展开广泛的民间交流。通过中国的《使朝行录》和韩国的《朝天录》《燕行录》等，我们不难发现官方交流与民间交流并行发展、互为补充的历史事实。特别值得一提的是，民间交流具有丰富性、开放性、多样性的特点。从交流的内容看，没有既定框框，突破思想禁区；从形式上看，或在民房、或在书斋、抑或在书店商铺，形式氛围十分开放；从方法上看，既有面谈、笔谈，诗歌酬答，又有交换书画古董，可谓方式方法多样化。另外，官方派遣的留学生实际上是民间使者。此外，佛教求道僧侣也为中韩民间人文交流留下了不可磨灭的重要贡献。崔致远与唐代诗人顾云的交流，求道僧金乔觉与唐

---

① 据统计韩国现存汉文文献有2.3万余种，5.9万余卷。

代佛僧、诗人的交流,朝鲜朝北学派与清代文人纪昀、翁方纲、李调元、黄丕烈等数百名文人的民间交流,中国使节朱之藩、马建忠、董越等与朝鲜朝援清使文人的思想、文学、艺术、伦理、道德交流等,为中韩人文交流创造出璀璨的历史。中世纪的中韩游记在东亚乃至世界人文交流史上留下了弥足珍贵的精神遗产。清代韩国的燕行使节团来华700多次,人员达30多万,留下100多卷的燕行录。近期国内外不少学者呼吁要设"燕行录学",有的学者强调燕行录不愧是中韩交流的"金字塔"。中韩相互叙事,为中韩人文交流的研究留下极其重要的"历史档案"。

(三)共享资源与相互合作的发展途径

共享资源,相互合作发展是几千年来中韩人文交流的基本途径。中国和韩国始终重视彼此在思想、文学、艺术等领域所取得的发展成果,并将其视为共同的文化资源。

文献整理与刊行为人文交流奠定了基石。中国较系统地收集和整理了韩国的重要文献,并编入《全唐诗》《四库全书》《彊村丛书》《足本皇华集》《艺海珠尘》《函海》《国朝正雅集》《晚晴簃诗话》等中国的文化经典中,同时也分门别类地整理出版了韩国文集,其主要有《朝鲜诗选》《韩客诗存》《贞蕤集》《二十一都怀古诗》等。韩国对中国文化的整理与研究更是源远流长、浩如烟海,如出版了《破闲集》《容斋集》等数十种中国诗歌评论专集,并刊行了《论语集注大全》《孟子集注》《纂注分类杜诗》《分类补注李太白集》《大藏经》《续大藏经》等历史文献,这都是极为重要的汉籍资源。同时朝鲜十分重视中韩交流的历史记录,比如《李朝实录》以编年史的形式详细记录了中韩人文交流情况。韩国十分重视汉语教育和汉籍翻译,韩国自编的汉语教材及对汉籍的译介有效地推动了中韩人文交流,难能可贵的是,其为当代中国学者近代汉语音韵研究留下了极为丰富的文献依据。

文献的整理与刊行体现着共享资源、合作发展的文化精神。在重要的文献资源整理方面,中韩双方共同切磋、相互合作,取得了良好的成果。比如,17世纪的《朝鲜诗选》、18世纪的《海东诗选》等,先由韩国文人编选,后来由中国文人整理刊行;又如,18世纪的《韩客巾衍集》是韩国北学派诗人的诗歌集,由北学派同仁柳琴编选后带到中国,之后由清代文人李调元、潘庭筠刊行问世。这些都充分说明,在共同的价值追求下,共享资源、合作双赢是人文交流的发展途径,这也是同一文明圈内较易实现的互动认知的文化现象。

综上,前近代中韩人文交流为东亚文明的形成与发展确实作出了重要贡献,但是也存在历史局限。比如,到了近代建立新的国际关系之后,中华中心主义思想以及华夷等级观念等已经不适应时代发展,直接影响中国与周边国的人文交流,所以中韩交流共同面临历史转型与价值的重建。

二、近现代中韩人文交流的历史转型与价值重建

中韩近现代人文交流历经百年风霜,经过了近代的发展转型以及现代的交流体系和价值重建的过程,即从天朝礼治体系框架下的人文交流发展到具有近代意义的新型国际关系框架下的人文交流体系。近代前期人文交流主要反映在使节成员的人际交流和文本传播以及相互叙事上。无论是中国使节文人的朝鲜行纪,还是韩国使节文人的中国行纪《燕行录》,都体现了中韩人文交流的历史性转型的过渡形态。从内容上看,具体表现在对对方的冷静观察,不再是"大中华""小中华"之间的和谐对话,而是走向"平行对话"之前的观察或者观望。具体说来,是以冷静的心态观察对方对待列强的基本态度和立场。

到了 20 世纪初,即近代后期,随着印刷技术和媒体的发展,中韩人文交流进入报刊媒体时代的新阶段,新媒体和印刷技术成为人文信息传递与接受的主要手段。随着日本对韩国的侵略日益加紧以及中国变法运动的兴起,韩国自然而然把眼光转向中国,中国成为韩国接受西方近代思想的主要窗口之一,中国的近代启蒙思想和文学对韩国的爱国启蒙运动产生了重大影响。之后,随着韩国的亡国以及中国辛亥革命的爆发,尤其是中韩新文化运动的掀起,中韩人文交流出现了全新的局面。中国不仅为韩国人提供了移居的生活空间,而且也成为了韩国抗日救国运动的政治空间以及韩国文人进行自由言论的"场所"。数以百计的韩国文人不断来到中国,同中国文人进行密切的人文交流活动,在对话与传播、跨界与书写、影响与渗透等方面呈现出空前繁荣的局面。

中韩文人通过互动与对话,在跨文化视域下,对传统有所继承,有所扬弃,共同建构了现代性价值;文本的译介与传播使得两国在现代知识、学术以及文

学艺术等方面进行相互认知与相互借鉴,展现了自我与他者之间的新定位;中韩文人的跨文书写——抗日叙事、移民叙事、亡国叙事——体现了反对帝国主义强权和文化霸权的20世纪东亚精神价值。中韩近现代人文交流充分呈现出相互影响、渗透、融合的关系,尤其是韩国现代文人对中国近现代文学的接受与创新,以及对中国古典文学的继承与发展,一方面反映出中国文学的文化潜力与张力,另一方面也体现了韩国现代文学的文化接受力和创新发展能力。中韩近现代文学交流不仅继承了中韩人文交流的历史传统,而且有新的发展和创新。近现代的人文交流有以下新的特点。

(一)互为主体共创未来的发展模式

到了近现代,中韩关系不再是中心与边缘的互动关系。从世界发展格局看,中国和韩国都处于边缘位置,所以说,中韩人文交流关系是边缘对边缘的关系,中国和韩国共同面临近代转型,即面临着西方人文社科思想的本土化、古代文明的现代化、共同抗击帝国主义的强权和霸权等问题。近现代中韩人文交流是在互为主体、相互认知、共创未来的新理念下展开的。到了20世纪初,中国对韩国的认识有了新的发展,即批判日本对韩国的殖民统治,主张韩国的独立与解放,同时,肯定韩国文化的历史价值。梁启超密切关注日韩关系的发展,面对韩国的亡国,挥笔抒怀,著书立说,批判日本对韩国的侵略和韩国统治阶级的腐败无能,并深切同情韩国、韩国人的悲惨命运。[①] 中国近代文人康有为、梁启超、严复、张謇等与韩国流亡文人金泽荣、朴殷植、洪弼周的交流始终是体现平等的对话与交流,在交流过程中,中国文人高度评价韩国人的近代爱国精神和民族精神。

"辛亥革命"对朝鲜产生了重大的影响,尤其是"护法政府"对韩国临时政府的认定与支持,使得现代中韩交流更加深入发展。孙中山等革命党人和韩国流亡人士申圭植、曹成焕、申采浩、赵素昂等的相互交流与对话开启了现代中韩人文交流的新时代。孙中山曾说道:"中韩两国,同文同种,本系兄弟之邦,铺车相依,不可须臾分离,正如西方之英美,对于韩国复国运动,中国应有

---

① 朝鲜亡国后,梁启超发表《朝鲜亡国之原因》《日本吞并朝鲜记》《"朝鲜哀词"五律24首》等。先生痛心韩国之亡,寄予无限的哀思。先生比较李朝与清朝,发现有许多相同之处,他探讨韩国灭亡原因,是为了使国人警醒。先生指出:"韩之亡,实韩皇亡之也""二亡于两班贵族","三亡于政治黑暗腐败"。

援助义务,自不待言。"① 孙中山对韩国乃至中韩关系的认识成为中韩人文交流的基本方向和原则。韩国对中国的认识也有了新的发展,韩国的流亡文人申圭植来华后,主动参加辛亥革命,参加南社活动,并与革命党人进行广泛的人文交流,申曾两次拜见孙中山,并同革命党人宋教仁、陈其美、戴季陶、柳亚子等结下深厚友谊。申圭植通过中国的体验与交流,对中国有了崭新的认识,他认为:"中国有望统一,亚洲的曙光已经开启。"②

近代以来中韩人文交流关系充分体现互为主体、相互认知、反对霸权、共创未来的新的发展模式。韩国积极接受严复、梁启超等的近代民族主义思想和新民国家想象,推动爱国启蒙运动的发展,为"内修外强、独立自主"的爱国启蒙思想奠定了理论基础。在韩国近代学术的现代性建构问题上,严复的《天演论》、梁启超的《饮冰室文集》等在朝鲜的传播对韩国爱国启蒙运动的发展,尤其是对近代教育、近代史学的发展产生了重大影响,这既是严复、梁启超与韩国近代文人的人文对话,又是东西方人文对话。又如,孙中山的"三民主义"思想和李大钊、陈独秀的社会主义思想在韩国流亡文人中产生了重要影响。20 世纪 20 年代,数以千计的韩国热血青年奔赴广东,在黄埔军校和中山大学接受教育,同中国文人进行广泛的对话与交流,并参加北伐革命乃至"南昌起义"和"广州起义"。韩国人的这种历史性选择是与孙中山、李大钊等的政治理念、中韩关系的认识与影响分不开的。

为了东亚的和平与民族的解放,中韩文人互为主体,深度合作。韩国的热血青年主动参加国民军和八路军以及抗日联军,为中国的解放和韩国的独立而英勇献身。在革命武装队伍中,中韩文人在时代精神感召下,共同创作文学作品,抒发革命激情,赞美革命英雄主义。③ 中韩有识之士共同设立各种团体,如,"新亚同济社"(1915 年)、"新亚同盟党"(1915 年)④、"大同党"(1919

---

① 闵弼浩. 中韩外交史话. 见石源华,金俊烨. 申圭植闵弼与韩中关系. 罗南出版,2003.
② 闵弼浩. 中韩外交史话. 见石源华,金俊烨. 申圭植闵弼与韩中关系. 罗南出版,2003.
③ 力扬的《朝鲜义勇队》、杨靖宇的《中韩民族联合起来》等数以百计的作品歌颂了韩国人的抗日革命精神。请参照《"中国现代文学"与韩国资料丛书》(金柄珉,李存光主编,延边大学出版社,2014)。李斗山的《1940 年进行曲》《火线上的朝鲜义勇队》等众多作品也是赞美中韩革命志士的抗日精神和英雄主义以及中韩合作精神(《朝鲜义勇队通讯》,1～42 期,1939-1942)。
④ 由旅日中国留学生黄介民、陈其尤、王希天等和旅日朝鲜留学生张德秀、申翼熙等组织的无政府主义团体。

年)①、"东方无政府主义联盟"(1928年)、"中韩文化交流协会"(1941年)、"丹斋学社"(1946年)等,这无疑反映出近现代中韩两国文人之间的思想理念与价值取向的对话与互鉴,同时,也足以说明中韩文人互为主体、共创未来的现代人文交流的发展模式。

(二)交叉互动与多样化交流机制

中国积极支持韩国人在中国的政治、文化以及教育活动等。韩国人参加中国革命,参与中国的办刊出版事业,从事教育或接受教育,这本身是很有意义的人文交流,它在性质上可以说是具有半官半民性质。与此同时,中韩人文交流体现出交叉互动与多样化交流发展机制,这是一种全新的交流局面,与近现代各种社会思潮和人文思想的多样化是分不开的。到了20世纪20年代,不仅老一代启蒙文人,而且韩国的青年文士也大批涌入中国,因而出现主体的多样化,既有申圭植、梁建植、李陆史、李斗山、丁来东等民族主义文人,又有申采浩、赵素昂、柳子明、柳树人等无政府主义文人,还有张志乐、沈熏、金奎光等具有社会主义倾向的文人。他们同中国文人李大钊、蔡元培、李石增、胡适、鲁迅、黄介民、巴金、田汉、艾青、穆木天等进行交叉互动、深度交流,得到了中国文人的大力支持。孙中山、康有为、梁启超、章太炎、陈独秀、李石增、胡适、郭沫若等对来华韩国流亡文人的独立运动、图书出版、创办刊物、文学活动的关心和支持,蔡元培、李大钊、周恩来等对韩国来华留学生的关心和支持等,使得中韩人文交流不断向纵深发展。

韩国人的跨文化教育与体验为中韩人文交流留下光辉的一页,接受中国教育而成长的数以千计的韩国著名人物中既有政治家,又有军事家,还有著名的作家和艺术家。著名作家有朱耀燮、丁来东、金光洲、李陆史、金山、李斗山等;著名音乐艺术家有郑律成(八路军)、韩悠韩(国民军)、崔音波(红军)等;著名画家韩落渊、著名舞蹈艺术家崔承喜、著名电影演员金焰等,中国的跨文化教育与体验使他们成为现代著名的作家和艺术家。他们既是属于中国和韩

---

① 1920年"新亚同盟党"更名为"大同党"。到了1920年"大同党"发展成为中国人、朝鲜人、越南人、印度人等多个国家人员共同参与的无政府主义团体。当时,共产国际来华工作的维经斯基给俄国远东组织的报告中称"大同党"为具有社会主义者与共产主义者的政党。大同党的主要人物是黄介民、姚作宾等,大同党代表姚作宾曾前往莫斯科出席共产国际第三次代表大会。见权赫秀. 东亚世界的裂变与近代化. 北京:中国社会科学出版社,2013:312-313.

国的艺术家,又是创新东亚现代文化的艺术家,是体现中韩现代人文交流成果的跨界文化名人。

近现代中韩跨界叙事和双向译介呈现前所未有的局面,尤其是中韩跨界叙事在建构现代共同话语与相互认知方面起到重要作用。中国的韩国叙事,包括抗日叙事、亡国叙事、苦难叙事,主要作家有梁启超、张謇、康有为、严复、郭沫若、巴金、艾青、骆宾基、蒋光慈、舒群、李辉英、卜乃夫等,据不完全统计,小说有 100 多部,诗歌有 200 多首,剧本有 20 多部,而从事韩国叙事写作的中国作家有 80 多名。韩国的中国叙事,包括抗日叙事、辛亥革命—解放战争叙事、移民叙事;主要作家有金泽荣、申圭植、申采浩、柳子明、金山、朱耀燮、丁来东、金光洲、李陆史、李斗山等。据不完全统计,在殖民地时代,流亡中国并在中国从事文学创作的韩国作家大约有 50 多人。另外,根据中国体验书写的韩国作家还有 100 多人,其作品小说 100 多部,诗歌 5 000 多首,游记 1 000 多篇。中韩跨界叙事大部分是通过跨界体验与对话而获得的文学作品,这些跨界叙事主要反映中韩人民共同反强权、反霸权的 20 世纪东亚精神。在中韩跨界叙事中,以韩国著名的抗日义士安重根、尹奉吉为题材的中韩文学叙事,可谓是世界文学史上罕见的一道文学风景。仅就中国的安重根叙事而言,叙事者中既有孙中山、梁启超、蔡元培、周恩来等政治人物,又有严复、章太炎、韩炎等人文学者,还有黄小培、鸡林冷血生、任天知、成兆才、程沅等知名作家。在体裁方面既有诗歌和小说,又有散文和剧本等。当然,韩国的安重根叙事也相当多。中韩近现代文学中的安重根叙事不愧为中韩人文交流史上的亮丽风景线,值得深入探讨和研究。

(三)共享资源合作双赢的发展途径

近代以来,中韩文人十分重视资源共享和合作双赢,如,近代前期,在韩国文人吴庆锡的支持下,中国文人董文焕编辑并刊行《韩客诗存》;又如,由韩国文人金秉善整理的大型中韩文学与文化交流文献《华东酬唱集》(1875年)。近代后期至 20 世纪初,韩国也积极介绍和刊行中国的近代启蒙思想著述,如梁启超的一系列作品,对朝鲜的启蒙运动起到了非常重要的推动作用,韩国人把《饮冰室文集》当成"爱国圣书"阅读和翻译。据不完全统计,20 世纪初,梁启超的文本在韩国翻译出版的就有 60 多篇(部),《饮冰室自由书》《爱国伦》《自由论》《学校总论》《论师范》《国民十大元气》《越南亡国史》《伊太利建国三杰传》《罗兰夫人传》等,① 都对韩国的近代启蒙思想产生了积极的影响。

新文化运动后,韩国开始系统介绍和刊行中国的人文学术著述,其中新文化运动旗手陈独秀、李大钊、胡适、鲁迅、郭沫若著述的传播和翻译对韩国的学术、知识的创新与文学的发展起到积极的作用。韩国沦为日本帝国主义的殖民地后,中国更积极支持韩国人文学术发展。韩国近代流亡文人金泽荣的学术著作和文学作品,② 朴殷值的学术著作和《安重根传》,③ 赵素昂的《素昂集》和《金相玉传》《遗芳集》、申圭植的《儿目泪》、李范奭的《青山里喋血实记》等数以百计的人文著述,都在中国得到出版,④ 对此中国文人都给予鼎力相助,既有经费资助,又有出版发行的保护与帮助。以《安重根传》的出版为例,为扩大其在中国的社会影响,梁启超、章太炎等中国 100 名文人分别写序言和跋文以及题词等,表现出了极大的支持。不仅如此,中国有志之士对韩国流亡文人所创办的刊物,在精神与物质两方面也给予支持。韩国文人主办的《天鼓》《震坛》《朝鲜义勇队通讯》《韩民》⑤ 等几十种中文报刊的出版,中方不仅同意登记注册,而且给予经费资助,还通过撰稿、题词等给予大力支持。共同合作书写也是中韩人文交流史上的特殊现象,共同书写指中韩文人通过口述、笔谈、翻译等交流形式合作书写的文学文本。中韩文人共同合作书写的主要文本有:《青山里喋血实记》(1941 年)、《韩国外交史话》(1941 年)、《火线上的朝鲜义勇队》(1939 年)等,这些文本的问世,开启了现代中韩共同书写的文化历史。中韩合作演出更是谱写了中韩人文交流的光荣历史,如在如火如荼

---

① 牛林杰.韩国开化期文学与梁启超(韩国语).博而精.首尔,2002:30-35.
② 近代启蒙实业家、教育家张謇对来华韩国流亡文人金泽荣的著述活动给予鼎力相助,借此,金泽荣在著述上取得了颇丰的成果,在中国南通翰墨林印书局出版的主要著作有《丽韩十家文钞》(1915 年)、《合刊韶护党集》(1922 年)、《梅泉集》(1911 年)、《明美党集》(1917 年)、《校正三国史记》(1916 年)、《重编朴燕岩文集》(1917 年)、《新高丽史》(1924 年)、《韩国历代小史》(1924 年)、《崧阳耆旧诗集》(1910 年)、《重编韩代崧阳耆旧传》(1922 年)、《重厘韩代崧阳耆老传》(1922 年)等。康有为、梁启超等都与金泽荣进行过交流,并高度评价金泽荣的著述活动及其成就。
③ 中国出版的有:大同编辑局出版的朴殷植的《安重根》(1914 年)、大同编译局出版的《韩国痛史》(1915 年)、维新社出版的《韩国独立斗争血史》(1920 年)等,中华书局、中华图书公司等负责代售。梁启超、章太炎等高度评价朴殷植的著述活动及其成就。
④ 中国大同学会出版赵素昂的《遗芳集》(1933 年)、《韩国文苑》(1931 年)、《素昂集》(1931 年)、《金相玉传》(1925 年)等。中国有志之士李济深、黄介民等高度评价赵素昂的著述活动及其成就。
⑤ 申采浩主编的《天鼓》(1921 年)得到李石增的支持,申圭植主编的《震坛》(1920 年)得到中国有志之士杨庶堪、吴鼎昌的支持,《朝鲜义勇队通讯》(1939 年)得到国民政府军事委员会的支持,《韩民》(1941 年)得到国民政府的支持。

的抗日战争年代,朝鲜义勇队创作的歌剧《阿里郎》和话剧《朝鲜的女儿》。韩国青年战地工作队创作的歌剧《阿里郎》在桂林和西安演出赢得了中国军民的极大欢迎和高度评价,而为了演出成功,中国的艺术家和艺术部门也给予鼎力相助。中国的支持和帮助包括舞台设计、音乐效果的处理、演员的派遣、语言的翻译,等等,此举无疑是中韩共同合作的典范,它给历史留下了中韩人文交流的永恒记忆。

中国对韩国流亡文人文化活动的关心和支持,体现了对人类普遍价值的追求以及对韩国文人的爱国精神和民族精神的认可与肯定,这一点同日本殖民地的文化霸权形成鲜明的对照。不难发现,后者无疑是反人类、反文明的罪孽行为,前者则是促进人类共同进步的20世纪东亚精神的一部分。

到了20世纪后半期,中韩人文交流经历了冷战时代的断裂和后冷战时代的多样化发展。中韩建交给中韩人文交流带来了前所未有的新机遇,在这时期的中韩,在政府主导下进行多领域、多层面、多维度的交流,教育、历史、哲学、文学艺术、大众文化等领域的交流有了突破性的进展,呈现了平行对话、优势互补、共享资源、合作双赢的新局面。但是也出现了不尽如人意的现象。总之,历史悠久的中韩人文交流为新时期的中韩人文交流提供了重要的历史经验和文化启示。

三、新时期中韩人文交流的目标和任务

新时期中韩人文交流要继承历史传统,积极为中韩命运共同体乃至东亚命运共同体的构建服务。

(一)明确新目标,为东亚命运共同体建设服务

新时期中韩人文交流必须明确新目标,必须为东亚命运共同体建设服务。命运共同体的构建必须具备以下条件:一是具有共同的文化价值取向;二是具有共享文化资源;三是具有互补双赢的文化发展机制。传统的中韩人文交流能够提供一定经验与文化启示,但我们绝不能被传统观念所束缚,应该有所继承、有所创新。要想新时期中韩人文交流确实为东亚命运共同体建设服务,第一,必须有利于东亚区域、民族的发展,有利于克服东亚面临的危机和矛盾,有利于促进人的全面发展和弘扬人文精神。第二,认真研究实现总目标的具体

规划与方案。具体规划与方案应包括哲学、文学、艺术、教育、道德、伦理等诸多人文领域,当然也要制订好可行性措施。规划与方案应坚持立足现实、面向世界、共同发展的原则。第三,加强中韩人文交流的文化责任与历史使命。中韩人文交流要切实为构建东亚文化新秩序负责;切实为东亚文化精神的全面提升负责;切实为东亚人民的健康幸福负责。要加强历史使命感,抵制全球化时代的文化霸权和文化殖民主义,同时克服区域保守主义或狭隘的民族主义,以崭新的文化自觉提升历史使命感,把历史悠久的中韩人文交流推向新阶段。

(二)坚持新理念,推进价值的发现与重建

中韩人文交流必须有利于人类的文明发展,必须有利于区域文化的创新发展,必须有利于中韩人民的共同幸福。

第一,坚持新观念,建构新体系。要想把新时期中韩人文交流推向新阶段必须解放思想,克服传统的思想观念体系,以新的观念建构新的交流发展体系,要树立双向交流、共享双赢的新观念。新观念必须符合全球化背景下的人文交流发展规律,符合人类文化发展的时代要求,有利于中韩共同走向世界,克服故步自封、不求进步的文化观念。未来的世界,必定是全球文化多元共存、共荣共生的时代,我们要反对西方中心主义,但不能拒绝东西方对话,要以新观念努力建构互为主体、共同发展、走向世界的新体系。

第二,坚持新思维,实现价值转型与创新。"新思维"指的是文化创新思维,要树立推陈出新、走向世界的新思维,还要树立具有东亚智慧、当代特色的新思维,要以知识创新来实现传统价值的现代转型与重建,同时要重视人类文明成果的本土化。中韩两国在传统价值的现代化和人类文明价值的本土化方面都取得了一定的成果,比如,现代语言文字、文学艺术、哲学、历史、教育、伦理、道德等人文领域都努力实现传统价值的现代化和世界价值的本土化。不过,当下仍然面临诸多问题。当前,中韩都在面临传统价值观的当代阐释与现代转型、重建问题和世界学术话语的本土化与本土学术话语的世界化问题,以及如何应对世界大众文化的冲击与本土大众文化的建设问题。对上述问题,需要中韩双方通过人文交流共同探索路径,共同发现价值,共同构建价值体系,以推动中韩文化价值的现代化与世界化。儒释道传统价值的当代阐释与现代转型,需要同西方价值观进行比较研究,如儒家"人本思想"和西方"人文主义"的比较研究、道家思想和西方后结构主义的比较研究,同时也需要儒

释道互补的中韩美学传统比较研究,等等。跨学科、跨文化的比较研究对于核心价值观的发现与重建,以及东亚新思想、新观点、新话语的形成与发展将起到重要的作用。要想推进这方面的学术交流,需要解放思想,实事求是,互动互证,创新联动。

(三)扩大新视野,实现新突破,必须加强理论创新

"文化就是人,文化是人与人的纽带,人与人的互动媒介"[1],中韩人文交流必须要以人为本,以人为主体,以文化为纽带和媒介,关注人类精神文化的深层次交流。"了解自己和了解他人是密切相关的两个过程。若要了解自己,你必须了解他人,反之亦然"[2]。人类的文化包括显性文化、技术文化、隐性文化三个方面,[3]"人在显性、隐性和技术性这三个文化层次上运行",[4]其中隐性文化最能反映一个民族的精神文化,所以人类学者认为:显性文化和技术文化仅仅是冰山一角,而隐性文化才是隐藏在海面下的冰山原貌。承认文化中的无意识,有助于文化研究的大发展,人的生命、人的欲望、人的尊严、人的行为、人的情感实际上与隐性文化——即文化无意识紧密连接在一起。要想发现隐性文化,并促进隐性文化的深度解读,就要掌握语言学、人类学、生物学、心理学、传播学等方面新的理论知识和研究方法。

(四)探索新路径,坚持生成性对话原则

人文交流是一种文化对话,文化对话有自身的规律和特点,如果不尊重其规律和特点,不能也不可能得到预期的效果,因此人文交流要坚持跨文化对话的基本原则。具体说来,一要坚持平行对话原则,二要坚持生成性对话原则,三要坚持克服悖论原则。

第一,平行对话指的是互相尊重、互为主体的文化对话。"加深对自身文明和其他文明差异性的认知,推动不同文明交流对话、和谐共生"[5],发现文化差异、承认文化差异是促成平行对话的前提。文化差异是人类共存且文化多样

---

[1] 爱德华·霍尔. 无声的语言. 何道宽译. 北京:北京大学出版社,2012:8.
[2] 爱德华·霍尔. 无声的语言. 何道宽译. 北京:北京大学出版社,2012:63.
[3] 爱德华·霍尔. 超越文化. 何道宽译. 北京:北京大学出版社,2012.
[4] 爱德华·霍尔. 无声的语言. 何道宽译. 北京:北京大学出版社,2012:186.
[5] 习近平. 在亚洲文明对话大会开幕式上的主旨演讲. 人民日报,2019-05-16.

性发展的前提和关键。中韩文化中都有"和而不同"或"融二而不一"的价值取向,这是东亚文明中的思想精髓。所谓的"和"是目的,"不同"是"和"的条件,"和"又以"不同"为条件。所以,通过中韩文化差异的发现和理解,实现文化超越,推进和谐发展。

第二,生成性原则是指文化对话的正面效应,发现文化的差异,才能揭示人类共同的人性。通过文化差异的发现和认识,可以清楚地认识自己的文化本质和价值,进而激活自身文化的发展,实现文化间的互信、互动、互证、互补。跨文化对话中,学术对话极为重要,通过学术对话可以发现文化差异的深层次问题,同时也可以提出切实可行的互动、互证、互补、互信方案和对策。

第三,正确处理悖论。在文化对话中有时出现悖论是不可避免的。悖论指的是推理中隐含着两个对立的结论,悖论出现在普遍与个性、自我与他者、纯粹与相互影响等方面。对不同的文化绝对不能采取全盘否定的方式,更不能把自己的观点强加于人,做到"己所不欲,勿施于人"。文明的进程有进步和落后,但文化没有优与劣之分。应有善意和胸襟,以对方接受的话语方式进行对话,不可有同化异己或者压制对方的姿态,更不可行使"话语霸权",要积极沟通、弥合断裂。

(五)构建新机制,提供制度保障

机制创新是中韩人文交流的制度保障,中韩人文交流已经形成一定机制,但仍需要进一步完善,包括政府的引导机制、民间多边交流机制、多方面的合作机制等长效机制。政府的引导机制主要体现在交流方针政策上。"方针"须要符合规律,科学精确;"政策"要有利于营造宽松的交流生态环境。方针政策要立足现实,放眼世界,站位要高、长期有效。政府的引导机制,应有利于调动民间交流的积极性,有利于多方面的交流合作,有利于长期有效发展,有利于控制人文交流的盲目性和功利性。人文交流与政治外交、经济交流有联系,但又有相对独立性,政府引导机制要保证人文交流的相对独立性与长期有效性。民间人文交流机制充分体现双边、多层、多元的原则。"多边交流"指的是人文各个领域的交流;"多层交流"指的是各个领域的不同层面;"多元交流"指的是各个领域的不同内容和形式。从国内外的历史经验看,多边、多层、多元的民间交流有利于保证文化对话的开放性、文化价值的互补性、文化发展的协调性。人文交流的深度发展需要交流合作机制和交流成果的共享机制。重要的人文领域需要双方合作,如历史文献的整理、文学领域的相互叙事、艺术领域的共同创作等,合作能够实现思想、智慧、资源的互补与互证,能够推动文化创新。人文成果、人文资源的共享有利于人文交流的长期发展、深度发展及共同发展。民间交流机制需要理念创新、制度创新、方法创新。

中韩人文交流的历史和现实告诉人们:中韩人文交流对于中韩社会文化的发展和人民友谊的建立,乃至东亚文明的建构确实起到了极其重要的作用。认真总结中韩人文交流的经验与教训,即总结中韩人文交流的互动认知经验、价值重建经验、共同发展经验、本土化与世界化的经验等,当然也要很好地反思矛盾与断裂的教训。以人为鉴,可以明得失;以史为鉴,可以知兴替。要不断地总结经验教训,全方位地推动中韩人文交流全面、健康、有效地发展,把历史悠久的中韩人文交流推向新的历史阶段。

参考文献

李朝实录.北京:国家图书馆出版社,2012.
金富轼.三国史记.孙文范等校勘,长春:吉林文史出版社,2003.
爱德华·霍尔.无声的语言.何道宽译.北京:北京大学出版社,2012.
爱德华·霍尔.超越文化.何道宽译.北京:北京大学出版社,2012.
牛林杰.韩国开化期文学与梁启超(韩国语).博而精.首尔,2002.
权赫秀.东亚世界的裂变与近代化.北京:中国社会科学出版社,2013.

中国春节故事对外传播的 USP 理念与策略分析[①]

陈先红[②]　江薇薇[③]

【摘要】随着中国国际地位的日益提升,"讲好中国故事"已经升级为一项国家传播策略实践命题。本文以中国春节故事为对象,以国家形象对外传播为主线,结合 USP 基础理论,提出了建立中国春节故事对外传播 USP 理念的主张和策略,旨在为中国国家形象对外传播提供新的思路。

【关键词】春节故事、对外传播、USP 理念、策略

近年来,学界围绕"中国故事""中国话语""中国形象"等议题形成了大批研究成果,但"中国故事很精彩,中国话语却很贫乏"的现实局面却没有得到根本改观。如何创造性地发掘、凝聚、培育真正的"中国故事",使国际社会"愿意听""听得懂""乐分享"中国故事,以真正提高中国国际话语权,增强国际传播能力,塑造国家形象,已成为重要的国家传播实践命题。

本文作者之一的陈先红在《讲好中国故事的五维元叙事传播战略》一文中提出,春节作为中华民族重大的节日庆典仪式,已经变成一个全球共享的国际化节日,可以成为讲好中国故事的五个元叙事之一,而建立属于中国春节故事的 USP（Unique Selling Proposition）理论模型成为便捷且必须使用的推广方法。

由此,必须厘清这样几个问题:为什么春节故事是"讲好中国故事""元

[①] 本文主要内容已发表在《传媒》2018 年 8 月（上）,经作者同意,部分内容有所调整。本文系国家社会科学基金项目"讲好中国故事的'元叙事'战略研究"（项目编号:16BXW046）阶段性成果。
[②] 陈先红:华中科技大学新闻与信息传播学院教授、博士生导师。
[③] 江薇薇:华中科技大学新闻与信息传播学院硕士研究生。

叙事"的理想样本？中国春节故事对外传播的核心内涵和价值是什么？USP理论模型的核心要素是什么？如何建构春节故事对外传播的 USP 理念？只有这样，才能真正实现将历时性、多样化的春节故事资源转化为共时性的、可对话的中国话语，并以此建构中国话语体系，形成独具中国特色、面向国际社会的中国春节故事对外传播 USP 理念（独特诉求点）与策略。

一、春节故事是中国话语故事"元叙事"的理想样本

"文化中国"是最具接受度的中国国际形象，它可以穿越时空、有效整合多样化的故事资源，更有助于展开"中国故事"的"元叙事"传播战略。从文化理念、文化仪式、文化符号、文化产品、文化信仰等多方面来看，春节故事都是中国话语故事元叙事的理想样本。

首先，春节作为中华民族历史最悠久、风俗活动最多、最具认同感、最深入人心的重大节日庆典仪式，源于夏朝，初兴于秦汉，传承于魏晋南北朝，兴盛于唐宋，衰微于元明及清，传承于当代，延续数千年，具有贯通古今的文化异质性。

其次，随着经济和文化全球化、中国国际地位提升、海外华人数量增长和中国海外文化的推广，春节已成为世界范围内认可度最高的传统节日，具有融通中外的交流友好性。

最后，无论从个人、家庭还是国家层面上看，春节都具有特殊的代表性。从个人层面而言，春节文化仪式是培养人们伦理道德观念的重要时刻之一，可以立体描绘处于不同文化环境中的人对春节文化仪式的理解和实践；就家庭层面而言，可以有效阐述中国春节对凝聚人心和情感的作用；就国家层面而言，可以通过文化叙事学从国家层面的剖析，向世界展现中华文化的独特魅力，是中国话语的具象体现。在个人维度上，春节是人们迎春纳福、趋吉避凶、除旧布新的集中体现，蕴含着中国人民"更新、新生"的生命话语；在家庭维度上，春节是家庭领悟亲情，凝聚情感的重要节点，蕴含着中国家庭"合家团圆、家庭至上"的家庭话语；在国家维度上，春节是国家庄严仪式、珍贵文化的代表特征，蕴含着中国"天人合一，和谐自然"的国家话语。春节故事是各地春节文化仪式的故事浓缩与精华，这些故事中的时间、地点、人物、场景的综合，能发挥"元话语"作用，具有"开场白"功能，有助于引导国内外民众进行春节故事的二度叙事、三度叙事，可以成为世界视野里具有代表性的中国形象。

二、春节故事符合对外传播的 USP 理念

USP 理论于 20 世纪 50 年代由美国广告界大师罗瑟·瑞夫斯提出，即"独特的销售主张"。USP 理论的核心内涵包括三个方面：一是一则广告必须向消费者提供一个消费主张；二是这一主张必须是独特和独一无二的；三是这一主张必须对消费者具有强大的吸引力和打动力，能够集中打动、感动和吸引消费者购买相应的产品。USP 理论发展至今，已经从单纯强调产品主张的有效和有力以集中吸引消费者购买相应的产品，逐步转化发展到突破本身广告和品牌领域的营销策略定位与战略定位。中国春节故事完全符合建构 USP 理论模型的核心要素要求。

从"一个主张"的要素来看，中国春节故事对外传播的根本目的是将春节故事作为一种文化品牌，讲好该文化品牌中的故事内容并将其转化为春节话语，以此在国际文化交流平台上解决中国国家形象传播中的叙事困境和实践难题，更好地提升春节文化的国际话语权，以塑造"文化中国"的国家形象，这也是春节故事对外传播的核心主张。

从"主张的独特性"要素来看，春节故事不仅是中国文化的重要体现，也是中国人精神价值的集中展现，在中国节日史上具有独特的地位。从春节故事形成的背景、中心内容及影响出发，都是讲好中国故事、树立中国话语体系的首要选材以及其他国家不能模仿的独特内容。通过建立 USP 理念找准中国春节故事在个人、家庭以及国家三个不同维度上的独特点和吸引力，不仅拥有理论上的战略价值，为建立独特的中国话语体系提供关键词指南，在实际操作中，也可为这一具有代表性的中国故事转化为中国话语提供实践规范。

从"主张的强大吸引力"要素来看，USP 理论的本质作用在于其价值功能，当受众发现 USP 理论模型中的品牌可以在不同维度都为其提供所需的实用价值时，这一品牌便会被人们所采纳。国家话语权是硬实力与软实力的统一，随着国际形象内涵的丰富，讲好中国故事已成为树立中国话语、增强中国软实力的有效手段之一。春节故事的对外传播是中国文化产品故事向外推广的重要组成部分，其作为中国传统节日中世界知晓度最高的节日之一，可以获得极强的文化吸引力、影响力和感召力。所以，对其的充分挖掘不仅可以加强对外宣传与国家形象建设，更可以加强中国文化国际竞争力和中国话语权在世界的力量及影响空间，进而提升中国故事的影响力。

三、春节故事对外传播的 USP 理念及策略

基于 USP 理论的基本要义，笔者提出中国春节故事对外传播的 USP 理念是：以塑造良好国家形象为主线，以国家战略定位和传播策略实施两个层面为基准，以春节故事为元叙事样本，以文化叙事学的视角，构建元叙事和二度叙事相互促进、有机融合的春节故事多重话语空间，进而塑造以历史悠久、天人合一、孝老爱亲、家庭至上、团结友善、和谐至上为主要内容的"文化中国"的良好国家形象。简单概括为"一个主张、两个层面、两类样本、七条渠道"，具体构想如下。

（一）围绕一个主张——塑造"文化中国"国家形象

根据国家形象在政治、经济、文化、科技、社会、生态等方面的诉求，本文作者之一陈先红曾经从责任中国、品牌中国、文化中国、创新中国、美丽中国、诚信中国六个方面对中国国家基本形象做了定位。我们虽然力求在对外传播的所有过程中，都能全方位地涵盖和体现国家形象的以上定位，实现整体对话，但这在实践中却是不可企及的。相反，具有针对性和特质的主张则更可能精准地满足诉求的初衷。基于前文所述的春节故事内容资源的文化异质性和友好交流性特点，以及对国家文化认同性等方面综合评价的独特影响力，将塑造"文化中国"的国家形象作为春节故事对外传播的核心主张，是比较准确和适合的。具体来讲，就是要聚焦中国春节故事的"天人合一、和谐自然""合家团圆、家庭至上""更新、新生"等精神价值，在跨文化传播的过程中，将浸润于民族文化基因之中的春节故事从初级的民风民俗，升级为代表国家精神形象的中国话语，以形成完整的、可以对外宣传的、国外人民容易接受的中国文化价值体系。

（二）把握两个层面——战略定位的"政治化"和策略实施的"去政治化"

国家形象的对外传播根本上取决于传播战略的制定和策略的实施，即通俗意义上的"想法"和"做法"。在春节故事对外传播中，必须正确把握"政治化"和"去政治化"的关系，即国家战略定位的"政治化"和策略实施的"去政治化"。春节故事对外传播是一种政治，是国家宏观叙事和将文化制度化的

体现,是以传播国家良好形象为目的、具有明确国家利益指向的国家层面的公共关系,是国际政治传播的文化和软实力竞争,因此在战略定位上必须以国家利益为导向,突出"政治化";另外,在策略实施上要"去政治化",把春节作为中国人的文化品牌和一种营销手段,通过讲述春节故事,增强国际社会和国际民众对中国文化的理解,在"润物细无声"的对话协商中引导和影响国际民意。从"去政治化"到"政治化"的过程,实质上反映的是从讲好具体故事的表达针对性,上升到国家规划和顶层设计的整体性梯级诉求。在实践中,这一诉求是通过讲述春节故事—倾听春节故事—共度农历春节—共享中华文化—共建和谐世界—传播国家形象的梯级过程来实现的。可以这样认为,春节故事的对外传播,始于春节元故事的讲述(即元叙事),发展于春节故事的二度和再度叙事,深化于国际民众对春节文化的认识和理解,厚植于共享中华文化的体验和感悟,升华于对中国形象的感知和集体认同。

(三)立足两类样本——元叙事和再度叙事样本

所谓"元叙事",是指"具有合法化功能的叙事"和"对一般性事物的总体叙事",是一种具有优先权的话语。中国春节延续数千年,在国内深入人心,约定俗成,在国外自然认可,春节故事的合法性和话语优先权国内外毋庸置疑。元故事题材是元叙事样本的根源所在,寻找春节故事元叙事样本,实质上是回归"中国文化原点"的过程。以传统故事为主要呈现方式的春节元故事题材众多,但这并不意味着所有故事都适合作为"元叙事"样本,在选择时必须进行科学取舍。它应符合四个方面的要求:即必须是真实存在、未经加工的传统故事,这是其合法性和话语优先权的基础;必须能够反映中国文化特质;能够正面传播良好国家形象;能够为国际社会和国际民众所普遍认同。纵观中国春节故事和习俗:扫房子、贴春联、福字、窗花、年画、除夕守岁等故事践行的是辞旧迎新之际,人与自然时序的和谐;祭祀祖先,可促进人们与历史对话,增强人们的历史责任感与传承文化的使命意识;吃团年饭、包饺子等习俗以家人团聚为核心,反映的是对家庭价值的坚守;拜年、说吉祥话等折射的是对未来生活的期待和美好祝愿;逛庙会、舞龙、舞狮、闹元宵等活动可以增进社区成员的相互理解与沟通,实现社区团结与文化认同。以上这些与民众心灵密切结合的春节故事,具有很高的春节文化元素显示度,是各地春节文化仪式的故事浓缩精华,也是易于与世界人民沟通的艺术语言。这些均是讲好春节故事的理想元叙事样本,有助于引导国内外民众在历史悠久、家庭至上、和平和谐、天人合一等视角上进行春节故事的二度和再度叙事,可以成为世界视野里具有代表性的中国形象。

"二度叙事"是"叙述者暂时性地将话语权转让给其他人物的一种叙事策略"。在二度叙事时,叙述者不再处于叙述的显性位置,而是在所叙述的故事背后隐性地控制叙述文本。建立在"元叙事样本"基础之上的二度、再度叙事,可以有效摒弃"元故事"直白叙事方式在对话协商中的不足,能充分发挥其在故事数据、情节、细节支撑等方面的优势,更忠实、准确地表达战略叙事的价值取向。再度叙事最主要的方式是链接故事。在这方面,英国 BBC 纪录片《中国春节:全球最大的盛会》的实践值得借鉴。它十分重视"元叙事样本"的运用,分别以"年"的来历、打树花、贴春联、团圆饭、燃爆竹等元故事为"开场白;同时通过对修建冰雪"长城"的中国匠人、售卖年货的中国小贩、在新年祈福的中国艺人、回乡过春节的摩托大军等生命个体的讲述,将春节故事中欢乐、和谐、共享、祈福、纳祥的情感密码和东方价值鲜活地呈现出来。纪录片中的大部分故事,几乎都体现了从元叙事到再度叙事的有效和熟练运用,如回家团聚—乘火车—中国高铁—运输业飞速发展的讲述,吃团年饭—喝酒—中国名酒—酿酒工艺—食品产业发展的讲述,等等。这些故事的每一次转换,都是一次成功的二度叙事。而以春节故事为主要内容的话语权不断扩大和升级,就是在这些二度和再度叙事中完成的。

(四)拓展七条渠道

结合本文作者之一陈先红关于核心价值观金字塔战略构想的观点,本文提出春节故事对外传播应该拓展的七条渠道,即接触、教育、交流、授权、产品、大众媒介和人际传播。

所谓接触,就是根据 IMC 的接触点传播理论,研究设计"关键接触战略",实施以人为中心的 360 度全角度传播。

所谓教育,就是遵循现代教育的基本规律和理念,通过实施教育战略和人才战略,把包括春节文化在内的中国传统文化教育融入学校教育全过程,深耕中国传统文化沃土,提升国民传统文化素养,培育春节文化传承人,培养具有国际化视野、跨文化语境下叙事技能和沟通能力、熟悉国际文化传播游戏规则的国际文化传播人才,同时通过创建孔子学院等方式,在留学生和国际友人中培养了解中国和春节文化的青年,为讲好春节故事、传播中华文化提供人才支撑。

所谓授权,就是根据授权理论设计"关系路径和动机路径"的授权战略,在具体操作中对 NGO、跨国公司、意见领袖等授权,以及向专业公共关系公司购买社会服务。

交流是取得国际共识的重要渠道,可以最大限度地促进国际民众间的相逢相知、互信互敬,达成信息、文化和情感共识。在春节故事对外传播中,国家文化部门、驻外使馆和机构等政府组织是主体,应主动从国家传播战略的高度承担或协调推进交流活动,发挥其在组织系统力量实施信息传播活动中不可替代的作用,诸如举办驻在国新春招待会、协调外国领导人互致春节祝福等。同时,应充分借助在外企业、华人社团、华人华侨及国际友人所在机构、民间组织、公民个人在文化交流中的重要角色作用,形成全方位的对外文化交流新格局。交流的最明显特征是双向性、共享性,因此必须基于平等基础之上。这就要求我们在对外传播中注重换位思考,交流互鉴,依托共同感兴趣的话题,构造富有吸引力的故事,构建符合所在国本土特色和价值观的文化话语体系。

产品是国家品牌的直接表征。在经济全球化的背景下,以春节故事文化产品为依托实施文化传播,把丰富的春节文化资源转化成优秀的文化产品,可以有效传达中国国家形象的具体内涵,增强春节故事的文化吸引力。比如,围绕春节元素的工业产品、可视读物、表演、电子虚拟产品,春节生肖吉祥物、生肖邮票、中国结、春联、剪纸、年画等中国"年味商品",为外国游客设计的春节饮食文化等旅游产品,维也纳中国新春音乐会等艺术产品,都是结合春节故事文化内核和目标市场本土化表达方式打造的优秀春节文化产品。

现代大众媒介和人际传播。"媒介是我们通向社会中心的入口",大众媒介不仅是拟态环境的主要营造者,而且在形成、维护和改变一个社会的刻板成见方面也拥有强大的影响力。大众媒介的平民化特征使得文化传播的关口前移、环节减少,更容易做到"润物细无声"。在新媒体时代讲好春节故事,使其产生"跨地理区域、虚拟区域的信息流动、文化活动、精神交往以及权力实施的传播效果",在一定程度上取决于是否具有先进的现代传播手段和能力。首先,要充分借助视觉传播渠道,发挥电影、电视、戏剧等视觉文化符号传播系统在影像表意符号方面的世界通用性,及其在传达信息、吸引阅读、帮助理解、加强记忆和形成媒体风格与气质上的重要作用,将春节故事的精彩内容转化为生动、可感受的传播形象。其次,要充分发挥网络传播渠道在文化传递中的独特优势,建立超越时空和地域限制的春节文化传播通道。最后,要积极拓展人际传播渠道,高度重视经商、旅游、留学、移民等人际传播方式对春节文化走出去的意义,充分发挥学术交流、智库传播、华侨传播和旅游传播等人际传播活动在春节故事对外传播中的重要作用。

参考文献

陈先红."讲好中国故事":五维"元叙事"传播战略.中国青年报,2016-7-18.

马福贞.节日与教化——古代岁时俗信性质和社会化教育功能研究.河南大学博士学位论文,2009.

罗瑟·瑞夫斯.实效的广告.张冰梅译.呼和浩特:内蒙古人民出版社,1999.

江智强.USP理论的效能性及其发挥条件探讨.北京工商大学学报:社会科学版,2003(11).

陈先红,刘晓程.核心价值观传播的国家公关战略构想.现代传播,2015(6).

基于文化自信与国家形象视角的中华文化海外出版策略分析[①]

张骐严[②]　慕玲[③]

【摘要】 本文的主旨内容是以文化自信理论的几个重要维度为切口,结合国家形象建设工作,研究中华文化的海外出版发行策略,深入解读中国历史文化、社会主义制度文化相关出版物在新时期构成海外传播矩阵的有效方式,进而在文字出版物、影像出版物、艺术出版物等领域,深入探讨文化自信相关因子在海外传播领域的有效构成,并在树立文化自信价值观、国家形象符号体系、出版传播渠道等维度,对中国的外宣和海外出版机构提供策略性建议。

【关键词】 文化自信、国家形象、发行策略

对于新时期中华文化的海外出版发行工作来说,时代赋予了两个重要的使命:其一是基于文化自信的基础之上形成中华文化走出国门的重要表达方式;其二是在世界文化版图上成功构建中国的文化大国形象。对于这一问题,应在深刻理解习近平总书记新时期中国特色社会主义思想的基础之上,充分利用近些年海外出版布局工作的现实成果,发挥既有优势,从内容设置、渠道建设、资本布局等方面全面发力。以文化自信为基础,既要向世界原汁原味地传递中华文化的丰富历史内涵,又要向世界重点传播中华文化中具有世界意义的重要组成部分,还要兼顾对象国读者的接受方式。

[①] 本文主要内容已在《出版发行研究》2018年第5期上发表,经作者同意,部分内容有所调整。
[②] 张骐严:国务院发展研究中心公共管理与人力资源研究所助理研究员、东方文化与城市发展研究所学委会秘书长。
[③] 慕玲:北京电影学院国家电影智库研究员。

从近些年中华传统文化海外出版的具体工作现状出发,我们不难发现,中华文化海外出版工作处于典型的有渠道却少精品的境遇,尤其在很多出版集团的海外出版布局策略中,缺少精准有效地投放中华传统文化出版物的方式方法,也较难甄别出能够让对象国准确理解的传统文化内容。在未来一段时期,应该加强在这一领域针对传统文化的自信,要敢于投放优秀的中华传统文化出版物到海外去,进而为中国国家形象的构建工作提供重要的现实渠道支持。新时代中国传统文化的海外出版工作应在文化自信的基础上,以国家形象建设工作为核心,形成新时期中华文化海外出版的特色创新,为中国从出版大国走向出版强国的发展进程提供助力,在增强中华文化海外影响力的同时,让世界通过出版行业进一步了解中国、了解中华优秀的传统文化。

一、文化自信与国家形象:新时期中华文化海外出版领域面临的双重使命

自大众出版行业兴起以来,任何历史时期的文化出版行业都是和时代的文化发展进程相关联的,而在现阶段世界文化版图语境上谈论的中华文化,实际上代表了当今中国对人类社会发展进程的重要理解,体现的是当代中国出版行业的文化自信理念。中华文化的出版物对内表达文化自信,对外塑造国家形象,这是构建新时期文化大国系统战略中非常重要的一个环节。

从文化研究的角度看,中华文化自身代表了中华民族一种集体的文化记忆,其文化内涵也不单单局限在文化历史知识和历史故事中。做好中华文化的海外出版,在提升中华传统文化海外传播力的同时,还能进一步培养国家民族自豪感,也能够进一步地影响海外华人文化圈。

从文化自信的角度看,中华文化的海外出版实际上为中华文化的世界表达提供了重要的渠道,为中华文化走出国门影响世界提供了一个最直接、最容易获取的现实抓手。在传统文化自信、制度文化自信方面,都可以成为最直接的有效助力,也能够吸引海外生活的华人进一步阅读中国文化的相关内容,以形成文化凝聚力和针对祖国文化的向心力。在这一维度,进一步加强中华文化的海外传播工作将会成为构建中华文化自信,尤其是传统文化自信的重要方式。从出版行业的角度看,中华优秀的历史文化、近代以来精彩的革命文化和代表当代社会飞速发展的制度文化,都是重要的、可供挖掘的出版文化产业

资源,是优秀的文化原生土壤,我们应该更有效地挖掘、利用,形成基于出版领域的全面文化自信,一举扭转中华文化在之前海外出版领域的被动地位。

从国家形象构建的角度看,文化交流往往是国家形象体现的最直接表达方式。近百年来,中国与世界的文化交往无疑是非常频繁的,超越了以往任何一个历史时期,中国的国家形象也是在这一系列的交往过程中逐渐形成、建立起来的。可惜近代中外国家间的文化交往由于众所周知的历史原因,总是体现出区域文化发展间的不平等、不平衡。从某种意义上看,中华文化的近代化,就是一种单向度的开放国门、追逐西化,并接受自身国家文化形象被别国所构建的过程。时至今日,中国的发展已经取得了巨大成就,迈向了一个史无前例的、与世界全面接轨的新时期,这种接轨的方式和晚清与民国不同,是一种国家主权引领下主动的文化开放过程,习近平总书记的"人类命运共同体"的提出更是为世界文化发展提出了中国的观点和看法。围绕这一点,海外出版领域需要在文化自信的基础上,担负起国家形象构建的重任。从世界文化版图的格局上看,中华文化一直被人们视为人类文明史上最为重要的文明之一,且是唯一至今绵延不绝的古代文明。这种历史文化的现实地位实际上给予了当今中华文化海外出版兴盛发展的基础前提,也构成了中国国家文化形象的重要维度。

从现实的层面上看,中国这个拥有56个民族、全世界人口最多、地域文化表征最复杂的国家,最有可能在未来的世界文化发展建设过程中发挥举足轻重的作用。无论是过去的数千年文化史,还是在可预见的资讯全球化的新时期,中华文化的海外出版工作都会是中华文化走向世界的重要媒介,是肩负文化自觉、文化自信、国家形象的重要文化"大使",这是时代赋予中华文化海外出版的重要使命,也是在领会习近平总书记文化自信和建设国家形象重要理论基础上,需要进一步探讨的现实课题。

二、中国故事与中国立场:中华文化海外出版的战略布局重点

在中华文化海外出版领域,中国的出版业一直存在着一种文化属性上的被动。很长一段时间内,涉及中华文化元素的内容,很多都是从西方的刻板印象视角中被剥离出来的,中华文化始终作为西方的文化"他者"出现。进入

新时期以来,如何摆脱"被动地被解读",成为中华文化海外出版业的战略任务,在此基础之上讲好中国故事、摆明中国立场,将会成为未来一段时间内中华文化海外出版工作开展的战略出发点。

作为中国故事的讲述者,海外出版物首先应该具有新的内容,而不是一味地守着几千年的中华文化传统来"吃老本",沿着西方的刻板印象去揣摩中华文化中海外受众感兴趣的部分。其应该成为历史与现实文化"大胆的发声筒",主动把很多内地的畅销出版发行产品投放到海外去,而不要陷入文化归类的悖论之中,在民族文化与世界文化的定义范畴内陷入刻意区分彼此的纠结里。事实上,早在1981年,《国宝》《紫禁城》等国内发行的中国艺术书籍,3个月内在香港的国际版权市场就营销1万多册,该书当年的定价为400元,这在当时来说不可谓不昂贵。世界各国文化界对中华文化的关注程度远非如我们自己想象得那样稀少,关键是如何找准布局的重点,克服出版对象国的刻板印象,将中华文化中符合于对象国审美趣味的部分内容同故事的讲述方式相融合。对于中华传统文化来说,绝大部分出版物都是集中在历史文化内容上,五千年的文明史确实给了我们丰富的故事素材,也让世界自然而然地认识到中国古老文化的魅力。但是,历史文化的很多出版内容实际上只是过去了的历史事实,本身不以人的意志为转移,但会随着后人不同的认识和理解而产生"新"的立场,这种立场就是我们海外出版需要把握的关键。要让中华文化重新在世界文化版图上焕发活力,就需要精准地把握中华文化的精髓,这种精髓实际上是一种开放包容、生生不息,并带有极强人文关怀和平等理念的文化精神内涵。在这样一种文化立场上,我们的海外出版布局就会变得多样化,也会对各个对象国的读者产生持续的吸引力。

除此之外,在图书、艺术和影像出版物领域,还需要特别注意出版作品的"现代性"。由于中华文化过于久远,很多国家的文化界习惯性地将其同悠久的古代与历史文化对等起来,也使得我们自身产生了中华文化海外推广就等同于历史文化海外推广的错觉。针对这一现状,中华文化海外推广的另一项重要布局就是进一步顺应时代发展需要,从认知结构上进行更新,让"现代性"文化进入海外出版的各个领域。在这一点上,将中华历史文化融入"现代性"的要素,将会是未来开展工作的又一个重要方向。因为历史文化知识是一种积累的过程,重新发现历史文化的现代意义并以现代的文化观点去理解历史文化,也是中华文化海外推广的重要使命。例如,目前在世界范围内非常畅销的黄仁宇的《无关紧要的1587年》（国内翻译为《万历十五年》）就是以一种现代管理学的理念去探究中华历史文化的,是典型的为历史文化植入"现代性"的处理手法。

战略布局的最后一点是非常重要的意识形态领域。在世界各国的全球出版行业布局中,相关于本国原生文化对外传播的出版物并不少见,这些出版物在被读者喜爱的同时,也是非常重要的意识形态阵地。对于一个民族来说,其原生文化既是记载、传承、理解与衡量本民族社会发展进程的重要载体,也是孕育一个民族集体记忆的土壤。原生文化的内容,是已经过去了的历史事实,也是当下文化环境的重要描述,虽然其本身不会被改变,但是会被不同的人进行二次理解和传播,在这一过程中就会产生重要的意识形态属性。而本国的原生文化出版物,则是针对一个国家进行二次理解与传播的重要媒介。因此,在文化自信理论指引下的中华文化海外出版物,一定要有高度的意识形态敏感性,从战略传播的层面完成意识形态的整体布局,塑造正确的国家文化形象。有一个可参考的重要案例为2015年8月在美国出版的图书《习近平时代》,该书由美国时代出版公司在美国纽约出版,其独特的出版视角和精准的人群定位,很值得我们学习与探讨。该书以宏大篇幅全面介绍了习近平的从政经历和他提出的"中国梦""四个全面"战略布局等一系列新理念、新思想、新战略,并对"中国威胁论""中国崩溃论"等作出了正面回应。该书英文版登上美国亚马逊中国历史类第一名、全球政治领袖类第二名、亚洲政治类第三名,销量10多万册,成为近年来在美国出版的销量最高的中国版权图书。从该书的抽样人群来看,绝大多数购买者都是关注中国局势的美国政界和商界人士,在读者人群中也获得了很好的反响,为美国上层社会了解中国政治文化格局和政策走向提供了一个很好的现实通道。

三、联合出版与对象国并购：中华文化海外出版的策略性分析

进入新时期以来,中华文化的海外出版工作开始按照国家"一带一路"的倡议进行全面布局,很多出版机构利用国际出版行业资本运作模式开启了全面的海外发展策略,以期让中华文化在海外传播的渠道更加畅通,扭转百年来中华文化作为一种文化对象却被西方话语体系所建构的被动局面。对于一些

出版社来说"把分社开到海外去"已经成为一种趋势,用实际行动探索中华文化海外出版的途径策略已经成为学术界关注的重要话题。结合近期的实践经验我们可以将其分为三个策略方向加以总结。

(一)通过第三方并购机制进入欧美和第三世界版权市场

西方的出版市场相对开放,准入门槛也相对宽松,通过并购出版社进行海外出版的直接布局是非常便利的。每年一度的北京国际图书博览会,就是中国出版机构布局海外的重要渠道。从 2015—2018 年,一些国内出版社都通过这一途径建立起成熟的并购布局策略,尤其针对于中东和第三世界国家市场。例如,在埃及地区新近成立的智慧宫文化投资公司,就和中国接力出版社形成了重要的商业合作。中东是目前世界上新生儿出生率最高的地区之一,儿童图书的市场需求份额很大,并且是"一带一路"倡议重要的途径地区,可埃及的儿童图书 70% 以上是教材教辅,还处于出版行业的初级阶段,而目前在国内已经产能过剩的图画书、儿童文学等大众读物,在其国家所占比重还不到 30%,这一点和两国正好形成互补。因此,接力出版社利用这一空档期,以成立中埃联合出版集团的方式,让代表优秀中华文化的少儿读物进入埃及市场,服务于埃及的青少年读者。

相同的策略方式,也见于欧美版权市场。2015 年,浙江少儿出版社全资并购了澳大利亚一家童书出版社——新前沿出版社。澳大利亚作为英联邦的重要国家,其出版社服务于受英伦文化影响的许多国家,作为澳大利亚老牌少儿出版集团,新前沿出版社已经在澳洲和英联邦许多国家经营了 10 多年,有完备的出版发行网络,虽然规模不大,但却有几百种已经具有重要知名度的图书音像出版品牌。浙江少儿出版社本次并购,实际上完成了对这家出版社的中国化改造,为中华文化海外出版提供了重要的现实商业渠道。并购重组后的新出版社,实际上依然保留了之前的运营团队和品牌体系,为中华文化针对欧美国家的传播工作提供了一个重要的第三方传播途径。这种润物细无声的悄然策略布局,实际上已经让我们的文化出版路径延伸至欧美市场,新前沿出版社作为老牌欧美出版社所出的书,其实就是中国出版社出的书。新前沿出版社了解欧美读者的喜好,因而中国的出版社就可以针对这种喜好同优秀的中华文化进行嫁接。同时,浙江少儿出版社在国内的超级畅销书也可以通过当地出版发行的方式进行海外传播,不必再借助互相扯皮的版权贸易。

（二）基于资本布局的中华文化海外出版发行策略

事实上，在近5年间，中国出版业的海外布局正在经历一场深刻的转变，那就是从版权贸易转向资本输出。这是中国出版行业在基于国际市场规则前提下的重要转型，也为中华文化的海外出版带来了重要的机遇。中国的快速发展，为中国的出版行业注入了大量的资本血液，而这些血液在文化上的转化就体现为重要的海外资本布局。在过往的十几年中，无论是政府还是出版企业，在谈到中华文化的海外出版布局时，下意识地就会把版权输出作为主要内容。在中外版权贸易长期处于逆差的情况下，如此反应也在情理之中。但最近几年间，国家出版市场的版图正在悄然发生变化。2011年，中国版权贸易总量是24 422种，3年后的2014年就增长到26 988种，截至2017年的统计显示，中国版权贸易总量又增加了17.6%。版权引进品种与版权输出品种的比例由2004年的8.6∶1提高到目前的1.3∶1，中外版权贸易逆差大幅度缩小。中国已经成为世界上重要的文化版权输出国，近年来，每年输出国外的版权数量都保持在万种以上。这种可喜的形势变化，实际上为中华文化的海外出版提供了巨大的空间，也保证了资本方将中华文化作为海外出版发行对象的现实基础，利用资本并购的方式，实际上中华文化的海外出版已经获得了非常重要的渠道布局。下一步的主要工作就是要将中华文化的原生内容，成功地植入到现有的发行渠道中去，完成文化自信和国家形象的塑造导向同海外文化资本的有效对接。从目前的情况来看，在世界文化版权市场领域，我们作为出版组织的"武器"已经具备，所需要的就是为这些资本通道构建起的有效"武器"提供以中华文化为内涵的"内容弹药"了。

（三）中华文化海外出版发行的人才储备策略

在中华文化海外出版的策略执行上，关键环节还是文化出版研究领域的人才储备。中国改革开放40多年来迅速打开国门，快速地接触到了世界文化市场，特别是近些年提出的"一带一路"倡议，急需的就是在文化输出领域储备跨文化交流人才。这种复合型的人才不单单只是在外语或小语种层面具备优势，而且还应该在懂语言的基础上懂出版，进而还要深入学习对象国的法律和金融知识。这种复合型人才的培养，并不是目前国内高校出版专业所能提供的，必须进入实践领域中去重点锻炼栽培，将高校所学的知识同现实的商务实践结合起来。近年来在人才培养领域获得的成功案例,当属江苏凤凰出版传媒集团在美国搭建的海外出版团队,2014年7月,凤凰出版传媒集团以8 500万美元收购一家美国童书生产商,实现了中国出版业有史以来最大规模的跨国并购。凤凰传媒并购的这家美国公司拥有迪士尼等国际一流品牌的形象授权,以及沃尔玛等全球大众分销渠道,是行业内的领军企业,业务遍及全球20多个国家。得益于前期的沟通和准备做得充分,凤凰传媒派出的几位中国同事与美国同事相处得非常融洽,基本完成了跨文化的无缝对接。在完成并购交割后,新团队接手的第一个项目就是出版发行根据迪士尼同名动画片授权的图书《冰雪奇缘》,结果该书在美国发行量接近500万册,创造了该公司有史以来的最高纪录。很多美国同行认为,正是中国的团队为百年来死气沉沉的美国出版界注入了新鲜的活力。在中华文化海外推广的过程中,急需这种跨文化沟通团队,进而完成资本并购后与营销推广渠道的无缝对接。

在人才工作的储备层面,另一个重要的工作是引导海外出版行业的决策和执行者深入领会中华文化的精髓,让这些决策核心不要被西方构建起的文化刻板印象"拉着走",而是能够贯通中华文化和西方主导的全球文化语境,在跨文化传播策略层面以全新的高度思考这一问题。尤其在中国跨国出版行业并购大潮兴起之后,这类人员的重要性就更加凸显出来,否则不但无法完成中华文化海外传播的历史使命,还会造成一定的经济损失。对于国内出版社而言,中华文化的海外传播既是一项政治任务,也是一项商业任务,那些为了博取轰动效应而在人才储备不到位的情况下贸然启动的项目,很多情况下是得不偿失的。从文化产业发展的整体规律来看,夯实文化人才的基础储备,才是开展现实工作的主要前提。因此,在让一线从事海外出版的从业者深入理解中华文化海外推广重要性的同时,也需要进一步基于文化自信理论和国家形象构建的需求培养合适的跨文化出版人才,这才是当下推动中华文化海外出版策略落实的重要先决步骤,这一步走不稳,后面的工作都会变得复杂化。

参考文献

2017年新闻出版广播影视工作会议报告.文化产业评论,2017(1860).

中国文化海外沉浸传播模式
——以 Facebook Live 为例[①]

李沁[②]　史越[③]

【摘要】 中国正在全球舞台扮演日益重要的角色,提高国家文化软实力是一项重大战略任务。近年来中国实施"文化走出去"战略,在文化海外传播中不断开拓空间,但也遇到了不少问题和瓶颈。目前中国迫切需要抓住全球传播形态变革的契机,做好泛在时代的中国文化海外传播。当前,海外社交媒体成为全球传播主要领域,本研究主要以案例和深度访谈的研究方法,以中外主流媒体的海外社交媒体直播实践为例,从沉浸传播理论视角提出全新的中国文化海外传播模式,为中国国家传播战略的建构及评估提供理论支持。

【关键词】 沉浸传播、沉浸人、Facebook Live、国家传播战略、社会认同

中国文化海外传播中,传播客体包括中国传统及现当代文化。传播主体中,政府、民间团体、企业、个人等发挥各自作用,而大众传媒是其中重要一环。从全球范围看,新闻传播业日新月异,尤其是移动社交网站以前所未有的影响力渗透进人们生活。据美国皮尤研究中心发布的 2016 年社交网站发展报告显示,接近 80% 的美国互联网用户使用 Facebook(脸书),76% 的用户日常性地访问 Facebook 网站。与此同时,中国主流媒体积极入驻海外社交网站,开

[①] 本文主要内容已在《现代传播》2019 年第 1 期上发表。本文系中国人民大学"双一流"建设、中国人民大学马克思主义新闻观研究中心重点项目"国家传播战略与社会认同研究"(项目编号:RMXW2018A004)阶段性成果。
[②] 李沁:中国人民大学新闻学院副教授,国家传播战略研究中心主任,新闻与社会发展研究中心研究员。
[③] 史越:北京航空航天大学党委宣传初级研究员。

拓中国文化海外传播的新平台,"沉浸"开始成为一个热词,沉浸式的社交直播因其沉浸感、互动性和实时性成为最流行的传播方式之一。2016年被称为"网络直播元年",其热潮到2018年也无减退之势。

泛在时代到来的今天,如何看待社交网络的传播特点?新型传播产品是否已呈现沉浸传播特征?可否基于媒体实践和用户分析,构建出行之有效的中国文化海外传播模式?本研究将进一步从沉浸传播理论视角,以中外主流媒体基于Facebook Live平台的移动直播为案例,试图分析上述问题,并尝试建构中国文化海外传播模式。

一、中国文化海外传播的理论及现实进程

(一)"沉浸传播"与"沉浸人"

随着包括互联网、物联网、移动互联网在内的泛在网络的飞速发展,推动消费模式共享化、设备智能化和场景多元化,人类已处于无时不在、无处不在的信息包围之中。2009年国际电信联盟定义"泛在网络"为:"人与/或设备能够在遇到最少技术限制的情况下,在任何时间、任何地点、以任何方式接入服务和通信的能力。"[1] 国际社会纷纷将作为未来信息社会重要载体和基础设施的泛在网络提升到国家信息化战略高度。

基于泛在网络的发展,李沁提出"第三媒介时代"的"沉浸传播"范式及"沉浸人"新概念,以及相应的理论建构,已得到学界和业界的回响。"沉浸传播是一种全新的信息传播方式,它是以人为中心、以连接了所有媒介形态的人类大环境为媒介而实现的无时不在、无处不在、无所不能的传播。它是使一个人完全专注的、也完全专注于个人的动态定制的传播过程。"[2]

"沉浸传播"的中心是"沉浸人"。"沉浸人既是媒介的中心,也是媒介本身……'沉浸人'作为传播中心的人,既是被动的信息接受者,也是主动的信息发送者,同时,还是被动的信息发送者。"[3] 社交网站上传播信息的媒体机构也是"沉浸人"。虚拟与现实融为一体的媒介环境为"沉浸人"提供了无限延伸,"沉浸传播"开始普及,海外文化传播因而有产生新模式的可能。

---

[1] ITU-T Study Group 13. Overview of ubiquitous networking and of its support in NGN. 2009. ITU.
[2] 李沁. 沉浸传播——第三媒介时代的传播范式. 北京:清华大学出版社,2013:43.
[3] 李沁. 泛在时代的"传播的偏向"及其文明特征. 国际新闻界,2015(5).

（二）中国文化的海外传播模式

所谓"模式"，指"科学研究中以图形或程式的方式阐释对象事物的一种方法"。① 模式在国际传播研究中具有建构、解释和预测功能，如拉斯韦尔"5W"模式是典型的线性模式，莫拉纳的国际信息流动模式把传者、受者、技术硬件、技术软件的关系组合为4个象限，呈现出信息跨国流动的过程。

中国文化海外传播的实践经学者理论总结，形成中国民俗文化海外传播模式，着眼于传受方之间通过媒介、目标信息和翻译等环节产生的双向联系；还有中国文化信息海外传播的多向与轨迹式循环模式，描述传播内部的信息自选择机制、系统自组织机制、信息量增殖机制和外部的目标机制、功能机制、效应机制。这些模式试图从不同视角解释中国文化海外传播现象。随着沉浸技术和国际虚拟社会的发展不断突破传统研究框架，有必要进行新的传播模式建构。

（三）沉浸社交直播开启了文化海外传播的新模式

作为沉浸传播的一个呈现方式，拥有海量用户的社交网站，让移动直播成为媒介形态的新境界。2018年1月中国互联网信息中心发布的第41次《中国互联网络发展状况统计报告》显示，截至2017年12月，中国网民规模达7.72亿，普及率为55.8%，其中，手机网民占比97.5%，网络直播用户规模达4.22亿，占网民总体的54.7%，数量相当可观。Simon Bründl 和 Thomas Hess 认为，社交直播展示了关于用户生成内容如何被分配和消费的全新方式。

现象背后是规律的作用。第39次《中国互联网络发展状况统计报告》中早已显示，移动互联网的发展推动了消费模式共享化、设备智能化和场景多元化，行业发展推动智能硬件互联互通，"万物互联"时代已然到来。海外泛在社交网站提供了超越国界和时空限制的媒介环境，直播消解了传者与受者的边界，360度全景视频为用户提供了相对自由的观看视角，实现了个性化传播。移动直播具有时效性与社交性并重的特点。直播打破了时空界限，传受之间的距离缩减到最小，观众有身临其境的代入感，其为用户提供了"遥在与泛在并存的沉浸体验"。②

---

① 郭庆光.传播学教程（第2版）.北京：中国人民大学出版社，2011：50.
② 李沁.沉浸传播的形态特征研究.现代传播，2013（2）.

二、泛在社交网站:"沉浸人"生存的媒介环境

当今全球传播已深度依赖无处不在的社交,即泛在社交网站,包括移动社交网站。本研究认为,造成此现象的本质原因在于社交网站用户具有的"沉浸人"属性,移动社交网站正是他们赖以生存的媒介环境。

(一)泛在社交网站用户具有"沉浸人"特征

在传统意义的传播中,"传者"是主动的信息发送者,"受者"是被动的信息接收者。而在沉浸传播中,如前所述,"传者"和"受者"的边界消失了。

用户在社交网络主要呈现三种状态:一是发布信息,或分享、转发其他用户的信息,是"主动的信息发送者";二是接收信息,成为"被动的信息接受者";三是主动检索话题,或信息互动,平台会掌握用户动态,分析其喜好,形成"热搜"话题、基于用户兴趣推荐的内容,用户成为大数据和云计算下"被动的信息发送者"。上述三种状态是社交网站用户作为"沉浸人"的主要特征体现。

(二)泛在社交网站为"沉浸人"提供无边界媒介环境

"沉浸人"是在无时不在、无所不包、无所不能的泛在网络中随意切换于真实和虚拟之间,在时空之间自由穿梭地存在。社交网站本身是一个虚拟空间,超越时空,没有边界。现实生活中,位于不同时空的每一个真实的"沉浸人"都在这个虚拟空间与其他虚拟的"沉浸人"进行信息交流,交流结果又作用于他们的真实行为。媒体机构也是一种"沉浸人"。

"沉浸人"以自己为中心辐射及收取信息,信息的流动依赖于无边际的关系联结。根据哈佛大学心理学教授斯坦利·米尔格拉姆的"六度分割理论",每个"沉浸人"最终都会通过一定方式建立联系,实现信息不受控制的自由流动。据 GlobalWebIndex 发布的数据显示,"沉浸人"平均每天使用社交网站 1.97 小时。正如沉浸传播理论提出,一切环境即媒介,一切媒介也即环境。社交网站作为"沉浸人"赖以生存的环境,也是不断向其提供信息服务的媒介;"沉浸人"本身也是媒介,不断主动和被动地接收与发送信息。

(三)"沉浸人"是泛在社交网站传播的中心

沉浸传播是以人为中心的传播,一切传播行为都是基于人的需求而进行

的。人在现实上是一切社会关系的总和,社交网站正是基于"关系"完成层层传播,让作为用户的"沉浸人"不受时间和空间的限制,自由地接受和发送信息。这也是作为"沉浸人"的中国文化传播主体借助社交网站成功传播的基础和原因。

"沉浸人"是社交网站传播的中心,也解释了为什么脸书(Facebook)和推特(Twitter)近年差距拉大:前者月活跃用户 16.5 亿,后者仅为 3.13 亿。前者的关系属性更强,后者的信息属性更强,而沉浸传播中,"信息"不是中心,"人"才是中心。进行泛在社交传播时,要把握好传播主体和用户作为"沉浸人"的特点。

三、Facebook Live:泛在社交直播的沉浸特征

综上,"沉浸人"即为在社交网站上进行沉浸传播的主体。泛在社交直播具备沉浸传播特征,其中的中国文化海外传播行为,是"沉浸人"开展文化沉浸传播的初步表现。

目前,海外社交媒体巨头脸书和推特分别使用网站内嵌功能 Facebook Live 和专属直播平台 Periscope 作为直播工具。脸书拥有几倍于推特的活跃用户,其上的主流媒体是中国文化海外传播的重要主体,拥有相对庞大的用户群,其中新华社粉丝总数不如央视,但用户参与率略胜一筹,总粉丝同比增长率和新粉丝同比增长率均好于央视。研究因此选取新华社 Facebook Live 的中国文化海外传播为例,来探讨社交移动直播的沉浸传播特征。

(一)直播呈现:影响传播效果的因素

2016 年 4 月 3 日,新华社以"魅力中国"("#AmazingChina")为标签开始 Facebook Live 首次直播。截至 2017 年 3 月 7 日,共有 282 场直播样本,其中 85 场直接以中国文化为主题。本研究以这些样本为重点分析对象,兼顾其他主流媒体的直播呈现。这里的"直播呈现"指每个具体直播视频产品最终面貌的构成要素,包括内容议题、人物行为、画质声效等。讨论传播效果时,主要考察的是观看量和用户参与度。

观看量从脸书平台直接获取,互动量的计算相对复杂。在 Facebook Live 中,用户对直播的互动方式大致分几类:(1)向直播画面发送表情,包括点

赞（Like）、喜欢（Love）、惊讶（Wow）、开心（Haha）、愤怒（Angry）、伤心（Sad）六种；(2) 选择性添加文字说明后，将直播视频分享至自己的时间线（Timeline）；(3) 在直播下方评论，或者回复其他用户的评论。在考察互动情况时，把"表情总数+评论数+分享数"求和作为"互动总数"，用"互动总数/观看量"求得某一直播样本的用户参与度，作为重点分析指标。另外，在互动成本方面，"评论""分享"比发送表情需要更多的时间和精力，特别是"分享"可能带来更多的潜在观众和粉丝，因此，"评论"和"分享"作为深度互动指标被重点关注。

1. 内容议题

新华社 Facebook Live 在"起步期"时，直播内容大多为时效性不强的中国文化素材，如北京烤鸭、中国茶、陶瓷制作、白酒、端午节包粽子等，以及时效性较强的科技类展览，如北京车展、"十二五"成就展等。进入"发展期"后，内容议题非常多元，对海内外的经济、政治、文化、社会题材都有涉猎。

统观282场直播样本，得到图1、图2和表1。数据分析显示，中国媒体海外传播中文化题材为重要内容。新华社 Facebook Live 中的文化题材占比近一半，且受到用户欢迎，平均参与度较高，但平均观看量相对不足，需要进一步明确用户对中国文化内容的需求。

国际媒体在基于用户需求，确定 Facebook Live 内容上做得比较好。半岛电视台发扬本土优势，以国际事件中与伊斯兰相关部分为切入点，如直播伊拉克摩苏尔难民营，邀请记者分享战地采访感受等，很好地抓住了目标用户的痛点。

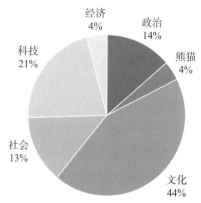

图1　新华社 Facebook Live 题材分布（内容类别）

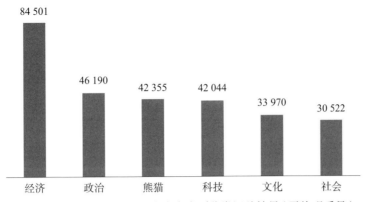

图 2　新华社 Facebook Live 按内容类别分类汇总结果（平均观看量）

表 1　新华社 Facebook Live 按内容类别分类汇总结果（平均参与度：%）

内容	平均参与度
科技	11.26
文化	10.75
社会	10.38
经济	9.23
政治	8.96
熊猫	8.88

2. 人物行为

新华社 Facebook Live 中，国内分社纷纷选取当地有特色的文化项目直播，如广东新年花市、江苏高邮鸭蛋、曲阜孔庙等。统计显示，这 85 场纯中国文化直播中，观看量最好的前 3 场分别是上海迪士尼开幕、武当山道教文化和北京烤鸭的吃法，均破 10 万；用户参与度前 5 名分别是制作中国瓷、参观红星二锅头博物馆、传统糖画、端午节包粽子、彝族女性火把节。总结观看量和参与度发现，"亲身参与感"较强的文化直播接受度较好。如武当道教文化直播中，记者以游客身份参观道观，观看宗教仪式，介绍景点和文化渊源。对有宗教信仰的海外用户来说，"中国的宗教"能引发他们的好奇心，而且道教文化又是中国思想文化的重要组成部分。而直播镜头的移动也仿佛游客前行的脚步，带领他们完成了一次武当之旅。吃北京烤鸭、做糖画、做陶瓷，都是"动手"属性较强的文化题材，通过观看记者直播中的一举一动，特别是视角的一致性,用户也仿佛亲身体验了制作过程,这种"亲身参与感"更容易激发用户的"沉浸感"。

3. 画质声效

画质和声效是直播产品呈现样貌的重要方面,主要依赖于直播拍摄设备。本研究对282场直播样本进行"画质"和"音效"编码,分为"好""尚可""差"3个类别。画质"好",指画面清晰、光线充足;"差",指画面模糊或光线昏暗;"尚可",介于前两者之间。音效"好",指在正常播放音量下,记者的解说声清晰可辨,背景音不构成干扰;"差",包括没有使用英语直播(默认海外用户无法理解中文)、背景音干扰较大、因现场风力大或网络问题导致的种种杂音影响到直播声音等;"尚可",介于两者之间。用户观看直播视频前,并不知视频画质和音效的好坏,研究对用户的主要考察指标是用户参与度,结果如表2所示。

表2　新华社Facebook Live按音效、画质分类汇总结果(平均参与度)

音效	平均参与度	画质	平均参与度
好	12.67%	好	10.82%
尚可	10.41%	尚可	10.70%
差	10.15%	差	8.59%

考虑到分类汇总相对简单,且存在一定的精度问题,本研究也使用SPSS对画质和参与度的关系进行了卡方检验,结果如表3所示。

参与度方面,以与平均数(10.43%)相近的10%作为"高/低"的分界,将画质"好"与"尚可"合并,得到如表3中的参与度×画质的2×2列联表,可以得出"用户参与度和直播视频画质显著相关"的结论。

事实上,对新华社对外部记者、被称为"海外社交网站直播第一人"缪晓娟的访谈也印证了上述结论。

访谈(缪晓娟):

画面清晰程度对直播效果有较大影响,越清楚,观看体验越好,观众流失越慢;音响效果也有较大影响,收音直接影响到观看体验。

画质好坏和声音效果对直播效果之所以有较大影响,根本原因还是在于

表 3 新华社 Facebook Live 视频参与度 × 画质列联表及卡方检验结果

参与度 * 画质交叉表

计数

		画质		总计
		画质差	画质好/尚可	
参与度	0~10%	27	131	158
	10%~32%	10	114	124
总计		37	245	282

卡方检验

	值	自由度	渐进显著性（双侧）	精确显著性（双侧）	精确显著性（单侧）
皮尔逊卡方	4.963[a]	1	0.026		
连续性修正[b]	4.203	1	0.040		
似然比（L）	5.183	1	0.023		
费希尔精确检验				0.032	0.019
线性关联	4.946	1	0.026		
有效个案数	282				

a. 0个单元格（0.0%）的期望计数小于5。最小期望计数为16.27。
b. 仅针对2×2表进行计算。

其对"沉浸感"的影响。画面越清晰，声音效果越逼真，观众的身临其境感越强烈，也就越容易沉浸到直播内容中去。半岛电视台 Facebook Live 的一大特色就是音效好。在一场与伊斯兰教有关的直播视频中，参与访谈双方的声音呈现出分列左右 P 声道的立体声效果，观看量近 100 万人次。

（二）互动反馈：深度作用于直播全程

与其他传播形式相比，社交移动直播最大的特色在于其全程互动性。

访谈（缪晓娟）：

互动方面，主播会和用户打招呼，回答用户的提问。主播会根据用户反映调整内容，例如，用户提出希望了解什么或看到什么画面，主播都会及时调整。目前互动比较热烈，海外媒体直播和电视直播相比，最大的吸引力就是互动性。

对用户互动的重视是 Facebook Live 的重要特征，几乎所有主流媒体都鼓励用户提问。BBC、半岛电视台在直播前强调欢迎提问,观众无论何时加入,都能看到这段对提问的鼓励:只要愿意,用户可以主宰直播的走向。直播中用户评论显示在视频下方,回看时也可选择"按评论实时顺序"显示。用户评论成为直播产品的一部分,直播者还可在直播结束后继续回答提问,后来的观众也可随时参与之前的互动。如此凸显了用户作为"主动的信息发出者"的地位。

理性、积极的用户评论和互动,在新华社 Facebook Live 产品中并不罕见,并已成为直播内容的重要部分,很多用户表达了对中国文化的喜爱,甚至比媒体主动发出的声音更有说服力。以秦兵马俑直播为例,用户 Elaine Gilliam 在评论中表示,"很多人可能没办法亲自去中国,谢谢你们让他们有机会看到,直播信息量很足,很有教育意义"。此评论收获了 14 个 "赞"。很多用户对中国文化产生认同,自觉成为中国文化的传播者。在对安徽元宵节灯笼的直播中,有用户表示看了很多遍,觉得中国灯笼太惊人,很热爱中国文化,并且已把这个视频分享给了朋友们。

(三)传播布局:内容的"无处不在"

"传播布局"主要体现在同一事件背景下的多角度系列直播。缪晓娟在贵州进行的中国 500 米口径球面射电望远镜系列直播,第一次使用"新闻事件 + 当地民俗"的模式。这 10 场深度系列直播,有关于射电望远镜的 5 场,有贵州夜市小吃、苗族风俗生活和民族演出等民风民俗的 5 场。这种直播内容模式渐渐在新华社后期的直播中固定下来。2016 年 G20 杭州峰会直播开启了重大会议直播模式,即"会前当地文化预热 + 重要会议过程直播 + 相关与会人士访谈 + 记者每天总结评论"。这些模式充分利用了现有的传播资源,从时事热点入手,让文化传播"借船出海",收获了较好的效果,沉浸式的内容分发也增加了用户的沉浸体验。

(四)Facebook Live 的沉浸传播特征

1. 从直播过程看,每一场直播的实时过程都体现出沉浸传播特征

"沉浸感"的产生是基于"泛在"情景的无比真实化。表现在社交网站移动直播上,一是对技术的无限追求——画面、声音都要无限趋近于真实的原

初体验,这也解释了画质和声效影响用户参与度的现象;二是"第一人称"视角造就的"代入感",直播者用镜头为观众展示自己眼中看到的一切,呈现出"所有人都是'我'"的融合效果,这也解释了参与感、动手性较强的直播视频有更好的用户参与度。

直播过程一定程度上实现了"多对多、一对一"的沉浸传播和"超越时空的泛在体验"。直播者可以即时收集用户反馈并互动,实现"动态的个性化定制传播"。通过移动设备和泛在网络,人们可以随时随地发起和参与直播,直播者与用户、用户与用户之间的多向对话无时不在、无处不在,存在着"相同时间、多个空间"的沉浸传播关系。从观众的角度看,直播实现了"真实此在"与"虚拟遥在"的融合,获取的虚拟信息又作用于真实行为,如分享、评论等。从直播者的角度看,直播画面中的遥在空间与虚拟空间中虚拟用户的互动都是真实的,虚拟信息同样作用于真实行为,如改变直播内容等。直播完成后,直播视频和互动可保留下来,供后来用户在任何时间、任何空间继续上述过程。

媒体还进行"非真实"直播,如"今日俄罗斯"的"直播1917年"系列,对沙皇俄国场景全方位虚拟重现,模仿列宁、沙皇尼古拉斯二世的口吻发布推文和互动。这种对"过去"的"直播"虽无法还原真实历史,却是一种真实的"当下体验",是对"直播"外延的丰富,也让"超越时空的泛在体验"更名副其实。

2. 从传播布局看,在孤立的直播视频之外,一切参与者通过参与行为,客观上创设出了沉浸式传播整体布局

"沉浸感"的打造,一方面通过"无限真实",另一方面通过"无处不在"的投放方式来实现。从直播者角度看,直播要提前预热,直播后要精心剪辑视频并再利用,发布相关的图文消息,就某一话题开展系列直播,要在不同平台上同时进行内容发放,不同平台互相提供内容传送,媒体机构官方账号与著名记者、主播协同传播,在直播中插入媒体机构标志以潜移默化地深化观众印象……对相同的内容资源进行深度的融合式传播,打造全方位、无处不在的沉浸式传播效果。从用户的角度来说,观看直播视频后的分享、评论行为客观上也是这个过程的一部分。

（五）Facebook Live 沉浸特征对中国文化海外传播的启示

综上，我们不难得出结论：准确把握住"沉浸人"这一中心，分析其需求，以此调整传播行为十分重要。"沉浸人"的需求体现在两方面：一是对内容的需求，二是对"沉浸感"的需求。

1. "沉浸人"的内容需求可从互动情况中获得

观看量高、参与度好的直播往往反映出对内容更强烈的需求。如海外用户对中国历史文化有浓厚的兴趣，关于中国民俗文化的直播收效就较好。另外，直播过程中用户互动也能引导直播内容的实时调整，用户的态度和感受会影响其评价与传播行为，形成一股传播合力。这启示中国文化海外传播应该多从互动行为中把握"沉浸人"的需求，以推动社会认同感的形成。

2. "沉浸感"的营造来自于技术、语言、视角、内容的沉浸式布局等诸方面

在 Facebook Live 中，"技术"主要指网络稳定程度和直播设备，表现在视觉效果上，就是画面清晰度和声音效果。相比而言，国外主流媒体无论是画面清晰程度、人物近景特写频度还是收音效果都更胜一筹。直播者流畅的英语表达减少了对观众产生"沉浸感"的干扰。强调"亲身参与感"的直播形式让观众更好地沉浸其中。中国文化海外传播中，应从多个方面注重营造用户"沉浸感"，从技术手段、形式设计、内容投放等方面发力。

四、泛在时代的中国文化海外沉浸传播模式

基于对社交网站及其直播实践的沉浸特征分析，本研究尝试提出以下模式图，如图3、图4所示。

图示中的文化海外传播模式，具有如下特征。

第一，泛在时代的文化海外传播是以无时不在、无处不在、无所不能的泛在网络为基础的，图3虚线表示泛在网络没有边界。

第二，泛在时代的沉浸传播是以"沉浸人"为中心的传播，他们具有"真实"和"虚拟"的自我，表现在图3中即为实线或虚线构成的圆圈，相同的背景色表示同一个个体。特别指出的是，媒体机构在传播中也是"沉浸人"。图3

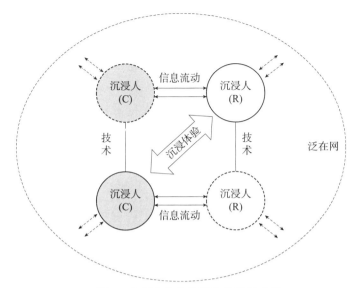

图3 中国文化海外沉浸传播模式图

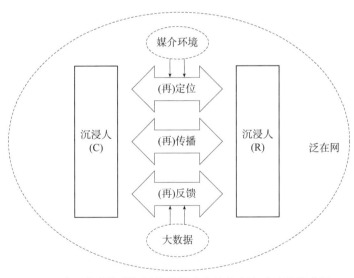

图4 中国文化海外沉浸传播模式中的信息流动过程模式图

中用 C 代表媒体机构,用 R 代表一般用户。由于文化海外传播的特殊性,传播关系中的双方往往不能面对面,彼此通过"虚拟自我"进行交流。

第三,传播中的信息流动过程在图3中简化为两条双向箭头,表示基于互动和需求调整传播内容的动态过程。作为示意,图中仅表现了一对"沉浸人",虚线双向箭头指与泛在网络中其他"沉浸人"的连接,传播在"沉浸人"的连接中无限延伸。

图 3 中"沉浸人"之间的信息流动,可用图 4 中的信息流动过程模式图进一步说明:"沉浸人"之间的信息流动是一个"定位—传播—反馈—再定位—再传播—再反馈"并不断延续的过程。泛在媒介环境始终作用于对"沉浸人"不断定位的过程,大数据是提供基于传播瞬时反馈的保障,这些反馈也是再定位的重要依据,最终实现"多对多、一对一"的个性化定制传播。

第四,泛在时代的中国文化海外传播希望实现的理想效果,是参与传播过程的"沉浸人"感受到的"无限真实",从而产生"沉浸体验"。对文化海外传播来说,语言的重要性尤为突出,传播主体要精通传播客体使用的语言符号,才能更好地营造"沉浸感"。另外,技术也在其中发挥很大作用。由于"无限真实"并不能与"真实"对等,因此使用虚线双向箭头描述这一过程。

五、结论

沉浸传播的最根本特征是以人为中心无时无处不在的传播。泛在时代的全球传播应以"沉浸人"为中心,满足其对内容和"沉浸感"的需求。虚拟现实、全景影像等技术让"沉浸人"自由切换真实和虚拟的身份,穿梭时空。文化海外传播的特殊性使得"沉浸人"需借助虚拟"自我",通过不断定位和反馈,完成"多对多、一对一"的个性化定制传播,达到"超越时空的泛在体验"[①]。

目前,海外社交网站上已出现 360 度全景直播的实践,如在推特旗下的 Periscope 直播平台上,新华社也已开始 360 度全景直播,直播总数虽不多,但效果良好。360 度全景直播与本研究提出的中国文化海外沉浸传播模式图有更好的匹配度,即以一个完整的、延续的实时媒介环境,与"沉浸人"自由互动,以实现沉浸传播特征的四个"任何",即对"任何对象"在"任何时间""任何地点"提供"任何服务",实现三个"不"的传播效果,即"看不到""摸不到""觉不到"。尚处于发展阶段的虚拟现实技术(Virtual Reality)更有可能把这些变成现实,进而推动中国文化海外沉浸传播模式在实践中的应用发展。

---

① 李沁. 沉浸传播——第三媒介时代的传播范式. 北京:清华大学出版社,2013,43.

参考文献

李宏亮,吴永强.新时期中国民俗文化国际传播的战略思考.当代文坛,2015(1).

王玉英,高翼.中国文化信息海外传播模式与机制研究.情报科学,2016(6).

Bründl,S. & Hess,T.Why Do Users Broadcast? Examining Individual Motives And Social Capital on Social Live Streaming Platforms.PACIS 2016 Proceedings.2016:332.

刘征.全球移动新闻直播的现状及特点分析.传媒评论,2016(8).

王晗.现场互动直播——移动互联网时代的主流传播形态.现代视听,2016(9).

GlobalWebIndex 在线报告集合,https://www.globalwebindex.net/reports.

李沁.沉浸传播——第三媒介时代的传播范式.北京:清华大学出版社,2013:43.

中国非物质文化遗产数字传播的新挑战和新对策[①]

薛可[②] 龙靖宜[③]

【摘要】 面对数字化给各行各业带来的变革,中国非物质文化遗产的数字传播成为其传承与保护的核心任务之一。因此,如何基于数字技术与媒介融合手段发挥数字传播的优势,制订智能、创新的中国非物质文化遗产数字传播策略具有深刻意义。本文在国内外文献分析研究、专家深度访谈及受众问卷调查的基础上,对中国非物质文化遗产数字传播呈现出的新特征进行归纳总结,对面临的新挑战作出分析与判断,进而结合数字传播与中国非物质文化遗产的特点,提出了中国非物质文化遗产数字传播的应对策略。

【关键词】 非物质文化遗产、数字传播、新挑战、传播策略

2011年6月1日《中华人民共和国非物质文化遗产法》实施之后,从中央到地方对中国非物质文化遗产(以下简称"非遗")的保护和传承力度也越来越大,先后建立了151个非遗综合性传习中心和287个传习点,关于非遗保护和传承的地方性法规也相继出台。习近平总书记在十八届中央政治局第十二次集体学习讲话中明确指出,要使中华民族最基本的文化基因与当代文化相适应、与现代社会相协调,以人们喜闻乐见、具有广泛参与性的方式推广开来。党的十九大报告中也明确指出:要高度重视传播手段建设和创新。

---

① 本文主要内容已在《文化遗产》2020年第1期上发表。
② 薛可:上海交大—南加州大学文化创意产业学院副院长、媒体与传播学院网络传播与社会发展研究中心主任、长聘教授、博士生导师。
③ 龙靖宜:上海交通大学媒体与传播学院访问学者,广东开放大学文化传播与设计学院讲师。

因此,中国非遗的数字传播将是非遗数字化传承与保护创新过程中的一个重要课题。

所谓数字传播,是以计算机为主体、以多媒体为辅助,集合了语言、文字、声像等信息的多种交换功能,通过网络将各种数据、文字、图示、动画、音乐、语言、图像、电影和视频信息等进行组合互动的新的传播形式。中国非遗在数字时代的传播不是对传统传播的简单复制和重组,而是基于非遗内容的特征与现状,结合数字时代突破性的技术革新,针对不同目标受众群体,进行全新的传播内容、传播流程、传播策略等的再造。那么,伴随5G降临,我们应该如何面对新形势,有机融合技术与内容,从而进行有效的数字传播,改变中国非遗当前困境,再创中国文化辉煌呢?

为探寻以上问题的答案,本文在前期对国内外大量非遗案例资料进行文献分析研究,与非遗相关单位展开合作调研,并于2017年10—12月在上海、北京、兰州、洛阳、广州、苏州等15个城市,对10~50岁的受众进行非遗数字传播效果调查,样本量为12 873份、有效问卷为11 952份,同时对包含非遗传承人、非遗研究学者、传播学专家、计算机科学专家以及非遗管理机构人员45人进行深度访谈内容分析整理后,归纳总结出中国非遗数字传播呈现的新特征、面临的新挑战及提出的应对策略。

一、中国非遗数字传播呈现的新特征

数字传播时代的到来,网络的互动性、快捷性、便利性、开放性和综合性等特征深刻影响非遗数字传播方式,因此中国非遗在数字生态环境下的传播特征也发生了很大的变化,并呈现出以下五个新特征:可塑性、流变性、无界性、共享性和交互性。

(一)可塑性:呈现活化展示态势

非遗是创新发展的活文化,其本身就具有极强的可塑性。传统媒体时代的非遗传承在技艺的口传心授中趋于模式与形态的固定和僵化,同时传统艺术的专业门槛也往往令人望而却步,但新媒体时代崛起的抖音APP却本着"化零为整"的原则,将非遗活化展示,如邀请京剧演员王珮瑜利用短视频示范京剧中老生"阴笑""冷笑"等不同类型的笑,这不仅获得了26.1

亿次的点击播放量，也让广大民众切身体验到国粹艺术的丰富内涵。在如今"互联网+"的时代，数字技术不仅可以将濒危的艺术形态活化，保存其"原汁原味"的精神文化，而且可以在固化的艺术形式中注入新时代的鲜活力，创新传统非遗的表达形式，塑造中国非遗的多元特征。因此，数字技术激发了非遗本身的活力潜能，使其达到活化状态，同时也大大增强了非遗的可塑性。

（二）流变性：从无形承载到多态流变

所谓非遗的流变，即在保持本真内涵的基础上，非遗项目因地制宜地使用了不同工具、实物、文化场所等进行传承与传播，同时也随着由外部环境驱动而产生的艺术形式进行改变和流动。在2019年第七届成都国际非遗节上，《新山海经》展览的作品《夜孔雀》，是中国蜀绣大师冯桂英将一片片孔雀羽毛绣在法国手工艺人用珠宝串成的圆形图案上而成的，这幅作品不仅将中国蜀绣与法国刺绣工艺完美结合，也是东西方非遗共同碰撞出的"混血"新形态。由此可见，当社会大环境发生变化时，非遗的传播形态也会为适应环境的变化而随之改变。如今，借助网络和数字技术，中国非遗可以进行跨区域、跨国度的技术交流学习、信息推广，在被其他国家、民族和区域学习、接纳乃至模仿的同时，也吸收了新的元素，在保真非遗技艺的基础上，集合形成了新的表现内容与形态空间，为非遗流变性的彰显提供了更广阔的空间。

（三）无界性：从局域认知到广域传播

据《2019年第44次中国互联网络发展状况统计报告》（以下简称"第44次报告"）数据显示，中国手机网民规模达8.47亿，网民使用手机上网的比例达99.1%。日益高速、便捷的互联网环境，使得无线移动终端成为公众获取信息的重要途径。非遗也利用数字技术和新媒体传播方式，打破了以往静态呈现的地域传播、不可移动、难以还原等诸多局限。在2018年，安徽黄梅戏成为抖音APP上最受欢迎的中国地方戏曲，相关话题内容播放量高达2.1亿次，而河南豫剧、陕西秦腔、湖南花鼓戏和江苏昆曲等传统戏曲也在抖音上广泛传播，这些地方戏曲凭借新媒体平台重新回归了大众视野。在未来，随着5G技术的广泛应用与普及，便携的无线移动终端使数字化信息更加唾手可得，与此同时，还可助力中国非遗冲破国界、走向世界。

（四）共享性：跨区域界限的共享融合

在全国非遗项目受众认知率的调查中发现，四川蜀绣在黑龙江哈尔滨的认知率仅为3%，上海何氏灯彩在河南洛阳的认知率也仅为5%。由此看出，中国非遗具有显著的地域性特征。在传统传播时代，受媒介与交通运输等时空的局限，珍贵的艺术囿于局部地区，形成非遗文化的区隔现象。然而，数字化语境下的非遗借助互联网的传播，扩大了非遗在全国的受众范围。据艾瑞咨询《2019年非遗新经济消费报告》显示，网购平台、搜索引擎和社交媒体已经成为消费者了解全国非遗产品的重要渠道。数字时代的传播彻底打破了区隔非遗文化的僵局，信息的及时性又迅速扩大了非遗自身区域外的认知群体，也强化了非遗传播的深度，形成信息跨区域界限共享、融合的局面。

（五）交互性：多向交互与"圈层化"

从前期非遗传播中受众参与度情况的调查可知，受众在传统非遗传播过程中几乎不参与互动，基本处于被动接收非遗信息的角色。而数字时代的到来，伴随各种高新技术迅猛发展而出现的新媒体融合趋势，开始打破非遗在传统媒介中的单向传播，使受众通过多种数字化输入输出方式，如虚拟现实（Visual Reality，以下简称"VR"）、数字可视化、人工智能（Artificial Intelligence，以下简称"AI"）、仿真机械等技术，与传承人或其他受众进行多向交流，实现非遗数字传播中多向信息交互。同时，在互联网的碎片化传播影响下，非遗人群逐渐形成圈层分化。这种"圈层化"特征也使受众之间得以多向度互动，产生艺术共鸣，进行技艺切磋，也将带动非遗艺术的广泛传播，为非遗的传承起到推波助澜的作用。

二、中国非遗数字传播面临的新挑战

根据文化部2017年公布的全国地方戏曲剧种普查结果显示，曾被20世纪八九十年代编纂的《中国戏曲志》收录的60个剧种，并未收到此次普查名录中，这些剧种有的已消亡，有的濒临消亡。中国其他非遗项目也同样面临后继无人的窘境。非遗是一种言传身教的"人体文化"，而中国非遗较高的人体依附性也决定了其在数字传播过程中将会面临诸多难题与巨大挑战。

（一）非遗文化内涵本真逐渐遗失

非遗是一种文化的遗产，是特定人群的生活经验、历史传统、集体记忆以及社会实践，所以非遗的传承与传播即文化内涵的保存与延续。但是，在前期调查中发现，中国非遗在传承过程中本真遗失的现象严重。以调研对象苏绣为例，目前在镇湖镇苏绣街上随处可见的10元苏绣制品并非苏绣传承人的作品，其针法与传统苏绣针法相差甚远。这不仅遗失了苏绣艺术的本真，更让受众降低了对苏绣艺术品价值的认同，极大地干扰了中国非遗文化内涵的体现。在与传承人、受众的对话中可知其原因有二：一是很多非遗艺术因难寻传承人而失传；二是非正宗传承人的作品遭到受众关于质量问题的质疑，致使艺术的本真性也受到挑战。因此，面对困扰非遗的两大难题，可否通过数字传播找到答案，值得我们深思。

（二）非遗社会群落关注度参与度低

中国非遗的数字传播仅靠传承人作为核心主体是很难独立完成的。国家苏绣非遗传承人邹英姿和姚惠芬在接受采访时说："我们虽然认为数字传播对苏绣传承有重要作用，但仅靠我们自己是没有办法完成苏绣数字化传播的。"这与诸多受访非遗传承人的想法不谋而合，民间传承人虽然技艺超群、专业过硬，但整体文化水平普遍不高，对于数字技术接触少、认识有限，更是鲜有时间去学习，部分传承人甚至还会抵触，而找到合适的传承人比非遗的普及率更为重要。

政府部门已经开始关注非遗数字传播，比如，文化部非遗司设立数字传播相关议题、中国艺术研究院"中国非遗研究中心"着手制订相关行业标准。但前期调查显示，社会群体如数字科技公司、高校计算机研究中心直接参与非遗数字传播的仅占这类调查人群的2%，数字科技公司认为其利润甚微，高校计算机研究中心则表示没有同类研究选题和研究需求。由此可见，作为活态文化非遗主体的传承人，数字传播意识与数字传播技能弱，在非遗的数字传播中几乎处于失语状态；加上社会科技力量在非遗的保护传承中参与度低，导致社会整体在中国非遗数字传播中参与度低，从传播主体角度无法进行有效的非遗数字传播。

（三）非遗受众认知呈现严重代际失衡

非遗是一种代际传承的文化实践，其本质是变化，这就强调了人与人、人与环境变化之间的密切关系。而数字时代的主流人群是被称为"网络原住民"的年轻人，他们对于网络平台和数字内容的依赖是无法替代的。但是，数据显示，中国非遗传承人目前整体平均年龄达60岁以上（见图1）。

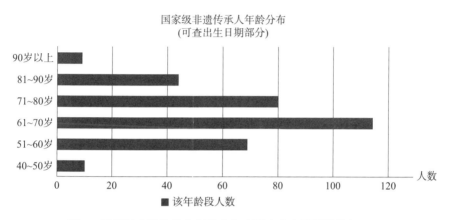

图1　国家级非遗传承人年龄分布（可查出生日期部分）

同时，从沪剧传播效果的调查可以看出，沪剧内容陈旧、脱离当今生活、不好看、太老套，这些均是大众不喜爱沪剧的原因（见图2）。

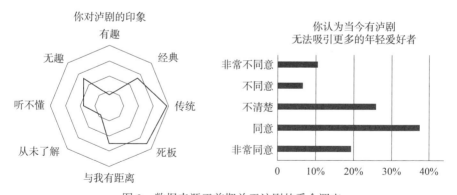

图2　数据来源于前期关于沪剧的受众调查

沪剧的这种尴尬局面也是其他非遗项目当前所面临的难题，而这种现象会直接影响受众对非遗的认同与接受。此外，在前期非遗教育传承实践的调查中发现，学校对非遗文化的教育和宣传导向性不够，七成以上的在校学生未曾在学校接触过非遗相关的活动。可见,学校教育对于非遗艺术的冷落导致年轻人缺乏对中国传统非遗文化的了解,这也是非遗在年轻受众群体中"失宠"的直接原因,如此加剧了传播受众认知度低、接受度弱、传播受众间代际失衡等问题的严重性。

(四)非遗传播渠道形态原始单一

前期关于苏绣认知度的调查数据显示,对于仍以"点对面"现场展示等传统传播为主的苏绣而言,65%的年轻人不知道苏绣,92%以上的年轻受访者无法真正理解苏绣。这种"原始"的传播方式很难打动年轻受众,也无法满足数字时代受众的多元需求。虽然中国非遗传播为改变如此状况,已经逐步走向数字化,但是效果却不尽如人意。在前期关于非遗项目数字化程度的调查中发现,仅有5%的被访传承人开通了网站或者APP等新媒体渠道,但其平台上的数字内容乏善可陈,展现方式简单粗糙,游览、下载量甚少,形同虚设。此外,非遗数字传播效果调查的数据也显示,仅有9%的被访受众下载了非遗相关APP,其主要集中在"茶道文化""每日故宫"等少数几款应用程序;而关注非遗"两微"、观看非遗网络视频的人数均不及总被访人数的1/4。由此看来,如何通过数字传播的新路径弘扬非遗文化核心,有效地吸引年轻受众,是数字时代对中国非遗传播所提出的新课题。

(五)非遗数字技术应用整体滞后

中国非遗数字化传播起步较晚,技术应用相对滞后。早在2000年"美国记忆"工程就完成了500万件美国文化历史档案资料的数字化工作,且在互联网上免费提供80个主题资料库的检索服务。相比之下,中国是在2005年国务院办公厅发布《关于加强我国非物质文化遗产保护工作的意见》之后,才明确了对非遗进行数字化保护及建立档案和数据库的相关工作。在前期的案例和文献研究中发现,目前国家以及各省市的"非遗数字传播中心"或"数字展览馆"并不多,比起相对成熟的历史文化展览馆、历史文物博物馆、城市规划馆等,非遗在博物馆方面的数字化应用整体落后,这就导致在非遗数字化的过程中常常缺乏地方性知识的数字化语义与组织,不能达到"道""器"统一,也未实现非遗的形式与意义并重。

目前,中国的数字技术已处于世界领先地位,伴随5G时代的到来,AI技术与数据科学技术也逐渐在各行各业落地与普及,如何使诸多技术在非遗数字传播中发挥强大的优势,为中华文明在世界艺术殿堂中大放光彩,是非遗研究亟待解决的难题。

三、中国非遗数字传播的应对策略

基于前文所述,现阶段中国非遗虽然已处于数字化传播的进程中,逐步借助"三微一端"与手机应用等新媒体进行数字化传播,并呈现出诸多具有时代性的新特征,但因传播策略缺乏系统性的整合,其传播效果仍不尽如人意。因此,我们从传播学角度出发,在传播主体、传播内容和传播渠道三个层面提出以下策略。

(一)形成非遗信息传播的"数字共同体"

中国非遗的数字传播是一个系统庞大的工程,有效的非遗数字传播需要协同政府部门、非遗传承人、社会组织以及社会大众等多元主体的共同参与,由此构成一个由彼此联系紧密、高度合作的多元行动主体组成的非遗信息传播"数字共同体"。

1. 加快非遗数字档案库和博物馆的建设,完善非遗保护机制,激发青年传播非遗的热情

作为非遗保护和管理者的政府部门,一方面,需要协调不同层面的非遗保护力量,建立体系完整的中国非遗数据库存储、著录、整合、检索、备份系统;另一方面,除了已颁布的《中华人民共和国非物质文化遗产法》外,还需要制订和出台相关规则,为非遗数字传播与保护的实践提供政策机制保障。此外,社会大众是非遗传播的最终对象和最终主体,有效的非遗数字传播还是要依靠社会大众的力量,那么,唤起广大数字用户的非遗传播意识就显得尤为重要。因此,在完善非遗保护机制的同时,还应构建层级分明的非遗数字博物馆体系,可以将全国首家5G覆盖的博物馆——湖北省博物馆的经验推广至各省市、地区,以高清真的4K直播、VR漫游、5G全息投影秀等数字技术传播非遗文化,这不仅能让人有耳目一新的全新体验,而且还能激发广大数字用户和青年群体传播非遗文化的热情,进而引导其积极主动参与非遗数字传播。

2. 拓展非遗数字文创产品市场,创新市场认同,扩大非遗的内容载体

非遗要与时代相结合、与品牌相结合、与产业相结合,才能释放出新的活力。如借鉴南京云锦的数字工艺发展经验:在文化传承、项目开发、品牌拓展和旅游推动下,将有千年手工织造历史的云锦结合创意设计、新产品开发与数字技术,延伸产品线的长度和宽度,形成完善的文化产业生态链,在赢得社会和消费者认可的同时也再现了中国文化的璀璨。因此,为挖掘具有市场需求和开发潜力的非遗项目,创新市场认同的传承内容载体,进而拓展数字文创产品市场,推动非遗品牌化和产业化,其主要思路为:一是非遗数字资源要在内容传承与创新的基础上,吸收不同的社会、技术等元素,尤其是文化市场元素,进行融合发展,丰富非遗数字内容的时代内涵;二是通过游戏开发、文旅结合、衍生品开发、非遗 IP 孵化等方式,积极推进非遗文化、数字资源及其要素与其他行业的跨界融合发展,构建非遗数字文化产业的良性生态圈。

3. 促进非遗数字化全球推广,弘扬文化自信,塑造非遗品牌形象

在当前全球经济一体化、外来文化入侵日益严重的情况下,非遗数字传播应该尽力保持其原有的"生态模式",这是非遗保护的重中之重,同时也是弘扬民族文化自信的关键之举。非遗传承人在做好内容传承与创新的基础上,还要提高数字媒介素养,提升数字媒介使用和数字传播的能力,借助各种非遗数字传播平台,塑造其所传承的非遗品牌形象。如 2019 年新改版上线的中国非遗网(http://www.ihchina.cn),一方面,为中国非遗传承人提供诸多国家政策和非遗资讯;另一方面,这也是中国非遗文化进行对外数字传播的重要平台,可进一步提升国际化交流体验与宣传,从而塑造中国非遗在海外的品牌形象,形成对中国国家形象的准确认知。

(二)构建非遗数字传播内容活化体系

2015 年联合国教科文组织《保护非物质文化遗产的伦理原则》强调,非遗的动态和鲜活本质应持续获得尊重。而中国非遗重要的传承特征就是活态流变。传统生活中的非遗是适应当时社会生活的产物,如今要让非遗融入当代生活,必然需要从当今社会的审美和需求角度来重新审视和创新传承非遗的技艺。综上内容,要实现中国非遗的活态流变,构建非遗数字传播内容活化策略体系,可以从以下三个方面着手。

1. 整合多方力量,推进非遗影像化进程,丰富创新非遗数字传播内容

正如麦克卢汉的观点"媒介是人体的延伸"所述,非遗影像记录不仅全面、真实、系统地将"非遗"记录下来,更是将传统非遗技艺过程转换为视觉语言,从而拓展了人们的视界,同时,结合受众特点创新非遗内容,对非遗进行了二次创作。因此,影像化记录是实现非遗数字传播内容创新的重要路径。一方面,让专业的影像创作机构和人员深入非遗传承人群中去,从生活体验的角度近距离地感知非遗文化,用影像记录、还原真实的非遗内容;另一方面,邀请非遗研究专家参与影像录制,依托音视频技术,制作出符合普通民众对繁杂技艺理解语境的影像视频,打破了他们对传统非遗的刻板成见。此外,还要将各类非遗影像资料分类、编号,录入档案管理数据库,完善相关影像资料的档案信息。在非遗影像内容编制上进行合理创新,使其最大程度地发挥出文化传承的作用。

2. 编制非遗传播事件谱,开展内容营销,扩大非遗数字传播的影响

一是要在对非遗项目进行全面系统深入分析、厘清历史发展脉络、掌握自身独有的文化渊源与内涵的基础上,对非遗数字传播进行准确定位;二是要有效整合非遗数字传播与环境、市场、媒体、政府、企业等多方面资源,充分借力或制造社会热点,如2019年第七届中国成都国际非遗节,吸引了来自全球86个国家和地区、1 100余个非遗项目,不仅实现了高额的非遗线下交易,同时线上覆盖人群达1.9亿人次,成为短期的非遗热点传播事件;三是应根据受众的认知、接受特征,结合非遗自身特点和数字技术风格,制作出"爆点事件",以达到网络病毒式传播的效果。

3. 培养非遗创意人才,推进全民非遗教育,推动非遗文化业态良性发展

习近平总书记指出:意识形态决定文化前进方向和发展道路。人既是非遗业态活化的主体,也是非遗数字内容的创造者和非遗创意的缔造者,若要实现有效的非遗数字传播,发挥非遗的精神引领和资源挖掘作用,就需要培养一批非遗数字传播创意人才,这不仅包括已有的非遗传承人或从业者,还应包括广大非遗信息数字用户。非遗的创意不仅是在传统非遗工艺、技艺上的创新延伸,更是当今非遗经济与非遗文化之间的动态张力。因此,在强化非遗进校园传统教育模式的同时,还应通过视频纪录片、在线教育等多种渠道开展非遗全民教育,吸引更多数字用户和年轻群体学习非遗,主动加入非遗数字内容的创意、创作和传播过程中,培育创新型非遗文化业态。

(三)整合中国非遗数字传播渠道

非遗的数字化传播是数字媒介与数字技术有机结合的产物。一方面,数字媒介既有印刷媒介的可保存性和可查阅性,又具有电子媒介的新鲜性和及时性,还具有自身的图文阅读性和音像视听性;另一方面,数字技术和互联网技术的发展进一步加速了不同类型媒介的全面融合。因此,如何充分整合不同媒介渠道的传播优势,创造性地构建非遗数字传播渠道体系具有十分重要的意义。

1. 依托数据挖掘和 AI 技术,强化非遗资讯门户建设,开创非遗的精准传播

早在 2017 年,中国上线了联合国教科文组织国际非遗大数据平台(www.diich.com),旨在构建全球非遗官方平台,其设置了非遗项目统一的分类标准和唯一的国际标识编码,成为非遗信息传播的重要资讯门户。目前,该平台已搜集超过 16 万项非遗项目,收录了全球 7 万余名传承人,已覆盖 105 个国家和地区。在此基础上,继续坚持以用户需求为导向,运用大数据挖掘和 AI 数据分析技术对非遗资讯门户用户数据进行采集与分析,筹建公民非遗素养模拟测试系统,实现信息和用户需求的智能化匹配,完善非遗资讯门户内容,从而实现非遗数字内容的精准化传播。

2. 整合新媒体资源,提升非遗数字展示效果,扩大非遗圈层化趣缘传播

截至 2019 年 4 月,在抖音平台上有关非遗的视频超过 2 400 万个,累积播放量达 1 065 亿次。显然,短视频平台已经成为非遗数字传播的重要渠道,丰富了非遗内容的数字展示形态,而这种娱乐式的碎片化推广方式也是年轻群体喜闻乐见的。与此同时,社交媒体的参与性、公开性、交流性、连通性可以

很好地帮助非遗文化实现圈层化趣缘传播,最大限度地发挥非遗数字传播的聚集效应,主动构建、引导非遗日常化和社交化兴趣群组,在平台内外进行资源联动,实现非遗内容的同屏共创、共享,从而进行非遗在网络上的二次圈层化传播。

3. 建设非遗虚拟体验中心,加强受众深度体验,创新非遗场景化体验传播

随着 AI 技术的持续发展与大规模应用,也将非遗数字传播推入了应用场景体验式传播时代。因此,要充分利用现代化数字技术和 AI 技术,提升非遗场景化体验。其具体表现在两个方面:一是内容体验。建设非遗虚拟体验中心,综合运用 VR、增强现实(AR,Augmented Reality)、三维动态(3D)等数字技术,从多维度为受众展现非遗文化、传承历史、技艺工艺等内容,增强非遗的场景互动与体验。二是消费体验。实现非遗线上线下一体化体验,为用户提供"可见即可视,可视即可购"的服务,将非遗 AR 数字展示、AI 互动体验与非遗文创产业相结合,在传统工艺技法和传统文化内涵的基础上进行智能化创新和重塑,让非遗真正地走入人们的日常生活。

目前,5G 技术在中国的广泛应用与普及势必带来各个行业创新性的变革。在万物联网的时代,中国非遗数字传播的发展,更应抓住这一机会,以 5G 技术为依托,借用多种数字技术与互联网技术,加快非遗的全面数字化转型步伐,为受众提供更加智能、即时的数字化非遗内容和产品,整合、借力多渠道传播媒体,增强非遗数字传播中集成式交互体验,从而促进中国非遗在全球范围内的广泛传播,彰显新时期中华民族的文化自信。

参考文献

短视频艺术普及与全民美育研究报告. 中国互联网数据资讯中心, http://www.199it.com/archives/926356.html, 2019-10-18.

吴晓铃. 中法艺人合作佳品大放异彩. 四川日报, 2019-10-19.

2018 年抖音大数据报告. 梅花网, https://www.meihua.info/a/73296, 2019-10-11.

王犹建. 网络时代数字化语境下的非物质文化遗产传播. 新闻爱好者, 2012(10).

2019 年非遗新经济消费报告. 艾瑞网, http://report.iresearch.cn/report/201906/3381.shtml,

2019-10-15.

李玙.新媒体为非遗传播赋能.中国文化报,2017-09-09.

文化部举行全国地方戏曲剧种普查成果专题发布会,中华人民共和国国务院办公室,http://www.scio.gov.cn/xwfbh/gbwxwfbh/xwfbh/whb/Document/1614324/1614324.htm,2020-01-02.

刘晓春.非物质文化遗产的地方性与公共性.广西民族大学学报:(哲学社会科学版),2008(5).

宋俊华.我国非物质文化遗产数字化保护的现状和问题分析.文化遗产,2015(6).

唐璐璐.亚洲四国乡村传统手工艺集群化发展策略的比较研究.文化遗产,2019(3).

全国首家"5G智慧博物馆"亮相湖北省博物馆.湖北省人民政府网,http://www.hubei.gov.cn/zwgk/rdgz/rdgzqb/201905/t20190518_1394322.shtml,2019-10-20.

中国非物质文化遗产创新产业联盟.非物质文化遗产研讨会推动非物质文化遗产健康发展.中国科技产业,2017(5).

龚翔.贵州西江千户苗寨非物质文化遗产传播研究.武汉:华中师范大学,2015.

[加]马歇尔·麦克卢汉,[美]昆廷·菲奥里,[美]杰罗姆·阿吉尔.媒介即按摩:麦克卢汉媒介效应一览.何道宽译.北京:北京机械出版社,2016:24.

胡天状.数字化影像在"非遗"保护中的应用.浙江传媒学院学报,2011(3).

第七届成都非遗节好闹热.中国成都国际非物质文化遗产节网,http://cdgjfyj.cn/article/28/294.html,2020-01-02.

短视频平台上的创意劳动者.中国互联网数字资讯网,http://www.199it.com/archives/928405.html,2019-10-20.

孙武.从大众传播角度看网络媒体的特点.理论观察,2008(6).

从米兰三馆看国家文化形象塑造[①]

程雪松[②]

【摘要】 本文通过对米兰三个重要博物馆——米兰三年展设计博物馆、普拉达基金会、莱昂纳多·达·芬奇国立科技馆——进行实地深入的考察,探讨了博物馆展览的目标、内容、方法和空间载体等相关议题,并进一步论述米兰的实用艺术、当代艺术和科学艺术博物馆凸显的谦和包容、轻松多元、务实求真的国家文化形象,其模式对中国展览城市建设和国家形象塑造提供了有益的借鉴和参照,同时指出产业和人文导向应成为关注重点。

【关键词】 展览、米兰三年展设计博物馆、普拉达基金会、莱昂纳多·达·芬奇国立科技馆、米兰、国家形象

一、引子

2018年初,笔者到意大利米兰参加三年展科技会议,同时走访了米兰三座享誉世界的博物馆——米兰三年展设计博物馆、普拉达基金会和莱昂纳多·达·芬奇国立科技馆。18世纪中叶,法国哲学家巴托把艺术区分为"实用艺术""美的艺术"和"机械艺术"三种类型,这三座博物馆对应的设计艺术、当代艺术和科学艺术正是三种艺术类型的生动注脚。

三座博物馆的空间和展览模式都给人留下了深刻印象,而孕育它们的城市——米兰的产业背景、人文传统和展览文化,正是串联起这些博物馆珍珠的珍贵项链。米兰位于意大利和瑞士的边境,具有良好的欧洲手工艺传统和

[①] 本文写作受到上海美术学院水平建设经费资助,图1由米兰三年展基金会 Fondation Triennale di Milano 提供,图2由汪宁拍摄,图11转引自科技馆导览图,其他均由程雪松拍摄。
[②] 程雪松:上海大学上海美术学院教授、博士生导师、设计系副主任、建筑学博士。

贸易资源，是欧洲重要的时尚之都和设计之城，更是一座展览之都。米兰有国际知名、历史悠久的布雷拉美术学院（Accademia di Belle Arti di Brera）、米兰理工大学、米兰新美术学院（NABA）等艺术设计类高校，为艺术和展览行业培养高素质的人才；还有众多美轮美奂的博物馆；更有人流如织的米兰三年展、米兰家具展、米兰时装周等具有世界影响力的重要展会。尤其是2016年米兰三年展全新重启，其举办地不局限于艺术宫建筑内，而是遍布米兰及周边地区，包括蒙扎（Monza）的皇家别墅（修复工作于2015年完工）、由大卫·奇普菲尔德（David Chipperfield）设计的安萨尔多文化博物馆（Ansaldo Museum of Cultures），以及当代艺术中心（Hangar Bicocca）、青年文化制作中心（Fabbrica del Vapore）、米兰理工学院欧洲艺术设计重镇博维萨（Bovisa）校区等，整个城市都成为展场；米兰的城市街头也有不计其数的历史古迹、雕塑构筑和公共艺术，并且大多是向普通市民和旅游者开放的景点，这些都成为人们造访米兰的记忆背景。

通过考察和调研，笔者试图通过对米兰三座博物馆的惊鸿一瞥，打开意大利国家文化的一扇门，冀图为中国不同类型的博物馆建设、国家文化形象的构建提供有益的借鉴和参考。

二、米兰三年展设计博物馆

首先，受三年展基金会邀请，我们参观了米兰三年展设计博物馆（Triennial Design Museum）。米兰三年展目前全称是"装饰艺术和现代建筑三年展"，它起源于1923年在米兰附近蒙扎举办的"现代装饰与工业艺术三年展"。1933年三年展迁入米兰，是由建筑师乔瓦尼·穆齐奥（Giovanni Muzio）（1893—1982）设计的艺术宫（Palazzo del l'Arte）。后来，2000年以后，设计师米切尔·德·卢基（Michele De Lucchi）对艺术大楼进行了翻修改造，一方面，保持了原建筑师的整体设计风格；另一方面，在建筑二层植入了"意大利设计博物馆"的功能。

博物馆位于森皮奥内公园（Parc Sempione）附近，离著名景点斯福尔扎城堡（Castello Sforzesco）和卡多纳广场（Cadorna Plaza）很近。米兰三年展博物馆是意大利第一座设计类博物馆，也是意大利乃至全世界设计界最著名的展览地标。博物馆的平面呈长"U"字形（见图1），由三部分组成，分别是中央的服务交通部分、西北侧的展廊部分和东南侧的曲形展厅部分,中央服务空间可以给两翼不断变换的展览提供快速的支持。其中,中央大厅区域的交通动线与两翼的观展流线相互垂直,形成拉丁十字形状的空间结构。主入口处的巨型拱门和两边小拱门如同现代版的罗马凯旋门,透射出意大利设计的荣耀和自信(见图2)。咖啡厅外的连续拱廊似乎是对埃曼纽尔二世大拱廊的致敬,把室内外空间连接在一起,和主入口的拱门南北贯通呼应。白色花岗石墙面和两翼的红砖墙面形成对比,体现出该建筑融入古典语言的后现代主义风格,也反映出在现代设计推动下的意大利经济发展盛期古典文化仍然发挥巨大影响。

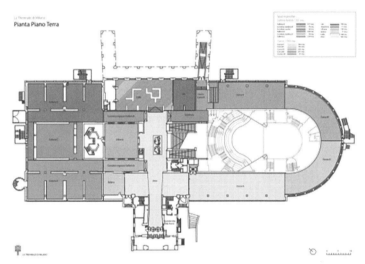

图1 米兰三年展设计博物馆平面

图2 米兰三年展设计博物馆大门

作为设计类的专业博物馆,笔者一直困惑的是,这座其貌不扬的博物馆因何能够成为设计界的地标?乃至代表意大利设计的国家形象?它如何通过自身的空间结构来体现其专业性和学术性?大多参观者往往会把此类博物馆想象成建筑师自我陶醉的表演,或者是主政者拥权自重的表达。但是米兰三年展设计博物馆却给人以相反的印象。它的空间结构似乎诠释着这样的信念:"建造形式的平淡无奇意味着美学价值或是风格力量必然存在于结构框架中,它把物理存在或形式和对日常生活的关注连接起来。"[①] 它的造型和立面庄重而富有古典气息,6米净高、三层结构对于博物馆而言体量不算高大,红砖建筑掩映在公园的绿化中,显得沉稳低调。有些戏谑的是中央大厅内部超常尺度的大台阶和14米跨度的三棱桥。我们参观时,这一空间造型被装饰成长鼻子匹诺曹的形象(见图3),以配合二楼的儿童玩具设计展。而一楼东翼曲形展厅部分正在举办美国设计师里克·欧文斯(Rick Owens)的服装展,所有的模特居高临下俯瞰观众,身披长衫黑袍在毛皮包裹的家具和泡沫塑形的黑云中,仿佛穿越古罗马的滚滚风尘向我们走来(见图4),再加上U形展厅带来的空间连绵不尽之感,使得中古欧洲的庄严气象凛然而生。一楼西翼展廊由若干

图3 儿童玩具展序厅

图4 里克·欧文斯展

---

① Moussavi, F. The Function of Style. Boston: Actar, Lam edition/Harvard University/Graduate School of Design/Functionlab, 2015.

70平方米左右的小厅和中央公共展区组成，每个小展厅有特定的主题，围绕相关的建筑师、产品设计师、视觉艺术家进行演绎，展项丰富，展陈空间相对朴素，呈现出意大利设计自信而多元的面貌。

米兰三年展设计博物馆几乎不设永久展览，围绕"设计"主题建构其学术性和标志性的重要手段是：(1) 邀请设计师、学者、企业家从不同视角策展，通过不断变换的高水平展览演绎不同的设计价值观；(2) 作为三年展、设计周的主展场之一参与未来主题的探讨；(3) 有充裕的场地进行室外搭建，在气候宜人的季节室内展览和公园外部展览结合互动；(4) 内部分割自由灵活，便于不同参展主体选择；(5) 配套设施，如剧场、咖啡厅、纪念品商店等集中完备，为展览提供支持；(6) 朴素平实的展陈空间让参观者的目光不受干扰地聚焦于展品。除了主入口的拱门和面向公园的拱廊提示了博物馆的文化身份以外，针对"三年展"和"设计"主题，整个建筑空间没有试图进行结论式的引导和建造性的解读。"意大利设计到底是什么？设计博物馆并不给出唯一的答案，对这个问题的回答变成了一个生生不息、不断变化且充满创新的有机体。每年都有创新的配方创造出新的面貌，没有官方的说法，没有权威与成见，只有严肃的研究与解读。"[①] 也许这正符合博物馆设立的初心——成为艺术和产业发展、社会变革之间的连接。意大利文化重视传承和创新，尤其是关注艺术与实用、设计和制造业互动的关系。走在米兰街头，连残障人士专用交通工具都设计得别具匠心，体现出设计行业和社会对弱势人群的关注。作为各色展览会、博览馆的补充，三年展博物馆盛放着载入设计史的物品和思想，呈现出谦和包容的设计强国形象。展览作为对这些经典的多视角考察，成为全民设计教育的极佳教材。

与之相比，中国作为制造业大国，相对缺乏这样的设计类博物馆（目前仅在深圳蛇口和杭州中国美院校园内建有设计博物馆，而主要展项仍为舶来品）；在博物馆建设大潮中，大多博物馆执念于对历史场景和舶来文化再现，却少有以理性视角发现身边激变的现实；另外，策展人身份和视角也较为单一，尤其是对于设计艺术这样一个年轻而社会化的实用学科而言，展览难以与时俱进。这些问题都值得我们反思。

---

① 周艳阳．设计已从策展开始：意大利米兰设计博物馆展览模式．装饰，2013（12）：35-39．

三、普拉达基金会

接着我们又走访了位于近郊的普拉达基金会（Prada Foundation）。这处建筑群原本是百年前的一座酒厂，缺乏个性和特殊的保护价值。其最显著的特征在于清晰地围合界定出地块，以及行列式整齐排布的建筑群落。业主帕特里奇奥·贝尔泰利（Patrizio Bertelli）和缪西娅·普拉达（Miuccia Prada）认为米兰是一座充斥着服装、家具、工业品乃至奢侈品等实用艺术的城市，却并没有一座真正意义上的当代艺术馆，于是他们选择了这处酒厂，意图在米兰创立一座私立的当代艺术馆。这一出发点从城市经营角度进行考量，不仅丰富了城市展览类型，而且对普拉达的品牌营销起到积极作用。尽管新馆既没有普拉达的商标，也不卖包包，但是其独特的艺术品位和先锋艺术观念，无疑成为时尚产品的文化加持。深谙当代艺术规律的建筑师雷姆·库尔哈斯（Rem Koolhaas）显然清楚这一点，所以以其新潮的作品，助力普拉达夫妇实现他们的愿望。

首先，建筑师通过拆除、改造和加建，在这一用地范围有限的基地上，创造了近2万平方米的建筑面积，以及类型多样的展览空间，从而为不同尺度和形态的当代艺术创作提供了选择的自由（见图5）。比如，建筑群南北两侧保留的普通单层并联展厅、基地西侧保留的高大的工业风格仓库、基地西北角新建的塔楼，用于不同层高的永久陈列，建筑师对高空展厅的解释是"艺术品放在地面和放在10楼的感觉就是不一样"，[①] 基地东南角则修复了4层高的"鬼屋"，局促压抑的展厅空间让人觉得惊悚。建筑围合的庭院内部，保留了西侧的"水池"（储存酒的高大筒仓），并且设计了不同高度观看展览的视角；复建了中间的"电影院"，用于哲学的讲演和电影的发布，这一空间核心的位置、地下探秘式的进入方式和镜面反射的幕墙，营造出沉思却容易迷失的中心感；新建了东侧的"指挥台"，提供便于对外运输、装卸的临展空间。庭院中的三座展厅以完全不同的姿态出现，对应的展陈内容也迥异（见图6）。

其次，当代艺术展览最本质的特征是批判性和戏剧化，当代艺术作品总是处于对陈规和范式的反思中。建筑师通过新旧对比强烈的造型、空间、材质、立面直接并置来体现当代艺术的这种特征。比如，塔楼奇特扭曲的现代造型

---

① 吴铁流. 细部在于情境之中：米兰普拉达基金会. 时代建筑，2015（5）：126-135.

图 5　普拉达基金会模型

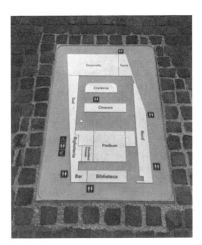

图 6　普拉达基金会平面导识

和朴素的旧仓库直接碰撞、指挥台横向宽大的几何空间和鬼屋竖向狭小的古典空间相对比,以及时尚粗粝的爆炸铝板和传统细腻的手工艺金箔直接接触、古典的图书馆立面和现代的指挥台立面迎面相对(见图 7),空间中其他高和矮、黑与白、新和旧、松软与坚硬、水平和竖直、开放与闭合的直接对话还有许多。这种穿越式的、出人意料的并置,奠定了整个展区的当代性氛围。库尔哈斯一向被评论家诟病作品细部粗糙,而他进行了批判式的回应:使用大量日常性的材质无过渡地直接交接,反而形成一种"没有细部"的细部,一种非常性的体验。建筑师这种看似粗暴的直率,却给来访者以期待,期待下一秒、下一个转角、下一次意外。这正是当代艺术追求的结果。

图 7　普拉达基金会立面并置

除了展览空间的多样和建筑的展览化处理,建筑师还试图把公共性和互动性融入设计。比如,主入口附近儿童活动中心的空间设计由凡尔赛国立高等建筑学院(école Nationale Supérieure d'Architecture de Versailles)的18位学生合作完成,意在激发未来的当代艺术参与者。同时,又邀请美国电影导演韦斯·安德森(Wes Anderson)设计了主入口附近的光明酒吧,营造米兰咖啡馆氛围,以获得更多的在地认同感。建筑师通过引入新的设计资源转型为策展人,把原本静态的设计结果转化为一次动态的公共艺术历程,以场景造话题,因为新概念和新话题的诞生,也是当代艺术追求的目标之一。

由以上分析可知,整个建筑群设计乍看像天马行空、荒诞不经的表演,事实上贯彻着建筑师对当代艺术展览精确的理解和严肃的思考,以及对业主诉求的准确把握。让人眼花缭乱的时尚建筑表皮,走出了"白盒"展厅对于当代艺术的束缚,也消解了"圣殿"预设对当代艺术的压迫,显得既深刻又肤浅,既谨慎又戏谑,既端庄又俏皮,映射出轻松多元的国家文化形象。它们与其被认为是为时尚行业进行的一次代言,不如说是对不断消费着当代艺术的肤浅世界的场景式回应。

与之相比,中国的当代艺术博物馆内容和视角还是比较保守,展览空间样式相对单调,公众参与也不足。这些会造成大众对当代艺术的理解发生偏差,往往戕害了创新的种子,这是艺术设计界需要警惕的问题。

四、莱昂纳多·达·芬奇国立科技馆

莱昂纳多·达·芬奇是意大利的名片。意大利许多城市都有以达·芬奇名字命名的博物馆,比如,佛罗伦萨的莱昂纳多博物馆、罗马的莱昂纳多·达·芬奇博物馆、威尼斯的莱昂纳多·达·芬奇博物馆以及芬奇市的莱昂纳多博物馆。作为文艺复兴的巨匠,达·芬奇也成为当代意大利文化的注脚。其中最著名的当属米兰的达·芬奇国立科学技术博物馆(Leonardo Da Vinci National Museum of Science&Technology)。这座主体建筑由奥利维坦修道院改造而成的科技馆,曾经被用作部队医院和军营,甚至被炮弹轰炸,直到1947年,建筑师波塔卢皮(Portaluppi)开始对它进行保护性设计,1953年它终于被改建成一座科技博物馆并呈现在世人面前。

如果说米兰三年展设计博物馆容纳的是实用艺术,普拉达基金会展示的是当代艺术,那么对这两座博物馆进行艺术设计则顺理成章。而莱昂纳多·达·芬奇国立科技馆的收藏却不属于艺术范畴,它是代表人类文明的工程科技,那么为何还要将其进行艺术化呈现呢?原因是馆中有"莱昂纳多·达·芬奇科学与艺术"专题陈列,包括珠宝、达·芬奇设计的机械手稿和模型、精工钟表、乐器4个部分,所以这座科技博物馆凸显出独树一帜的科学艺术特色。放置达·芬奇及其艺术想象和科学设计的展陈之地,再没有比一个文艺复兴时代的历史建筑更合适的了。参观者可以在布满帆拱的屋顶下了解达·芬奇的创造(见图8),透过优美的拱廊观察室外的庭院和天空(见图9),在感受艺术和自然关系的同时,体会达·芬奇师法造化的创意和灵感,也领悟他超越时代、引导潮流的科学探索精神。这种强烈的在地性和在场性体验,是世界上任何一座科技馆都无法比拟的。它的引人入胜之处不仅在于其中琳琅满目的藏品——从达·芬奇的手稿到意大利的工程技术成果,更在于其建筑和展陈系统所体现出的科技与艺术的共振与交融。而这一切,根据原米兰市长的提案,被冠以"莱昂纳多·达·芬奇"之名,真正实现了科技馆传播科技知识、交流科学方法、探究科学思想、弘扬科学精神的"四科"目标,的确是实至名归。

图8 达·芬奇科技馆达·芬奇手稿模型展厅

图9 达·芬奇科技馆内庭院

莱昂纳多·达·芬奇科技馆总建筑面积超过5万平方米，整个建筑空间由修道院改造的主馆、1906年米兰世博会遗留的轻钢结构改造的火车馆（见图10）、人字坡的马厩馆、混凝土板壳结构的水空馆、服务用房和室外潜艇6部分组成，分散在圣维托大街（Via San Vittore）到欧罗那大街（Via Olona）之间的地块中（见图11）。而其展陈主题包括材料、交通、能源、通信、莱昂纳多·达·芬奇艺术与科学、新前线、为年轻人的科学7个部分。一般来说，科技博物馆包括综合性科学中心（不强调藏品）、科技工程博物馆（科工馆）和自然历史博物馆等类别，这座科技博物馆比较接近科工馆。它分散式布局的原因，一方面，在于工程科技展品（火车、飞机、轮船等）体量庞大，搭建单层大跨度结构的空间便于展示；另一方面，观众在高密度、高强度的观展过程中，有机会在开放空间里徜徉、漫步，感受展览留白之美。而且，每栋建筑独特的结构形式本身也成为展品。尤其是水空馆建筑采用混凝土板壳结构，继承了奈尔维（Pier Luigi Nervi）以降意大利工程师人文结构主义传统，其造型让人想起联合国教科文组织总部的薄壳雨篷，轻薄少柱跨度大，可进行高侧窗采光。里面展示舰船和小型飞机，与轻盈欲飞的结构形式相得益彰。

除了展览空间的艺术性和科技感以外，科技馆中的展陈内容也令人赞叹。没有太多喧嚣的互动展项，更多是靠展品本身和偏静态的展陈叙事来传递信息，给人的感觉是朴实无华，娓娓道来，但却铺陈出意大利工程科技发展的清晰脉络和深厚底蕴。富有年代感的工业设备设施，可以自己"说话"，对未曾经历过工业革命洗礼的中国参观者来说，格外具有吸引力。相比中国的一些科技馆展项，虽然有大量的声光电和交互体验，但是由于缺乏高质量的展品作依托，反而显得轻佻浮躁。主馆M0层采矿业展项尤其让人印象深刻，参观者踩着金属桥穿越一道道黝黑的砖拱门，身边是工矿灯照亮的大型开采设备和场景，给人以身临其境的探索、发现之感（见图12）。

图10　火车展厅

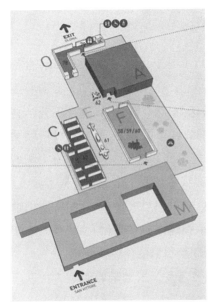
图 11　达·芬奇科技馆导览图

图 12　矿业展厅

科技馆作为提升公民科学素养、进行科学教育的重要平台,在当下无疑具有重要的意义。有学者提出以科技馆进行"STEAM"教育,即科学(S)、技术(T)、工程(E)、艺术(A)、数学(M)等融合的教育。在知识爆炸、学科交融的时代,科技馆的角色不仅仅是阐释特定的科学道理,或者陈列仅供怀旧的技术发明,更要展现科技发展与时代进步之间的关系,帮助国民,尤其是青少年塑造科学理想,培养健全人格,注入科学引擎,推动知识更新。"人类最高的价值观是追求'真、善、美',科学是求真的,人文是求善的,艺术是求美的,这些元素应该有机地结合起来"[①],只有这样,才能真正打动参观者。达·芬奇科技馆的展览并非围绕单一科学原理说教,而是立足于客观实物,显现时代发展、行业进步的历程,同时呈现工业之美、机械之美,把爱国主义教育融入对"真、善、美"的发现之中,体现出务实求真的产业文化形象。这对中国进行全球科创中心建设,以及艺术学院建设"艺术与科技"(原会展艺术与技术)和相关专业而言,尤其具有参考价值。

---

① 刘立."十三五"要推进世界一流科技博物馆和科学中心的建设. www.bast.net.cn/art/2016/3/14/art_16698_304601.html.

五、结语

国家文物局博物馆司原司长段勇在 2017 年末指出:"中国大陆目前有备案注册的博物馆 4 873 家,未注册的至少 2 000 家,2016 年在大陆举办的展览 3 万多个,公共教育活动 20 多万项,观众人数达到 9 亿次。"[1] 而这还不包括文化系统的美术馆和商贸系统的贸易展。"未来的城市以活力、魅力和可持续发展能力为目标与标准,展览行为、博览会、展览空间和展览文化正在为实现这一目标提供支持。展览及其衍生活动与空间在很多层面上组织和提振了城市,丰富了城市功能,改变了城市结构,重塑了城市面貌。"[2] 最重要的是,博物馆和展览已经成为市民生活的重要部分,正在承担越来越多教化人、培育人的功能。博物馆正在从知识传播者的身份转型为创新引擎的角色。

在此背景下,米兰的博物馆给了我们颇多启发。米兰采取的是一种以产业社会发展和艺术人文导向为中心的博物馆建设模式,它不纠结于噱头式的显示屏展览,也不拘泥于架上绘画式的欣赏把玩,而是以造物为主旨,以现实为准绳,以参观者为核心,塑造一种生活的、日常的、务实的却又唯美的展览之道。清华美院苏丹老师在考察米兰家具展时,以"战事"作为展览隐喻:"整个米兰早已遍布'战事',似乎整个城市都在进行着为设计狂欢的活动。所有的活动都借用会展的时机和名义进行自我推广,而且众多的展览之间分工明确、条理清晰,核心展区重点解决设计转化问题,外围展区则重在设计文化与哲学思考。"[3] 这样的展览跟时代同行,跟现实结合,跟产业协同,有着沉淀的内核和稳固的基石。它们不是轻佻浮躁的互动,也不是哗众取宠的招徕,而是围绕展览内容和观众体验,通过严谨的叙事、精心的造型、恰当的选材、深湛的工艺,打造出谦和包容、轻松多元、务实求真的国家文化形象。就此意义而言,展览真正成为感官体验与意义认知之间的连接和纽带,也成为观展者、设计师和策展人之间协同互动的设计载体,成为与城市和国家形象共振的精彩表达。

相比之下,国内的一些展览,尤其是上述实用艺术、当代艺术和科学艺术展,往往因为缺乏研究深度和学术定力,或者是受到成本、市场等因素干扰,容

---

[1] 程雪松,董春欣,汪宁,葛天卿.第一届"未来畅想 沟通桥梁——世博语境下的展览创意设计"学术论坛综述.装饰,2017(12):38-41.
[2] 程雪松,翟磊.展览化城市.公共艺术,2018(1):63-64.
[3] 苏丹.设计中设计——米兰家具展观后.装饰,2007(6):94-98.

易局限在自身的专业框架中,缺乏对普通参观者的关注,缺乏开阔的视野对行业和社会进行考察,也缺乏对专注、坚韧、精细、手作、创新的工匠美学的坚守。虽然喧嚣热闹,却罕有既创造经济价值、又培育社会价值的生动案例。对于设计史的深入研究,对于艺术课题的广泛涉猎,对于社会变迁的敏感关注,对于历史遗存的多维考察,都是我们当下进行博物馆建设、国家文化形象塑造需要沉下心来努力的方向,也是真正体现文化自信的硬核载体。社会正在发展,行业也期待变革,展览业在中国方兴未艾,大有可为,激变时代展览文化的传播需要更多人的匠心和坚守。

主体与他者耦合：
中国儒家英雄故事跨文化传播的范畴和路径

陈佳怡[①]

【摘要】 跨文化传播需要传播内容和传播路径的有机结合。"英雄"话语的产生、发展、调整，都不可避免地受到儒家思想观念的影响。儒家理想人格为英雄的价值内涵提供了创作标本和想象空间。可以说，儒家英雄故事就是中国英雄故事的主体想象化叙事，是对集体记忆的文化想象、中国话语的历史想象、国家形象的象征想象和中国真实的修辞想象。也正是在此基础上，儒家英雄故事可以成为中国英雄故事的新范畴。但跨文化传播，不是自导自演的游戏，"文化他者"才是传播的受众，因此在实践范式和操作路径的选择上，不可避免地需要在意他者的凝视结构，从他者的目光出发，探索出传播效果最大化的传播路径。"以情动人，情境交融"的传播方式导入了情感的力量，"创新话语，消解边界"引入了普适性的价值力量，"多元媒介，双向传播"纳入了信息的整合力量，三者交织而成的协同机制为跨文化传播的有效性增添了可能。

【关键词】 中国故事、儒家、跨文化传播

一、引言

"江山如此多娇，引无数英雄竞折腰……数风流人物，还看今朝。"千古英雄人物不是一成不变，今朝仍可书写英雄传奇。正是因为"英雄"话语内涵的不确定性，古今中外力量都力求充分发挥想象空间，定义"英雄"的言说

[①] 陈佳怡：华中科技大学新闻与信息传播学院研究生。

形式和结构性范式,通过无限传播和放大,将某一种异质的"英雄"话语规则从蛰伏状态唤起,不断强化和照亮,以至于成为一种普遍化的"英雄"叙事实践。

2019年,美国电影《复仇者联盟4》在中国票房超过《红海行动》。同样是英雄主义叙事,为什么美国漫威英雄故事可以超过中国英雄故事,而《战狼2》《流浪地球》等中国英雄故事却不能在美国大热?"狼牙山五壮士"等红色英雄在走出去的过程中被污蔑、诋毁,相反,许多美国历史上的著名人物却家喻户晓?花木兰、李小龙等中国英雄为何成为西方叙事素材?塞缪尔·亨廷顿认为,"世界中的整合力量是真实的,而且正在产生对文化伸张和文明意识的抵消力量"①。那么,一种英雄话语内涵的扩张必然会遮蔽和消解另一种话语模式。当代的中国故事很大程度上是西方基本大叙事的延伸,通过西方话语模式叙述中国英雄故事。可以发现,在英雄叙事空间,中国故事表述自己的功能衰微,这是否正逐渐陷入"失语症"危机,沦为被表述的对象?

如何增强中国英雄故事在英雄叙事空间的权重,这是在跨文化传播、讲好中国故事命题下的重要内容。习近平总书记2013年在全国宣传思想工作会议上指出:"要着力打造融通中外的新概念、新范畴、新表述,讲好中国故事,传播好中国声音。"中国需要文化自觉、自信,开发属于自己的英雄话语体系。费孝通提出,可以"从历史性和社会性上探索中国文化的特色"②。中国英雄故事需要历史穿透力,几千年历史积淀为中国英雄故事创造了丰富的话语资源。从中国英雄话语生成来看,不论是历史的、现代的、虚拟的、真实的英雄形象,都不能脱离儒家理想人格而存在。儒家思想的特质是一种与西方旨趣不同的"内在超越",其重视人德性修养和理想人格的塑造。我们可从这个角度切入中国英雄故事的想象空间,考察儒家思想与中国英雄人格之间的关系。正如萨义德所说,"东方这一观念有着自身的历史以及思维、意象和词汇传统"③。那么,中国英雄故事在认知结构、价值理念方面具有特有的传播范畴和属性,在跨文化传播的过程中,面临不同文化、知识的对抗和碰撞,如何避免陷入"以我为主",扩大中国英雄故事的声音?

---

① [美]塞缪尔·亨廷顿.文明的冲突与世界秩序的重建.北京:新华出版社,2010:15.
② 费孝通.对文化的历史性和社会性的思考.思想战线,2004(2):1-6.
③ [美]萨义德.东方学.北京:生活·读书·新知三联书店,1999:7.

二、儒家理想人格与中国英雄话语

英雄是民族人格的典范,是整个民族精神结构的象征。英雄是一个立足历史、面向现代,坚守本土、走向国际的概念。英雄是真实存在的,如红色英雄;英雄也是虚拟的,如影视英雄;英雄是历史的也是现代的。但英雄"意义体系的展现总离不开本有的历史性与其生活空间",① 中国当代英雄的价值内涵是历史与当代价值的复合模态,不论是何种英雄形式,都不可避免受到历史因素的影响。按照福柯的知识考古学,话语"可以在某个既定时代同时的或连续的现象之间建立某种意义同一体"②。在这个意义上,当代的英雄话语具有一定程度的历时性性质,也许与某个时代的英雄形象具有概念的连续性、关联性和序列性。循着这个思路,可以探索中国英雄故事最强的、原始的叙述能力。

"英雄"最初不是以二者的叠加形式,而是"英"和"雄"的单个形式出现。《说文解字》中称"英,艹之荣而不实者",《尔雅·释草》中也有指出"荣而不实者谓之英"。可见,"英"的最初意义只是开花而不结果的草。但《礼记·礼运》中记载孔子曾说:"大道之行也,与三代之英,丘未之逮也。"此外,孟子认为,"君子有三乐……得天下英才而教育之,三乐也"(《孟子·尽心上》)。可以看出,孔子和孟子所提到的"英"已不是比喻"花草",而成为人理想人格的表征词。《说文解字》称"雄,鸟父也"。《诗·小雅·正月》中讲到"谁知鸟之雌雄"。"雄"泛指雄性鸟类。《左传·襄公·襄公二十一年》齐庄公朝,指殖绰、郭最曰:是寡人之雄也。"雄"也开始喻指杰出人物。在先秦时期,"英"和"雄"已经初步形成了现代英雄意义的模型。可见,"英"和"雄"话语意义的生成与先秦的政治文化和政治思想密不可分,尤其是先秦儒家,孔子和孟子的观念。孔子的理论以社会人和政治人作为出发点,力求挖掘理想人格的现实范型。在这个社会大背景下,"英""雄"被赋予了一种理想人格的内涵,同时也受到了儒家思想文化的涵化。

真正将"英""雄"二字叠加形成"英雄"概念,经历了较长的时间。汉朝时期,《王命论》中提到"英雄陈力,群策必举"。刘劭的《人物志·英雄》首先界定了"英雄"的概念:"聪明秀出,谓之英;胆力过人,谓之雄""出师未

---

① 沈清松. 历史性、文化空间与文化产业. 深圳大学学报:人文社会科学版,2003(3):108.
② [法]福柯. 知识考古学. 北京:生活·读书·新知三联书店,2003:22.

捷身先死,长使英雄泪满襟""千古江山,英雄无觅,孙仲谋处"等用法,都暗示着"英雄"是向往之模范,是作为时代理想人格而存在的。一个时代的理想人格必然适应社会的价值取向和期待。在中国两千多年的历史文化中,儒家文化一直是社会的主流文化,理想人格作为主流文化在个体层面的投射,英雄话语必然受到儒家文化的熏染,如"尚礼"赋予了英雄以君子风度,儒家对政治系统的维护思想又产生了英雄"忠君报国""除暴安良"的价值认知。"英雄"作为儒家思想建构的一部分,从内心到外界的取向都提供了一种人的理想行为模式,确定了人的规定性问题。

杜维明认为,"不管儒家的传统怎样繁复、多侧面、多层次,但是在鸦片战争以后基本上全部被解体"[1]。然而,儒家理想人格的建构基础却并未被彻底解构,虽然"孝""忠君"等一系列价值理念从"英雄"形象内涵中剔除,增加了一些新的价值内容。鲁迅认为,英雄是"贵力而尚强,尊己而好战,其战复不如野兽,为独立自由人道也",这一时期,"自由""独立"成为英雄话语的内容。但不容忽视的是,"爱国""重义轻利"等内涵仍属于英雄的范畴。这一时期,"英雄"话语不过是否定和接纳的连续演绎,新旧思想的杂糅交融。

至当代以来,英雄话语的发展经历了三个阶段,先秦时代,专制时代,近代国家三个阶段。"英雄"形象实质上是一个与时俱进的生产过程,本土、外来、传统、现代都可以置于中国英雄的框架之中,经过各种形象转移和重新定位,"英雄"也不断组织出新的表征形式。但不难发现"英雄"的产生、发展、调整,都不可避免地受到儒家思想观念的影响。儒家理想人格为英雄的价值内涵提供了基础的创作标本和想象空间。换句话说,儒家的价值内容在历史的沉淀下成为中国英雄故事的特有属性。

因此,是否可以从历史经验中的儒家英雄内涵来理解中国英雄故事跨文化传播的范畴,探索主体是如何构建英雄的思维活动的。马丁·布伯认为,"凡真实的人生皆是相遇"[2],关系在"我—你"和"我—它"的二重世界中产生。海德格尔也提出,"他人并不等于在我之外的全体余数"[3],也就是说,世界是由我与他人共同存在的。从这个意义上说,跨文化传播实质是一种"我—你"和"我—他"关系的产生、维护。在跨文化传播的过程中,传播内核仍然应该

---

[1] 杜维明.儒家传统的现代转化.浙江大学学报:人文社会科学版,2004(2):7-14.
[2] [德]马丁·布伯.我与你.北京:生活·读书·新知三联书店,2002:9.
[3] [德]海德格尔.存在与时间.北京:生活·读书·新知三联书店,2014:137.

是中方内容,但是在传播、转化过程中,应注意到我们的受众是跨文化传播的受众,是"我"之"主体"与"你"之"他者"共同在场。在充分发挥主体英雄想象,传播英雄新范畴、新概念的同时,也要注意"文化他者"的凝视,探索英雄故事传播的新路径,以及内在联动、融通中外、多元统一,促进自我表述能力和话语权的提高。

三、主体的想象:儒家英雄故事的跨文化传播范畴

增强国际话语权,展开中国魅力攻势,需要创新中国对外话语体系。但目前普遍认为中国故事内涵匮乏,"难以遴选出与国家相匹配的象征物"[①],中国人的形象构建思维活动缺乏针对性、代表性的符号话语体系。因此,为契合习近平总书记的"三新"外宣理念,需要对儒家英雄话语进行有效地整合和传播。"概念整合与媒体展现中提炼出足够涵盖中国内涵的象征元素"[②],儒家英雄内涵对中国英雄故事固然具有最强解释力,但其外在的叙事形式以及内在驱动力都需进一步明晰,才能确定在跨文化传播的过程中儒家英雄故事的具体内涵和象征结构。这既是一个历史性的浮现过程,也是英雄故事经验生产和结构推广的过程。

范畴是"人为创造出来并加以组织化而形成的相对比较稳定的认知框架",[③]在这个意义上儒家英雄故事实质上就是对"英雄"话语的一种释义系统和认知框架的生产,这是在充分挖掘中国历史文化空间中对英雄话语的总结和沉淀。可以说,儒家英雄故事就是中国英雄故事的主体想象化叙事,是对集体记忆的文化想象、中国话语的历史想象、国家形象的象征想象和中国真实的修辞想象。

(一)集体记忆的文化认同

儒家英雄故事生产和流通过去的意象和故事,建构记忆空间,并通过历史价值介入现代英雄形象的建构,塑造着社群认同。立足于儒家理念的英雄故

---

① 王海洲.想象力的捕捉:国家象征认同困境的政治现象学分析.政治学研究,2018(6):16-25,126.
② 任孟山.中国国际传播的全球政治与经济象征身份建构.现代传播:中国传媒大学学报,2016,38(9):67-71.
③ 刘涛.新概念 新范畴 新表述:对外话语体系创新的修辞学观念与路径.新闻与传播研究,2017,24(2):6-19,126.

事是对儒家理念的一种重新阐释,不可避免地会残留儒家的价值思想,而价值是认同的最高形态。经历了几千年的历史积淀,儒家理念早已成为了中国人的集体记忆。集体记忆是一个群体对过去经验的心理反映形式。用儒家特质来叙事英雄故事,不仅建构着历史记忆,也叙述着当代自己的故事。通过对共同体成员共享往事,从而使得历史记忆重新感知、浮现,这是共同体成员反复实践和经验的累加与调整,如此一来,可以以中国人物合理的历史想象阐释自身的文化权威和共同属性。

当代性和历史性之间存在着天然的张力,这种历史的叙述不是对真实历史的复写,是历史的一个特例和片断在现代化基础上的延伸,以期更好地塑造当代的文化认同,从而指导社会交往和社会实践。每个时代都会依据一定的社会现实、社会框架、社会理念和社会需求进行历史与往事的集体筛选和现实诠释,在集体记忆共享产生作用的基础上寻找认同属性,确立自我身份,促进共同体的形成。如此一来,集体记忆产生的话语才具有自我内部认同度和接受度。在集体记忆改造和调整的过程中,通过结构性遗忘,对集体记忆的内容进行选择、过滤、添加,逐渐改变原有的集体记忆框架图式,使得集体记忆的内容在具有文化认同的基础上符合当代合法性和社会价值,消弭个体记忆的冲突,建构一致性的认同心理图式,在一系列内部思维和外部活动的统一之后,实现自我内化和自我吸收,并逐渐转化为全新系列的集体记忆。儒家英雄故事正是在集体记忆机制和文化认同机制的双重影响下,既迎合社会大众内部的普遍性性格和心理结构,又可以创造出符合当代价值意义的英雄故事,使得中国英雄故事的传播从行为表现和内化机制都具有一致性的认同,在操作上也更具现实性。在共享集体记忆和强化文化认同的过程中,创造了属于中国特色、中国属性的英雄释义系统和认知框架。一方面,可以获得中国内部的一致性认同;另一方面,也可以成为中国一种思维想象层面和人物塑造层面的象征,成为具有中国意义的代表符号。

(二)家国情怀的中国话语

"话语是有序的、有组织的语言表达。"[1] 福柯将话语置于社会大背景之下

---

[1] Kress, G. Linguistic processes in sociocultural practice (2nd ed.). Oxford: Oxford University Press, 1989: 6.

进行考察,每一种话语背后都隐藏着社会权力的因素。按照费尔克劳夫的话语分析理论,话语在文本、话语实践、社会实践三个层面都是特定意义的生产和流通,"话语侧重于话语的建构性和意识形态作用"①。由此可见,话语是建构世界意义、知识体系、确立身份、建立关系的手段。因此,不同的话语体系必然代表着不同的立场和观点,中国需要有内涵、有深度、有浓度的内容生产力、解释力。儒家英雄故事具有中国立场的话语概念,裹挟着中国特有的知识和价值理念。每一种文化都有一种主导文化模式,正如美国主导文化强调个人主义、物质主义、平等主义等价值一样,中国儒家文化也有其主导的文化模式。与西方英雄话语不同的是,中国儒家英雄故事强调集体主义的家园情怀。正如孟子所言:"天下之本在国,国之本在家,家之本在身。"(《孟子·离娄上》)人要融入"身—家—国—天下"的社会生活传播结构,这是人存在和关系建立的传播规则,英雄形象设定总要纳入这样的社会框架。这正如此,中国自古以来的英雄形象便将个人的命运与社会集体的命运结合在一起。"天下兴亡、匹夫有责",英雄的出现总是与时代命题紧密相连,这种价值沉淀早已作用于每一个中国人的心理认知。即使是在近现代儒家文化受到了强烈的抨击,但是先进知识分子仍然没有摆脱这一心理结构的影响,"救亡图存"成为时代的口号。当然这种中国话语也不是理想化的想象,其仍然具有现实性和可操作性。家国情怀不是停留在认知情感上的幻想,家国情怀也存在主体行为层面。"身"是个体,也是个体的身体力行。到明代,王阳明提出"知行合一"的实践精神,在个人、家庭、国家的内外贯通中,衍生出中国话语和中国概念。从认知到态度再到行为的价值知识体系,早已成为中国人的惯性逻辑观念和主体观念。儒家英雄故事的讲述只是将这种逻辑观念进行概念化归纳和总结,进行科学化的语言规划与符号设计,成为中国的概念符号和话语范畴,这对于重新认识中国话语具有重要意义。同时,也为世界英雄话语体系提供了一种中国话语包裹的解释体系和思想体系,有利于扩大中华文化的影响力、感染力和号召力。

(三)国家形象的象征符号

儒家英雄故事讲述的是中国特质故事,不可避免地会被视为各类主体在

---

① [英]费尔克拉夫.话语与社会变迁.北京:华夏出版社,2003:35.

时间和空间意义上对国家形象的建构与重构。但在多元文化价值交织的当下，国家形象的想象遭到侵蚀。一方面，在英雄叙事领域，"概念和听觉之间具有内在联结"①，广泛暴露、传播的西方英雄话语逐渐占据主导权，并在一系列的包装、美化下潜移默化地影响了受众对于"英雄"话语和"英雄"概念的认知，这是中国故事和中国话语表达的缺位与失语，进而阻碍了国家形象的构建；另一方面，国家形象似乎极易被直接经验的事物所象征，如国旗、电影，等等。而中国精神和中国价值这种抽象的事物，需要进一步具象化，但在抽象到具象的过程中，事物和主体之间、事物与事物之间需要逻辑演进和意义生成。故事和国家形象之间便是直接的象征物和象征本体，再加上儒家思想为故事的内涵和象征思维活动添砖加瓦，不同主体和不同诠释可以借助各种符号系统编织出一张无比复杂的意义之网，这极易使得在英雄故事领域国家形象塑造得杂乱、无序。

讲好中国英雄故事，必须要"坚持国家站位、全球视野，树立一体化的大宣传战略思维"②。儒家英雄故事存在于集体记忆的文化认同之中，在这之下的象征活动可以捕捉一种集体的阐释性：对内，更易获得内部认同；对外，是国家内在关联、辩证统一的象征活动，代表中国风格和中国特色，成为足够涵盖中国内涵的象征因素，在象征维度更具有直观的联系和话语力度。当然，这不是一种纯粹的象征想象，儒家英雄故事被赋予一个有特殊意义的事物。按照布迪厄的想法，这种"赋意"活动使得儒家英雄故事成为了"象征结构"。"象征性的力量是构建现实的力量，是一种倾向于建立一种命令的力量：世界的直接意义"③，儒家英雄故事依赖于信息共享系统所实现的象征功能，使得它成为一种真正意义上的政治功能和沟通功能。根据涂尔干的理论，象征符号成为社会融合的工具。作为知识和交流的手段，儒家英雄故事象征着一方的立场和观点，在日常性的象征活动中引起了该领域的冲突，也正是在冲突中，出现了支配与被支配、驯化与被驯化，这是国家形象领域的斗争。在西方以往的英雄故事中，中国英雄被漠视、被扭曲，这深刻影响了中国国家形象的存在和建构。但是，儒家英雄故事的象征结构，在很大程度上有助于就中国国家形象

---

① 索绪尔.索绪尔第三次普通语言学教程.上海：上海人民出版社，2007：104.
② 崔玉英.增强议题设置能力 向世界讲好中国故事.对外传播，2015（1）：4-5.
③ Bourdieu, P. Language and Symbolic Power. Trans.by Gino Raymond and Matthew Adamson. Cambridge, MA:Harvard University Press, 1991: 166.

的认知达成共识,这种共识从根本上讲,有利于中国国家形象的再塑造。

(四)中国真实的修辞实践

讲好中国故事不是讲虚构的故事,而是讲真实的故事。讲故事的目的是展现真实、立体、全面的中国。一个故事胜过一个道理,讲好中国故事需要讲清楚中国人民和中华民族的价值体现与价值追求,也要讲好中华优秀传统文化故事。因此,中国儒家英雄故事是讲好中国真实故事的绝佳载体。其一,儒家英雄是一种具有集体阐释性的故事,将英雄故事的叙述维度转为日常生活,可以是普通人与普通人之间的互动,使得中国价值和中国追求有了明确的形态、实在的形式结构,故事更具现实性和真实性。其二,几千年的中国历史实践创造了大量栩栩如生的英雄人物形象和跌宕起伏的英雄故事,这为中国英雄故事创作提供了大量来源于中国现实不可穷尽的原材料,讲好中国故事也因此具有无限的可能性。现实性英雄故事才能体现中国故事的客观性和准确性。

但是,应该区分的是"故事真实"与"客观历史""客观事件"之间的概念。故事是修辞与事实的结合,"真实是一种修辞理念,通过事实的力量传递了强大的认同基础和劝服力道"[①],欧内斯特·鲍曼认为,"语言,即修辞,就是社会现实"[②],人生活在象征环境里,人通过情景定义来产生行动,而怎样进行情景定义就成为一种修辞。修辞的目的是为了获取认同,传播就是为了唤起和提高传播者与接受者的认同程度。亚里士多德曾将"修辞"定义为"一种能在每一事例上找出可行的说服方式的能力"[③],就是说,修辞不是中国真实的否定意义,而是促进传播的有效性和中国真实"传而通"的一种方式。况且,社会真实定义着传播修辞实践的界限和核心内涵,修辞实践不会脱离中国真实而存在。但中国故事不是对中国现实的全面叙述,必须认识到在修辞实践的作用下,中国故事在一定程度上保持着相对超越的意义。也正是中国真实与修辞实践的二元耦合,才能在保证中国故事的真实性、可靠性、立体性的基

---

① 刘涛. 新概念 新范畴 新表述:对外话语体系创新的修辞学观念与路径. 新闻与传播研究,2017,24(2):6-19、126.
② 欧内斯特·鲍曼. 想象与修辞幻象社会现实的修辞批评//大卫·宁. 当代西方修辞学:批评模式与方法. 常春富,顾宝桐译. 北京:中国社会科学出版社,1998:12.
③ Aristotle. The "Art" of Rhetoric. Cambridge, MA: Harvard University Press, 2000: 169.

础上促进故事传播的艺术感染力,给传播受众提供一种多样化、并属于一个更为复杂层面的审美经验,可增强中国真实和中国文化在国际舞台的吸引力、穿透力。

四、他者的凝视:讲好儒家英雄故事的传播路径

文化自我范畴的生产和完善只是跨文化交流的一个层面,正如史安斌所认为,信息的跨文化传播需要"中国内容"与"西方渠道"的有机结合,跨文化交流的另一层面便是信息的输出。哈贝马斯认为,行为协调机制的产生需要社会互动,"行为协调的必然性要求在社会范围内进行一定意义上的交往",[①] 那么,跨文化交流则是不同主体之间的交流互动实践。为了文化有效地传播,需要准确地"把握世界交往的演变规律和主体间性关系的运动"[②]。习近平总书记曾说:"要研究国外不同受众的特点,把我们想讲的和国外受众想听的结合起来。"从这个意义上说,在跨文化交流的过程中需要认识传播主体者与传播客体之间的关系。胡塞尔注重"以他者的经验意识为轴心,注重主体之间的认识关系"[③],反思了主体的"唯我论"倾向。在此基础上,勒维纳斯强调了他者与主体之间的绝对差异性。换句话说,主体与他者之间拥有不同的认识结构,存在着显著的差异性,片面强调主体范畴的话语容易陷入"以我为主"的文化交流误区,哈贝马斯认为自我与他者交流可以避免话语中心主义。因此,跨文化交流的过程中,需要强调不同个体之间的差异性,引入"他者"的目光,重新思考儒家英雄故事的传播、转化、组织过程,需要认清"文化他者凝视结构的内容和偏好"[④],以"他者"的观看作为在主体完成自我想象、儒家英雄故事阐释出新范畴之后跨文化交流的第二步。也正是"主体想象"与"他者凝视"的累加效应,才能最大化地发挥出儒家英雄故事的传播效果。当然,在传播路径的选择上,不可避免地需要传播方式、传播内容、传播平台组成的协同机制。在传播方式上注重情感和情境的作用,打造"以情动人、情景交融"的儒家英雄故

---

① [德]尤尔根·哈贝马斯.交往行为理论(第一卷).曹卫东译.上海:上海人民出版社,2018:347.
② 黄良奇.习近平国际观:为新时代对外传播提供新理念.对外传播,2019(1):48-50.
③ 孙庆斌.从自我到他者的主体间性转换——现代西方哲学的主体性理论走向.理论探索,2009(3):35-38.
④ 吴琼.他者的凝视——拉康的"凝视"理论.文艺研究,2010(4):33-42.

事;在传播内容上,创造出普适性的英雄话语,消解文化边界;在传播平台上,整合多元媒介的传播功能,消除自我单向性,注重双向传播。

(一)以情动人,情境交融

以情动人是跨文化传播实践中一种普遍的文本生产观念。按照认知心理学的观点,人们的认同大多源于情感的触动,而情感认同往往是抵达认知、认同的有效方式。"人类遵循规则的本能往往基于情感,而非理性"[1],情感是全球通用的语言,情感可以作为"跨文化交流的沟通介质和认同路径"[2],不论是个体信息内化还是建构共同体,情感都是跨文化交流的重要手段。在亚里士多德的修辞三要素之中,就强调了诉诸情感的作用。习近平主席在对外访问演讲稿中就十分注重"以情动人"的效果,通过情感渲染和结合个人情感进行演讲,与听众建立联系,可以使听众对演说者所提及的信息感兴趣,进而产生情感共鸣和认同感,增强传播的有效性。

英雄本就是一个裹挟着强烈情感内容的概念,儒家价值又兼具历史情感经验,这使得儒家英雄故事在跨文化传播过程中具有得天独厚的优势。嵌入情感内容的儒家英雄故事才是实现有效、长久传播效果的可靠保证。在体认到情感的功能时也要意识到情境的效用,情感的发挥需要情境来辅以帮助。在儒家英雄故事的传播过程中,摆脱"说教味",以平视的视角客观、全面地讲述中国故事,注重体验式、沉浸式的传播方式,如用电影、小说等体验感、参与感较强的传播载体打造沉浸式的观看体验。重视情感与情境的协同作用,用情感创造情境,用情境维护情感,在"情"与"境"交融之间完成跨文化传播受众对于英雄故事的心理认知转向。当然,这只是个人层面的情感变化。从个人情感实现共同情感的跨越,打破个体互动边界,需要对跨文化传播受众具有更加针对性的情感认知和掌握受众情感递进、演变的规律,熟悉受众的普遍情感结构,打造大众的、普遍的英雄情感故事,做到以情感吸引人、以情感感染人、以情感影响人。

---

[1] [美]弗朗西斯·福山.政治秩序的起源:从前人类时代到法国大革命.桂林:广西师范大学出版社,2012:431.
[2] 徐明华,李丹妮.情感畛域的消解与融通:"中国故事"跨文化传播的沟通介质和认同路径.现代传播:中国传媒大学学报,2019,41(3):38-42.

（二）创新话语，消解边界

在当前的英雄主义叙事空间，多是"西方版中国故事"《花木兰》以中国英雄的形象夹带美国价值内涵，这不可避免地对中国价值和中国现实产生认知偏差，这是中国英雄故事的缺位和失语。面对"西强我弱"的国际舆论格局，我们不可能期待"西方版中国故事"会发生转变，因此，遵循习近平总书记的"文化自信"和"新概念、新范畴、新表述"理念，中国英雄故事的传播需要发挥主观能动性，创造属于中国英雄故事的新范畴。但在进行传播的过程中，我们需要摒弃西方二元话语体系，破除二元对立的思维。在塑造英雄话语和英雄形式的过程中，不能囿于本国思维，对于话语框架、体系要进行创新性创造。虽然文化是异质的，但是文化与文化之间的界限不应该过分明晰，任何文化差异都会经历碰撞、冲突、理解、消融的过程。因此，中国故事在跨文化交流中，在保持自我特性、融入中国价值内涵的基础上要立足于全人类主义，向世界优秀文化学习，而不是将中国文化未加以改造直接进行传播，也不要试图将"外邦文化中国化"，因为不同的文化国家拥有不同的价值认知结构。有学者认为，中国文化走出去的一大误区便是文化特殊化，在此认知下的"文化走出去，只是一种形式主义"[1]。因此儒家英雄故事并不仅仅是中国的故事，而应该有一种绝对、固定、抽象的普世价值。在儒家英雄故事跨文化传播的过程中，用共同情怀和中国魅力消解文化边界，打破二元话语体系。重新包装、设计中国英雄故事，将英雄形象打造成一种更具有普适性的人物形象结构，使得英雄成为普适性情怀的集中表达，英雄既是中国的，也是世界的。如此一来，儒家英雄故事才能真正传入其他国家，才能被其他国家所了解和接受，进而提高对外传播的亲和度、感召力和认同度，改变对外传播"通而不受"的问题，让传播受众在聆听故事的过程中了解中国、接受中国、认可中国，对中国树立良好的印象。

（三）多元媒介，双向传播

提高儒家英雄故事的关注、对外传播的能力，以及中国价值和中国追求的内容生产力与阐释力，离不开战略平台、明星产品的带动。"加强国际传播

---

[1] 胡晓明.如何讲述中国故事？——"中国文化走出去"的若干理论与实践问题.华东师范大学学报:哲学社会科学版,2013,45（5）:107-117,155.

能力建设,需要着力打造具有较强国际影响的外宣旗舰媒体"，[①] 在国际上中国缺乏强有力的覆盖广、受众多的一流媒体。改变当前国际信息传播格局,需要进行资源整合,变数量优势为质量优势,充分认识到多元媒介的传播功能,消除自我单向化,认识到不同的媒介具有不同的传播功能。没有多少人真的在读《纽约时报》《华尔街日报》,但却有太多人接触过好莱坞、优兔、漫画等形式。因此,在跨文化传播的过程中,不是传统的、主流的媒体更能博得关注,相反,一些新型的传播媒介更能发挥传播功能。通过正面讲述儒家英雄故事,将中国价值、中国话语故事化、概念具象化,认清不同媒介传播的特质和覆盖的人群,解决信息碎片化和传播难问题,紧紧围绕国家重大战略和国际社会关注问题,设置媒介议程。当然,整合多元媒介传播功能的一大基础便是传播受众的主体性,在信息反馈中制订、调整对外宣传实践活动。在中国当前对外传播工作中,对传播受众的认知不明确,"只有一个笼统的、模糊的受众定位印象,那就是外国人"[②]。当务之急需要对传播受众进行细化和确认,这样才能设计出更具针对性的传播内容,传播中国声音。在实际的操作过程中,把握好国内、国际两个舆论格局以及时代大势,遵循信息传播规律,"把握时、度、效,着力提高议题设置能力"，[③] 增强讲好儒家英雄故事的前瞻性、实用性、主动性、针对性。

五、结语：讲好中国故事,呼吁"大格局"思维

讲好中国故事不是单一主体、单一渠道、单一内容就可以实现的,需要政府、企业、社会等多元主体的协调合作,整合媒介功能,采用从整体到部分的综合思维方式,从政治、经济、文化等多个角度对中国故事进行全方位、立体地描述。儒家英雄故事只是讲述中国故事的一个侧面,讲好中国故事仍需对其他横截面进行研究。此外,要知道讲好中国故事不仅仅只是中国的故事,也是世界、全人类的故事。在这个意义上,讲好中国故事应该具有高度站位、高度视野,讲事实、讲情感、讲形象,只有这样,中国才能"融通中

---

① 吴敏燕.习近平关于文化建设重要论述的逻辑理路.中共中央党校(国家行政学院)学报,2019,23(2):23-28.
② 卢强,韩军.从传播、转化、组织三个维度对当前外宣工作的审视.对外传播,2019(2):61-63.
③ 崔玉英.增强议题设置能力 向世界讲好中国故事.对外传播,2015(1):4-5.

外"有实效地讲好中国故事,加强跨文化沟通能力,进行中国国际传播话语能力建设。

参考文献

吴宗杰,张崇.从《史记》的文化书写探讨"中国故事"的讲述.新闻与传播研究,2014,21(5):5-24.

任剑涛.内在超越与外在超越:宗教信仰、道德信念与秩序问题.中国社会科学,2012(7):26-46、203-204.

王杰.先秦儒家政治思想论稿.北京:人民出版社,2010:147.

詹小美,康立芳.集体记忆到政治认同的演进机制.哲学研究,2015(1):114-118.

拉里·A.萨默瓦,理查德·E.波特著.跨文化传播.北京:中国人民大学出版社,124.

史安斌,沈晓波."中国内容"与"西方渠道"的有机结合——以BBC纪录片《中华的故事》为例.对外传播,2016(6):27-29.

刘涛.新概念 新范畴 新表述:对外话语体系创新的修辞学观念与路径.新闻与传播研究,2017,24(2):6-19、126.

探析汉服文化的发展之路
——与和服、韩服的比较研究

杜欣[①]

【摘要】 华夏有衣,其名汉服。自殷商起,汉服在每个朝代都呈现不同的特色。作为最能代表中华民族传统服饰文化的载体之一,汉服是中国十分重要的文化符号,应当像和服与韩服一样,用其浓重的文化底蕴,承接构建国家形象、充实文化软实力的任务。近年来,汉服运动被自下而上地推行,汉服文化重新进入了大众视野。然而,因其民间自发性,汉服运动也不断地遭受到外界的批评、质疑,使得汉服文化的进一步发展受阻。通过与和服、韩服的比较,可以参考和服文化、韩服文化在日本、韩国的发展轨迹,从汉服的现代化改良、政府层面的干预到社会组织的支持等方面,尝试探析汉服文化在中国的发展之路。

【关键词】 汉服、国家形象、文化符号

改革开放以来,伴随着生活条件的不断提高,人们对服饰的需求也从衣着层面逐渐上升到情感层面,更加追求服饰背后所代替的文化符号,服饰文化作为传统文化的一部分也被更多的学者进行探究。尽管如此,现实中中国汉服的文化传承与发展仍然处在一个缓慢的进程中。从世界服饰文化的角度看,汉服文化处在一个较为尴尬的地位,其演变的断层与文化承载的厚重导致了文化界限的模糊。反观与汉服文化共通的和服与韩服,短暂的服饰演变历史反而使其成为能代表国家形象的标志性符号。因此对汉服、和服、韩服演变进行历史性的梳理,通过文明互鉴,从不同服饰文化的共通性与差异性入手,能

---

① 杜欣:江西服装学院时尚传媒学院专任教师。

够更好地借鉴其他服饰文化的传承实践,为汉服的发展与汉服文化的推广助力,使汉服成为代表中国国家形象的一张名片。

一、汉服与和服、韩服的演变与发展

有服章之美谓之华,有礼仪之大故称夏。中国有着几千年的服饰历史,服饰文化更是华夏文明的重要组成部分。作为文化的表征,它不仅有遮衣蔽体的作用,还具备阶级身份认同、财富炫耀、民族标志、性别认同、审美差异、信仰表达的作用。中华文化博大精深,华夏服饰文化在不同朝代也有其独特的服饰风格。汉服与和服、韩服,因文化的相似与差异性,在服饰演变过程中也出现相互影响的趋势。

(一)汉服的演变与发展

服饰的发展是一个国家、一个民族富强、兴旺与发达的重要标志。在中国历史上,对于服饰体系,历朝历代都制定了较为规范的礼仪法度。汉服,作为华夏民族独立的服饰体系,在历史的传承与发展中,形成了鲜明的民族风格。从三皇五帝到明代,汉服经历了从原始的初级装束到相对固定的冠服制度演变过程。总体而言,汉服演变经历了六个阶段:衣裳之初、夏商定制、汉承秦制、魏晋风度、隋唐盛世和宋明重建(见图1)。

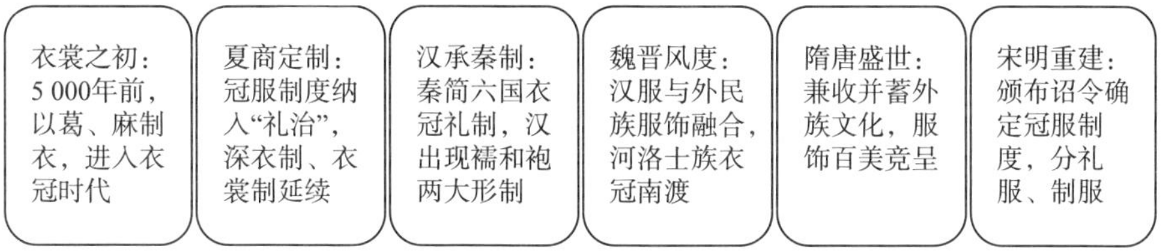

| 衣裳之初:5 000年前,以葛、麻制衣,进入衣冠时代 | 夏商定制:冠服制度纳入"礼治",深衣制、衣裳制延续 | 汉承秦制:秦简六国衣冠礼制,汉出现襦和袍两大形制 | 魏晋风度:汉服与外民族服饰融合,河洛士族衣冠南渡 | 隋唐盛世:兼收并蓄外族文化,服饰百美竞呈 | 宋明重建:颁布诏令确定冠服制度,分礼服、制服 |

图1 汉服演变阶段

经过朝代更迭、文化交融,传统汉服形成了其特有的服饰特点:如交领、右衽、绳带系结等。从类型上有礼服和常服之分,而从形制上看,则主要可以分成"上衣下裳"制和"深衣"制等类型。汉服文化在清军入关剃发易服后暂时中断。民国时期,汉服出现了惊鸿一瞥的复兴,众多新文化运动的倡导者以身体力行践行着汉服文化。到21世纪,在中国传统文化复兴的浪潮中,汉服与国学、古琴等诸多文化现象一样，逐渐走在了队伍的前列。通过一些民间或者官方举办的"汉服运动"，汉服重新走进了人们的视野。

（二）和服、韩服的演变与发展

和服，也称"着物"，是日本民族的传统服饰。作为日本文化输出的重要组成部分，从弥生时代的"贯头衣"，到现在具有浓重文化烙印的现代和服，其也经历过一段较长的演变与发展（见图2）。

图2　和服演变阶段

韩服是朝鲜民族服饰，其起源最早可追溯到李韩国的三国时期。与和服一样，韩服从最早的"二重结构"到现代韩服的演变，同样经历了受唐朝服饰风格、西方文化的影响，并最终形成了十分具有本国特色的民族服饰（见图3）。

图3　韩服演变阶段

二、汉服与和服、韩服比较

（一）共通性

1. 文化性

汉服经过历史的洗礼和民族的传承，其传统文化内涵也愈加丰富。无论是"上衣下裳"制，还是"深衣"制，我们都能在汉服中看到宽衣博袖的特征。汉服上窄下宽、平面裁剪、线条绵长，能够使身体藏而不露，但又在气质上尽显典雅华贵，在生活中增添飘逸恬淡的美感，这都是汉族文化含蓄内敛、端庄大方，东方哲学优雅超脱、大智若愚的体现。不仅如此，汉服的基本形制还体现了中国传统文化核心的"天人合一"思想。汉服的上衣由四块布料组成，象征一年四季；宽袍大袖寓意天道圆通；下裳六块布料交解为宽窄两份，变成十二幅，代表着一年的十二个月；上衣与下裳合二为一，象征着阴阳两仪，强调上天下地不可转变，顺应天命的"天人合一"思想。

和服与韩服，同样也带有浓厚的文化特征。和服的"和"字，代表了大和民族"以和为贵"的理念，同时也代表这个民族强烈的集体意识。现代和服的种类很多，分别适用于不同场合的穿着。其直线裁剪的方式、美观的样式、华丽的色彩和纷繁的图案，使得和服在具备实用性的同时还具备了一定的艺术观赏性。这种艺术观赏性，使和服被称为"行走的日本风景"，这也直接体现了日本民族崇尚自然的审美倾向。

韩服也会采用大量自然界的图案融入服饰纹样中，如梅花、云朵、波涛等，同样体现了韩国人崇尚自然的文化特征。而在色彩运用上，韩服中有大量白色的运用，这和韩民族自古崇尚白色的文化有关。不仅如此，因为受中国文化的影响，韩服的色彩还体现了"阴阳五行"学说。韩服的传统色彩中有五方色之说，五方色是指黄、蓝、白、红、黑五种颜色，是以金木水火土为本的阴阳五行思想为基础，同时与中央为黄、东为蓝、西为白、南为红、北为黑的方位划分有所关联。

2. 符号化

在现阶段各国的文化中，服饰已经不再仅代表衣服，而是承载着一国文化，成为具有丰富"所指"内涵，并能影响到现实的符号。正如前文提到的文化性，无论是汉服、和服，还是韩服，因其所代表的浓厚文化气息与能被解释的文化内涵，使得服饰不仅仅是一个物件，而成为一个符号。

美国符号学家皮尔斯认为，任何符号的表意过程都离不开符号、对象和解释项三个成分，他把符号的表意过程命名为"符号过程"。"对象"是指被符号所代替的任何东西；"解释项"则是由解释者所创造的另一个发展的符号；"符号过程"是符号的影响过程，是对象、符号、解释项三个构件相互作用的合作过程。以汉服为例，传统服饰文化被汉服所替代，作为现实载体出现在人们的视线中,其所代表的"天人合一"思想便是观者对汉服的文化内涵解释,是另一个发展的符号。在整个符号过程中,符号对象"决定"着符号,符号又"决定"着一个解释项,由此对象就间接地决定了解释项。如图4所示,各国的传统服饰文化作为符号对象,决定着汉服、和服、韩服这些符号的演变,而服饰符号的发展决定了当下受众对其的现实解读。也就是说,服饰代表着服饰文化的内涵,又决定着服饰文化的现实解释,这一过程是三者之间相互作用的结果。

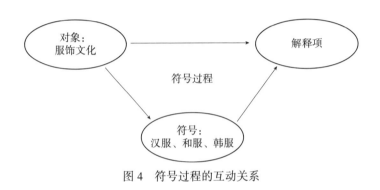

图4 符号过程的互动关系

(二)差异性

1.服饰起源的短暂与长久

中国作为四大文明古国之一,文化在较早时期便已建立。在商朝,中国就已经出现了早期的服饰制度,直到南朝,中国的服饰制度已基本成型。这一长久的服饰定型期,使得传统汉服中的元素非常庞杂,经历的朝代更迭也让汉服一直处在动态变化中。这种长时间不断接受其他文化元素影响的状态,使汉服在保留与传承上的要求更高。

当中国处在魏晋南北朝时期时,日本正处在古坟时期。从出土的陶俑上我们能看到日本传统服饰的基本样式,与中国距今约5 000年的马家窑文化服饰相似,这说明日本传统服饰相较于中国传统服饰的成型时期大约相差了2 600余年。朝鲜的传统服饰成型大约也在相同的时期。从集安高丽古墓壁画中,我们能看到朝鲜早期的传统服饰样式:"二重结构",可以将朝鲜传统服饰成型定位到公元57年到668年的朝鲜三国时代。从服饰起源的时间上来看,和服与韩服的起源时间距今较短,使得两国传统服饰的文化传承与留存也相对容易。

2. 服饰发展的延续与断层

从汉服与和服、韩服的演变发展历史上看,汉服有一段比较明显的发展中断期。从1644年清军入关,到民国时期汉服的昙花一现,汉服经历了近300年的发展断层。1645年,清顺治帝颁布了剃发令和易服令,把剃发作为其他民族归顺的标志之一。并在易服令中规定:"官民既已剃发,衣冠皆宜遵本朝之制",利用中央政权的力量使汉民族被迫中止自己的民族服装。由于这次断层,汉服现在缺少系统的文化体系。包括服饰的用料讲究、形制样式等,都难以有统一的标准,这些都增加了汉服在现代重现辉煌的难度。

而和服、韩服的发展,其本身就是在外来文化与本土文化的不断融合中进行演变的,虽然在近代也出现崇尚西方服饰的风潮,但其本土民族服饰依然作为传统文化被很好地保留下来,并形成了具有民族特色和艺术美感的现代和服与现代韩服。不仅如此,日本与韩国的民族也较为单一。日本主要由大和民族、阿伊努族和琉球族组成,而大和民族占了日本总人口的90%。同样的,韩国朝鲜族也占了国内人口的绝大部分。虽然两国也经历了多个朝代更替,但处于统治地位的依然是大和民族和朝鲜民族,这就保证了本国传统服饰的单一化发展,并在汲取外来先进服饰文化的同时能保证本国传统服饰文化的主体地位。

3. 服饰传播的速度与广度

服饰文化的广度与深度主要是从服饰文化的传播范围与传播深度上讨论。在21世纪初,国内网络社区的兴起,使得汉服作为青年亚文化的一种进入部分国人的视线。汉服概念的首次提出也是依托于网络平台,汉服爱好者成为汉服文化的主要传播者。从传播者的角度看,汉服爱好者一直呈现低龄化的趋势,这其中女性占了很大的比例。从传播方式来看,由于基于网络的生长土壤,汉服爱好者们经常通过网络途径组织线上或线下的汉服运动,这也是现阶段汉服文化传播的主要途径。这种"自下而上"的文化传播方式,与法国社会学家塔尔德认为的时尚社会现象形成的过程刚好相反。塔尔德认为,时尚是在少数人的创造与大多数人彼此模仿的基础上建立起来的社会现象。

也就是说，一个时尚社会现象形成的便捷途径是由精英阶层主导，将社会风尚、文化理念向社会底层灌输，这种"自上而下"瀑布式的传播方式能收获更好的传播效果。由于汉服爱好者自身的局限，以及这种不太容易被接受的"自下而上"的传播方式，使得汉服文化的传播速度与辐射范围大打折扣。甚至在一些汉服文化接触较少的地区，汉服运动受到普通群众的抵制，导致汉服被贴上了一些异样的标签。

在日本与韩国，和服与韩服不仅出现在一些重大的仪式典礼上，在普通群众的日常生活中也能经常看到。由于传统服饰发展的延续，和服与韩服不需要像汉服一样通过一场场"运动"来唤醒群众的文化记忆，因为他们已经将传统服饰文化很好地融入社会生活当中。在日本的学校教育与家庭教育中，都会有意识地向儿童普及传统服饰。对于传统服饰方面的能工巧匠，日本也从国家层面上对其进行保护。这种对文化遗产强烈的保护意识，也转嫁到对传统服饰的保护上，让和服文化深入社会的各个角落，为传统服饰的传承保驾护航。而作为影视传媒行业较为发达的韩国，也将韩服文化嵌入影视传播中，利用大众传媒的公开性与广泛性，使得群众在接受大众媒体的信息时，不自觉地吸收到了韩服知识，在潜移默化中培养国民的传统服饰文化意识。

三、汉服文化的发展对策

（一）明确文化边界

1. 汉服与现代汉服的区分

当下的汉服，其实是历史的再发现与历史接续。正是由于汉服的形式仍然是传统服饰文化的当代演绎，因此大量的汉服运动被称之为"汉服文化复兴"。但经过长时间的发展断层，当下的汉服与传统的汉服必然有些许差异，于是现代汉服的提法出现了。现代汉服是在当下时代出现并流行、仿照汉族传统服饰形制的服装，它既符合传统汉服的基本性质及特点，又在颜色、花纹、搭配等方面具有现代性，是当代文化的构建产物。汉服作为符号向接受者传播信息，并被接受者所解释，其表征是在动态中建构的。从纵向来看，汉服的文化和形制从历史中来，传统的汉服形制为现代汉服"打样"；从横向上看，汉服要在现代社会传承下去,就必须具备现代社会性,满足当下的社会需求,具备现代社会生存的生命力。所以,现代汉服在保留传统汉服文化精髓的同时,利用材质、色彩、图案等工艺手段融入现代元素,使其更适合现代人的审美标准与穿着习惯,这种适度的改良是非常有必要的。

2. 汉服与汉元素的区分

演变发展史的断层,让汉服文化的传承缺少了牢固的根基。而作为汉服文化推广的主要形式,汉服运动又因其民间性缺少系统的文化梳理。这导致在传播汉服文化时,经常出现汉服传播者群体内部进行汉服形制的辩论,这其中大部分的分歧便出现在汉服与汉元素的区分上。汉服文化群体成员以"是否完全符合汉服形制"为判断标准,来区分汉服与汉服元素。汉元素是指没有完全符合汉服形制的一类服装,包括在整体使用文物所呈现形制的基础上,对部分细节进行符合现代生活和审美的改良,也包括在整体使用现代服装设计的基础上,部分细节使用符合汉服形制的设计元素。根据这个标准,可将现代汉服分成三类:完全符合汉服形制的服装、汉服形制上进行了部分现代化改良的服装、加入了汉元素设计的现代服装(见图5)。对于这三种类型的汉服或者汉元素形式,要进行使用边界的确认。以日本和服为例,在重大庆典活动上,日本国人会身穿考究的礼服款式,这类和服形制是依照传统和服形制制定的,服饰上的各类元素都有严格的标准与文化解读。而在便服上,日本也存在在和服形制上进行部分现代化改良的服装。将"是否完全符合传统文化形制"在服饰类型、穿着场合上进行划分,便很好地解决了"汉服复兴是复古还是创新"的问题。而在现代服饰上进行部分汉元素的设计,从严格意义上来说,已经脱离了最初的汉服形制,不能算作汉服的一种。但在当今汉服文化尚未完全普及的背景下,可将此类服饰作为传统服饰文化传播的途径之一,利用高曝光度,增加传统服饰文化与普通民众的接触。

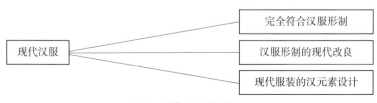

图 5　现代汉服设计理念

（二）唤醒文化记忆

1. 节点唤醒

节点唤醒,原为无线传感器网络的唤醒方式,能以较低的能耗损耗获得较高的信息收益。在唤醒大众传统文化记忆中,可以采用节点唤醒的方式,以较低的成本获取较高的成效。与和服、韩服相比,汉服在中国并不常见。虽然有"汉服运动"的推动,以及汉服爱好者的推广,但更多的民众对汉服或者汉服文化还是持有怀疑或者抗拒态度,这大大增加了汉服与汉服文化的普及难度。因此,在进行传统服饰文化节点唤醒时,应从民众角度出发,以让民众易于接受的方式接触传统服饰文化为指导线,让民众主动接受汉服文化,接受传统服饰文化。比如,可以从服饰穿着标准、服饰文化教育、服饰产权保护等节点对民众进行文化唤醒。在服饰穿着标准方面,首先从礼服开始,在一些重大庆典、节日、仪式、会议上表现其作为"国礼服"的严肃和庄重,让穿着汉礼服的民众衍生出崇高的民族自豪感,让其在情感上接受汉服,接受汉服文化。然后,再从礼服到常服进行系统的完善,为汉服规定一套确凿可行的服饰系统与穿着标准,让民众有样可学,有理可依。文化教育是一个长期工程,其效用是长期的,所以要从根源抓起,在服饰文化教育方面不能放松。现今国内很多学校为提高学生传统文化素养,开设了国学课程,并在一些成人礼、毕业礼等仪式上使用传统服饰与传统礼仪,这是一个较好的尝试。但也要避免此类活动流于形式,将传统服饰文化只停留在课堂,可以采用在校园开放日请家长加入汉服文化传播的队伍中,将传统服饰文化从课堂带到家庭,进入生活。

2. 正向唤醒

根据皮尔斯的符号表意过程,丹麦传播学教授认为符号传播的本质是为个体讨论和群体讨论协商提供信息。如图6所示,对象向符号提供信息,符号将信息传播给受众,受众通过解码得到解释项,将行为作用于对象。在汉服文化中,汉服便是作为文化符号将中国传统服饰文化所携带的信息传播给受众群体,受众群体通过符号的传播效果得到自己的解释,这种解释将最终作用于中国传统文化本身,使服饰文化一直处在一个动态、变化的过程中。所以在唤醒民众传统服饰文化记忆时,要以正向唤醒为主。在通过汉服传播服饰文化时,要端正认识文化的态度,通过精心准备、反复推敲、科学研究,厘清传统服饰文化的元素脉络,明确传统服饰文化的内涵与外延,将正确、详细、明确、系统的服饰文化信息传递给受众。在受众进行符号解释时,要采取适当的正面引导措施,才能促使传统服饰文化的传播进入良性循环,保证受众的行为动作为传统服饰文化发展增砖加瓦,而不是陷入恶性循环,让汉服文化陷入尴尬境地,使传统服饰文化传承举步维艰。

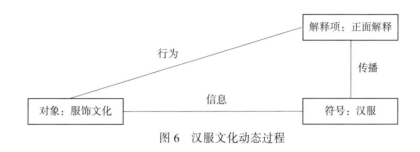

图 6 汉服文化动态过程

四、结语

汉服作为中国传统服饰文化的重要代表,与民族认同感息息相关,其符号解释、文化意义也被一步步提高,并逐渐具有了文化性与政治性意义。不同文明间的互鉴应建立在承认文化互通与现实差异的基础上,因地制宜地进行尝试。汉服的文化背景与当前符号化的现状是汉服与和服、韩服的共通之处。从符号学角度出发,借鉴国外较为成熟的做法,唤醒民族文化记忆,不失为推广汉服文化的有效途径。而由于历史的断层以及社会认可度的差异,汉服文化的发展还需从梳理文化内涵、厘清文化界限入手。这样,清晰化的汉服文化才能在记忆唤醒中更易被民众接受与理解。或许有朝一日,汉服也终将进入中国民众的家庭,成为文化传播的标志性符号,成为国家软实力与国家形象构建的一个强大助力。

参考文献

王娟. 民俗学概论. 北京:北京大学出版社,2011.
杨娜. 汉服归来. 北京:中国人民大学出版社,2016.
李梦竹. 汉唐服饰与日本和服形制的比较性研究. 吉林艺术学院设计学硕士学位论文,

2018.

王继雯.现代汉服文化传播的困境成因与对策分析.华东师范大学传播学硕士学位论文,2019.

范爱萍.韩服里的韩国文化.民俗非遗研讨会论文集,2015.

赵星植.皮尔斯与传播符号学.四川大学出版社,2017.

王军.网络空间下"汉服运动"族裔认同及其限度.国际社会科学杂志,2010.

赵琳芝,吴晶.浅谈现代汉服的改良方向与市场现状.西部皮革,2018.

高海南.汉服爱好者的行动逻辑研究——以西塘古镇汉服文化周为例.华东师范大学社会学硕士学位论文,2019.

吴雪翌.亚文化视域下汉服文化的风格研究.南京大学传播学硕士学位论文,2019.

蒋玉秋,王艺璇,陈锋.汉服.青岛:青岛出版社,2008.

第 四 章
国家形象与全球传播

中国如何成为全球传播格局中的引领者[①]

胡钰[②]

【摘要】全媒体时代是当代媒体格局与舆论生态发展的新阶段。新的舆论生态具有全球性、多样性、复杂性与不确定性等特征。在这一新环境中引导舆论,需要更新理念,形成更加具有开放性、科学性的新观念体系,以创新性、整体观追求舆论场中价值观的趋同;需要培育更加全面、活跃的舆论引导力量,形成舆论引导的整体合力。

【关键词】传播、全媒体、舆论生态、舆论引导

全媒体时代的鲜明标志是媒体对社会运行的全面介入。在当代社会,信息传播特别是新闻传播,已经成为权力来源、盈利手段,甚至是生活方式。舆论场的丰富与活跃前所未有,舆论主体的全民性与活跃度也前所未有。与此同时,信息过载与真相缺失并存日益成为当代舆论生态的突出矛盾。新的舆论生态具有全球性、多样性、复杂性与风险性等特征,产生的挑战与风险也相应增大。因此,树立全新的舆论引导观、提升舆论引导力、建设支持持续发展的积极舆论生态,已经成为当代中国新闻传播学界与业界的重要使命。

一、全媒体时代舆论生态的特征与趋势

全媒体时代的出现以媒介技术发展为物质载体,以全球化进程为时代背景,以人的社交需求与信息需求为深层原因。在这个时代,媒介社会化与社

[①] 本文主要内容已发表在《人民论坛》2019年10月(下),经作者同意,部分内容有所调整。
[②] 胡钰:清华大学国家形象传播研究中心副理事长,清华大学新闻与传播学院教授、博士生导师。

媒介化的趋势同时出现,媒介与舆论在人类社会发展中的关键性地位与显著性作用日益凸显。全媒体时代的舆论生态呈现出一些突出特征。

1. 全球性

全媒体时代最重要的媒介是互联网。全球一张网,网中有全球。与印刷媒体、电子媒体相比,网络媒体的突出特征是国界的消失。换言之,在当代舆论生态中,一国的新闻即是全球的新闻,全球的视角即是舆论的视角。在现实中,中国国内的热点新闻甚至是社交媒体上的热门讨论,都可以成为国际舆论关注的焦点。同样,国际舆论中的观点也可以对中国国内的舆论场产生巨大影响。国内国际舆论场的关联、互动已经成为当代舆论生态的普遍现象。

2. 多样性

全媒体时代是全员媒体的时代。在此之前,机构媒体、少数人掌握信息源与媒介接入权。而在全媒体时代,任何个体都可以在网络上发表信息,对各种社会事件表达意见。这种多传播主体的现状决定了全媒体舆论生态多样性的事实,"去中心化"的传播格局成为一种必然而客观的存在。依托自媒体、社交媒体的个人传播行为,已经与依托大众传媒的机构传播行为成为同等重要甚至更为重要的传播力量,这导致在政治领域不少国家的领导人进行"推特(Twitter)治国",使商业领域的机构媒体广告额大幅度下滑。更突出的是,随着作为"网络时代原住民"青年一代的成长,人们自主发表信息与意见的主动性、自然性愈发强烈,舆论生态多样性的趋势也愈发明显。

3. 复杂性

全媒体时代的信息已经成为关乎政治、经济、文化、社会等的战略资源,因而传播信息的动机也愈发复杂,当代传播中的商业诉求、政治诉求等已经超越了传统媒体以新闻传播进行事实发布的功能诉求。信息主导权在国际斗争、军事打击、政治竞选、商业竞争,甚至是文化娱乐中的作用愈发凸显。对信息传播的重视,一方面,使得当代信息传播活动空前繁荣,信息经济快速发展,信息社会逐渐形成;另一方面,使得信息内容的真实性越来越受到挑战,动机往往超越事实成为主要依据。值得重视的是,当代传播中,日益呈现一个隐性的特征,有国外学者也关注到此现象,即媒介的武器化(weaponized media)现象。

从微观新闻传播行为的动机看,个人工具重于社会公器,速度追求重于事实核查,情绪传播重于事实传播。《纽约时报》在2019年11月的一篇深度报道中,分析了总统特朗普上任以来发布的推特,共1.1万余条,其中近6 000条是攻击其他人或机构的。从宏观新闻传播行为的动机看,企业间、国家间的舆论较量愈发重要,利用传播行为来打击对手成为隐性的手段。在国际传播体系中,话语权小已经成为多数发展中国家的软肋。

4. 风险性

风险之一是传播效果不确定。全球传播网络多样的传播主体、复杂的传播动机以及非专业的传播行为,使得全媒体时代中的信息内容与传播效果难以预测,突发事件的不当传播会带来负面社会影响,局部的不当传播也会带来负面社会影响,甚至于正面的内容、真实的新闻由于时机选择不当也会产生负面社会影响。这种由信息传播不确定性带来的风险,已经成为全球现象。风险之二是信息固化导致观念极化与社会分化。在自主选择信息、算法精准推送和多样传播动机作用的条件下,人们获取的信息内容与倾向越来越固化,信息固化带来认识固化乃至观念极化,进而导致"再部落化"的社会分化。在全球范围内,信息固化、观念极化、社会分化的"新三化"现象愈演愈烈,这与当代传播发生的重大变化以及产生的重大作用是密不可分的。风险之三是信息失真愈演愈烈。"以假乱真"的信息技术越来越强,眼见不一定为实,"做新闻"可以比"采新闻"更具真实感。信息技术依赖性在提升信息系统效率的同时,也会相应增加系统运行的风险性。"后真相"成为当代传播的突出问题,事实核查已经成为全球难题。从传播视角看当代冲突与焦虑的根源,虚假信息、对立思维、线性逻辑是重要原因。

身处崭新的全媒体环境中,如何处理海量信息,如何传播正向舆论,如何建设积极的舆论生态,对于中国乃至世界的可持续发展,已经愈发重要而紧迫。

二、全媒体环境中舆论引导的新观念

在全媒体环境中引导舆论,不能无所作为,听之任之;也不能盲目作为,新瓶装旧酒,而是要切实把握新特征、遵循新规律、拿出新办法。观念是行为的先导,要有新的行为必须先有新的观念。

舆论场从本质上说是一种动态的信息系统、能量系统。在传统媒体时代,系统要素之间是线性的、决定论的关系;而在全媒体时代,系统要素之间是非线性的、非决定论的关系。换言之,关联性取代因果性,相对性取代绝对性,自组织性取代组织性,成为全媒体时代舆论场的运行规律。在这一新的舆论场中引导舆论,建立信任感、理性感、积极感已经成为新的任务。

"量子管理学"创立者、英国学者丹娜·左哈尔认为,人类已经进入了量子时代,牛顿式世界观应该让位于量子世界观。在牛顿范式下,自然被看作是简单的、守规则的、最终可控的;而在量子范式下,自然是复杂的、混沌的、非确定性的。按照量子思维来看待全媒体时代舆论场的引导与管理,就要摆脱机械论、还原论的制约,以创新性、整体观来追求舆论场中价值观的趋同。

1. 多样性的一致

全媒体环境中的平等主义与民主精神是突出的,这也是现代欧洲文明源起的重要特质,其舆论生态的多样性立场和表达是必然存在的。因此,在这种环境中引导舆论,首先要明确同质化舆论的不可能,进而追求同向化舆论。从现实性上看,同质化舆论是"同而不和",同向化舆论是"和而不同"。在全媒体环境中,形式上排除不同声音并不能带来认识上的一致。更何况,全媒体环境中的形式变化从理论上说是无限的。因此,在全媒体环境中,我们要在尊重、承认多样性的基础上寻求、创造一致性,形成既有活跃度又有正能量的舆论场。

2. 正向批评

新闻媒体的公信力来源于对现实的全面客观反映,舆论引导的信任度来源于对不同主体与客观事实的尊重。在全媒体时代,公众成为舆论场建构的重要力量。对同一事实有不同视角,对社会问题有主动表达,这是社会现代化、民主化进程中的客观趋势。事实上,舆论场中的批评可以成为现实中的积极力量,能够推动现实问题的解决与社会的进步。因此,对于"正面宣传"的理解应该有新的发展,不应仅仅是内容的正面,还要有效果的正向。从实践与理论上看,只要是基于事实的、理性的批评表达,且能够带来正向发展推动力的内容,都应成为舆论场中的健康声音,要予以支持。

3. 理性讨论

在全媒体时代,舆论场中远远不止"两面之词",而是"多面之词"。面对这种情况,培养讨论习惯乃至辩论意识就显得至关重要。在全球化与社会存在多样化的时代里,思想观念的差异是必然的,重要的是如何以事实和理论来引导不同的思想观念。特别是对于国家发展道路问题要有历史与宏观的视野,对西方的问题要讲透,对自己的问题要讲足。理性涵养是社会进步的方法,也是目标。作为方法,体现为一种世界观的培养,以基于事实的世界观(fact-based worldview)替代戏剧化的世界观(overdramatic worldview),前者是以事实、知识、法制来引导思考与行为,后者则以想象、情绪、权力来引导;作为目标,体现为现代社会的成熟程度与人文主义,以及从国家治理体系到个体文明素养。只要保持全球视野与中国立场的统一、尊重事实与道路自信的统一,就能在全媒体环境的舆论场中保持引导性位置。

4. 动态发布

全媒体时代是全程媒体的时代,信息发布与事件发生之间"零时差"的同步性已经成为现实。从舆论形成的规律来看,早发布的信息具有事实呈现力与解释力,因而具有舆论引导力。"第一声音"形成"第一印象",尽可能地早发声、快发声具有极其重要的、不可替代的意义。在全媒体环境中,慢信息是弱信息。换言之,过慢的信息,即便具有权威度与真实性,但因丧失关注度,也很难具有较强的舆论引导力。因此,对于舆论引导者来说,只有保持动态的发布机制,实现第一发布与持续更新的统一,才会形成对舆论场的有效引导力。

5. 创意内容

全媒体时代是全息媒体的时代,具有完全不同于传统媒体的传播形态。移动化、社交化、可视化,特别是碎片化,已经成为基本特征。全社会的注意力越来越稀缺,思考力则更稀缺。信息接受的前提是信息接收。因此,要实现对舆论场的引导,最基本的就是让信息得到关注与传播。事实上,如何制作全息形态的创意内容,已经成为当代信息传播领域的热点话题。在全媒体环境中,好的内容具有硬核、真情与美颜三个要素。"硬核"是指事实与故事;"真情"是指平等心与人情味;"美颜"则是指表达的创造性与吸引力。

三、全媒体传播格局中的舆论引导力量

当前,媒体离公众越来越近,但新闻却离公众越来越远。究其原因,主要是由于高质量的新闻被低质量、无质量的信息内容湮没,传统专业媒体被各种非专业的搜索类、聚合类信息平台和社交媒体挤压。在新的全媒体传播格局中,要实现有效的舆论引导,既要打造新型传播平台,建设新型主流媒体,也要调动一切可以调动的积极力量,形成舆论引导合力,构建现代传播体系。

1. 政府的舆论引导力量

在全媒体时代的国家治理体系中,新闻舆论工作是极其重要的,关乎政府能否有效实现与社会的沟通,进而引导整个社会的心理预期与精神状态。对政府来说,要把新闻舆论工作、信息传播工作作为战略任务来对待。这不仅反映了政府工作理念"以人民为中心"的导向,也反映了政府工作的现代化水平。作为社会秩序的控制者、社会信息的拥有者,政府在舆论引导上是具有优势的。因此,理应以更加积极且专业的姿态参与全媒体舆论格局的建构。政府要发挥好舆论引导力量,就要做到战略上重视、体系上健全、手段上专业,努力成为社会舆论的"第一信源"。

2. 媒体的舆论引导力量

在全媒体环境中,高质量新闻缺失现象已经成为影响新闻伦理与公众利益的突出问题。无论是从国际还是国内来看,专业媒体的影响力都在逐渐迎来"否定之否定"的复兴。当然,这种复兴的进程是缓慢的。对于专业媒体来说,要在全媒体环境中扩大影响力,就要善于根据新形势打造媒体融合发展的整体优势,要通过理念、流程、平台、机制等的彻底变革,实现专业内容、先进技术、社会资源的融合质变。此外,对于媒体变革来说,当前尤为重要的是调整工作机制,吸引并放手使用优秀人才,以新机制建设新队伍,以新队伍提升舆论引导力。

3. 技术的舆论引导力量

全媒体时代的突出标志是新技术主导新媒介发展,新媒介主导新传播格局。5G、大数据、云计算、物联网、人工智能等技术的出现,极大地改变了原有

新闻的生产流程与传播渠道。在这种环境下,技术的主导性、媒介的主体性日益凸显。因而,要进行有效的舆论引导,就必须全面投入新媒介技术的研发与使用。事实上,没有内容的技术是乏味的,没有技术的内容是边缘的。当前,重要而紧迫的是,积极开展算法研究,让主流价值引导主流算法、主流算法引导智能新闻发展。

4. 国际的舆论引导力量

全媒体时代是全球传播时代,传播主体不仅在国内也在国外。当前,中国在全球传播中的焦点性日益突出。作为世界第二大经济体,全球舆论对中国的关注度前所未有,而中国自身提供的信息还不能满足这种需求。任何舆论场都不可能是真空的,如果没有正确的声音,错误的声音就会蔓延。在全媒体时代,要避免中国的"舆论真空"与"舆论混乱",就要在建设对外传播体系的基础上,发挥国际友好人士的力量,形成中国之外的国际舆论力量。当前,许多了解中国、对中国友好的国际人士,已经在做着传播中国的努力,但未来依然需要更多的支持和帮助。比如,可以组织"一带一路"沿线国家的新闻媒体、社会知名人士、青年学生等访问中国。

5. 青年的舆论引导力量

在全媒体时代,青年是互联网与数字媒介的"原住民",青年的参与度、活跃度远远超过其他年龄段的群体。可以说,当代青年已经逐渐成为家庭以及社会的意见领袖。要引导全媒体环境中的舆论,特别是自媒体、社交媒体中的舆论,关键是要发挥青年的作用。从当前国内各大新媒体公司的发展来看,其创始人创建公司的年龄和全体员工的平均年龄普遍不到 30 岁。由此可见,新生的青年力量已经成为当代舆论引导力量的重要生力军。新一代青年人有着更开阔的全球视野、更清晰的国家意识、更理性的思维方式,只有充分尊重、积极组织,才能使其成为具有强大战斗力的舆论引导力量。

6. 全媒体时代是全新的媒体时代

这一时代有着全新的规律,但也带来了全新的挑战。对于中华民族伟大复兴来说,舆论引导能力、国际传播能力已经成为国家战略能力不可或缺、不可替代、极其重要的组成部分,如何强调都不为过。只有切实尊重、把握这一新时代的舆论传播规律,中国才能逐渐成为全球传播格局中的积极参与者,进而成为有效的引领者,中国的世界贡献、发展理念与精神价值才能获得越来越多的认同。

参考文献

[英]丹娜·左哈尔.量子领导者.杨壮,施诺译.北京:机械工业出版社,2019.

[美]阿瑟·赫尔曼.苏格兰:现代世界文明的起点.启蒙编译所译.上海:上海社会科学院出版社,2016.

习近平.决胜全面建成小康社会 夺取新时代中国特色社会主义伟大胜利——在中国共产党第十九次全国代表大会上的报告.北京:人民出版社,2017.

Rosling, H., Rosling, O. and Ronnlund, A.R. *Factfulness*. London: Sceptre, 2018.

美国国家战略传播理念与实践的历史沿革[①]

程曼丽[②]　赵晓航[③]

【摘要】 "9·11"恐怖袭击事件促使美国政府重新考虑其国家安全的战略布局。在此背景下,军方使用的战略传播概念被引入国家整体战略框架中,国家战略传播体系得以建立。本文对美国军方及政府实施战略传播的历史脉络进行梳理,总结了战略传播的不同发展阶段,即从"二战"到"冷战"期间的军事通信工具,再到布什、奥巴马政府时期的心理战、思想战、信息战的协同联动机制,以及特朗普政府时期融政治、商业于一体的(战略)传播策略。本文认为,美国国家战略传播是随着科学技术的发展、国家战略定位的变化而不断调整的,现已成为美国国家整体战略的有机组成部分。

【关键词】 美国国家战略传播、战略沟通、整合营销传播、战略传播

"战略传播"(Strategic Communication)的概念起源于美国,其传播对象最初是指敌国军队,后来逐步扩展到敌国公众。国家战略传播体系则是美国政府于"9·11"恐怖袭击事件后逐步建立起来的、以美国国家利益和国家安全为中心的、旨在针对目标受众进行有效传播的总体协调机制。从最初用于军方的情报沟通到企业界的营销策略,战略传播的发展与信息传播环境、社会组织或国家的总体战略均有密切关系。本文首先将对战略传播这一概念进行溯源,进而探讨美国国家战略传播体系的发展历程、架构及未来走向。

---

① 本文主要内容已发表在《新闻与写作》2020年第2期。
② 程曼丽:北京大学新闻与传播学院教授、博士生导师。
③ 赵晓航:国家计算机网络应急技术处理协调中心助理研究员,北京大学新闻与传播学院博士生。

一、服务于战时宣传的"战略沟通"

"战略传播"又可译为"战略沟通",从字面上不难看出,战略传播区别于其他传播现象或行为的关键在于"战略"。"战略"这一词源于公元 6 世纪的东罗马(拜占庭)帝国,原指军队将领的指挥艺术,直到 18 世纪才被译成英语,到 20 世纪则指在军事冲突中通过威胁、使用武力等综合手段实现政治目的的行为。"战略"一词如今已普遍应用于政治、经济、商业、文化等各个领域,其内涵却仍旧沿用了这一界定。

(一)第一次世界大战:服务于战争需要的"类战略传播"

根据美国公开资料和解密档案的披露,[①] 美国官方和军方语境下最早使用"战略传播"的概念是在第二次世界大战期间。事实上,早在"一战"期间,就已经出现战略传播的雏形。

1914 年,第一次世界大战爆发。作为世界范围内第一次国与国之间的武装冲突,交战双方在战争之初都未形成成熟的宣传意识。随着战事的推进,英国、法国、美国纷纷成立了服务于战时宣传的专门机构,如英国的新闻署(Department of Information)、法国的新闻使团(Maisondela Presse)以及美国的公共情报委员会(Committee on Public Information)。这些机构均服务于战时国内的宣传动员、对外政策的阐释和情报活动,在功能上已经具备了战略传播的雏形。

以美国的公共情报委员会为例,该委员会成立于 1917 年,1919 年解散。尽管它只存在了 26 个月,却是美国历史上首个用于宣传的国家机构。美国的公共情报委员会主席乔治·克里尔(George Creel)将委员会的职责概括为:区别于德式宣传的"信仰宣传"(Propagation of Faith)。公共情报委员会解散后,时任海军部长的富兰克林·D. 罗斯福随之提出建立国家层面安全协调体系的建议。然而由于和平年代危机意识的薄弱,这一提议未获通过。

从美国公共情报委员会"对内宣扬忠诚、团结",对外"宣传美国外交政策"的目标来看,委员会从功能和理念上已经具备了服务军事行动的功能与

[①] 笔者对美国政府公开或解密的档案史料进行了梳理,这些档案的来源包括美国国防部等机构、北大西洋公约组织、大学研究机构等。

特点,带有心理战的性质;后来,被称为整合营销传播之父的唐纳德·E.舒尔茨（Don E.Schultz）也曾提到,美国在第一次世界大战时期的战时宣传,可以算作"第一个真正的整合营销传播案例"。但是,当时美国政府和军方并未使用"战略传播"的字眼,各相关机构的协同合作也主要是进行宣传动员,其行为并未上升到战略层面。换句话说,美国公共情报委员会的工作只是具有类战略传播的性质,并不是真正意义上的战略传播。

（二）第二次世界大战：从战略沟通到战略传播

第二次世界大战爆发后,尤其是美国参战后,"战略传播"[①]概念被正式使用。即便如此,当时这一概念的意涵与"9·11"事件后逐步建立起来的国家战略传播体系内涵仍有很大区别。在20世纪40年代的语境中,"战略传播"相当于"战略沟通"或"战略通信"。例如,在美国军方解密的一份对德作战报告中提到,"1944年,武装信号部队建成了战时第一条战略通信线路"。

需要指出的是,"二战"期间也是美国心理战大发展的时期。心理战又被称为军事信息支援行动（Military Information Support Operations,简称MISO）,专指通过视觉、音频或印刷媒体传递信息、协调海外传播的行动。这种行动常常出现在战略沟通的语境中。美国先后数次成立类似的管理机构,例如,罗斯福总统于1942年成立信息协调办公室（Office of Coordinator of Information,简称OCI）,后改组为战时情报办公室（Office of War Information,简称OWI）,负责公开的心理战;而战略情报局（Office of Strategic Services,简称OSS）,则负责隐秘的心理战。

战略情报局（OSS）是中央情报局（CIA）的前身,所设分支机构包括秘密情报部门、特别行动部门（Special Operations）、行动小组（Operational Groups）、心理战活动部门（Morale Operations）、反间谍部门（X-2）等。其中的心理战活动部门主要负责组织开展打击敌方士气的活动,例如,散播谣言、发放传单、干扰敌方电台等。这是与"战略"相关的部门第一次脱离军方而由政府组建,这或可视为真正意义上的战略传播的出现。

---

① 此时文件中使用的是strategic communications的复数形式,多指通信、沟通渠道等。

（三）战略沟通与战略传播的互替使用

冷战时期，随着美国战略重点的转变——转向遏制共产主义国家，美国先后成立了一些职能相似的机构，如国家心理战略委员会（Psychological Strategy Board）、作战协调委员会（Operations Coordinating Board）等。当时，由于与心理战相关部门缺乏有效的沟通，致使海外信息项目未能达成预期效果。为了改变这一状况，美国政府于1953年成立了一个更高级别的协调机构——美国新闻署（United States Information Agency，简称USIA），作为支持对外政策和维护海外利益的独立外事机构，负责对外心理战。新闻署于1999年撤销，其麾下的美国之音、自由电台等广播业务由广播理事会（Broadcasting Board of Governors，简称BBG）接管，非广播业务由国务院负责公共外交和公共事务的副国务卿负责，这两个机构后来均成为国家战略传播体系的有机组成部分。从美国政府的解密档案看，冷战期间，新闻署并未将对共产主义国家的心理遏制与"战略"行动绑定，在当时的概念中，战略传播还仅局限于服务军事行动的范畴。

这在军方的文件同样得到了印证。1961年，美国向越南派驻军事顾问和特种部队，标志着美国正式介入越南战争。在战事推进的过程中，"战略沟通"一词比以前更加频繁地出现。当时美国国防部部长梅尔文·莱尔德（Melvin R Laird）在一份内部报告中指出，战略沟通（strategic communications）和战术沟通（tactical communications）分散掌握在军方各部门手中，这是一个问题。出于降低成本和统筹协作的考虑，各部门的战略通信系统于1961年被并入统一的军事通信系统（Defense Communications System）中进行管理。

这一阶段，"战略传播"的内涵进一步丰富。1964年，美国军方成立陆军战略传播司令部（U.S.Army Strategic Communications Command，简称STRATCOM）。该司令部最早是个通信部队，主要任务是"对东南亚的所有陆军通信电子资源进行指挥和控制"，其在越南发射的卫星为美国在越南提供了最早可用的高质量通信线路；在国防部1964年提交给白宫的一份关于远东、加勒比海的解密报告中，也有关于"投入750万美金用于优化军方战略通信系统（Strategic Communications System）"的文字。此外，部分隐秘的情报支撑活动也被纳入战略传播司令部的总体工作中。例如，司令部曾帮助泰国、越南等东南亚国家建立通信设施，以保证、监视战时的通信安全。

在国防部 1970 年财政拨款及 1971 年财政预算审核文件中,预算包括了数据自动化处理、情报与沟通、公共事务等若干内容,战略沟通则被列入情报与沟通工作中。预算报告提到:1971 年的预算被削减了 310 万美元,获得批准的部分 80% 用于建构全球战略传播系统(world-wide strategic communications),其中既包括建设国防通信系统(Defense Communications System),也包括所有的军事行动。报告还指出,如果削减经费,受损失最大的领域可能是战略沟通。

随着媒介技术的发展,尤其是全球卫星通信技术的应用,美国军方逐渐意识到国外基地的战略沟通功能开始下降,因而认为有必要建立全球统一的战略通信系统。在 20 世纪七八十年代解密的为数不多的文件资料中,"战略传播"一词同时指代这一系统。

由此可见,最初的战略沟通主要是指军事指令下达的渠道。渠道是沟通的必要条件,也是军事讯息得以有效传播的关键所在。而基于卫星通信系统全球传播网络的建立与完善,为美国的国家战略传播奠定了重要的物质基础。

二、战略传播思想在企业界的应用

"冷战"结束直至 2001 年 "9·11" 事件爆发的 10 年,美国战略传播理念及体系建设基本上处于停滞状态。当时,经济全球化背景下的均势——霸权理念成为美国国家战略理念,"冷战"期间设置的一些国家机构被认为已经过时,一个典型例子是"冷战"期间显赫一时的美国新闻署(USIA)被并入国防部(DOS)。与战略传播在国家层面受到冷遇的情况不同,战略传播概念开始在企业界得到重视。

(一)战略研究在组织管理领域的兴起

早在 20 世纪 50 年代,组织理论就已经开始使用"战略"(Strategy)一词,意在研究企业如何在市场竞争中获得优势。到了 20 世纪 60 年代,随着经济的进一步发展,企业管理者逐渐由追求短期效益转而重视长期规划,营销和企业战略开始进入企业管理者与组织管理研究者的视野。

美国企业史研究的开创者阿尔弗雷德·钱德勒于 1962 年提出,战略是"为确立企业的根本长期目标并为实现该目标而采取必需的行动序列和资源配置";1965年,埃德加·克兰(Edega Crane)出版专著《营销传播学:一种关于人、信息与媒介的行为观》,提出了营销传播学的基础理论——传播组合(Communication Mix);同样是在60年代,J.麦卡锡提出4P理论,即产品、价格、渠道、促销,由此成为营销理论中的四个基本要素。

20世纪50年代到70年代,是美国经济快速发展时期,同时也是美国大众传媒的黄金发展期。当时人们普遍从广播网、电视网、全球性杂志和大都会报纸中获取信息,广告营销的重要性也愈发凸显,这为组织内部以及不同组织间的战略沟通奠定了基础。但是,其后美国经济发展速度开始放缓,1973年到1987年的经济增长率平均比1950年到1973年下降了一半,20世纪70年代的广告营销效果也远不能与60年代相比。面对这一变化,企业管理者开始思考对策,亨利·明茨伯格(Henry Mintzberg)等学者提出,企业管理者应当从整体层面把握企业公共关系、市场、广告营销等问题。也就是说,从战略高度进行资源整合成为一种客观要求和必然趋势。

(二)整合营销传播理论对战略传播的影响

20世纪80年代,广告公司开始采用整合营销传播战略:1989年,美国广告公司联合会主席与西北大学共同实施了第一个整合营销传播计划;1990年西北大学开设了整合营销传播课程。这一阶段最大的变化,是营销领域开始引入传播概念,传播作为一种沟通手段、信息传输渠道,成为市场的核心和灵魂所在,贯穿于公司的战略及企业文化中。

1992年,唐·舒尔茨出版了整合营销传播学的奠基之作《整合营销传播》,提出通过整合信息和目标,将市场与传播紧密结合在一起,其核心就是将包括广告、公共关系在内与市场营销有关的传播活动进行整体推进。整合营销包括四个阶段,即战术协调、确定潜在用户范围、利用新的信息技术手段对用户进行画像以及战略整合。至此,以消费者为中心的4C理论取代了20世纪60年代的4P理论。

市场与传播的结合促成了传播的战略转向,战略思想重新受到重视。

20世纪90年代是整合营销传播大发展时期,企业、非政府组织开始广泛接受这一理念。

1997年,联合国决定设立战略传播相关职位,"旨在使联合国更为有效地推进会员国提出的方案、政策和价值观的实现";联合国的许多下属机构,如日内瓦的国际劳工组织等也都开始制订战略传播方案。

1999年,美国国家药物管理政策办公室提出建立药物管制战略,用于指导美国的禁毒工作,并且加强议会、政府以及地方政府之间的沟通与协同合作。

从20世纪企业及非政府组织启用战略传播的发展过程看,公共关系、市场营销、广告等在市场经营活动中进行了以传播为导向的战略整合,这一整合有着明确的目标,就是对组织和个人进行说服并施加影响。而这种说服与影响与早期军事领域中所实施的面向敌国军队、民众的劝服有着相似之处,这也是为什么战略(传播)理念能够移植到企业管理中,并为企业、非政府组织乃至政府广泛接受的原因所在。

三、国家战略传播体系的建立

美国的国家战略传播体系是在国家遭受恐怖袭击之后逐步建立的。

(一)反恐斗争使战略传播进入国家话语体系

2001年9月11日,美国遭遇了有史以来最严重的恐怖袭击。这之后,美国的国家战略开始发生以下几方面的变化。

第一,美国安全战略的变化。恐怖袭击发生后不久,美国副总统迪克·切尼就强调指出,"我们正着手制订全新的政策,并不是简单地打击制造'9·11'事件的恐怖分子,而是要瓦解他们的整个网络,打击整个组织、民族和支持他们的人","放眼全球战略才是最重要的"。此后不久,北大西洋公约组织第一次启用了《北大西洋公约》第5条款,即"对于欧洲或北美之一个或数个缔约国之武装攻击,应视为对缔约国全体之攻击"。这些理念在2002年布什政府发布的《国家安全战略报告》中得到了充分体现。该报告重申了1950年《国家安全委员会68号政策文件》(NSC—68)中关于普世价值的主张,并呼吁"所有大国共同应对恐怖暴力的威胁"。

第二,美国政府观念的变化。这也是战略传播理念得以从军方发展成为国家战略的关键。"9·11"事件后,美国军方在提交的相关报告中多次强调全球信息环境(global information environment)的变化,认为当下的信息环境和冷战时期已经发生了很大的变化。冷战期间,政府中的高级官员尚能以国家安全的名义拒绝与媒体沟通,而在媒介技术发展带来的信息泛滥的情况下,人际传播、大众传播、国际传播都被纳入公共信息系统之中,客观上要求政府必须主动与国内外受众进行直接对话。

第三,国家战略传播开始成为学界和政界的议题。"9·11"事件后,美国军方开始越来越多地资助和指导与美国公共外交相关的传播研究,人们开始对包括冷战时期在内的美国对外战略以及近期的反恐活动进行反思。例如,一些研究战略问题的学者认为,美国之所以深陷越南战争泥潭,在对阿富汗等地采取的反恐行动中没有达到预定的目标,是因为"无法在国内和国外讲述美国故事"。2006年,约瑟夫·奈在一篇关于"智实力"(smart power)的文章中也提到,在传统的国际冲突中,军事力量的强弱可以起到决定性作用,而在当下,国家是否构建了强大的故事往往成为决胜因素。而将硬实力和软实力关联在一起,就是一种战略。

在国际环境、技术手段、政府观念变化等多重因素的推动下,美国进一步认识到"思想战"(war of ideas)的重要性,战略传播的观念也开始由军队进入国家层面。

(二)国家战略传播体系的建立及主要内容

21世纪的最初几年,战略传播主要是为美国政府及军方实施全球反恐战略服务的。2001年10月,美国国防部副部长办公室分发了《国防科学委员会专题组关于管控信息分发的报告》(*Report of the Defense Science Board Task Force on Managed Information Dissemination*)。该专题组对国防部、国务院的战略信息活动(Strategic Information Activities)进行了考察,通过评估国防部、国务院、美国国际开发署、美国国际广播和非政府组织等的战略传播行为,认为"军队与民间的信息传播能力是国家安全的关键所在",并提出"复杂的战略沟通可以进行议程设置,进而为政治、经济、军事目标打造有利的环境"。

2004年,美国国防科学委员会发布《战略传播报告》(*Report of the Defense Science Board Task Forceon Strategic Communication*),首次对战略传播进行界定,提出"战略传播是美国国家安全的重要组成部分","需要一系列复杂的统筹协作,包括对网络施加影响、确定优先政策、制定目标、聚焦可行任务、打造主题和信息、明确传播渠道、制定新战略、实施监控"等,进而提出必须转变观念,由白宫直接领导战略传播体系,统筹公共外交、国际广播和军事情报工作,并为其提供资金、人员、法律等方面的保障,使之与美国外交、国防、情报、执法和国土安全方面的各项工作协调起来。

国防部接受了国防科学委员会的建议,将战略传播正式纳入工作体系。作为政府与军队之间沟通协调的重要机构,国防部此举可以视为战略传播纳入美国国家整体框架的一个重要标志。至此,战略传播成为美国在全球范围内进行外交拓展、制造认同的有力工具。

2006年,美国国防部发布《四年防务评估报告》(*2006 Quadrennial Defense Review*),将战略传播列为重点发展的五个关键领域之一。当年9月,《四年防务评估之战略传播执行路线图》(*2006 Quadrennial Defense Review Strategic Communication Execution Roadmap*)正式发布。在该路线图中,国防部明确了战略传播的参与主体、职责范围、遵循的原则,同时明确了战略传播体系涵盖的主要方面,即公共事务、信息操控、心理战、军事外交、国防部对公共外交的支持以及公共信息资源的开发,等等。

2007年,国防部《军事及相关术语词典》(联合出版物1—02)对战略传播的定义做了修订:"美国政府加大力度理解并接触关键受众,通过与国家权力机构各部门的联动,通过协调一致的项目、计划、主题、信息和产品,来创造、强化或维持有利于实现美国利益的政策和环境"。至此,"战略沟通"与"战略传播"的内涵已合二为一。除了美国政府之外,这一时期的英国政府和军方也开始使用战略传播概念。有学者指出,这是由于战略传播概念看似相对中立,与已经污名化了的"宣传"(propaganda)、"信息操控"等有所区别。

2007年6月,美国战略传播和公共外交政策协调委员会发布《美国公共外交与战略传播国家战略》(*U.S.National Strategy for Public Diplomacy and Strategic Communication*),这意味着国家层面的协调机制正式建立。此次发布,一是明确了由反恐中心(总部设在国务院)负责制订战略传播计划;二是决定成立跨部门传播沟通小组,负责协调白宫传播办公室、国家安全委员会高级新闻发言人、白宫新闻秘书、国务院公共外交与公共事务部门以及国务院公共事务部门之间的行动。

需要指出的是,在《美国公共外交与战略传播国家战略》报告中所提出的诸如针对特定目标受众的传播(specific target audience),整合大众网站的传播,利用经济援助、政治交往、教育交流、医疗援助等增效手段进行的传播,都在其后正式建立的国家战略传播体系架构中得到了延续。

此后，国防部也多次提交与战略传播相关的规划和报告，包括2008年1月美国国防科学委员会专题组再次发布的《战略传播报告》；2008年9月美国联合部队司令部和联合作战中心发布的《战略传播和传播战略指挥官手册》（阐明了战略传播的作业流程和重点），等等。2008年9月，美国参议院的萨姆·布朗贝克向国会提交了一份议案，要求美国政府建立一个类似美国新闻署的国家战略传播中心（National Center for Strategic Communication），以统筹对外传播活动；次年，众议院的威廉·索恩伯里也提出类似议案，但上述两个议案均未获得通过。2009年，国防部向国会提交了《战略传播报告》。

2008年11月4日奥巴马当选美国总统。根据《2009财年邓肯·亨特国防授权法案》第1055节的要求（总统需要提交一份全面反映公共外交和战略传播目标的跨部门工作报告），奥巴马政府于2010年提交了《国家安全战略报告》，明确指出要开展有效的战略传播，并认为这是"维护美国全球合法性和支撑其政策目标的根本手段"。紧接着，奥巴马政府提交了《国家战略传播架构》报告，首次全面、系统地阐述了美国国家战略传播体系的定位、性质及目标。此后，针对问责委员会关于战略传播架构职责不清晰、表述不一致等质疑，奥巴马政府又在2012年对2010年的报告进行了修订，至此，美国国家战略传播体系正式形成。

美国《国家战略传播构架》（2012年修订版）将公共事务、公共外交、信息操控和对公共外交的防务支援纳入战略传播体系，并对战略传播明确定义如下："第一，坚持言行一致的原则，进行有效传播；第二，通过公共事务、公共外交和信息运作等多重手段，针对特定受众精心设计传播和接触活动。"

国家战略传播体系在美国国家战略框架中有着举足轻重的地位，得到了政府方面的高度认可。奥巴马认为，自从2010年提交国家战略传播构架报告以来，战略传播在埃及"颜色革命"和伊朗问题的处理中都起到了至关重要的作用。[①]

（三）战略传播在特朗普时代的延伸

2016年，特朗普当选美国总统，美国的内政、外交随之发生了一系列变化。

---

① 原文翻译如下"从开罗到德黑兰，无不证明我们与公众的沟通起到了重要作用"，按照时间推测，开罗指埃及颜色革命，德黑兰为伊朗首都，即指伊朗的反恐怖和所谓民主化的相关活动。

2017年12月白宫发布的特朗普任期内首份《国家安全战略报告》,更是一改奥巴马"普世价值"的说法,①将"美国优先"视为国家安全战略的根本。

尽管如此,从特朗普政府的机构设置中不难看出,战略传播体系在美国内外传播的运行系统中仍在持续发挥作用。

海外传播方面,在美国国家战略传播体系中占有重要位置的广播理事会(BBG)改名为美国国际新闻署(U.S.Agency for Global Media,简称 USAGM);在该部门 2018—2022 年的工作规划中,就包括加强美国之音(VOA)和自由亚洲电台(RFA)的合作、建立全球普通话数字网络(Mandarin-language digital network),同时还包括加强对俄罗斯以及古巴的海外传播。2020年,美国国际新闻署将获得 6.28 亿美元的支持,用来完成上述目标。

从国内的情况看,2017 年特朗普政府设立了白宫战略传播总监职位,该职位被授权直接向总统汇报工作事项,并负责协调媒体关系,提供信息咨询等。在特朗普最新公布的 2020 年总统竞选团队中,也专门设置了新闻秘书和战略传播总监职位。曾经担任第二任白宫战略传播总监的梅赛德斯·施拉普(Mercedes Schapp)已于 2019 年 7 月辞去职务,转而参与到特朗普的竞选团队中。

值得一提的是,目前美国的总统竞选活动,正日益显出政治领域的战略传播与商业领域的整合营销传播相互融合的态势。根据广告分析公司的数据显示,2019 年美国民主党和共和党在政治广告中共花费 9.98 亿美元,这一数字远远超过 2016 年的广告投入,广告投放的平台也从以往的大众传播媒体扩展到包括搜索引擎(Google)、音乐播放平台(Spotify)在内的多种渠道。

四、结论

从"二战"及"冷战"期间的军事通信工具,到布什、奥巴马政府时期心理战、思想战、信息战的协同联动机制,再到特朗普政府时期融政治、商业于一体的(战略)传播策略,美国国家战略传播是随着科学技术的发展、国家战略定位的变化而不断变化的。经过近一个世纪的发展,国家战略传播虽然在体制机制设置、功能定位上几经变迁,但是作为一种有效的国家传播治理模式,

---

① 据研究资料显示,战略传播体系提出及建立的一个重要考量,就是在全世界范围内宣扬美式普世价值观。2004 年国防科学委员会的报告中提出,战略传播体系是"要在全世界范围内进行一场思想之战,而不仅是西方世界与伊斯兰国家之间的战争"。

它逐渐摆脱了资源分散的困扰，形成了自身的特色与优势，这就是通过顶层设计将公共外交、公开的海外宣传及隐秘的信息操控结合在一起，对目标受众施加影响，以实现国家利益的最大化。这也是我们分析、研究目前美国全球传播战略的一个重要依据与参考。

参考文献

Freedman, Lawrence.Strategy.Oxford University Press, 2013.

[美]哈罗德·D.拉斯韦尔.世界大战中的宣传技巧.张洁,田青译.北京：中国人民大学出版社,2018：29.

Kazin, Michael.The Populist Persuasion.New York：Cornell University Press, 1995：69.

How we advertised America, 4-5.

Ward, COL Brad.Strategic Influence Operations—The Information Connection.L.Retrieved 12 November 2012.https：//fas.org/irp/eprint/ward.pdf.

[美]唐·舒尔茨,斯坦利·田纳本,罗伯特·劳特朋.新整合营销.北京：水利水电出版社,2004：2.

German Army High Command signal communications services, 28, Nov.1947, https：//hv.proquest.com/pdfs/003252/003252_002_0004/003252_002_0004_0001_From_1_to_50.pdf.

OSS-The Psychology of War, https：//web.archive.org/web/20100127094918/http：//www.icdc.com/paulwolf/oss/ossmo.htm.

Melvin R.Laird statements as Secretary of Defense, November 14-December 20, 1969, https：//hv.proquest.com/pdfs/003178/003178_003_0672/003178_003_0672_From_1_to_482.pdf, 444.

Vietnam Studies：Communications-Electronics 1962-1970, Department of the Army, 1972, 21.

Federal agency monthly reports, 2, September.1964, https：//hv.proquest.com/pdfs/002284/002284_024_0250/002284_024_0250_From_1_to_42.pdf.

Melvin R.Laird statements as Secretary of Defense, August 31-November 20, 1970, https：//hv.proquest.com/pdfs/003178/003178_006_0012/003178_006_0012_0007_From_301_to_350.pdf.

Where We in National Stand Defense, https：//hv.proquest.com/pdfs/101141/ 101141_017_0610/101141_017_0610_0003_From_101_to_150.pdf.

William J.Clinton, Presidential Decision Directive 68-International Public Information.The

White House, Washington, D.C.: 1999.

Hallahan, Kirk et al.Defining Strategic Communication. *International Journal of Strategic Communication*, 2007, 1（1）: 3-35.

[美]唐·舒尔茨, 斯坦利·田纳本, 罗伯特·劳特朋. 新整合营销. 北京: 水利水电出版社, 2004: 10.

Mintzberg, Henry.The Structure of Organizations.Enflewood Cliffs, NJ: Prentice-Hall, 1979: 237.

Schultz, D.E., et al.Integrated Marketing Communications: The New Marketing Paradigm. Chicago, IL: NTC Business Books, 1994: 58.

Kirk Hallahan, Derina Holtzhausen, Betteke van, Ruler, Dejan Veri and Krishnamurthy Sriramesh.Defining Strategic Communication.*International Journal of Strategic Communication*, 2007, 1（1）: 3-35.

McCaffrey, B.R.National drug control strategy: Strategic.communications.Selected readings. Washington, DC: Office of National Drug Control Policy, 1999.

[美]安妮·雅各布森. 五角大楼之脑: 美国国防部高级研究计划局不为人知的历史. 李文婕等译. 北京: 中信出版集团, 2019: 281.

[美]亨利·基辛格. 世界秩序. 胡利平等译. 北京: 中信出版集团, 2016: 422-423.

U.S.Department of Defense, Joint Publication 3-13, Joint Doctrine for.Information Operations （Washington, D.C.: Joint Chiefs of Staff, 13 February 2006）, I-2, http://www.dtic.mil/doctrine/jel/new_pubs/jp3_13.pdf; Air Force Doctrine Document 2-5.3, Public Affairs Operations （Washington, D.C.: Headquarters, U.S.Air Force, 24 June 2005）, 3, http://www.iwar.org.uk/psyops/resources/us/afdd2-5-3.pdf.

Brian E.Carlson.The Militarization of US Foreign Policy.George town.University Press, 2014: 146.

Borg, Lindsey J.Communicating With Intent: The Department of Defense and Strategic Communication, February 2008.

Nye, Joseph S.In Mideast, the Goal is "Smart Power".The Boston Globe, 2006-8-19.

Report of the Defense Science Board Task Force on Managed Information.Dissemination, 2001, https://www.hsdl.org/?abstract&did=439736.

Report of the Defense Science Board Task Force on Strategic Communication, 2004, https://fas.org/irp/agency/dod/dsb/commun.pdf

Aguilar, Kirsten.Public Affairs: A Strategic Communication Force Multiplier, Maijor, United

States Air Force, 2011.

U.S.Department of Defense, Quadrennial Defense Review Report, Washington, D.C.6 February 2006, 13, http://www.defenselink.mil/pubs/pdfs/QDR20060203.pdf.

U.S.Department of Defense, "2006 Quadrennial Defense Review Strategic Communication Execution Roadmap," Washington, D.C., 25 September 2006.

Dimitriu, G.R.Winning the story war: Strategic communication and the conflict in Afghanistan. *Public Relations Review*, 2012（7）: 195-207.

USAGM budget request supports modernization and strategic priorities, https://www.usagm.gov/2019/03/18/usagm-budget-request-supports-modernization-and-strategic-priorities/, 2019-03-18.

美总统竞选政治广告：两党支出料高达60亿美元, http://www.zaobao.com/news/world/story20191229-1016734.

当代中国国际传播的主体视野和身份认同变迁[①]

周庆安[②]

进入21世纪第二个10年,世界国际传播格局在发生越来越大的变化。与此同时,随着中国的发展,中国对于国际传播的需求也在不断地发生变化。在这两种变化叠加的情况下,中国的国际传播已经不再简单地满足于向世界说明中国的发展,同时也需要在复杂的国际舆论格局中传递中国自己的看法。

从国际传播研究的角度来看,这是一次主体身份的变迁,尽管在全球化概念遭遇重大挑战的国际舆论中一个国家的身份更加复杂。但对于中国而言,这种变迁又是必然的。变迁的核心在于,如何以一个更加全球化的身份进行准确叙事。因此,国际传播从报道中国,到既报道中国又报道世界的历程,其实也是中国自身的身份构建历程。

一、从报道中国到报道世界的身份构建

新中国的国际传播历史,可以分为几个不同的阶段。在从报道中国到报道世界的传播过程中,国际传播历史的变化,其实反映的恰恰是中国自身的认同构建。从一个强调独立与差异化的民族国家,到一个强调全球化体系分享共建的民族国家,这个认同的构建经历了一个复杂和漫长的过程。从主动层

[①] 本文主要内容已发表在《对外传播》2018年第11期。本文系教育部人文社会科学研究规划基金"新中国对外传播制度史研究"(项目编号:15YJA860022)阶段性成果。
[②] 周庆安:清华大学新闻与传播学院副院长、副教授、博士生导师。

面来看,中华人民共和国成立之初,国家在传播行为上追求的是独立自主的声音。在经历了半殖民地半封建社会之后,这种差异化的表达,有助于一个民族国家形成自身特有的国家品牌和政策印记;从被动层面上看,国家在传播行为上构建的身份认同,既与本国公众对国家的认同和对国家任务及政策的要求密切相关,也与世界形势,以及各国对本国的国际角色要求相关。

因此,在 1949 年到 1966 年的第一个阶段,主要是新中国在国际舞台上发出成熟的国家声音。由于世界对新中国的了解很少,对中国共产党也有诸多误解,因此国际社会对于报道中国有较大需求。尽管在这个过程中,中国的国际传播也有过 1956 年和 1957 年的相对活跃期,但是鉴于整个 17 年的国际政治环境和中国自身外交政策,当时的国际传播出于构建国家认同的需要,站在一个强调独立解放的角度上发出自己的声音。

而在 10 年"文革"中,报道中国和报道世界,都是基于当时的国内政治背景,即对于"革命"的话语诉求。由于当时世界与中国的隔阂,报道中国和报道世界的议题基本上集中在独立、解放、再革命的语境下。当时的国际传播,不完全是国家身份的构建,某种意义上说是意识形态的构建与强化。直到 1978 年改革开放之后,报道中国重新回到了国家认同的轨迹上来。

改革开放初期的国家认同,已经不再是单一的民族独立解放身份。中华人民共和国成立后的几十年,对于中国公众来说,无论是政治认同还是文化认同的进程都趋于完成。但是,社会认同和中国作为世界体系的参与者身份却还远远没有构建出来。所以改革开放之后的 40 多年时间中,中国的国际传播经历了从报道中国到报道世界的侧重点变迁。

随着 20 世纪 80 年代初海外媒体驻华记者来到中国,报道中国不再是一件自发性的事情,而是传播的自觉,甚至是传播的竞争。在这个过程中,中国既经历了中西方关系的蜜月期,也经历了 90 年代国家形象的修复期,报道中国的核心身份构建是一个改革和开放、追赶世界先进水平的大国形象。相比于在国际事务中的观念表达,中国的国际传播在这一阶段更重视的是新身份的构建。

21 世纪以来,尤其是 2008 年北京奥运会以来,中国在国际传播中报道世界的热度逐渐提高,进而形成了国际传播的三个重要任务:向世界说明中国、向中国说明世界、向世界说明世界。这其中后两个任务,要求国际传播工作者以世界作为报道的对象,挖掘并提出国际新闻、世界议题的事实和观点,并且表达中国自己的主张。在这个阶段,中国跃居国内生产总值(GDP)世界第二位,每年超过 1.4 亿人次的中国人出境。这种变化的核心,就是国家身份从对独立解放的认同,到对改革和开放的认同,再到对中国应当发出自己声音、维护自己全球利益的认同。

在上述这些阶段,尽管国际传播的重点有很大的不同,但是共同的逻辑是国际传播服务于身份构建,从一个强调独立自主的国家,到一个强调改革开放和国家包容性、参与性的国家,再到一个全球事务的利益相关方,甚至是主导者,每一种身份都要求国际传播功能的转变。21 世纪以来的报道世界热潮,正是这种身份构建的产物。

二、全球传播中的国家主体特征变迁

进入 21 世纪之后,尤其是进入第二个 10 年之后,国际传播在发生巨大的变化。如今,中国的国际传播,已经比较完整地进入三个任务并行阶段,即前文所说:向世界说明中国、向中国说明世界、向世界说明世界。在这个过程中,中国国际传播特征的变化也是巨大的。变化的核心,是中国的崛起和身份特征的巨大变迁。

首先是国际传播主体意识的变迁。"主体意识",主要指的是一个民族国家在国际传播活动中的身份认知。从冷战到 21 世纪初,在国际传播的大格局下,民族国家是国际传播的最重要行为体。这种行为体对国际传播的要求,先是基于安全,然后是基于国家发展需要。在这种情况下,民族国家在国际传播中,最初会把有限的资源用于向世界展示自己。在国际传播中报道中国,首先就是国家主体性的体现。

在整个 20 世纪,尤其是第二次世界大战之后,多数殖民地或者半殖民地国家独立,这些国家对于自身主体性的建设,直接决定了国际传播的繁荣。在这个历史过程中,国际传播承载了双重功能。一方面,国际传播用于向世界传递一个国家自身的政治、经济和文化特征;另一方面,国际传播也需要通过这种方式不断确认自身的身份认同。比如,当中国提出和平共处"五项原则"的时候,基于"五项原则"的传播方式,实际上也是在完成自身的主体构建,更强化了中国人爱好和平、反对侵略和干涉的民族特质。但与此同时,传播主体也在这样的报道过程中不断地确认自己的世界身份。尤其是在冷战的背景下,世界身份被简单化地归纳为不同阵营。不同政治意识形态的对立,也使得国际传播的主体性被简化为不同阵营,甚至在国际传播的舆论斗争中,这种主体性也被用来作为一种斗争工具。

进入 21 世纪之后,民族国家不仅仅是一个传播上的主权单位,更是全球体系中的组成部分。这个组成部分所扮演的角色,也不仅仅只是一个国家单位,更是全球体系的参与者。尤其对于中国而言,在冷战之后,国家身份在舆论上发生了两次比较大的提升:一次是 2001 年中国加入世贸组织,成为全球体系中重要的发言者;另一次是 2011 年,中国的 GDP 跃居世界第二位,世界各国对于中国的政治、经济影响力更加关注。在这两个阶段中,看上去经济体量决定了国家身份,但实际上更重要的是议题决定了国家身份。

在这种情况下,民族国家逐渐要参与全球议题的对话,这不仅是对本国利益的维护,同时也是对全球化中秩序的理解和归纳。在整个 21 世纪,尤其是近 10 年的国际舆论中,简单意义上的安全观,被更加复杂的安全观念所取代。高依存度的安全观念,意味着一个国家的立场从利益考量变为秩序考量,从对自身愿景的描述变为对全球愿景的描述,从战争与和平的简单命题变成气候变化、扶贫减贫、公共健康等全球性综合议题的博弈。

三、报道世界的叙事策略变迁

报道世界的第二个特点,就是国际传播叙事策略的变迁。21 世纪以来,中国的国际传播,开始重视报道世界。基于主体性的变化,叙事策略也开始出现变化。叙事策略的根本变化,是从跟随西方世界所关注的议题到中国自身的国际传播策略构建。从硬件设施来看,自 2009 年以来,新华社、《人民日报》、中央电视台、《中国日报》、中国国际广播电台等多家主流媒体开始加速全球布局,在多个国家和地区投放了新的报道力量,从而使得这些地区的报道开始变得越发活跃。在 21 世纪初,被全球主流媒体所忽略的非洲、拉美等发展中地区的报道,在中国媒体报道世界的版面中比例日渐增大。

在叙事策略上,国际传播的策略也从传统的告知转向更多的分享。国际传播同样在 21 世纪面对社交媒体的挑战:垄断性的国际报道难度在逐渐增加,传统媒体所拥有的现场一手权威也在被打破。无论是 G20 峰会这样的重大政治活动,还是巴黎暴恐袭击、美国拉斯维加斯恐怖袭击,或是北极科考、金字塔考古这样的科学新闻,政治家、当事人、科学家都被新媒体赋予了更多的信息发布能力。因此,报道世界,其实更多的是带着全球观众,共同分享多个角度的新闻现场。

另外,国际传播的重点也从态度中的事实表达,到事实中的态度体现。更加专业化的国际传播,在报道全球议题的过程中,不再简单地以意识形态和中西方差异作为报道的壁垒,而是从策略上围绕事实这一核心内容提升竞争力。尤其在全球性的公共事务中,比如,针对地区冲突、全球气候变化、发展中国家的减贫、特殊地区的大规模传染病防控等议题,报道事实本身就是一种态度,认定这个议题具有国际传播价值,需要向中国和世界更好地进行说明。同时,国家立场也更能够从这些议题中反映出来。

还有一个叙事策略的变化是:从传统的新闻报道转向新闻性叙事与传播活动并重。新闻报道围绕事实,追求准确快捷的现场一手独家,在报道世界的过程中,中国媒体也高度重视多元化的传播活动。这些传播活动主要体现在两个方面:一方面,是基于社交媒体平台的内容重构,将新闻性较弱,但是地区性特点突出、反映全球化和多元性的内容进行再度加工,在中国主流媒体的海外社交平台上播发;另一方面,中国媒体自身也参与和组织一系列的公共外交活动,将媒体自身打造成为一个有效的传播平台。中国的各种传媒产业基金不再满足于本国的投资,更关注跨国的资本合作,在好莱坞、舰队街的投资都十分活跃。虽然目前的并购受到多种因素影响,但是这种收购也是一种相对更加有效的参与报道世界的途径。

近年来,在"讲好中国故事"的叙事要求下,学术界高度重视战略性叙事理论。这个理论的最大贡献,实际上就是在国家主体中详细归纳和区分了叙事的层次。在这个理论中,国家不再仅仅被认为是一种主权行为体身份,同时还是国际体系参与者、国内事务的解释者等多种身份。同样,从叙事角度来讲,报道中国的核心要义并没有发生根本的变化,策略的变化意味着中国的传播主体性从独立旁观到参与共建共享。

四、国际传播受众需求的变迁

从中国角度出发,报道世界有很强的传播需求。近代以来,中国高度重视对世界的认识,并把对世界的报道作为中国发展的一种参照系。洋务运动之后,放眼看世界成为中国现代化的一种镜像。清代的郭嵩焘在出使英国的过程中,就撰写了《使西纪程》这样的专著。中国人的国际观,在很大程度上是与报道世界联系在一起的,因此,中国媒体也拥有全球比例较高的国际新闻版面和篇幅,对国际报道的热情很高。

当前,报道世界更是中国发展的一个参照系。只不过与几十年前,甚至上百年前相比,公众对于报道世界的要求,体现在自身的切身感受基础上,从而要求报道更加深入和全面。这种切身感受,一是源于越来越多公众出境之后的观感,二是来自全球化浪潮中中国国内接收到的更多文化信息,三是来自公众通过各种社交媒体平台接触到的信息。为什么有些国家的产品质量突出,为什么某些国家有强大的文化自豪感,为什么某些国家坚持搞霸权主义——这样的问题,实际上就部分设置了中国媒体报道世界的议程。因此从中国视角出发报道世界,回应中国公众的信息需求就变得很有必要。

从全球角度出发,报道世界也一直有着多元化的需求。在20世纪70年代,多个刚刚独立的发展中国家,在联合国教科文组织首次提出了世界传播新秩序问题,认为在世界报道中,西方的声音一家独大,各国媒体依赖传统三大通讯社的信息来源,造成了全球传播秩序的不平衡。此后,麦克布莱德委员会发布了《多种声音,一个世界》(*Many Voices, One World*)的报告。

这种趋势在今天的世界,又叠加了新媒体的多元视角。中国外文局在2016年发布的国家形象调查报告中认为,所调查的G20的19个成员国中,年轻群体(18~35岁)、中年群体(36~50岁)和老年群体(51~65岁)对中国印象的打分分别为6.6、6.1和5.6分,年轻群体对中国有更好的印象。年轻群体之所以拥有更好的印象,固然和他们没有传统成见有关,也因为他们更多的是能从新媒体上获取信息。推特、脸书、优兔这些社交媒体上的信息更加多元,满足了年轻受众反叛和求新的意识。

因此,全球的多样化信息需求,也需要以中国为代表的新兴市场国家打造世界报道的新维度。2003年伊拉克战争中的半岛电视台、2012年乌克兰危机时的"今日俄罗斯"电视台,都成为了一段时期内的关注对象。而近年来学术界也注意到,"对话新闻学""解困新闻学"等新概念的提出,本身也给报道世界的概念增加了新维度。新的媒体需求和理论需求都基于公众身份认知更新的需求。未来中国媒体报道世界的任务,将会变得更加迫切。

参考文献

外文局、华通明略.2015 中国国家形象全球调查报告,http://mt.sohu.com/20160829/n466595196.shtml.

重视用户思维:数据时代讲好中国故事的关键[①]

马越然[②] 陈昌凤[③]

中国的对外传播,已经成为打造中国国家形象、提升中国国际影响力的重要途径。对外传播战略,也已经成为国家发展战略的一部分。2013年8月19日,习近平总书记在全国宣传思想工作会议上的重要讲话中提到:"要精心做好对外宣传工作,创新对外宣传方式,着力打造融通中外的新概念新范畴新表述,讲好中国故事,传播好中国声音。"十九大报告中进一步指出:"推进国际传播能力建设,讲好中国故事,展现真实、立体、全面的中国,提高国家文化软实力。"由此可见,讲好中国故事是国际传播大战略的具体表现,是国家形象建设的重要途径,如何讲好中国故事是中国国际传播中的重要问题。讲故事,一定要有听众。对于从事国际传播的新闻媒体来说,听众过去叫"受众",如今转变思维,升级为"用户"。重视对外传播中的用户思维,就是要重视了解用户是谁、有何特征、有何信息需求、有何信息使用习惯、对何种中国信息感兴趣,等等,进而指导我们的信息生产和传播。

讲好中国故事是中国外宣工作长期以来的任务,但新的传播环境敦促我们把这一任务放到变化的时代背景中审视。传播进入数据化、移动化、智能化时代,技术的变化给传统媒体带来挑战,也给传统的对外传播模式带来挑战。面对个人化、分享式和互动式的传播变革,传者和受者的关系需要被重新考虑。站在全球角度,一方面,产消正在融合,信息消费者结构、关注的内容也在

[①] 本文主要内容已发表在《对外传播》2018年第1期。
[②] 马越然:清华大学新闻与传播学院博士生。
[③] 陈昌凤:清华大学新闻与传播学院教授、常务副院长。

发生变化;另一方面,人工智能技术被广泛应用,算法成为新闻传播业中的重要技术,用户中心的导向是新技术带来的启示。

综上所述,数据时代,由技术引发的传媒业变革给国际传播带来了机遇和挑战。技术概念和用户概念被紧密联系在一起,从技术角度看待用户需求成为媒体发展的动力和方向,如何在新的条件下在外宣工作中"讲好中国故事",是业界和学界共同需要思考的现实问题。基于以上的判断和问题,本文借助诸多案例,回顾了用户需求在国际传播中的作用,着重分析了数据时代用户需求如何成为讲好中国故事的推动力量,并提出讲好中国故事应该围绕构建中国国际传播的话语体系开展。

一、如何讲好中国故事:构建与受众的同一性

在媒体的社交性和互动性增强之后,传统的"受众"概念逐渐演变成了"用户"概念。媒体无法把它们生产的信息的信宿仅仅当作一个信息的接受者和信息服务的消费者。随着媒体融合的发展,信息的生产者和消费者的身份也在发生融合,出现了"产消融合"。从传播学上看,"产消融合"的本质,是通过传播的互动手段,充分挖掘用户的价值和能动作用。对传播领域而言,它强调了在信息生产中用户的作用,用户的关注兴趣、信息偏好、行为偏好,以及用户的观点和建议,都对信息生产产生了影响。

对外传播相较对内传播而言,是一个更复杂的传播类型,因为传播的对象即用户的身份非常复杂,而我们对于用户的了解又存在更大的困难。要讲好中国故事,必须具有用户意识,注重用户需求。因此对外传播需要清楚几个问题:第一,受众是谁?第二,他们的文化背景、信息接受观可能是什么样?第三,他们对中国有什么样的固有看法(或刻板印象)?第四,中国有哪些信息能吸引他们的注意力、哪些有利于他们了解积极的中国信息?这些问题的核心,不外乎故事的讲述者与受众之间通过故事构建共同的场景,寻求情感共鸣,分享共同的意义。

如何构建这些共同性,传播史上有大量的案例。现代新闻传播史上的"三S"——斯诺、史沫特莱、斯特朗3位著名的外国记者,就曾经讲过很好的中国故事。比如,其中的埃德加·斯诺于1936年7月访问延安,成为进入陕甘宁革命根据地采访的第一位外国记者。斯诺根据此行见闻写成的《红星照耀

中国》,向全世界讲述了关于中国和中国红军的真实情况,推动了中国共产党的一系列基本政策和对时局的主张在国际上的广泛传播,解开了许多围绕着红色中国的谜团。该书以西方人的语言和思维写作中国的故事,在西方读者中得到了广泛传播。斯诺报道的成功,不仅因为他懂得西方读者的语言习惯和接受心理,熟悉组织叙事的技巧与技术,还在于他通过中国的故事表达了关于人类共同命运的关切与思考,故事背后的意义唤起了西方读者的情感共鸣。因此,揭示故事背后人类共同关注的意义,就是符合受众心理需求的一种手段。

通过巧妙的故事,中国人自己也同样能在对外传播中构建共同的场景和意义,消解双方因国家利益、意识形态、文化信仰差异带来的隔阂。中国的国家领导人就是讲好中国故事的高手,故事既有中国特色,又与听众息息相通。从2014年3月23日起,习近平主席以国家元首身份在海外媒体陆续发表署名文章33篇,其中24篇都用了"讲故事"的手法,所讲的故事富有人情味,与听众对象关系紧密,收到了良好的效果。习近平主席在比利时媒体发表的署名文章《中欧友谊和合作,让生活越来越好》以两个故事开篇:"有位比利时人,从2004年起,一直在中国西南边陲指导当地农民种植咖啡豆脱贫致富;有位中国人,1990年来到比利时,用高超的医术,让众多患者摆脱疾病的困扰。"然后解读出故事的意义和主旨:"共同走向更加美好的生活,这是中国人民和欧洲各国人民的共同愿望。"[①]

贴近受众、打造与受众的认同,是对外传播的首要原则之一。近年来中国媒体的对外传播正在努力贴近受众,不仅用传播对象熟悉的语言、文化形式去传播,还量身定制了传播对象感兴趣的内容。新华社、中国国际广播电台、《中国日报》等媒体通过多语种传播,不断扩大影响、吸引更多的受众,尽可能满足用户需求,而且利用国际知名的社交媒体进行广泛传播。电视对外传播也加大了拓展力度,2016年12月31日中国国际电视台环球电视网(CGTN)成立,习近平总书记在贺电中强调,中国国际电视台(中国环球电视网)要全面贴近受众。中国环球电视网最引人瞩目的是它聘请了大量的外籍记者、主持人、嘉宾,这不仅是工作人员身份的变化,而且是传播理念和形态的重要突破。

---

① 陈昌凤,吴珅.以同一求认同:中国领导人对外传播的修辞策略研究.兰州大学学报:社会科学版,2017(4).

目标用户文化背景、惯常思维模式的不同,是国际传播的特殊性所在。传播并非是单纯的符号互动,还是社会关系和文化体系的互动以及意义的流通,如何在这种互动和流通中构建共同性,是讲述中国故事的关键。在对外传播中,针对不同的用户应该有不同的内容和形式,有的放矢,以期取得效果最大化。

二、运用数据工具,分析用户需求

数据时代,国际传播对用户需求的重视既有内在原因也有外在原因。从历史发展来看,重视用户需求有助于增强国际传播的针对性,使中国故事被更广泛和更深入地接受。从传媒业的发展状况来看,通过数据了解用户需求,提供相关服务,是一种行业环境,也是一种行业压力。国际传播中,我们需要思考国际用户已经处于怎样的传播环境之中,而不是仅以我们的国情和社情作为出发点。西方国家的众多媒体,对数据的争夺和使用走在了时代前列,通过大数据和用户进行深层次的互动已经成为常态。可以说,数据从一种工具变成了一种状态。英国《卫报》早在 2011 年推出了自己的数据分析工具 Ophan;美国国家公共广播电台 NPR 也在 2014 年推出了内部的数据分析工具;美国有线电视新闻网 CNN 也在组建 30 人的队伍使用数据来发展用户。

在这样的环境中,如果我们放弃数据方面的努力,将在直接的竞争中丧失关注和市场。中国的市场化媒体在国内新闻实践中已经在用户需求方面有一些成功的案例,比如,今日头条新媒体实验室试图通过数据的搜集处理,向创作者们回答"如何成为头条(新闻)"——即"怎样创作,才是头条",指导新闻的生产。在国内,媒体可以通过此类数据分析机构的数据和成果,但是在对外传播中,我们需要建立自己的数据库和数据分析工具,这对外宣机构和对外媒体来说,是一个很重要的工作。总体而言,在数据时代讲中国故事,可以通过技术手段得到更精确的用户描摹,可以进行更精确的生产指导,甚至是提供个性化新闻服务。

重视用户需求,获得关注是第一步。中国故事需要用户作为直接的收听者,想要获得精确的用户数据,必须首先积累一定数量的用户。在这方面,《人民日报》和中央电视台的脸书 Facebook 账号提供了一个成功的案例。据 2016 年 5 月 19 日的数据显示:央视粉丝专页"CCTV"有 25 857 828 人点赞,超过美国有线电视新闻网 CNN 和《纽约时报》的点赞人数,在和欧美主流媒体的比较中,仅次于英国广播公司 BBC。《人民日报》粉丝专页"People's Daily, China"有 18 948 207 人点赞,也远远高于《纽约时报》。究其原因,大熊猫"萌照"频繁出现,吸引了大量国外用户的关注与点赞。中央电视台和《人民日报》通过社交媒体中的用户反馈探索出了一条"吸粉"之路,在积累了一定数量的用户之后,为中国故事提供了听众。更重要的是,拥有粉丝,才能够根据用户身上承载的信息开展数据分析,指导中国故事的讲述。改变单向宣传的过去,是要通过数据而不是猜测,使得用户需求和宣传获得融合。在宣传进行之前,已经完成了从用户到媒体的一次信息流通,循环往复,这样才能彻底改变单向的宣传。每次宣传行为都是建立在之前得到的信息和数据基础上的,同时又可以进一步获得信息指导下一次的宣传。这不是简单地把单向变为双向,而是利用数据获得一个循环的过程,推动工具和内容不断迭代、进步和成效不断产生。此外,国际用户数据库的建立,也有助于实现世界舆情检测和议程设置等。

分析用户需求,指导信息生产是第二步。故事本身是决定用户在接触后是否停留、在离开后是否信任的关键。数据和数据描摹出的用户形象对于故事写作的指导,在内容层面和形式层面都有所体现。内容上,通过对用户数据的收集和分析,可以对用户关注的话题进行重点关注,拟出更吸引关注的标题,使用更贴近用户阅读习惯的词语、句式、结构、语言风格等。过去的媒体从业者根据经验和猜测也可以调整新闻内容,但与数据驱动相比,无疑是更缓慢和不准确的。形式上,结合新的媒体技术和呈现方式,能有针对性地选择不同的体裁或形式。同时,也可以根据用户的反馈,调整发布时间和发布渠道,以获得更好的效果。数据指导新闻生产的科学性,关键在于数据库的建立。数据积累是否足够,是否结构化,将在很大程度上决定数据分析工具提供的结果与用户真实状态的差距。

算法在推送中的普遍运用,已经影响到信息生产。一条新闻的阅读者是什么样的,数据可以进行具体化的描摹,用户的信息偏好、行为偏好以及直接建议,都能够在用户的媒体使用中获得。通过用户数据、环境数据、信息数据的自动匹配,算法可以向用户推送个性化的信息;通过对用户信息消费情况的分析,算法又能指导信息生产——哪些信息是受欢迎的、哪些热词是受密切关注的、什么样的叙事结构是用户喜爱的,这些通过算法工具都能获取。对于用户需求的分析,算法会发现用户的需求是共性中孕育个性的。满足用户的个性化需求,进行定制新闻或者精确推送的个性化推荐尝试,成为现在的新潮流。比如,CGTN 也在设想:在建立多终端平台后,能根据社交多平台后台大数据分析、指导内容生产,满足用户个性化需求。在进行个性化推荐的实现中,强大的平台、数据库和数据分析工具,三者缺一不可。以目前的情况来看,对于中国外宣媒体来说,实现精确化推送任重而道远。尤其是平台层面,现在主要是借助一些成熟的社交媒体或者视频网站作为中国故事传播的起点,难免会受到平台限制。

三、反思:通过讲中国故事构建中国话语体系

在数据时代,从用户需求出发的对外传播,表现为讲好中国故事,在根本上是为了在国际环境中建构中国话语体系,服务于国家的国际传播战略。

有针对性地讲故事和树立自主性的话语体系是可以相辅相成的。故事性话语是国际传播话语体系的基础,它决定了受众是否有阅读兴趣来关注这个议题。对外媒体要始终坚持建构东方的、中国的话语体系。既不能因为强调用户需求和数据时代的环境与反馈,放松建构话语体系这一使命,也不能因噎废食,走回单向宣传、生硬刻板的老路。故事是为话语服务的,只有构建了属于中国的国际话语体系,中国故事才不会逐渐沦为"别国故事",才能持续地讲下去。用户需求是重要的,但用户中心主义是危险的,在国际传播中则可能导致国家战略的失败。我们不能把一家外宣媒体办成完全西化的媒体,就是这个道理。通过数据分析得到的用户需求,可以指导故事的结构与表达,并不一定触及故事的价值和精神。它可以针对西方用户,采用一定的西方思维和西方表达,但要注意东方话语体系的统领。重视用户需求,合理利用数据和相关工具讲好中国故事,应该是对中国的国际传播话语体系建设大有帮助的。

参考文献

陈昌凤.用户为王:"产消"融合时代的媒体思维.新闻与写作,2014(11).

习近平致信祝贺中国国际电视台(中国环球电视网)开播.人民网,http://politics.people.com.cn/n1/2017/0101/c1001—28991659.html,2017-01-01.

让记者不再感觉"被掏空",国外媒体数据分析的独门秘笈.搜狐科技,http://www.sohu.com/a/109139555_465245,2016-08-04.

陈昌凤.数据分析工具:驱动记者与用户的新型互动融合.新闻与写作,2016(11).

中国官媒脸书粉丝数超越CNN与纽约时报:熊猫高频次现身.澎湃新闻,http://www.thepaper.cn/newsDetail_forward_1471410,2016-05-19.

匡文波,张晗煜.大数据视角下的对外传播.对外传播,2017(9).

吴克宇.试论CGTN国际传播理念与传播方式的转变.电视研究,2017(9).

周庆安.国际传播的话语体系构建.新闻战线,2016(11).

真实、立体、全面：我国主流媒体的国际传播与国家形象塑造[①]

王润珏[②]　　胡正荣[③]

【摘要】 主流媒体是中国国际传播和国家形象塑造的中坚力量。当前，世界秩序的持续变化使得国家对主流媒体国际传播的需求也更加迫切和多元化。同时，中国主流媒体正在智能全媒体传播体系的建设过程中受到信息技术、人工智能等新兴技术的持续赋能，从而带来国际传播能力的提升和功能的拓展。在复杂多变的国际环境和持续发展的智能化传播趋势下，中国主流媒体可尝试紧扣"真实""立体""全面"这三个关键词探索国际传播和塑造国家形象的方法与策略。

【关键词】 主流媒体、国际传播、国家形象、智能全媒体

随着大数据、人工智能、5G 等新技术的应用，智慧全媒体成为媒介融合深度发展的未来趋向。2019 年 1 月 25 日，习近平总书记在中共中央政治局第十二次集体学习时的重要讲话中强调，我们要把握国际传播领域移动化、社交化、可视化的趋势，在构建对外传播话语体系上下功夫，在乐于接受和易于理解上下功夫，让更多国外受众听得懂、听得进、听得明白，不断提升对外传播效果。[④] 主流媒体，特别是中央级媒体是中国国际传播和国家形象塑造

---

① 本文主要内容已发表在《出版发行研究》2019 年第 8 期，经作者同意，部分内容有所调整。本文系中国传媒大学中央高校基本业务费专项资金资助项目"'一带一路'对外传播话语体系建构研究"（项目编号：2018CUCTJ061）阶段性成果；教育部人文社科重点研究基地重大项目"中国传媒体制机制创新研究"（项目编号：18JJD860002）阶段性成果。
② 王润珏：中国传媒大学国家传播创新研究中心研究员，主任编辑。
③ 胡正荣：中国教育电视台总编辑，教授。
④ 习近平. 加快推动媒体融合发展，构建全媒体传播格局. 求是，2019（6）.

的中坚力量,他们在技术应用、模式创新、话语建构等方面的实践经验对全国各级、各类媒体都具有引领作用。2019年4月,中央广播电视总台成功采用"4K+5G+AI+VR"的模式,对第二届"一带一路"国际合作高峰论坛进行面向全球的多语种全程报道,中国主流媒体依托智能全媒体传播体系建构的新型国际传播模式初现雏形。

一、世界秩序的变迁与中国国际传播需求的演进

当前,世界秩序正处于冷战结束以来最为重要的变化阶段:一方面,G20机制对国际政治、经济的影响力不断提升,成为发展中国家参与全球治理的重要途径,这是世界格局由单边向多边转变的结果,也是全球治理制度变迁的结果;另一方面,在经济全球化和区域一体化的宏观趋势下,逆全球化、单边主义、强权政治思潮涌动;大国关系、区域局势、国际格局也都正在经历重大变化。特别是美国总统特朗普上任以来,奉行"美国优先"(America First)的贸易保护主义政策,与全球多个国家和地区开展贸易战,对全球经济和国际合作关系造成了极大的负面影响。中国作为世界第二大经济体,正在全球治理和世界经济增长中发挥着越来越重要的角色。特别是自2013年"一带一路"倡议提出以来,中国同120多个国家和国际组织签署合作协议,共同探索世界经济可持续发展的解决方案和建构人类命运共同体的合理路径。在此背景下,国家对主流媒体国际传播的需求也更加迫切和多元化。

1. 中国需要通过主流媒体的国际传播向世界呈现中国、解释中国

快速发展的中国需要向世界解答自己"从何处来"与"向何处去"的疑惑,解释自己的社会制度和发展理念,让世界更加全面、客观和理性地认识、理解与评价中国,更重要的是推动国际话语新体系和世界信息传播新秩序的建立。2013年11月发布的《中共中央关于全面深化改革若干重大问题的决定》中指出,"加强国际传播能力和对外话语体系建设,推动中华文化走向世界"。"一带一路"倡议、人类命运共同体等中国为世界贡献的、以中国历史文化底蕴为支撑的世界未来发展解决方案,需要通过主流媒体的国际传播,实现与其他文明或文化的相通、相融,以获得世界人民的认可、支持和参与。

2. 中国需要通过主流媒体的国际传播展开政治对话、参与全球治理

在现代社会生活的多样性和社会文化的多元化影响下,当今世界正处于政治派别、价值观、信仰纷繁多元且仍处于不断分化衍生的状态。政治对话是不同主权国家之间解决价值冲突、利益分歧,构建和平环境的根本途径,也是实现不同种族、群体之间沟通、理解的重要方式。在国际政治关系中,主流媒体则是国家表达政治立场、国家主张、参与全球治理的正式渠道之一。融媒体时代,主流媒体能够运用更加多元的渠道、形式以及话语表达方式面向不同地域、不同群体直接传播,同时还可通过实时互动、在线评论、弹幕等新的途径和方式开展对话,从而丰富对话的群体层次,提高对话的效果与效率。同时,互联网的普及和媒体融合进一步促进了地球村的形成,世界各国人民共享同一个信息空间,网络空间治理亦成为全球性的共同话题。中国主流媒体在开展国际传播的过程中,通过客观信息的及时传递、国家立场的明确表述等方式,开展积极主动的信息传播,正面应对恶意攻击,防治谣言,主动建构天朗气清、生态良好的网络信息空间环境,也是中国参与网络空间治理的工作内容。①

3. 中国需要通过主流媒体的国际传播开展公共外交,促进人文交流

随着互联网的兴起,网络外交、新媒体外交成为国家外交的重要组成部分。媒介融合在带来国际传播主体多元化的同时,也带来了新媒体外交主体多元化。融媒体环境下的网络外交体现出正式外交、公共外交与民间外交相互交织,媒体活动与外交活动界限模糊的特征。主流媒体的国际传播工作本身也就成为国家外交工作中更加重要的部分。中国已经与俄罗斯、美国、英国、欧盟、法国、印度尼西亚、南非、德国建立高级别人文交流机制,并在"一带一路"沿线国家广泛开展人文交流活动。但人文交流活动普遍存在着当地媒体可见度不高、公众关注度不足、信息传播不充分的问题,迫切需要针对相关国家的国际媒体合作、国际传播活动作为支撑。② 同时,由中国国际电视总公司牵头成立的丝路电视国际合作共同体本身也是"一带一路"人文交流的内容之一。

---

① 胡正荣,王润珏.信息化时代网络舆论工作的新特点与新格局.人民论坛,2018(13):31-33.
② 王润珏,胡正荣.融媒体时代国际传播的新特点与新格局.国际传播,2017(5):31-36.

二、传播体系的重构与中国主流媒体国际传播功能的拓展

互联网、移动互联网的高速发展,直接或间接地改变着以西方发达国家为主导的,以报纸、广播、电视等传统媒体为核心所建构的世界舆论格局。互联网及移动互联网平台因其用户规模、用户活跃度、用户黏性的持续增长,成为国际传播不容忽视的舆论场,从而改变着国际传播的媒介格局。自2015年中国全面进入4G时代以来,以中央电视台为代表的中国主流媒体,通过设备更新改造、技术创新升级、组织结构调整、运作流程重塑、人才结构优化等方式积极开展全媒体建设。2019年1月25日,习近平总书记在中共中央政治局第十二次集体学习时的重要讲话中指出:全媒体不断发展,出现了全程媒体、全息媒体、全员媒体、全效媒体,信息无处不在、无所不及、无人不用,导致舆论生态、媒体格局、传播方式发生深刻变化,新闻舆论工作面临新的挑战。[①] 随着媒体智能化发展进程的加速和5G技术全面商用时间的临近,我们将全面开启万物互联的传播新时代,这也意味着中国主流媒体的国际传播将步入全媒体智能化的新阶段。一个清晰的趋势是,随着智能全媒体体系建设进程的深入,中国主流媒体正受到新技术、新媒体、新方式的持续赋能,从而带来国际传播能力的提升和功能的拓展。

从国际传播能力提升的角度来看,全媒体传播体系的建设和4K、AR、VR等技术的应用,极大地优化了主流媒体在国际传播过程中的信息生产效率和呈现效果;数据挖掘、智能推送技术的应用,系统地提高了跨时区、多国家的信息传播精准性和有效性。中国国际电视台(CGTN)成立两年多来,以"台网并重,先网后台,移动优先"为原则,建成并启用了多形式采集、同平台共享、个性化制作、多渠道多终端分发的融媒中心。截至2019年1月17日,CGTN新媒体全球活跃粉丝超1.01亿,总阅读量超过153亿,全平台贴文累计独立用户访问量97.7亿,视频观看量逾14.1亿,总互动5.9亿。[②] 同时,主流媒体的多语种、跨文化传播能力也得到了显著提升。例如,AI合成主播已在新华社正式上岗,他们不仅能实现24小时不间断播出,满足不同时区新闻信息更新和播出需求,还能够在导入人工智能翻译技术后实现多语种随时切换播

---

① 习近平.加快推动媒体融合发展,构建全媒体传播格局.求是,2019(6).
② CGTN新媒体全球活跃粉丝过亿,创"六个第一",http://www.cctv.cn/2018/01/19/ARTIab0zUp7tu1KUHWnGu8Hr180119.shtml,2019-04-20.

报。中央广播电视总台将以大数据、人工智能技术为 5G 新媒体平台建设和业务生产赋能,形成"4K+5G+AI"的战略布局,打造自主可控、具有强大影响力的国家级新媒体新平台,努力成为国际一流新型主流媒体。

更为值得关注的是,全媒体、智能化发展还使得主流媒体可以以与以往完全不同的思路开展国际传播,或者说具备在开展传统国际传播工作的同时,实现更多国家需求和自身价值的渠道与空间。例如,新媒体平台能够通过点赞、评论等形式便捷地获取用户反馈,可成为了解各国公众意见、把握全球舆情态势、描摹国家海外形象的重要渠道。中国主流媒体建设的智能全媒体体系包括具备多语种、多形式内容检索、分析、生成能力的媒体资源数据库和全媒体制作平台,其中包括许多有关中国人文、社会、经济、科技的独家信息。主流媒体可以通过媒体资源数据库和制作平台,向世界主要媒体机构及个人以分级授权的方式有条件开放,从而实现由单纯媒体机构转型为兼具内容供应或生产平台运营的复合型机构。由此,不仅能借助其他媒体机构的传播渠道、用户网络实现传播,还能实现中国主流媒体在国际话语体系中话语权和影响力的提升。

三、新形势下中国主流媒体的国际传播与国家形象塑造

2018 年 8 月,习近平总书记在全国宣传思想工作会议上提出:"做好新形势下宣传思想工作,必须自觉承担起举旗帜、聚民心、育新人、兴文化、展形象的使命任务。""展形象,就是要推进国际传播能力建设,讲好中国故事、传播好中国声音,向世界展现真实、立体、全面的中国,提高国家文化软实力和中华文化影响力。"[①] 主流媒体对国家形象的塑造具有多重意义:其一,主流媒体的国际传播是中国进行国家形象自我塑造的首要途径;其二,主流媒体的国际传播是中国改变刻板印象,应对负面舆论的重要手段;其三,主流媒体是中国针对重大事件或涉华议题进行议程设置、舆论引导的行动主体;其四,主流媒体是中国进行话语体系建构和话语权竞争的主导力量;其五,主流媒体形象本身也是国家形象的组成部分。在复杂多变的国际环境和持续发展的智能化传播趋势下,中国主流媒体可尝试紧扣以下几个关键词开展国际传播,塑造国家形象。

---

① 习近平. 举旗帜聚民心育新人兴文化展形象,更好完成新形势下宣传思想工作使命任务,http://jhsjk.people.cn/article/30245212,2019-04-20.

1. 真实

东汉史学家荀悦曾言"君子之所以动天地、应神明、正万物而成王治者,必本乎真实而已"。保证信息的真实性是媒体公信力和影响力产生的根源。在国际传播的语境下,媒体信息的真实性可从时效性、客观性、准确性三个维度进行理解。"时效性"即中国主流媒体应在国内外重大事件发生的第一时间,在不同传播平台及时发声,在事件发生发展的过程中持续发声。"客观性"是新闻报道的生命之源。特别是在国际舆论竞争的场景中,"让事实说话"常常比"为事实说话"更具有说服力。值得注意的是,信息的客观性常常不可避免地受到外界客观因素和从业人员主观因素的影响,机器人写作、传感器新闻等新技术、新方法的应用将有助于媒介内容客观性的保障。"准确性",通常指涉媒体呈现事实的准确无误和表达方式的准确恰当。媒体在国际传播的过程中,实现内容信息准确传播的复杂性和困难度都远高于国内传播,不仅面临语言修辞的跨文化表达和理解带来的"失准",还有可能在多级传播的过程中被刻意"曲解"或"误读"。在智能传播时代,中国主流媒体可以充分运用以用户画像为基础的信息推送系统,实现信息接受者与信息形态(呈现方式、话语体系、价值逻辑)、渠道的精准匹配和直接送达,从而减少信息传播的层级,提高跨文化传播时的受众信息理解的准确度。

2. 立体

受历史原因影响,中国的国家形象在过去很长一段时间内都处于"他塑"的被动局面。掌握着国际话语权的西方媒体在其各自利益逻辑的驱使下,持续建构、塑造、强化中国在世界公众心目中的刻板印象。[1] 从而使得中国并未获得与其承担的国际责任相匹配的国际形象。"使用与满足"理论提示我们,若中国主流媒体提供的信息和服务能有效满足不同国家、不同主体有关中国的"兴趣"和"需求",便能够激活受众接触、选择、理解的主动性,从而提高传播效果和用户黏性。信息化进程带来媒体资源的极大丰富,为中国形象的立体传播提供了必要条件;中国经济的高速发展引起了世界对中国的浓厚兴趣,为立体化传播目标和效果的实现提供了可能。从国际传播的角度来看,立体化的信息传播应该具有"5多"特征,即呈现的主体多(政党、政府、企业、

---

[1] 李智.本质主义与建构主义:国家形象研究的方法论反思.新视野,2015(6):124–128.

军队、公民等);涉及的领域多(政治、经济、民生、文化、艺术、宗教等);呈现的形式多(文字、图片、音频、视频、VR 等);解读的视角多(报道、评论、调查、分析、研究等);获得的方式多(搜索、推送、社交、订阅、数据库等)。唯此,才能更好地满足世界各国不同类型受众对于了解真实、立体的中国的需求,更好地实现树立立体的国家形象的传播目标。2019 年 2 月 28 日,中央广播电视总台 5G 新媒体平台成功实现 4K 超高清视频集成制作;4 月,中央广播电视总台采用"4K+5G+AI+VR"的方式,对第二届"一带一路"国际合作高峰论坛进行面向全球的多语种全程报道。这正是智能传播时代中国主流媒体尝试将新闻传播专业能力与先进技术融合进行重大事件立体传播的一次成功实践。

3. 全面

在本文所探讨的话题下,"全面"有两个层面的含义:

第一个层面是指中国主流媒体对国家或事件的全方位、多维度呈现。从国际话题的角度来看,多极化的世界发展趋势带来全球公众对多样化声音的期待。在重大国际事件中,公众已经不再满足于美国价值观主导下的、一边倒的舆论格局,期待通过不同国家、不同立场的媒体获得更多事件的信息和看待的视角,资本主义国家内部也出现了分歧、争论和反思。今日俄罗斯正是将对争议性国际事件提供与西方媒体的不同信息和观点,作为其获取国际话语权的重要方式。从中国话题的角度来看,中国的高速发展引发了国际社会的高度关注,其中西方媒体对中国社会转型过程中所体现的不平衡、不完善等局部问题,或突发性事件、负面事件尤为关注,而互联网的普及又极大地提高了信息扩散的效率。因此,中国主流媒体在进行国际传播的过程中,应勇于正视、客观呈现中国社会发展中不够完美的一面;面对突发性事件或负面事件时,应在第一时间发出声音,把握信息的传播权和话语权,从而降低谣言生成和传播的可能性。

第二个层面是指中国主流媒体对国家或事件的完整、详细呈现。对信息的"选择"和"把关"是媒体传播的必要环节,但有意地隐匿信息、片面报道则会造成歪曲事实、误导舆论的负面影响。"选择性传播"或"片面夸大传播"正是西方媒体强化传统中国刻板印象时常用的手段。同时,由于社会制度、宗教信仰等方面的差异,在有关中国的许多问题上,"信息不对称"是许多国外公众产生误解和疑惑的原因,这就需要中国主流媒体在事实之外提供更多的历史文化背景信息,为受众的准确理解提供辅助。智能化全媒体传播体系的建设,将使中国主流媒体能够通过多渠道、多形式向世界进行完整、详细的事实呈现。习近平总书记强调,全媒体不断发展,出现了全程媒体、全息媒体、全员媒体、全效媒体,信息无处不在、无所不及、无人不用,导致舆论生态、媒体格局、传播方式发生深刻变化,新闻舆论工作面临新的挑战。从某种程度上来说,这一深刻变化也带来了中国主流媒体改变国际传播中信息不对称、传播资源不对称的传统格局,全面展现中国形象的历史机遇。

四、结语

西方社会不安定因素的扩散和美国贸易保护主义政策的实施,让世界将多元化、全球化的期待转向了中国。与此同时,作为世界最大的发展中国家,中国已经是全球治理的重要参与者和世界责任的重要承担者,并贡献了建设"一带一路""建设人类命运共同体"等世界各国共同应对现实问题的中国智慧和中国方案。在此过程中,理性看待中国发展模式,客观评价中国贡献的声音越来越多,但对中国的误解、曲解现象也仍然存在。智能技术的应用和全媒体的建设,为中国主流媒体真实、立体、全面地开展国际传播、诠释中国变革提供了有效支撑;媒体格局变化与世界舆论场的分化,为中国主流媒体全面参与全球话语体系建构和话语权力重新结构提供了历史机遇。2018年8月,习近平总书记在全国宣传思想工作会议上强调,要不断提升中华文化影响力,把握大势、区分对象、精准施策,主动宣介新时代中国特色社会主义思想,主动讲好中国共产党治国理政的故事、中国人民奋斗圆梦的故事、中国坚持和平发展合作共赢的故事,让世界更好地了解中国。① 这是从国家层面对中国主流媒体国际传播提出的明确要求,也是主流媒体机构持续发力、不断前行的方向和目标。

国际传播能力的提升和国家形象的建构是一项系统的、长期的工程,既需要以国家的硬实力作为支持,也需要根据世情、时情不断调整思路、优化策略。当前,信息技术的创新与应用形成对媒体机构的持续赋能,同时也不断扩展着传播活动的外延,消弭着媒介系统与其他社会系统、传播活动与其他社会活动

---

① 习近平.举旗帜聚民心育新人兴文化展形象,更好完成新形势下宣传思想工作使命任务. http://jhsjk.people.cn/article/30245212,2019-04-20.

之间的界限。在此背景下,我们需要以更广阔的视野和更开阔的思维来探讨国际传播和国际传播能力的相关话题。在世界经济增长持续乏力,不确定因素不断增加,逆全球化、单边主义思潮涌动,政治对话空间压缩的历史语境下,国际传播活动的意义已超出跨国信息传播、观点输出的范畴,成为人们认知世界、定位自我的重要依据之一,成为助力人类命运共同体构建的重要渠道。中国主流媒体若能够既从总体上把握媒介系统与人类社会的宏观共生关系,又从细节上充分运用数据挖掘、用户画像等技术,把握不同地区和国家的政治、文化环境下三者之间共生模式的差异之处,则能够为自己营造和谐有序的传播环境,甚至是有意识地进行共生关系的建构和共生模式的优化,形成多主体共赢的可持续发展之路。

参考文献

[美] 兰斯·班尼特. 新闻:幻象的政治(第9版). 杨晓红,王家全译. 北京:中国人民大学出版社,2018.

[美] 约翰·R. 扎勒. 公共舆论. 陈心想,方建锋,徐法寅译. 北京:中国人民大学出版社,2013.

[英] 诺曼·费尔克拉夫. 话语与社会变迁. 殷晓蓉译. 北京:华夏出版社,2003.

习近平. 加快推动媒体融合发展 构建全媒体传播格局. 求是,2019(6).

胡正荣. 国际传播的三个关键:全媒体·一国一策·精准化. 对外传播,2017(8):10-11.

任仲文. 担负起新闻舆论工作的职责和使命:学习贯彻习近平总书记新闻舆论工作座谈会重要讲话精神:人民日报重要文章选. 北京:人民日报出版社,2016.

从人类命运共同体理念的国际认知看中国国家形象的全球传播

毕铭①

【摘要】 人类命运共同体理念具有深沉的理论渊源、中国特色的文化基础和显著的当代价值,这一理念的提出和建设为中国国家形象的塑造与全球传播提供了重要抓手。中国通过人类命运共同体的价值取向、全球治理功能和实践属性,向世界展示了包容、民主、平等,积极承担国际责任及知行合一的大国形象。在人类命运共同体视域下推动中国国家形象的全球传播,可注重人类命运共同体实践平台的搭建和宣传,为国家形象的全球传播提供实践证明;推动人类命运共同体的民间交流,为国家形象的全球传播提供民意基础;培养具有全球视野和能力的国际化人才,为国家形象的全球传播提供持续保障。

【关键词】 人类命运共同体、国家形象、全球传播

在国际交往日益深化的当下,中国越来越重视国家形象的塑造和传播,习近平总书记指出,要注重塑造中国文明大国形象、东方大国形象、负责任大国形象、社会主义大国形象,向世界展现真实、立体、全面的中国。2013年3月23日,习近平主席在俄罗斯莫斯科国际关系学院的演讲中,第一次向国际社会提出"命运共同体",用以描述这个世界"越来越成为你中有我、我中有你的命运共同体"。6年来,中国不断在国际交流和外交访问中阐释、丰富人类命运共同体的内涵价值,促进区域共同体形成,搭建推动人类命运共同体构建的实践平台,使人类命运共同体理念由中国方案上升为世界共识,至今被5次写入

---

① 毕铭:东北师范大学思想政治教育研究中心硕士研究生。

联合国决议,并得到广泛的国际认同。可以说,"人类命运共同体"理念的提出和实际构建与国家形象塑造及传播形成互为之势。人类命运共同体理念具有深沉的理论渊源、中国特色的文化基础和显著的当代价值,这一理念的对外传播有助于提升中国在国际上的国家形象,中国国家形象的良好塑造也在一定程度上推动着人类命运共同体的全球构建,同时,国际社会对人类命运共同体的认知程度也反映着中国国家形象在全球的传播效果。

一、人类命运共同体的提出和构建促进了中国国家形象的塑造与传播

我们所说的国家形象主要指一国在国际社会中的形象体现,既包括该国所拥有的综合实力等硬指标,也包含其所展现的价值理念及文化影响等软实力,是一国客观形象和国际社会主观判断的结合。人类命运共同体生发于世界格局大发展、大变革、大调整的复杂时代背景中。首先,其传播和构建实现了中国国家形象价值上和行动上的双重塑造,作为一个合作共赢的发展理念,人类命运共同体向世界传递着中国始终捍卫国际公平与正义、为世界和平发展贡献力量的价值选择;作为一个应对全球挑战的实践方案,人类命运共同体是对近代以来以利己主义为核心的西方国际行为的批判与超越,为实现人类对美好生活的追求提供了全新视角和解决方案。其次,人类命运共同体有效建立了中国与世界的关系,打破了以往中国国家形象自说自话和单线传递的状况,将国家形象的构建直接放置于国际系统中,通过国际合作切实塑造和展现国家形象,使中国故事成为中国与世界共同发展的故事,使中国方案成为对各国有可鉴之处的世界方案,人类命运共同体理念成为中国在国际社会上有力的形象表达。

2014年11—12月,中国外文局对外传播研究中心与华通明略(Millward Brown)、Lightspeed GMI 合作开展了第三次中国国家形象全球调查。本次调查采用在线调查方式,覆盖了代表不同区域和经济发展水平的9个国家:英国、美国、澳大利亚、日本、中国、南非、印度、巴西和俄罗斯,每国受访民众500人,均为18~65岁的当地居民,男女比例各占一半。以此调查为基础发布的《中国国家形象全球调查报告2014》显示,关于"您是否听说过中国提出的以下理念和主张"这一问题,表示"听说过'命运共同体'"的发达国家海外受访

者占7%,发展中国家受访者占12%。这充分表明,"人类命运共同体"理念在刚刚提出1年多的时间里,就已在国外迅速传播并广为人知。中国外文局2018年2月发布的《中国话语海外认知度调研报告》,主要基于面向美国、英国、澳大利亚、菲律宾、南非、加拿大、新加坡和印度8个国家的专题调查,最终合格样本量为1~260份。报告显示,在这些国家的非华裔成年民众中,"命运共同体"这一中国特色政治话语已经跻身认知度最高的100个中国话语总榜单,位列第95位。在知晓度上,"命运共同体"紧随"丝绸之路"这一传统中国话语排在第81位,总体知晓度为8.0%。其中,印度受访者对"命运共同体"的知晓度最高(18.0%),加拿大受访者知晓度最低(2.0%)。可以看出,经过5年左右的积极传播,"人类命运共同体"理念已经为海外民众尤其是发展中国家民众所熟知,具有了较强的国际影响力和吸引力。

二、国际社会对"人类命运共同体"理念的基本认知反映了中国在国际上的国家形象

"人类命运共同体"理念不仅是中国提出的世界性倡议,现已成为我们处理国际关系和事务的行为准则。中国在对外交往和国际援助中也积极推动人类命运共同体的构建,使国际社会对人类命运共同体理念的价值取向、人类命运共同体的全球治理功能及其具体实践措施有了直观认知,这些认知情况一定程度上反映了中国在国际上的国家形象。本部分通过搜集国际社会对人类命运共同体理念的认知情况,总结分析其反映出的中国国家形象"为何"。在统计数据和分析文本时,选取"人类命运共同体"常见主流翻译是"human community with a shared future""a community of shared future for mankind (CSF)""a community of common destiny (CCD)""a community of shared future""a community with a shared future for humanity""mingyun gongtongti (gongtong mingyunti)"。[①]时间范围为2013年3月至2019年8月,数据来源一是中国外文局发布的《中国国家形象全球调查报告》(2014—2017年)

---

① 中国外文局所属的当代中国与世界研究院2018年发布的《中国话语海外认知度调研报告》指出"虽然有些中国词汇有对应或常用,甚至是官方发布的规范英译,但其拼音仍能进入英语话语体系,这类词包括'命运共同体'"(中国外文局:《中国话语海外认知度调研报告》,2018年,第13页)。

和《中国话语海外认知度调研报告》等权威调研;二是 Factiva 新闻数据库,共搜集 104 家国外媒体的 1 014 篇报道;三是 CNKI、Web of Science、Google Scholar 数据库,共搜集 108 篇国外学者的学术文章;四是 15 个国家的 27 个国家战略智库,共搜集 100 篇时事评论及研究报告。通过关键词提取和重点语句分析形成以下基本认识。

(一)"人类命运共同体"理念的价值选择符合全人类的共同价值,展现了中国包容、民主、平等的国家形象

"人类命运共同体"理念的具体内涵是建设一个持久和平、普遍安全、共同繁荣、开放包容、绿色低碳、清洁美丽的世界,理念本身蕴含的开放包容、协商民主、义利兼顾等价值观符合全人类的共同价值追求。

国际社会普遍认同"人类命运共同体"的价值取向,认为其与人类追求和平发展的共同价值相一致。美国卡内基国际和平基金会(Carnegie Endowment for international Peace)在评论文章中认为:"人类命运共同体通过各种渠道促进友好交往,结交更多友邦和合作伙伴,这也使中国的周边外交迎来光明前景,给周边国家带来更多利益。"[1] 新加坡国立大学南亚研究所(ISAS)的拉吉耶夫·拉扬·查图维迪(Rajeev Ranjan Chaturvedy)认为:"中国奉行共同、综合、合作、可持续的新安全观。以更加开放的姿态与各国同心协力,以合作促发展,以合作促安全,推动构建人类命运共同体。"[2] 莫斯科罗蒙诺索夫国立大学公共政策讲座主席、"不同文明对话"世界公共论坛的创始主席弗拉基米尔·雅库宁(Vladimir Yakunin)认为,中国提出的"人类命运共同体"理念与俄罗斯提出的"跨欧亚发展带"项目(RAZVITIE)的哲学、方法论和总纲一致,"尊重文化差异和政治差异,通过打造综合发展带来将不同的国家联系起来,从而建立一个和谐的全球命运共同体"[3]。悉尼科技大学澳大利亚-中国关系研究院(ACRI)学者范思梦(Simone van Nieuwenhuizen)认为,人类命运共同体理念强调合作和民主,"它力求在美国主导的国际秩序中,所嵌入的概念与其理想

---

[1] Common Destiny Needs Stability.https://carnegietsinghua.org/2013/12/31/common-destiny-needs-stability-pub-54062,2014-01-10.

[2] Chaturvedy,R.R.The Beijing Xiangshan Forum:Competition or Co-existence?.*RSIS COMMENTARY*,2018,192(19):9.

[3] Yakunin,V.The Future of World Order:Building a Community of Common Destiny.*China Quarterly of International Strategic Studies*,2017,3(2):159-173.

的民主的国际关系模式有所区别"①。英国《金融时报》(Financial Times)在报道人类命运共同体时也指出:"习近平把人类描绘成一个共同体,各国都享有发展权,共享未来。"人类命运共同体"对于利益的看法更为广泛,各国都有自己的利益,但不能以牺牲他人的利益为代价。"②《巴基斯坦观察家报》(Pakistan Observer)在报道把人类命运共同体理念写入联合国安理会决议时评论道:"人类命运共同体本着互利合作的精神,对推进地区合作至关重要。"③

(二)"人类命运共同体"是推动全球治理的中国方案,展现了中国积极承担国际责任的国家形象

中国作为负责任大国,积极参与和推动全球治理体系改革和建设,始终是国际公平与正义的捍卫者。构建"人类命运共同体",是中国不断贡献智慧和力量、为全人类谋幸福的世界胸怀;是中国积极承担国际责任,为世界发展提供新方案的大国担当。在此体现了中国对国际事务的参与度和对国际责任的担当感,牢牢地占据了人类道义的制高点。

国际社会普遍认为"人类命运共同体"是一种新模式,能够推动全球治理体系的演进,意识到了"人类命运共同体"理念的世界方案意义。吉尔吉斯斯坦国家卡巴尔通讯社(Kabar News)在报道中指出:"人类命运共同体理念与'美国第一'宣言形成鲜明对比,为全球挑战提供了解决方案。"④《今日巴基斯坦》(Pakistan Today)在报道"两会"时指出:"随着中国改革开放40年的到来,中国有望在2018年迈出新的历史性步伐,中国倡导构建人类命运共同体,鼓励全球治理体系的演进。"⑤澳大利亚学者艾丽卡·基泽科娃(Alica Kizekova)在文章中指出:"人类命运共同体倡议将逐渐增强中国的领导地位,但不是领导的野心,而是能更好地代表新兴国家的声音。"⑥印度学者拉凯

---

① van Nieuwenhuizen,S.Australian and People's Republic of China government conceptions of the international order.*Australian Journal of International Affairs*,2019(73):181-197.
② China believes in free and fair trade too,President Trump,*Financial Times*,2018-02-02.
③ China's developmental peace initiative,*Pakistan Observer*,2017-04-06.
④ Davos speakers share Xi's vision of "community of shared future for mankind",*Kabar News*,2018-01-27.
⑤ China in transition,*Pakistan Today*,2018-03-08.
⑥ Kizekova,A & Parepa,L.A.Emerging China-led Regionalism and Soft Balancing.*East Asia Security Centre Publication*,2015.(Peer-reviewed Conference Paper of 2015 East Asia Security Symposium and Conference).

什·辛格（Rakesh P. Singh）认为，中国共产党十九大报告表明中国已经进入了一个更接近中心舞台并为人类作出更大贡献的新时代，在构建"人类命运共同体"方面，"中国正在努力发挥全球领导作用"[1]。尼泊尔学者卡马尔（Kamal Neupane）也认为，"人类命运共同体"理念反映了"中国作为世界领袖的角色"[2]。美国智库外交政策研究所（Foreign Policy Research Institute）研究员马文·奥特（Marvin Ott）在发表关于南海问题的文章中指出："中国一直主张通过对话协商解决争端，这种耐心与诚意，是对人类命运共同体意识的遵循，也是对亲诚惠容外交理念的坚守，共同体的建设不仅是政治或经济建设，更是道德建设，体现了中国作为负责任大国对国际和地区局势稳定的担当。"[3] 智库世界经济论坛（World Economic Forum）在国际安全版面的评论中也指出："中国倡导人类命运共同体，不仅以其伦理价值和卓越文明为依据，而且以其经济实力和技术实力为支撑，倾注和承担更多的国际责任。"[4]

（三）"人类命运共同体"是伟大愿景与具体实践的统一，中国的积极构建展现了知行合一的国家形象

中国不仅是"人类命运共同体"的积极倡导者，也是这一理念的坚定执行者。在人类命运共同体理念面向世界的6年间，中国不断搭建合作交流、互利共赢的实践平台，推动"人类命运共同体"由理念向构建的转化。各国学者和智库对这些具体措施的研究成果也颇多，[5] 这些举措和实践平台展现了

---

[1] Singh, R.P.China's Arctic Policy: Asserting Leadership Role in International Affairs.*capsindia.org*, 2015.
[2] Foreign attendees applaud Vision China, *The Balochistan Times*, 2018-04-19.
[3] Marvin C.Ott.The south China Sea through the eyes of China's military, https://www.fpri.org/article/2016/12/south-china-sea-eyes-chinas-military/, 2016-12-16.
[4] Governing the new frontiers–China's perspective, https://www.weforum.org/agenda/2018/03/governing-the-new-frontiers-china-s-perspective/（With the China Institute of International Studies）, 2018-03-21.
[5] 具体参见：尼赫鲁大学中国与东南亚研究中心教授狄伯杰（B.R.Deepak）主持编写的《中国重返全球与新丝绸之路》（*China's Global Rebalancing and the New Silk Road*）；美国智库国家亚洲研究局（National Bureau of Asian Research）政治和安全事务高级项目主管纳德格·罗兰（Nadège Rolland）撰写的《中国的欧亚世纪？："一带一路"倡议的政治与战略影响》（*China's Eurasian Century？：Political and Strategic Implications of the Belt and Road Initiative*）；美国丹佛大学国际关系学院教授，美中合作中心执行主任赵穗生撰写的《中国新的全球战略：一带一路倡议和亚洲基础设施投资银行（第一卷）》（*China's New Global Strategy: The Belt and Road Initiative（BRI）and Asian Infrastructure Investment Bank（AIIB）, Volume I*）；英国皇家事务研究所专门开设"一带一路"（*China's Belt and Road Initiative*）研究专栏。

"人类命运共同体"的构建能力,理念和行动的一致性极大地促进了国际社会对"人类命运共同体"的认同,展现了中国行动者、实干家的国家形象。

首先,国际社会普遍认同"一带一路"、亚投行等举措是"人类命运共同体"的具体表现形式。印度《经济时报》(The Economic Times)指出:"一带一路是人类命运共同体愿景的第一个实际表达。"① 美国战略与国际问题研究中心(Center for Strategic and International Studies)在2015年公开指出:"中国努力促进对本国经济举措的支持,主张通过亚洲基础设施投资银行和丝绸之路基金支持的基础设施互联互通,创造'共同命运'。"② 印度维维卡南达国际基金(Vivekananda International Foundation)主任、前国家安全副顾问阿尔温德·古普塔(Arvind Gupta)认为:"一带一路建设是中国的重大创新,旨在进一步向世界开放中国的贸易和投资,推动构建人类命运共同体。"③ 英国《太阳报》(The Sun)指出:"中国提出的一带一路倡议既是一种全方位的对外开放策略,也是一种广泛协商、共同贡献、共享利益的国际计划和公益事业,旨在建立一个命运共同体。"④

其次,国际社会认为,"人类命运共同体"的这些具体实践已经在构建周边命运共同体上初现成效。新加坡东南亚研究所(ISEAS)的访问高级研究员戴维·阿拉斯(David Arase)认为,中国提出一带一路倡议标志着"人们的注意力转向调整与亚洲的关系","推出欧亚互联互通丝绸之路倡议和区域合作的具体措施,是希望建立一个全面的跨欧亚经济走廊网络"⑤。英国陆军上校蒂姆·劳(Tim Law)在文章中指出:"中国已从注重大国外交转向优先考虑周边外交。中国宣布的外交政策重点已成为发展同亚洲邻国的经济、文化和安全关系,特别是推进丝绸之路经济带与海上丝绸之路、中国区域一体化愿景及命运共同体。"⑥

---

① Companies:Pursuit of Profit,*The Economic Times - Delhi Edition*,2018-07-03.
② Publication-Volume 17,2015,https://www.csis.org/programs/pacific-forum-csis/publications/comparative-connections/volume-17-2015,2015.
③ Gupta,A.Understanding China's foreign policy in Xi Jinping's "New Era".*National Security*,2018,1(2).
④ Africa:China's belt and road initiative,*The Sun*,2017-04-26.
⑤ Arase,D.China's Two Silk Roads Initiative:What It Means for Southeast Asia.*Southeast Asian Affairs*,2015,25-45.
⑥ Law,T.Rebalancing what,exactly?:Analysing the United States' Pacific pivot,*Australian Defence Force Journal*,2015:23-30.

第三,国际社会普遍看好"人类命运共同体"的构建前景。曾在印度政府外交部任职的卡尔哈(RS Kalha)认为,中国提出"人类命运共同体"倡议,建设"一带一路",成立亚投行、亚太自由贸易区都表明"一个自信且正在崛起的大国为在全球地缘政治和地缘经济领域寻求卓越地位而作出的外交努力是强有力的"[①]。埃克塞特大学(University of Exeter)政治系国际关系讲师贝弗利·洛克(Beverley Loke)认为:"北京从国家利益的角度对制度建设进行了大量投资,因为它与习近平的'人类命运共同体'和'双赢'互利合作联系在一起。特别是亚投行的制度创新和'社会创造力',有助于进一步提高中国的全球地位和合法性。"[②]

需要注意的是,虽然人类命运共同体理念已经获得国际社会的广泛认同,但在某些学者的观点和媒体的报道中仍有误读和曲解。认为"人类命运共同体"是"现代朝贡体系",认为"一带一路'是"中国的特洛伊木马""加剧发展中国家债务",将中国的国际参与视为"帝国主义行为",扣上"地缘政治""政治霸主"的帽子,这些都不利于中国国家形象的国际传播。

三、以"人类命运共同体"为抓手推动中国国家形象的全球传播

习近平总书记指出,塑造中国的国家形象要"重点展示中国历史底蕴深厚、各民族多元一体、文化多样和谐的文明大国形象;政治清明、经济发展、文化繁荣、社会稳定、人民团结、山河秀美的东方大国形象;坚持和平发展、促进共同发展、维护国际公平正义、为人类作出贡献的负责任大国形象;对外更加开放、更加具有亲和力、充满希望、充满活力的社会主义大国形象。"[③] 国际社会对"人类命运共同体"理念的正确认识和广泛认同,为塑造中国国家形象奠定了基础,初步展现了中国的良好形象。但也应看到,否定和质疑的声音反映了我们在塑造形象和传播理念时的失语与失真,国际社会对于中国的认知还不够真实、立体和全面。国家形象的全球传播究竟应该"何为"关涉的

[①] Kalha, R.S. An Assessment of the Chinese Dream: 2015. *Strategic Analysis*, 2015, 39 (3): 274–279.
[②] Loke, B. China's economic slowdown: implications for Beijing's institutional power and global governance role. *The Pacific Review*, 2018, 31 (5).
[③] 习近平. 建设社会主义文化强国 着力提高国家文化软实力. 人民日报, 2014-01-01.

内容众多,从"人类命运共同体"的建设和传播角度看,可重点突出以下三个部分。

(一)注重实践平台的搭建和宣传,为国家形象的全球传播提供实践证明

"人类命运共同体"理念以全人类的福祉为出发点和落脚点,本身具有极强的实践属性。在推动"人类命运共同体"理念落地生根的过程中,中国坚持对外开放,倡议并实施"一带一路""亚洲基础设施投资银行"等项目,成功召开"博鳌论坛""世界政党大会"等会议,成功举办"进博会"等贸易交流博览会,推动"亚洲命运共同体""中国-东盟命运共同体""中巴命运共同体"等周边命运共同体的构建。中国人讲"行胜于言",想要继续推动人类命运共同体的全球传播,进而推动国家形象的国际传播,就一定要用好这些看得见、摸得着、能惠民、可测评的实践平台。

一是要开拓一批典型的示范项目,进一步扩大平台的覆盖面,尤其是对"人类命运共同体"有误解的国家和地区,更要着重去沟通建设,消除他们的疑虑;二是在构建实践平台的具体操作中,要切实践行"人类命运共同体"所倡导的和而不同、尊重平等、义利兼顾等亲、诚、惠、容价值观,使平台构建与理念内涵同向同行,避免出现两张皮现象,弱化可信力和传播力;三是要将"一带一路"等项目构建的成功案例和故事转化成宣传素材和传播话语,把领导人的重要讲话以及相关部门的规划措施与相关企业的生动事例结合起来,讲好中外共建故事,塑造好中国合作共赢的领导者和实践者形象;四是要注重成果宣传的真实性,写下的每一句话都要同生活中的真实情形相对应,同时,也要坦然地面对我们存在的问题,向外界传达我们解决问题的决心。

(二)推动民间交流,为国家形象的全球传播提供民意基础

近年来,夫人外交、旅游外交、智库外交、卫生外交、友城外交、美食外交等蓬勃开展,政府、企业、媒体、学者、民间组织等主体作用凸显,已经逐步形成了层次不断提高、规模不断扩大、领域渐次拓展的人文交流局面,促进了民心相通。古人云,国之交在于民相亲、民相亲在于心相通,国家形象的全球传播需要具体落实到每个民众的心中,以"人类命运共同体"理念的传播带动国际形象的传播,必须要做到重心下移,带动社会力量和民间力量。

一是要借助智库力量,搭建高级别的民间对话。加强与相关国家智库的信息交流、知识分享和合作研究,根据实践变化发展,不断研究、解决重大问题,为"人类命运共同体"的学术交流、理论创新、政策预研、权威宣介等建言献策。二是加强地方间合作,强化城市外交。城市形象与国家形象存在密切的关系,也发挥着推动"人类命运共同体"理念传播和塑造国家形象的作用,要合理利用城市的地理位置和历史文化,如扬州市以运河为媒开展交流,连续举办世界运河名城博览会、世界运河大会、联合国"可持续性城市"高级别研讨会等,已经与15个国家20个城市结为友好城市关系,与22个国家和地区33个城市建立友好交往城市关系。三是加强企业文化建设,以企业形象展现中国形象。中国企业走出去的同时,也要力求走进去,走进当地民众的视野和内心去,提升良好企业形象在国际上的辐射力和影响力。同时,也要着重支持影视、娱乐、动漫等文化产业,打造具有中国特色和元素的文化品牌,扩大中国文化产品和服务的海外市场份额,以提升中国文化产业的国际竞争力。

(三)培养具有全球视野和能力的国际化人才,为国家形象的全球传播提供持续保障

推动"人类命运共同体"构建和国家形象全球传播都需要依靠人的力量,培育具有全球视野和能力的国际化人才成为现实之需。这类人才的培养必须首先坚持中国立场,培养中国品格,决不能用国际化代替本土化,决不能用与世界接轨取代中国特色。

一是培养具有国际视野的新时代大学生,为构建"人类命运共同体"贡献力量。具体而言,要培养新时代大学生的国际化意识和人类情怀,使其正视和理解国际化的现实与趋势所在,能够自觉站在人类发展高度思考和解决问题;培养新时代大学生应对复杂国内国际事务的能力,能参与全球治理;培养新时代大学生构建"人类命运共同体"的责任担当,使其成为构建"人类命运共同体"的新生力量。也要教育引导新时代大学生主动参与到构建"人类命运共同体"的伟大实践当中,并通过自我践行,以人之品格塑造国之形象,促进中国形象在世界良性传播。二是着重培养精通传播的复合型人才,支撑国家形象的全球传播。能精通当地语言、熟悉当地情况、在当地有较好的人脉关系、有一定的政策意识,能够有的放矢地精准传播,达到解疑释惑的效果。同时,进一步发挥外国留学生、外国专家学者、海外华侨华人、国际非政府组织

的积极作用,构建立体化的传播通道,用好国外人才资源,构建国外人才网络,为国家形象的全球传播提供支撑。

总体来说,国家形象的塑造绝非一日之功,其传播也需对症下药持之以恒,我们要认识到人类命运共同体建设和传播的艰巨性与复杂性,也要认识到其对中国国家形象塑造和全球传播的重要作用,在"人类命运共同体"建设的过程中促进国际社会对中国的认知和认同,提升中国的国家形象。

参考文献

习近平. 共同构建人类命运共同体. 人民日报,2017-01-20.

赵磊主编."一带一路"年度报告:从愿景到行动. 北京:商务印书馆,2016:204.

附录

表 1　媒体报道搜索范围

国　　家	媒　体　名　称
美国	《华盛顿邮报》（Washington Post）、《华尔街日报》（The Wall Street Journal Online）、《纽约时报》（The New York Times）、《外交事务》（Foreign Affairs）、道琼斯通讯社（Dow Jones Newswires）、《美联储新闻》（U.S.Fed News）、《托皮卡首府日报》（Topeka Capital-Journal）、《国家利益杂志》（The National Interest）、美国之音（Voice of America Press Releases and Documents）、《当代历史》（Current History）、《信使报》（Daily Messenger）
加拿大	《环球邮报》（The Globe and Mail）
澳大利亚	《澳大利亚人报》（The Australian）、《澳大利亚金融评论报》（The Australian Financial Review）
德国	德国之声（Deutsche Welle）
英国	英国广播公司（BBC Monitoring）、《每日电讯报》（The Daily Telegraph）、《电讯报》（The Telegraph）、《卫报》（The Guardian）、《太阳报》（The Sun）、《金融时报》（Financial Times）、《路透社新闻》（Reuters News）、《M2 新闻专线》（M2 Presswire）、《经济学人》（Economist）
西班牙	《埃菲社新闻服务》（EFE News Service）
印度	《经济时报》（The Economic Times）、《印度教徒报》（the Hindu）、《政治家报》（The Statesman）、《先锋报》（The Pioneer）、《印度斯坦时报》（Hindustan Times）、《印度快报》（Indian Express）、印度托拉斯报业（Press Trust of India）、《亚洲时代报》（The Asian Age）、《德干纪事报》（Deccan Chronicle）、《印度时报》（The Times of India）
尼日利亚	《先锋新闻》（Vanguard）
孟加拉国	《每日星报》（The Daily Star）
日本	《每日新闻》（Mainichi Shimbun）、《日本经济新闻》（Nikkei Report）、共同通信社（Kyodo News）
越南	《越南通讯社公报》（Vietnam News Agency Bulletin）
菲律宾	菲律宾通讯社（Philippines News Agency）
柬埔寨	《金边邮报》（Phnom Penh Post）
尼泊尔	《喜马拉雅时报》（Himalayan Times）、《加德满都邮报》（The Katmandu Post）、《共和国报》（Republica）、尼泊尔国家通讯社（Rastriya Samachar Samiti）
马来西亚	《星报》（The Star）、《马来西亚日报》（Bernama Daily Malaysian News）
泰国	泰国新闻社（Thai News Service）、《国家报》（The Nation）
新加坡	《海峡时报》（The Straits Times）、《商业时报》（Business Times Singapore）
伊朗	法尔斯通讯社（FARS News Agency）
叙利亚	阿拉伯叙利亚通讯社（Syrian Arab News Agency）

(续表)

国　家	媒　体　名　称
埃塞俄比亚	《每日镜报》（Daily Monitor）
阿尔及利亚	阿尔及利亚新闻社（Algeria Press Service）
吉尔吉斯斯坦	卡巴尔通讯社（Kabar News）
巴基斯坦	《商业纪事报》（Business Recorder）、《俾路支省时报》（The Balochistan Times）、《今日巴基斯坦》（Pakistan Today）、《外交见识》（The Diplomatic Insight）、《黎明报》（Dawn）、《论坛快报》（The Express Tribune）、《巴基斯坦观察家》（Pakistan Observer）
哈萨克斯坦	《哈萨克斯坦新闻通》（Kazakhstan Newsline）
巴勒斯坦	巴勒斯坦通讯社（Palestine News Agency）
乌兹别克斯坦	《乌兹别克斯坦新闻通》（Uzbekistan Newsline）
斯里兰卡	《每日新闻（斯里兰卡）》（Daily News (Sri Lanka)）
约旦	《约旦时报》（The Jordan Times）
科威特	科威特通讯社（Kuwait News Agency）
坦桑尼亚	加纳通讯社（Ghana News Agency）
津巴布韦	《津巴布韦先驱报》（The Herald Zimbabwe）
沙特	沙特新闻社（Saudi Press Agency）
西班牙	《埃菲社新闻服务》（EFE News Service）
南非	《开普时报》（Cape Times）、《比陀新闻报》（Pretoria News）
以色列	《以色列国防》（IsraelDefense）、《耶路撒冷邮报》（The Jerusalem Post）

表2　智库搜索范围

国　家	智　库　名　称
美国	卡内基国际和平基金会、詹姆斯敦基金会、大西洋委员会、美国战略与国际问题研究中心、美国兰德公司、美国外交关系学会、外交政策研究所
加拿大	地缘政治监测中心、加拿大国际治理创新中心
英国	英国国际战略研究所、英国皇家事务研究所
瑞士	世界经济论坛
比利时	欧洲之友
波兰	波兰亚洲研究中心
俄罗斯	俄罗斯国际事务理事会
澳大利亚	国际事务澳大利亚研究所
新加坡	新加坡南洋理工大学拉惹勒南国际关系学院国防与战略研究所

(续表)

国　　家	智　库　名　称
日本	日本国际问题研究所、日本防卫省防卫研究所
印度	德里政策集团、和平与冲突研究所、南亚分析集团、维韦卡南达国际基金会
巴基斯坦	伊斯兰堡政策研究中心
土耳其	国际战略研究机构
卡塔尔	卡塔尔半岛研究中心
南非	南非国际事务研究所

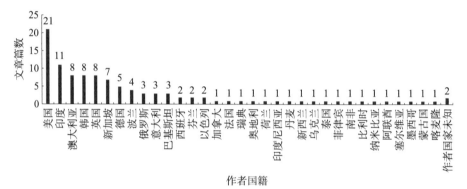

图1　学术文章搜索情况

以当代中国价值观为抓手塑造良好国家形象
——基于 2018 年东盟六国网络调查数据的分析①

黄钦②

在现代社会,国家形象的塑造与传播关系着一个国家的知名度和影响力,代表着一个国家的软实力。而作为建设海上丝绸之路的枢纽和桥梁,东南亚地区具有重要的作用,中国国家形象在东南亚地区的传播至关重要。为此,2018 年 1—3 月,广西艺术学院影视与传媒学院联合北京零点有数数据科技集团对中国国家形象在东盟地区的认知和传播情况进行了调查。鉴于本次调查涉及国际意识、国际时事等方面的内容较多,对受访者的认知基础和国际视野的要求也相对较高,因此主要采取网络调查的方法。在样本选择上,通过综合考虑东南亚各国的人口规模、国土面积、经济发展情况和互联网覆盖率等因素,本次调查选定印度尼西亚、菲律宾、越南、马来西亚、泰国、新加坡 6 个东盟国家作为执行国,共获得有效样本 3 337 份。

一、当代中国价值观:塑造新时期中国国家形象的总抓手

此次调查显示,东盟国家受访者对中国目前的政治、经济、科技实力均有较高评价,但与此同时,他们对日本、韩国、美国等国家的好感度普遍高于中国。与硬实力感知缺乏比较优势相类似,在软实力感知上,东盟受访者对日本文化也表现出极高的喜爱和欣赏。在中国文化的认知上,东盟受访者的记忆依然停留在对中国传统文化符号的认知上,而对中国现代文化却缺乏了解和

---

① 本文主要内容已发表在《对外传播》2019 年第 4 期。
② 黄钦:广西艺术学院影视与传媒学院副教授、博士。

认同。从社会认知理论视角来看,国家形象是一种认知和话语的建构,是社会公众对该国的印象、态度与评价的总体反映,包括硬实力感知和软实力感知。硬实力由资源、经济、军事、科技四大实力元素构成;软实力则源于一个国家的文化、政治观念和政策吸引力,主要通过吸引而非强迫或收买的手段来达己所愿。从某种程度上来说,在塑造国家形象上,软实力比硬实力更加有效。如果国家的对外关系过度倚重硬实力而忽视软实力建设,那么,最终会使自己陷入被动,使国家形象受损,对外政策目标也难以实现。

近年来,中国硬实力不断增强,但经常会出现有理说不出、说了传不开的局面,这也从一个侧面反映了中国软实力建设的滞后,此次东盟网络调查再次印证了这一事实。如何通过软实力建设提升国家形象?习近平总书记曾指出:"提高国家文化软实力,要努力传播当代中国价值观念……要加强提炼和阐释,拓展对外传播平台和载体,把当代中国价值观念贯穿于国际交流和传播的方方面面。"[①] 可以说,当代中国价值观是中国文化软实力的核心理念,也是塑造新时期中国国家形象的总抓手。而所谓价值观,是人们对于价值的观念。从广义上来看,价值观是一个哲学范畴,涉及人们对于价值本质规定性的追问;从狭义上来看,价值观指的是人们对于是非、善恶、美丑的态度和评价。在当代中国,我们既面临着传统价值观、现代价值观、后现代价值观的时空压缩以及改革开放前后社会主义价值观的深度交织,也面临着中西价值观和国内不同地域、阶层、群体价值观的深度碰撞。在如此多元的价值观相互冲突、相互碰撞的现实语境下,培育和践行当代中国社会主义核心价值观并使之转化为人们的情感认同和行为习惯,就显得至为重要。而从国际交往层面来看,所谓"民心相通",实际上指的就是文化上的认同和价值观上的相互理解与尊重。

二、价值观传播的主要问题

(一)传播主体:主体多元化使国家形象传播面临新挑战

在改革开放,尤其是"一带一路"建设的时代背景下,中国与东盟各国的跨国交往日益频繁,中资企业、中国产品、中国游客等都成为东盟受访者认知

---

① 习近平.习近平谈治国理政.北京:外文出版社,2014:161.

中国形象的重要窗口，因此也就成为了中国价值观传播的主体。在此次调查中，尽管东盟受访者对中国政治、经济、科技等方面的综合实力给予了较高评价，但对中资企业、中国产品和中国国民的评价却并不理想，只有49.7%的受访者认为中资企业在本国较好地履行了社会责任（见图1），只有48%的民众认为中国公司给予本国雇员较好的待遇。受访者对"中国制造"的评价是"价格合理""科技创新性强"，但对"产品质量好""安全性强""尊重知识产权""注重环保"的评价却较低（见图2），东盟受访者对中国产品"低价劣质"的总体印象并没有明显改观。而在中国国民形象上，"节俭勤劳""家庭观念重"得分较高，但"诚实守信""仁爱守法"则得分较低。联系经常见诸报端的中国游客不文明行为，这样的结果或许不足为奇。但毫无疑问，无论涉及中

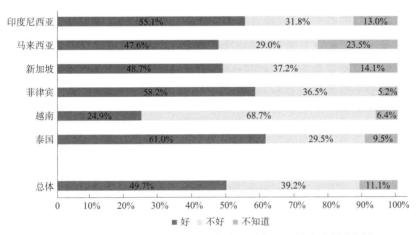

图1　东盟六国受访者对中国企业在本国履行企业社会责任的评价

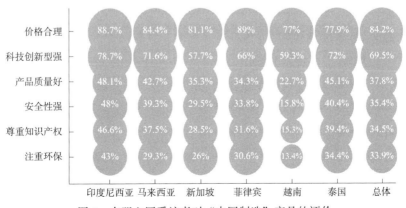

图2　东盟六国受访者对"中国制造"产品的评价

国游客、中资企业还是中国产品的差评,都影响了受访者对中国国家形象的整体评价。

(二)传播语境:"高语境文化"带来价值观传播障碍

东南亚地区是中华文化、印度文化和伊斯兰文化冲突交融之地,这些文化均属于"高语境文化"。所谓高语境文化,是指交流中的符码只包含极少意义,大多数意义储存在接受者和环境背景当中。这种文化晦涩含蓄,相融性较差,很容易形成自大自足、封闭保守的文化隔阂,从而带来"文化过敏"或"文化麻痹"现象。"文化过敏"表现为过于关注符码背后的微言大义,有时甚至表现出浓烈的意识形态过敏和狭隘的民族中心主义倾向。与之相反,"文化麻痹"则表现为缺少文化敏感性,将文化差异局限在物象符号的简单理解,而忽略符号背后的象征和隐喻含义。在高语境文化之间的交流中,小国对大国极易产生"文化过敏",大国对小国则经常会出现"文化麻痹";而地区小国在域外大国的支持下也会对其他国家表现出"文化麻痹",从而引发他国的"文化过敏"。这两种现象虽然截然不同,但均是高语境文化在不同情境下的表征。

调查显示,中国对东盟国家的"文化麻痹"和东盟国家对中国的"文化过敏"是同时并存和交替出现的。例如,由于"文化麻痹",我们只注重向东盟国家输出影视作品的数量,而没有对其价值取向进行把关和审核。而由于"文化过敏",中国高铁技术在东南亚地区的扩散被"政治化",因而频频遭遇阻力。强文化语境下的"文化麻痹"和"文化过敏"使得中国与东盟国家之间会出现各种误解、冲突及纠纷。

(三)传播层次:核心层的对外文化传播有待加强

综合国内外学者的观点,文化大致可以分为物质文化、制度行为文化、心理文化三个层次。物质文化属于文化的低级层次,主要表现为人工制造的物品;制度行为文化属于文化的中间层次,主要表现为各种制度规范、风俗习惯等;而心理文化则属于文化的高级层次,主要包括价值观念、思维方式、审美情趣等。从中国目前的对外文化传播来看,中外文化交流主要集中在器物文化和行为文化层面,输出的是以"中国制造"为代表的现代物质文化和以诸子百家经典及传统技艺为代表的传统文化,而能够引起目标国民众认同的高层次心理文化却缺乏应有的凝练和传播。因此可以说,中国的文化产业发展尚处在初级阶段,虽然发展迅速,但还没有实现从数量增长向内涵发展的转变,繁荣表象背后隐藏的却是主流精神和核心价值观的缺失、背离与扭曲。在此次调查中,受访者对中国影视作品最深刻的印象分别是"历史题材丰富"(43.7%)、"民族特色"(29.4%)和"勾心斗角"(28.6%)(见图3),这些显然不是我们想表达的核心价值观,而文化交流中核心价值观念的模糊不清或者误读,其实也从一个侧面反映了中国对外文化传播的结构性失衡。

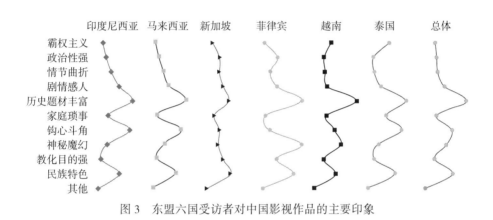

图3　东盟六国受访者对中国影视作品的主要印象

(四)传播平台:新媒体舆论场的话语权旁落导致国家形象"他塑"

在新媒体时代,空间和疆域的距离感不复存在,互联网沟通了国家形象的对内与对外传播,一个区域性话题很容易就被"操作"成一个全球性的政治话题,进而损害国家形象。在新媒体技术及其应用方面,中国基本实现了与世界同步,有些领域甚至超越了西方国家。但是,技术上的进步并不意味着话语争夺上的优势。此次调查显示,社交网络已经成为东盟民众了解涉华信息的首要渠道(见图4所示),但是,占据这个渠道的并非中国媒体,而是美国社交网络、美国传统主流媒体PC端和移动端。美国已经抢占中国国家形象塑造的舆论话语权,而中国主流媒体如中国国际电视台、新华社等在社交网络供给侧的内容产出均相对较弱,其用户数量也难以与美国媒体形成势均力敌的竞争关系。可以说,在东盟国家的新媒体舆论场中,中国的国家形象主要是由"他者"来形塑的,这一点应该引起我们的高度警惕。

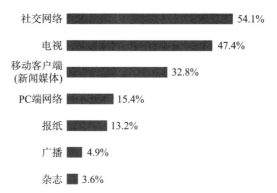

图4　东盟六国受访者了解与中国有关信息的主要媒体渠道

三、价值观传播的关键点

在国际交往日益频繁的今天,国家形象已不再仅仅体现在领袖、会议、赛事或媒体层面,不再有国内、国外之分,也不再是一两个国家形象宣传片所能解决的问题。国家形象建设是一个多维的、动态的、长期的复杂过程。而在多维复杂的国家形象建设系统中,能够一以贯之的唯有价值观。故事可以因人因时因事而异,但其中所体现的价值观应该是恒定、可辨识并能引起共鸣的,否则,国家形象塑造必定徒劳无功。针对此次调查所揭示的问题和不足,我们认为,价值观传播有以下几个关键点。

(一)关注对外传播中的价值观导向

美国学者詹姆斯·凯瑞(James W.Carey)在《作为文化的传播》一书中曾将传播的定义分为两类:一是传播的"传递观";二是传播的"仪式观"。"传递观"意指信息在空间中的扩散;而"仪式观"则指的是价值和信仰在时间上对一个社会的维系。在面向东盟的传播和交往中,我们要改变之前侧重信息传播的"传递观",转而采取侧重价值传播的"仪式观",重点关注信息传播中的价值取向,以引起接受者的价值共鸣,进而优化国家形象。

在对外新闻传播中,政策宣传、成就报道是中国主流媒体的主要报道类型,但往往见物不见人,很难引起共鸣。如中国以前的计划生育政策报道经常会让西方人指责政府官员限制公民生育的权利,而忽视了中国婴儿死亡率快速下降、人均寿命稳定增长的现实;有关青藏铁路的成就报道曾让外国人质疑西藏生态环境被破坏,却鲜有媒体报道这一巨大工程竟然创造了施工者零死亡的奇迹。因此,在对外传播中,我们要改变之前粗放式信息传递的观念和做法,要学会运用价值杠杆,精选事实、巧选角度,让传播成为价值和信仰的表征。

在影视作品输出方面,同样要注意价值观导向,不能任由各种对立、冲突、非主流价值观的影视作品轻易输出到对象国。在这一方面,美国的经验值得我们借鉴。美国本是一个文化资源相对贫瘠的移民国家,但却在短短200多年的时间内成长为世界第一文化大国。究其原因,主要在于它们巧妙地将核心价值观全面渗透到了文化产业链之中。历史上,美国政府对每一部出口电影都要进行审查,凡是描述"非真实"美国价值观的电影或传播美国负面印象的电影都将被严禁出口;美国政府还曾成立对外电影中心,将员工派往世界各地,以促进美国电影在当地影院的传播。这些举措使得好莱坞电影成为营造"美国神话"的急先锋。早在20世纪30年代,一位英国人就曾说过:"世界上每一座电影院都是美国的大使馆。"[①]

(二)加强核心价值观的国际认可度

国家形象塑造是多维的,核心价值观则是相对稳定的,但问题是,我们的核心价值观究竟是什么?或者说,当我们面向东盟进行传播和交往时,应该坚持什么样的核心价值观?诚然,党的十八大提出中国社会主义核心价值观是"富强、民主、文明、和谐,自由、平等、公正、法治,爱国、敬业、诚信、友善",但是,实事求是地说,从对外传播的角度来看,我们核心价值观的研究和实践还存在国际比较研究匮乏、国际关注不够以及国际影响较弱等现实问题。

比如,国际社会不少人认为,中国是一个经济强国而非文化强国,社会主义核心价值观是对西方价值观念的肯定和挪用,中国的经济发展缺乏自身坚实的价值观基础,经济成就的取得具有偶然性和不可持续性,因而妖魔化中国产品和中国制造,并由此滋生出"中国威胁论""中国强硬论"等种种敌对论调。此次调查同样显示,在东盟受访者看来,中国产品价低质次;中国人虽勤劳务实,但诚信守法意识有待加强;受访者对于中国所提出的构建"人类命运

[①] 周凯.核心价值观的缺失与构建传播——中国文化产业发展反思与对西方文化产业的借鉴.东岳论丛,2012(9).

共同体"以及"一带一路"倡议的认可度也相对较低。

因此可以说,我们的核心价值观在国际认知和国际认可度上还有待进一步加强,而要赢得国际认同,我们在对外传播的价值观培育上必须妥善处理好传统与现代、党性与人民性、中国与世界的关系。只有将中华传统文化去其糟粕取其精华,现代中国人才更容易形成价值认同;只有将党性与人民性统一起来,官方与民间的价值取向才能融为一体;只有明辨中国价值观与世界价值体系的个性与共性,我们才能在对外交往中找到价值传播的最大公约数。

(三)坚持价值观传播的平等对话原则

毋庸置疑,社会主义文化是一种先进文化,社会主义核心价值观是一种代表人类前进方向的价值观。但与此同时,也应该认识到,中国的社会主义文化及其核心价值观也是世界文明的中国化成果,既有其先进性、独特性,同时也与世界文明具有某种程度的共同性和通约性。在国际交往中,不卑不亢、平等对话、兼容并蓄,借鉴吸收一切人类文明的优秀精神成果,应该是我们对外价值传播的基本态度。尤其在面向东盟的对外传播中,我们既要避免"文化麻痹",也要防止"文化过敏"。一方面,我们要不断增强对东盟国家的文化敏感性,了解对方的历史文化、体制机制,理解各种物象符号背后隐藏的象征和隐喻含义,谨防文化霸权主义;另一方面,我们也要善于运用对方能够接受的话语方式和价值观与其对话,力争克服对方的弱者心态和敌视心理,消除可能产生的"文化过敏"现象。

而在价值对话领域,互联网无疑是一个重要阵地。相对于传统媒体而言,以互联网为代表的新媒体不仅提供了一个虚拟的公共话语广场,而且也为个体社会资本的扩张提供了可能。它改变了传统的"点到面"的传播模式,建立了以"人"为节点的传播网络,从而使得传播不再是信息的物理传递,而是有温度、有情感的价值连接。在这张关系网络中,事实逻辑变得不再重要,情绪、情感、价值取向才是关键。因此,可以说,失去了网络阵地,也就意味着失去了价值对话和价值争夺的主战场。在这方面,我们应该以打造国际主流媒体的态度和决心,下大力气培育能够承担与东盟国家进行价值对话重任的网络媒体,如此才能获得对外传播的话语权,扭转由他者来塑造中国形象的被动局面。

参考文献

Martin I.M.& Eroglu S.Measuring a Multi-dimensional Construct:Country Image.*Journal of Business Research*,1993,28,28.

黄力之.论国家形象视域中的文化软实力问题.宁夏社会科学,2011（7）.

韦宗友.权力、软权力与国家形象.国际观察,2005（5）.

秦慧源.新时代中国的价值观冲突及其超越.东南学术,2018（6）.

陈伟军."一带一路"背景下中国价值观的国际传播路径.学术界,2018（5）.

马中红.文化敏感与广告跨文化传播.深圳大学学报（人文社会科学版）,2007（6）.

潘荣成.中国文化对外传播面临的问题及其对策.理论月刊,2018（5）.

周凯.核心价值观的缺失与构建传播——中国文化产业发展反思与对西方文化产业的借鉴.东岳论丛,2012（9）.

[美]詹姆斯·凯瑞.作为文化的传播.丁未译.北京:华夏出版社,2005:10.

黎海波.对外传播中的共同价值观问题初探.对外传播,2008（2）.

李蕊.国际视野中的社会主义核心价值观研究.科学社会主义,2015（5）.

社交媒体环境下涉华新闻接触与对华态度
——基于在京外国人的实证研究[①]

冯海燕[②] 范红[③]

【摘要】公众了解他国信息的渠道正在从传统媒体转向社交媒体。旅居中国的国际公众是中国形象的重要扩散者和意见领袖,但是鲜有研究关注社交媒体在塑造该群体的中国形象方面的独特影响力。通过对在京外国人的调查数据研究发现:国内外主流媒体是在华外国人获取中国信息的主要渠道,但自媒体开始占据一定的使用率;国际媒体的涉华报道对在华外国人的对华态度不存在显著影响,中国媒体涉华报道对该群体的对华态度存在正向显著影响;国际社交媒体的线上交往对该群体的对华态度不存在显著影响,中国社交媒体的线上交往对该群体的对华态度存在正向显著影响。另外,在华外国人的文化国别也是影响他们对华态度的重要因素。

【关键词】社交媒体、新闻接触、在华外国人、对华态度

一、研究背景

旅居他国的国际公众是跨文化传播中重要的"桥梁人群"。比起境外的国际公众,他们更可能受所在国媒体的影响,成为所在国形象的重要扩散者和意见领袖。因此,在全球形势和媒介技术都发生变化的新语境下,精准把握旅居中国国际社群的涉华新闻接触以及这种接触对他们对华态度的影响,对中

---

① 本文主要内容已发表在《现代传播》2019年第11期。
② 冯海燕:清华大学新闻与传播学院博士生。
③ 范红:清华大学国家形象传播研究中心主任,清华大学新闻与传播学院教授、博士生导师。

国如何进一步建构中国的国际形象具有重要的指导意义。

不少西方新闻媒体明确把自身的新闻生产活动视为国家形象的把关人。相应地,学界一直高度关注西方媒体的国际新闻报道对国际公众他国形象认知的影响。苏林森总结了国际新闻接触与公众对他国态度的三类关系:国际新闻接触促进了第一世界国家的好感度,但与第三世界国家好感度成负相关;国际新闻接触与对所有外国的好感度均呈负面关系;国际新闻接触与对所有外国的好感度均呈正相关。

在媒介化的社会背景下,公众了解他国信息的渠道逐渐从传统媒体转向社交媒体。然而鲜有研究关注社交媒体在塑造公众对他国态度方面的独特作用。对于旅居中国的国际公众来说,社交媒体在技术上打破了国内外媒体之间的界限,他们同时使用国际媒体和中国媒体获取中国信息。2010年,赵云泽对在京外国人媒介接触状况的一项调研发现,来华半年以上的外国人,容易形成"本国媒体""自己观察""中国媒体"三种了解中国的主要渠道。2012年,王帆在北京、上海、广东三地收集的一项调研发现,在华外国人使用中国媒体的工具性和习惯性特点日益明显。2018年,杨凯和唐佳梅在广州收集的一项调研发现,在穗外国人媒介使用前五的媒介类型是:脸书(Facebook)、微信、Instagram、大陆网站和母国网站。

国内外媒体的涉华报道存在较大的分野,尤其是西方媒体,一直以来都存在丑化中国的倾向。对于在华外国人来说,当他们身处一个真实的中国时,原有的媒介习惯和认知习惯都发生了巨大的改变。那么,这种全新的跨文化语境将如何影响他们的涉华新闻接触?国内外媒体涉华信息内容的分野,如何共同形塑了这个群体的对华态度?相较于传统媒体,社交媒体在塑造在华外国人的对华态度方面具备哪些独特的作用?目前这些疑问较少获得关注。

二、相关文献与研究假设

(一)在华外国人和中国形象传播

在华国际社群主要可以分为两类:一类是短期旅居者(包括旅游、探亲、商务、外交等的来华者);另一类是长期居留者(包括留学、工作、移民等的来华者)。随着中国日益走近世界舞台中央,在中国大陆长期居留的国际社群规模日益扩大。根据第 6 次全国人口普查,2010 年中国有 35 万常驻外籍人士,到了 2016 年,来华外国人员达到 90 万人次。在华常驻外国人数量呈逐年上升趋势。

这些来华国际社群是跨文化传播中的"桥梁人群":他们了解一个更为全面的、真实的中国,也有更好的意愿和能力去扮演良性沟通的桥梁。他们具有同时使用国际媒体和所在国媒体的客观条件和强烈动机,也更可能向海外公众传递一个未被西方媒体镜像"扭曲"的中国形象。因此,探究在华国际社群的涉华新闻接触,以及这种接触如何形塑他们的对华态度具有重要的意义。社交媒体是本文的研究语境,为了行文方便,笔者在接下来的研究问题和研究假设表述中不再对此赘述。基于上述讨论,本文提出以下研究问题:

RQ1:在华外国人主要通过哪些新闻媒体获取与中国相关的信息?

(二)涉华新闻接触与对华态度

大量的媒介效果研究证实,国际新闻报道是民众产生外国态度的显著因素。丹尼斯·麦奎尔(Denis McQuail)指出,对于外国公众而言,"在发达国家中,到达受众的新闻供应不仅非常有选择性和不完全性,而且这些新闻也只是从国内的角度来看待世界其他国家的"[①]。这一观点反映了在国际传播中,东西方信息流动和话语权不平衡可能带来的认知偏差。

随着中国国际地位的迅速提升,中国已经成为国际媒体争相报道的国家。以美国媒体为例,从被报道国家分布看,报道最多的外国是中国。然而对于大多数西方受众而言,由于没有去过中国,他们对于中国的形象和正在发生的事情,主要从本国的报纸、广播、电视、互联网、社交媒体等获得。除了国际媒体的"声音"之外,他们很少关注对象国媒体自己的"声音"。

过往的研究表明,由于意识形态差异、国际政治等因素,西方媒体对中国存在大量不公正的报道。尤其在"中国威胁论"、人权问题、民主问题、环保问题、中国人形象等议题上,西方媒体对中国形象的"污名化"倾向尤为明显。而中国媒体近几年的国际传播力建设已取得了一定的成效:不管是主流媒体在海外社交平台上关注度的高涨,还是其他本土英文媒体到达率的提升,都在积极发出中国的"声音",建构一个更为正面的中国形象。

---

① [英]丹尼斯·麦奎尔.受众分析.刘燕南等译.北京:中国人民大学出版社,2006:2.

基于以上文献,本文提出以下研究问题和研究假设:

RQ2:在华外国人的涉华新闻接触对他们的对华态度存在怎样的影响?

H1:国际媒体涉华新闻接触对在华外国人的对华态度具有负向削弱作用。

H2:中国媒体涉华新闻接触对在华外国人的对华态度具有正向促进作用。

(三)媒介社交使用与对华态度

近十年来,公众对他国形象的认知开始随着他们了解国际新闻的渠道从传统媒体转向新媒体而改变。在华外国人依赖社交媒体获取中国资讯也逐渐成为趋势。2017年,杨凯和唐佳梅对于在穗外国人媒介使用状况的调研发现,脸书和微信分别居于国际公众使用率第一和第二的媒介类型。虽然暂无针对该群体媒介使用的全国性调研,但社交媒体成为在华外国人了解中国信息的首要媒体渠道已经是明显的趋势。

不同于传统媒体,社交媒体的社交使用是其核心功能。以脸书和微信为例,作为基于移动终端的IM,它们在多年的发展中不断固化强关系的社交模式,最终成为以社交使用为中心的生活媒体类服务工具。社交媒体复兴了点对点人际传播,由此,本文将社交媒体的社交使用界定为以建立一种关系为目标的意义互动过程,是线下人际交往的线上复制和延伸。这种线上交往在个人层面指向朋友、家人或其他人,在社会层面指向群体和机构。

国际公众与旅居国的直接人际交往会正向促进他们对该国的正面评价。Selltiz的一项研究发现,在美国留学的国际留学生和美国人的交往越密切,对美国的态度就越积极。Park的一项研究则发现,在韩国留学的日本留学生和韩国友人交往越多,对韩国的态度越趋于正面。Hofman和Zak的研究也发现,在跨文化接触中,直接交往能增强对另一方的好感度。本文语境下的社交媒体社交使用是现实人际交往的延伸。因此,本研究认为在华外国人的中国社交媒体线上交往会正向影响他们的对华态度。

对于在华外国人来说,当他们身处国外时,由于失去了和原来社群面对面接触的机会,更可能通过线上交往维持原来的文化接触。这些中国境外友人主要通过国际新闻的使用了解中国,因此更有可能受到西方媒体不公正报道的影响。在这种情况下,在华外国人和原来族群的接触频率越高,就越可能"刺激"关于中国的负面想象。因此,本文认为在华外国人的国际社交媒体线上交往会负向影响他们的对华态度。

基于以上文献,本文提出以下研究问题和研究假设:

RQ3:在华外国人的社交媒体线上交往对他们的对华态度存在怎样的影响?

H3:国际社交媒体的线上交往对在华外国人的对华态度具有负向削弱作用。

H4:中国社交媒体的线上交往对在华外国人的对华态度具有正向促进作用。

三、研究方法

(一)数据来源

本文运用问卷调查的方法,探索社交媒体的涉华新闻接触对在华外国人对华态度的影响。调查对象为北京市18岁及以上的在华外国人,研究聚焦脸书和微信两个社交媒体平台。之所以这样选择是因为:在社交媒体中,脸书是全球最大的英文媒体分发平台,也是全球最大的媒体分发平台;微信则是国内最大的英文类新闻媒体聚合平台;脸书和微信是在华外国人获取中国新闻并进行深度阅读使用率最高的社交媒体;脸书和微信是强关系导向的"熟人"社交网络,是社交媒体社交功能的集中体现。

国际受众的抽样调查很难真正实现随机。为了保证样本的全面性和有效性,笔者通过两种方式收集问卷:一是利用滚雪球抽样的方式,通过微信、脸书和邮件向相识的外国媒体人员、外交工作者和留学生发送网络问卷,并让他们提供更多的受访者。在这个过程中,笔者有意识地邀请不同国别、不同学历的受访者填写问卷。二是采用随机拦截的方式,在北京外国人高聚集区的五道口、三里屯和望京向外国人发放纸质问卷。本次网络调查问卷从2019年2月5日开始,截至2019年3月15日,共回收电子版问卷237份,平均完成时间6分12秒,渠道来源分别是微信(86%)、脸书(11%)、邮件(3%);街头拦截共发放纸质问卷102份,回收问卷82份,其中有效问卷79份,有效回收率为77.5%。最终,笔者共计回收有效问卷316份,受访者来自全球28个国家和地区。

（二）变量说明

1. 因变量

本研究的因变量是对华态度。本文借鉴了芝加哥对外关系委员会（Chicago Council on Foreign Relations）和盖洛普调查机构（Gallup Organization）的情感温度计测量法（feeling thermometer），测量在华外国人的对华态度。情感温度计量表以15°为一个单位，一共包括9个量级。该方法被使用多年，广泛运用于测量一国民众对外国的态度。

范红认为，国家形象包含多维的内涵，其中政府形象、企业形象、城市形象、历史形象、文化形象、国民形象6个维度是它的重要组成部分。由此，本文将在华外国人的对华态度具体操作化为6个题项，让受访者分别汇报他们在6个形象维度上的情感倾向（0°~15°=非常冷漠，86°~100°=非常温暖）。这6项相加的得分即为在华外国人对华态度的赋值（$M = 36.35, SD = 8.99$, Cronbach's $\alpha = 0.87$）。

在华外国人对中国形象的态度倾向如表1所示。他们对文化形象、历史形象、国民形象的评价最为积极，其中文化形象的好感度排名最高（$M = 6.83, SD = 1.84$）；对城市形象、企业形象、政府形象的评价相对较低，其中政府形象的好感度最低（$M = 5.10, SD = 1.91$）。不同国别的受众对中国的好感度也各不相同，如图1所示。包括肯尼亚、津巴布韦、苏丹在内的非洲国家对中国的平均好感度最高（$M = 36.58$）；包括巴西、阿根廷、乌拉圭在内的拉美国家和伊朗、沙特阿拉伯、塞浦路斯在内的中东国家对中国的平均好感度最低（$M = 36.35$）。

表1 在华外国人的对华态度（$N=316$）

变量	非常冷漠	比较冷漠	相当冷漠	有点冷漠	没有感觉	有点温暖	相当温暖	比较温暖	非常温暖	M	SD
政府形象	4.2%	7.3%	9.2%	10.7%	28.2%	16.0%	14.1%	7.3%	3.1%	5.10	1.91
企业形象	2.7%	5.3%	8.8%	8.4%	31.3%	16.4%	14.5%	8.4%	4.2%	5.35	1.86
城市形象	4.6%	8.0%	5.0%	6.5%	10.7%	16.8%	25.2%	17.2%	6.1%	5.84	2.17
历史形象	1.1%	2.7%	1.5%	1.1%	14.9%	20.2%	22.9%	21.8%	13.7%	6.69	1.71
文化形象	1.9%	2.3%	1.1%	6.1%	6.9%	18.7%	21.8%	22.5%	18.7%	6.83	1.84
国民形象	2.3%	2.3%	4.2%	8.8&	8.4%	15.6%	19.5%	23.3%	15.6	6.54	2.00

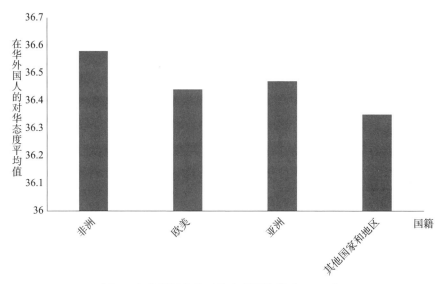

图 1　在华外国人的对华态度平均值（*N*=316）

2. 自变量

（1）国际媒体涉华新闻接触

过去的媒介使用研究大多将一般媒介接触（General Media Use，即媒介接触频率）等同于新闻使用，然而使用媒介的受众未必关注涉华新闻。因此，本文根据日本学者山本正弘（Masahiro Yamamoto）等人设计的网络媒介使用量表，并结合脸书的具体情况，将国际媒介涉华新闻接触具体操作为 3 个题项，答案采用李克特五级量表编码（1 = 从未；5 = 每天多次）。根据探索性因子分析，一共析出 1 个公因子，因子成分矩阵如表 2 所示。

表 2　国际媒体涉华新闻接触的主成分因子分析

题　　项	因子负荷量
在脸书上阅读国际媒体的中国新闻报道	0.822
在脸书上收看国际媒体的中国电视节目	0.872
在脸书上点赞/转发/评论国际媒体的中国新闻报道/电视节目	0.667
可解释方差	62.69%

注：KMO 值是 0.602，Bartlett 球形度检验显著性水平为 0.000，Cronbach's α =0.71，变量具有较好的信度和效度。

（2）中国媒体涉华新闻接触

脸书是一个国际媒体平台，中国主流媒体自2009年开始陆续进驻脸书，截至今日已取得了一定的成效。因此，在华外国人可以在微信和脸书两个平台上关注中国媒体。由此，本研究根据山本正弘的网络媒介使用量表，将中国媒体涉华新闻接触具体操作为6个题项，答案采用李克特五级量表编码（1＝从未；5＝每天多次）。根据探索性因子分析，一共析出2个公因子，用最大方差法进行因子旋转，旋转后的因子成分矩阵如表3所示。

表3 中国媒体涉华新闻接触的主成分因子分析

题 项	因子负荷量	
	微信新闻使用	脸书新闻使用
在微信上阅读中国媒体的中国新闻报道	0.792	0.054
在微信上收看中国媒体的中国电视节目	0.828	0.220
在微信上点赞/转发/评论中国媒体的中国新闻报道/电视节目	0.765	0.230
在脸书上阅读中国媒体的中国新闻报道	0.199	0.855
在脸书上收看中国媒体的中国电视节目	0.198	0.863
在脸书上点赞/转发/评论中国媒体的中国新闻报道/电视节目	0.115	0.823
可解释方差	33.16%	37.63%

注：KMO值是0.734，Bartlett球形度检验显著性水平为0.000，变量具有较好的信度和效度。

"微信新闻接触"包括微信上的中国新闻报道阅读、电视节目观看和点赞评论，Cronbach's α＝0.73；"脸书新闻使用"包括脸书上的中国新闻报道阅读、电视节目观看和点赞评论，Cronbach's α＝0.82。

（3）社交媒体的线上交往

Vergeer和Pelzer认为人们在社交上花费的时间成本更能揭示社交关系的强度。所以，本文主要从时间维度对社交媒体的社交使用进行测量。对于社交媒体中社交使用的测量主要采用Valkenburg设计的社交使用量表。根据该量表，本文将国际社交媒体的线上交往和中国社交媒体的线上交往各操作化为3个题项，答案采用李克特五级量表编码（1＝从未，5＝每天；1＝从未，5＝超过4小时；1＝从未，5＝超过4小时）。探索性因子分析的结果分别如表4和表5所示。

表 4　国际社交媒体线上交往的主成分因子分析

题项	因子负荷量
在过去一周使用脸书与中国境外友人/机构联系的频率	0.845
在工作日使用脸书与中国境外友人/机构联系的时长	0.906
在周末使用脸书与中国境外友人/机构联系的时长	0.930
可解释方差	79.98%

注：KMO 值是 0.702，Bartlett 球形度检验显著性水平为 0.000，Cronbach's α =0.86，变量具有较好的信度和效度。

表 5　中国社交媒体线上交往的主成分因子分析

题项	因子负荷量
在过去一周使用微信与中国境内友人/机构联系的频率	0.768
在工作日使用微信与中国境内友人/机构联系的时长	0.889
在周末使用微信与中国境内友人/机构联系的时长	0.882
可解释方差	71.87%

注：KMO 值是 0.670，Bartlett 球形度检验显著性水平为 0.000，Cronbach's α =0.79，变量具有较好的信度和效度。

3. 控制变量

根据既往相关研究，人口统计学变量（如性别、年龄、教育等）也可能影响到新闻使用和国家形象认知之间的关系。此外，文化涵化理论认为，旅居者的居住时长也可能影响他们对该国的态度。对此相关的解释是，旅居者初到寄居国时由于受到文化休克（cultural shock）的影响，倾向于保持疏离的状态。一旦停留的时间越长，就越有可能对所在国的文化产生认同，也更容易产生态度上的转变。结合本文的受访者情况，最终将性别、年龄、教育程度、国别和在华居住时长这 5 个变量纳入控制变量。表 6 是人口统计学变量的描述结果。

表 6　人口统计学变量描述（N=316）

样本属性	类别	数量	比例
性别	男	166	52.5%
	女	150	47.5%
年龄	18~25 岁	90	28.5%
	26~35 岁	141	44.6%
	36 岁及以上	85	26.9%

(续表)

样本属性	类别	数量	比例
教育程度	本科及以下	100	31.6%
	硕士	139	44.0%
	博士及以上	77	24.4%
国别	非洲	61	19.3%
	亚洲	116	36.7%
	欧美（含澳大利亚）	79	25.0%
	其他国家和地区	60	19.0%
在华居住时长	1年及以下	68	21.5%
	1~3年	90	28.5%
	3~5年	85	27.0%
	5年以上	73	23.1%

四、研究结果

研究问题一关注的是在华外国人通过哪些新闻媒体获取与中国相关的信息。如图2和图3所示，在国际媒体方面，受访者主要依赖英、美两国的主流媒体获取涉华信息。其中，BBC和CNN分别是在华外国人媒介使用率最高的两大媒体。在中国媒体方面，受访者主要通过《中国日报》、CGTN、新华社、《人民日报》等媒体获取中国信息，香港的《南华早报》也拥有一定的使用率。此外，GuideinChina和theBeijinger等生活媒体复合型自媒体微信公众号具备一定的关注度和使用率。

研究问题二和研究问题三分别关注在华外国人的涉华新闻接触和社交使用于他们对华态度的影响。为了进行回归分析，将分类变量"国别"作为虚拟变量处理，将"在华居住时长"作为连续变量处理。根据表7的OLS回归方程结果显示，国际媒体涉华新闻报道于在华外国人的对华态度不存在显著影响（$\beta = 0.124, p = 0.762 > 0.05$），假设1不成立；中国媒体涉华新闻接触于在华外国人的对华态度具备显著正向影响（$\beta = 0.391, p = 0.019 < 0.05$），假设2成立；国际社交媒体线上交往于在华外国人的对华态度不存在显著影响（$\beta = -0.103, p = 0.281 > 0.05$），假设3不成立；中国社交媒体线上交往于

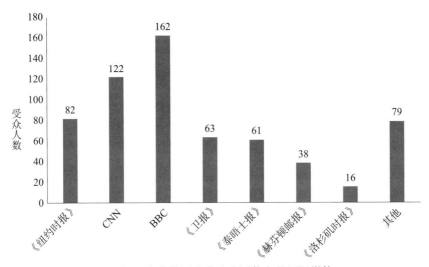

图 2　在华外国人获取中国信息的国际媒体

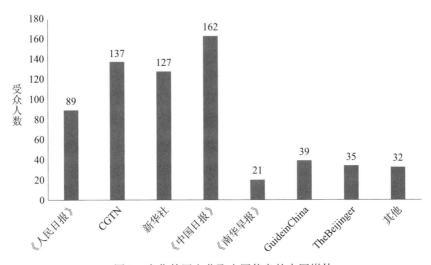

图 3　在华外国人获取中国信息的中国媒体

在华外国人的对华态度存在显著正向影响（$\beta = 0.482, p = 0.005 < 0.01$），假设 4 成立。人口统计学变量中，来自非洲国家受访者的对华态度，要显著高于儒家文化圈影响范围内亚洲国家的对华态度（$\beta = 0.154, p = 0.014 < 0.05$）。这可能得益于中国与非洲国家的良好关系，以及这些国家的留学生对于中国经济复兴的向往。在华居住时长对在华外国人的对华态度具备显著正向影响（$\beta = 0.081, p = 0.021 < 0.05$），这说明外国人在中国的居住时间越长，就越可能对中国产生正面的评价和印象。

表7 对华态度为因变量的 OLS 回归分析（N=316）

变量	标准系数	标准差	t 值	Sig.
性别	−0.012	1.119	−0.188	0.851
年龄	−0.009	1.052	−0.122	0.903
教育程度	−0.019	0.807	−0.269	0.788
月平均收入	0.053	0.714	0.609	0.543
在华居住时长	0.081*	0.565	0.001	0.021
国籍（以"亚洲"为参照）				
非洲	0.154*	2.232	−0.429	0.014
欧美（含澳大利亚）	0.099	1.517	1.489	0.138
其他国家和地区	0.028	3.244	2.473	0.669
国际媒体涉华新闻使用	0.124	0.245	0.303	0.762
中国媒体涉华新闻使用	0.391*	0.148	2.370	0.019
国际社交媒体线上交往	−0.103	0.170	−1.080	0.281
中国社交媒体线上交往	0.482**	0.193	2.821	0.005
R^2	0.452			
调整 R^2	0.364			

注：*$p<0.05$；**$p<0.01$；***$p<0.001$。

五、结论与讨论

移动社交媒体时代，整个媒介效果机制变得碎片化，国家形象的效果问题也变得比以往复杂得多。在传统媒体作为公共生活中心的年代，无论是文本的意义还是受众的接受情况，都是系统性、总体性的。但今天，一国的形象建构和人们的形象认同，在很大程度上受制于技术性的状况和语境化的因素。过去的国家形象跨文化传播研究或多或少地以一种"西方本位"的视角，自觉或不自觉地将中国视为文化"他者"，探讨外媒的涉华报道在塑造国际公众对中国形象认知方面的影响力。这不但容易导致结论的单一、固化，也容易出现斯图亚特·霍尔（Stuart Hall）所说的"理论娴熟"（theoretical fluency）问题，即研究结论超出本土经验的解释范畴。本研究是一次国家形象跨文化传播的"中国本位"转向尝试。通过实证研究方法，本文试图发现社交媒体语境下在华外国人的新闻接触与对华态度之间细腻的、语境化的结论。

第一,尽管在华外国人习惯性地通过国际媒体获取中国信息,尤其是欧美主流媒体,但西方主流媒体的意见形塑能力却开始"失灵"。一种可能的解释是,即使在母国时,国际媒体也只是国际公众形成对华态度的一个因素,国家形象还受制于地缘政治、外交政策、社会互动关系、文化接近性以及社会文化结构等诸多因素的复合影响。从这个角度来讲,过往我们在某种程度上放大了西方媒体的"妖魔化"能力。另一种解释是,这可能源于后真相时代西方媒体在世界范围内的信任滑坡。正如王维佳指出的那样,西方媒体曾经是普罗大众的代表者,但媒体精英和社会基层正在从传统上的"代表信任关系"转变为"蔑视对抗关系"。[①] 因此,尽管国内外的中国报道很多时候在口径、立场、观点上都有分野,但出于"信任危机",在华外国人开始对西方媒体带有负面导向的对华报道持审慎态度,这对中国进一步追求国家形象的成功转译和世界认同,不啻为一个积极的信号。

第二,中国主流媒体对在华外国人的中国形象认知存在积极的正面影响,这一发现不但肯定了中国媒体国际传播能力建设的阶段性成果,也是对新时期"讲好中国故事""创新话语体系"等传播理念先进性的印证。中国的对外传播经历了从硬件设施建设到核心能力打造的转变阶段,追求跨文化的意义共享已经成为主流媒体的主要目标。本研究的发现说明,不管是在新闻理念、新闻话题、新闻表述的实践技巧层面,还是跨文化差异的价值层面,中国媒体在核心能力的建设上进阶较快。同时,本研究也侧面验证了韦路的研究发现,即新媒体比传统媒体更有助于增进国际公众的中国形象正面认知。在华外国人对这种新的传播机制更加信任和依赖,所以就下一步国际话语权建构来说,中国媒体可以进一步加强媒体融合布局,在脸书、推特、优兔(YouTube)、微信等社交媒体平台上创新新闻实践,不断提升账号活跃度和运营能力。

第三,跨文化人际交往是增进国际公众对中国形象正面认知的重要途径,但经由社交媒体的线上交往较之传统的面对面接触既有相似的地方,又呈现出不同的特征。首先,从新闻接触和线上交往与对华态度的相关系数来看,线上交往的正面贡献值高于新闻接触的正面贡献值。这说明跨文化直接经验作为一国形象认知的影响因素,其催化作用正从现实世界延伸到网络世界。但

[①] 王维佳. 媒体建制派的失败:理解西方主流新闻界的信任危机. 现代传播,2017(5).

也应该看到,在对中国形象的正面贡献上,作为跨文化直接经验的线上交往所发挥的作用仍然低于预期。接触理论认为,跨文化族群交际可以减少对文化"他者"的偏见,因此是新闻接触和国家形象认知之间的重要中介因素,然而本研究并未发现线上人际交往具备同样的中介作用。可能的解释是在华外国人的微信线上交往偏向简单化和功利化,他们更关注个人行动对社会网络中资源的唤起、整合和交换,具有较强的目的性和工具性。而反观国人的社交媒体使用可以发现,情感维系是国内用户线上交往的主要动机之一,这一点可以从中国用户微信上活跃的家族群、朋友群、同学群等各类"群"中窥见。这也说明了在如何促进和"桥梁人群"的交往互动,以便提升他们对中国的文化亲近性上,我们仍然有较大的作为空间。

最后,虽然中国主流媒体在适应新技术环境的过程中持续了自身的媒介特征和传播优势,但自媒体账号可以提供官方权威以外的补充性观点,是国内外舆论场的重要组成部分。比如,GuideinChina、theBeijinger等微信英文公众号就从自媒体的蓝海中脱颖而出,开始吸纳越来越多的在华外国用户。简言之,自媒体已经逐渐成为向世界说明中国的重要力量。值得注意的是,这几个微信公众号从运营主体上看仍属于"中外合资"的模糊范畴,称不上严格意义上的中国本土自媒体。但也应该看到,近几年包括"李子柒""滇西小哥"等中国本土"草根"自媒体已经崛起,并在优兔上收获了惊人的数据表现,其粉丝数量和互动数据甚至远远超过了 CGTN、New China TV(新华社优兔账号)等主流外宣媒体。如何整合这些民间英文自媒体的力量,加强它们的新媒体建设,以便更好地配合中国主流媒体的对外传播、更好地进行舆论引导和国家形象传播,这可能是中国建设国际传播能力的下一个发力点。

本研究亦存在若干不足。首先是因变量的复杂性:公众对中国的态度基于"国家形象",而"国家形象"具有宽泛复杂的内涵。虽然本研究将其细化成多个子维度,受访者对于"城市形象"和"企业形象"的指向仍存在一定程度的困惑。为此,本研究在调查问卷中列举"北京、上海、深圳、广州、成都"等作为中国城市代表,"华为、央企、阿里巴巴、海尔"等作为中国企业代表。所以,本研究的因变量阐释并未穷尽所有可能性。其次是话题的敏感性:部分受访者对于"政府形象"的话题未必完全如实作答,尤其是一些在华工作多年的媒体从业者,由此可能会影响数据的效度。最后是样本的局限性:由于在华外国人群体的样本获取具有难度,本研究有效样本仅有 316 份,未能采取更精确的分析方法谈探求变量间关系。此外，大量俄国籍受访者仅使用VKontakte 而非脸书来获取涉华新闻，因此本研究不得不排除这部分样本。后续研究如若能扩大抽样范围，当更有代表性。

参考文献

Willnat, L. & Metzgar, E.T.American Perceptions of China and the Chinese: Do the Media Matter? Paper presented at the 65th Annual Meeting of the World Association for Public Opinion Research, Hong Kong, 2012.

苏林森.美国人眼中的东方巨龙：涉华新闻关注与美国人对中国的认知、态度的关系.国际新闻界, 2018（5）.

Golan, G. & Wanta, W.International Elections on US Network News: An Examination of Factors Affecting Newsworthiness.*International Communication Gazette*, 2003, 65（2）: 25-39.

McNelly, J.T. & Izcaray, F.International News Exposure and Images of Nations.*Journalism and Mass Communication Quarterly*, 1986, 63（3）: 546-553.

赵云泽."对内传播"的"对外传播"效应——基于对在京外国人媒介接触状况的调查.新闻与写作, 2010（10）.

王帆.在华外国人的媒介使用与效果研究.复旦大学博士学位论文, 2012.

杨凯, 唐佳梅.精准对外传播视角下国际受众的历时性研究——基于对广州外国人媒介使用和信息需求的连续调查.现代传播, 2018（6）.

Peng, Z.Representation of China: An across time analysis of coverage in the New York Times and Los Angeles Times.*Asian Journal of Communication*, 2004, 14（1）: 53-67.

陈慧, 车宏生, 朱敏.跨文化适应影响因素研究述评.心理科学进展, 2003（11）.

国务院人口普查办公室.中国 2010 年人口普查资料, http://www.stats.gov.cn/tjsj/pcsj/rkpc/6rp/indexch.htm.

人民日报.2016 年来大陆工作外国人超 90 万人次, http://m.haiwainet.cn middle/352345/2017/0417/content_30863934_1.html.

赵云泽, 滕沐颖, 赵菡婷, 孟蝶, 刘璇."桥梁人群"对中国品牌的跨文化传播的影响研究.国际新闻界, 2015（10）.

杨凯.美国多族裔文化背景下新闻媒体的族裔平衡理念——一种新闻专业主义的构建.国际新闻界, 2010（1）.

Wanta, W., Golan, G. & Lee, C.Agenda Setting and International News: Media Influence on Public Perceptions of Foreign Nations.*Journalism & mass communication Quarterly*, 2004, 81 (2): 364-377.

Zhang, L.The Rise of China: Media Perception and Implications for International Politics. *Journal of Contemporary China*, 2010, 19 (64): 233-254.

Zhang, C. & Meadows III, C.W.International Coverage, Foreign Policy, and National Image: Exploring the Complexities of Media Coverage, Public Opinion, and Presidential Agenda. *International Journal of Communication*, 2012, 81 (6).

Perry, D.K.News Reading, Knowledge About, and Attitudes Toward Foreign Countries. *Journalism & mass communication quarterly*, 1990, 67 (2): 353-358.

Stone, G.C. & Xiao, Z.Anointing a New Enemy: The Rise of Anti – China Coverage After the USSR's Demise.*International Communication Gazette*, 2007, 69 (1): 91-108.

程显越. 浅析国家身份、对外政策与中国国家形象建设. 外交学院硕士学位论文, 2018.

张兆卿. 社交媒体上中国"他者"国家形象研究——以BBC、CNN在Twitter上的发文为例. 新闻研究导刊, 2018 (5).

彭兰. 连接与反连接: 互联网法则的摇摆. 国际新闻界, 2019 (2).

Golder, S, A., Wilkinson, D, M.& Huberman B A.Rhythms of Social Interaction: Messaging Within a Massive Online Network.Communities and technologies.London: Springer, 2007: 41-66.

Selltiz, C.& Cook, S, W.The Effects of Personal Contact on Intergroup Relations.*Theory Into Practice*, 1963, 2 (3): 158-165.

Park, H.C.Intergroup Contact and Evaluations of Interracial Exclusion in Offline and Online Settings Among Adolescents and Young Adults.2015.

Hofman, J.E. & Zak, I.Interpersonal Contact and Attitude Change in a Cross – cultural Situation.*The Journal of Social Psychology*, 1969, 78 (2): 165-171.

Seo, H., Harn, R.W., Ebrahim, H., et al.International Students' Social Media Use and Social Adjustment.*First Monday*, 2016, 21 (11).

范红. 国家形象的多维塑造与传播策略. 清华大学学报: 哲学社会科学版, 2013 (2).

Yamamoto, M., Kushin, M, J.& Dalisay, F.Social Media and Mobiles as Political Mobilization Forces for Young Adults: Examining the Moderating Role of Online Political Expression in Political Participation.*New Media & Society*, 2015, 17 (6): 880-898.

Vergeer, M., Pelzer, B.Consequences of Media and Internet Use for Offline and Online Network Capital and Well-being.A causal model approach.*Journal of Computer-Mediated Communication*,2009,15（1）:189-210.

Valkenburg, P, M.& Peter, J.Preadolescents' and Adolescents' Online Communication and Their Closeness to Friends.*Developmental psychology*,2007,43（2）:267.

Berry, J, W.Immigration, Acculturation, and Adaptation.*Applied psychology*,1997,46（1）:5-34.

程曼丽.国际传播能力建设的实践研究与意义——兼评《新媒体跨文化传播的中国实践研究》.新闻与传播评论,2019（1）.

韦路,吴飞,丁方舟.新媒体,新中国？网络使用与美国人的中国形象认知.新闻与传播研究，2013（7）.

Pettigrew, T.F.& Tropp, L.R.How Does Intergroup Contact Reduce Prejudice? Meta-analytic Tests of Three Mediators.*European Journal of Social Psychology*,2008,38（6）:922-934.

Stefanone, M.A., Kwon, K.H.& Lackaff, D.Exploring the Relationship Between Perceptions of Social Capital and Enacted Support Online.*Journal of Computer - Mediated Communication*,2012,17（4）:451-466.

全球媒体视野中的"一带一路"倡议报道研究[①]

蒋贤成　孙丰艺　胡岸　等

【编者按】

2013年9月和10月,习近平主席分别提出建设"新丝绸之路经济带"和"21世纪海上丝绸之路"(简称"一带一路")的合作倡议。"一带一路"倡议借用古代丝绸之路这一历史符号,旨在与世界各国共同打造政治互信、经济融合、文化包容的利益共同体、命运共同体和责任共同体。自提出至今,"一带一路"一直是全球发展与国际合作的热门词汇,也是海内外媒体竞相关注和报道的重要话题之一。

国内媒体纷纷推出"一带一路"报道,利用各自优势讲好"一带一路"故事,为营造良好的国际舆论环境作出了积极贡献。与此同时,国外媒体对"一带一路"倡议的报道和解读,关系到全球公众的看法和态度以及该倡议在世界推行的未来发展,同时也关系到中国国家形象的塑造和传播。经过多年不懈努力,"一带一路"倡议已经从中国倡议逐步被国际社会认可。各国媒体对于"一带一路"的报道也逐渐由宏观到聚焦,由抽象到具体。面向未来,为了推动共建"一带一路"向高质量发展,面向国际进一步提升中国国家形象建设,我们应不断加强中国在全球的传播力和影响力。

---

① 本专题由三篇文章汇编而成,分别为:《意识形态修辞批判视角下〈华盛顿邮报〉"一带一路"倡议报道分析》(蒋贤成、钟新)、《东西方媒体对于中国"一带一路"倡议报道的框架对比分析——以半岛台和CNN为例》(孙丰艺)、《国家议题的对外传播效果分析——以"一带一路"在海外社交媒体上的框架分析为例》(胡岸、陈斌)。关于文章及作者信息将在文中涉及部分进行一一注明。

本章特别设立了"全球媒体视野中的'一带一路'倡议报道研究"专题，选取了三篇涉及国内外主流媒体、社交媒体上关于"一带一路"倡议报道的主要研究成果。由于三篇文章篇幅较长，由清华大学新闻与传播学院博士生周鑫慈对这三篇文章进行了整合提炼，汇编于此。希望通过对国内外各大媒体关于"一带一路"倡议的报道，勾勒出全球媒体对于"一带一路"的报道框架和态度倾向，探究全球媒体的话语建构方式及内在动因，进一步明确当前促进国家形象建设的时代任务和方向，为建构积极的中国国家形象提供多维度的思路和视角。

一、《华盛顿邮报》对"一带一路"倡议的意识形态建构分析[①]

"一带一路"倡议的外媒报道，现有研究主要从新闻传播学和语言学两条路径开展。新闻传播学进路的研究多对外媒"一带一路"倡议报道的数量、篇幅、主题、倾向、信源等进行分析，总结外媒报道框架；语言学进路的研究多采用批评话语分析等方法，解析外媒报道的语言表达效果。两种研究取向各具优势，但正如陈力丹所言，研究不能只停留于分析报道是正面还是负面，而应从根源上探究外国人看待中国的视角和传播心理。因此，本研究采用意识形态修辞批评方法，分析外媒报道如何通过修辞手段构建"一带一路"议题下的意识形态，搭建起微观表达与宏观主旨之间的桥梁，从而加深对外媒报道思路的理解。

（一）研究设计

1. 意识形态修辞批判范式

修辞学是一门历史悠久的学科，在古希腊时代，修辞学关注的通常是公共

[①] 经作者同意，此部分节选自蒋贤成、钟新所著的《意识形态修辞批评视角下〈华盛顿邮报〉"一带一路"倡议报道分析》一文，该文主要内容已发表在《国际传播》2020年第1期，部分内容有所调整。该系国家社会科学基金重点项目"习近平总书记的大国传播与公共外交思想研究"（项目批准号15AXW005）阶段性成果。该文作者蒋贤成系中国人民大学新闻学院硕士研究生，钟新系中国人民大学新闻学院教授、博士生导师。

演说艺术。自20世纪30年代以来,随着西方新修辞学的兴起,几乎所有人类交际行为都被纳入修辞学的研究范围,修辞(rhetoric)可以用来指代一切使用符号诱发合作的行为。

伴随着新修辞学的发展,修辞批评(rhetorical criticism)从20世纪前半期开始盛行。"修辞批评"本指"对演说者将自己的观点传达给听众的方法的分析与评价"。20世纪60年代以来,修辞批评进入多元范式阶段,涌现出女性主义修辞批评、戏剧主义修辞批评、叙事修辞批评等多种范式。其中意识形态修辞批评(ideological criticism)是较年轻的一种。1980年,麦吉(Michael Calvin McGee)发表了《意符:修辞与意识形态之间的联系》(*The Ideograph: A link between Rhetoric and Ideology*)一文,为意识修辞批评范式奠定了理论基础。麦吉(1980)将意识形态定义为"一种由体现集体承诺的标语式的术语构成的政治话语",而其中的术语,即"意符"(ideograph),"是一种有所特指,但模棱两可、定义不明的规范性目标"。基于意符与意识形态关系的阐述,麦吉提出了意识形态修辞批评的三步框架,即"识别出一个社会的全部意符、考察意符的历时结构、考察意符的共时结构"。

国内现有研究中使用修辞批评作为研究工具的仍比较少。邓志勇引荐了各种修辞批评范式,并使用意符选择、句法转换和意识形态隐喻三个指标考察了《时代周刊》涉华报道中的意识形态,但几乎尚无研究者运用修辞批评分析"一带一路"外媒报道。在新修辞学视野下,外媒对"一带一路"的报道和"一带一路"倡议的国际传播,无疑都属于通过符号诱发合作的修辞行为,因此修辞批评视角能为相关领域研究带来新思路。

2. 福斯的意识形态修辞批评四步框架

美国著名修辞学家索尼娅·K.福斯(Sonja K.Foss)在《修辞批评:探索与实践》(*Rhetorical criticism: Exploration and practice*)一书中介绍了多种重要的修辞批评范式。福斯指出:"不同群体有不同的意识形态,最终一种意识形态会在某种文化中取得霸权地位,指导人们的行为。该意识形态为了维持霸权地位会通过修辞手段[①]来更新、强化、捍卫自身。"因此,"意识形态修辞

---

① 福斯对于意识形态修辞使用符号的定义较麦吉有所扩大,麦吉重点关注的是标语式的意符,而福斯将所有能蕴含意识形态的符号都纳入了考察范围。

批评是为了辨明表象后的意识形态，发觉意识形态代表的是谁的利益，唤起人们的注意，允许更好的替代方案的可能性，以创造一个更好的世界"。

针对意识形态，福斯提出了修辞批评的四个框架。

第一，选择考察对象。考察对象不仅仅限于政治文本，也可以是歌曲、网站等。

第二，分析考察对象。该环节共有四个步骤。

首先，识别呈现的元素。对于文本来说可以是句式、修辞格；对于歌曲来说，可以是作曲、编曲或者歌词；对于建筑来说，可以是形状、材质……研究者可以自主选择关注全部或部分的元素并列成清单，以便解读其中暗含的元素。

其次，鉴别暗含的元素，研究者逐个解读清单中各个元素的暗含义。

再次，建立意识形态。在识别出暗含元素的基础上，建立起一个完整的意识形态体系。

最后，识别意识形态的功能，即对受众的影响。

第三，制订研究问题。问题可以是"暗含的意识形态是什么？""代表的是谁的利益？""对受众有何影响？"等。

第四，撰写论文。

3. 概念界定与研究设计

依照福斯的"邀请修辞"（invitational rhetoric）观点，本研究将"修辞"定义为传播者用符号邀请受众理解自己的观点或参与合作的过程。特别需要指出的是，本研究采用意识形态（ideology）的"弱式说"，即意识形态是人们看待事物的一种认知体系，这个定义与常见的认为"意识形态本质上是统治阶级的思想"的"强式说"有所差异。

根据福斯的四个框架，本研究第一步选取了2018年《华盛顿邮报》官网（www.washingtonpost.com）以"一带一路"倡议为主题的共计9篇文章（见表1）。2018年是"一带一路"倡议提出的第5年，选择该年份语料有助于观察《华盛顿邮报》在这一重要时间节点、经历了5年沉淀的"一带一路"观；2018年也是中美贸易摩擦激烈、中美关系紧张的一年，选择这一年的样本也能探索中美贸易冲突背景下中美关系对"一带一路"观的影响。

表1 2018年《华盛顿邮报》官网以"一带一路"倡议为主题的9篇报道[①]

序号	篇 名	篇 名 翻 译	发布日期
1	China's new Silk Road conundrum	《中国的新丝绸之路难题》	2018.02.14
2	Is China making a trillion-dollar mistake?	《中国是在犯一个万亿美元级的错误吗?》	2018.04.09
3	Soviet Collapse Echoes in China's Belt and Road	《苏联解体对中国"一带一路"的启示》	2018.08.12
4	Why countries might want out of China's Belt and Road	《为什么有的国家想要退出中国的"一带一路"》	2018.08.22
5	China's New Silk Road	《中国的新丝绸之路》	2018.08.23
6	The U.S.can counter China's 'Belt and Road Initiative'	《美国可以抵制中国的"一带一路"倡议》	2018.09.04
7	Belt and Road projects direct Chinese investment to all corners of the globe.What are the local impacts?	《"一带一路"项目把中国的投资带去了世界各个角落。对当地有什么影响呢?》	2018.09.11
8	Railways Put China on a Belt and Road to Nowhere	《铁路把中国的"一带一路"推向无路可走》	2018.11.05
9	Hong Kong Ponders a Belt and Road to Perdition	《中国香港斟酌"一带一路"失败的风险》	2018.11.06

第二步选择考察的元素是报道中与"一带一路"倡议相关的、涉及意识形态层次的修辞格。选择修辞格的原因是因为它在文本中具有较强的表现力，有助于发现其后的意识形态。

第三步选择回答的问题主要有二:《华盛顿邮报》在"一带一路"倡议下蕴含的意识形态体系是什么?中国媒体应如何提升"一带一路"倡议的国际传播能力?

在这三步的基础上完成了论文写作,下文将以修辞格为脉络展示识解暗含元素的过程。

(二)《华盛顿邮报》对"一带一路"倡议的意识形态构建

1.解读文本中修辞现象的暗含义

依据福斯的意识形态修辞批评四个框架,本研究识别出暗含意识形态

---

① 篇名中文翻译为自译。搜索条件为:在高级搜索设置中,关键词为"One Belt One Road"和"Belt And Road",语言设定为英语,时间范围为2018年1月1日至2018年12月31日,关键词出现位置为网页正文,选取了主题为"一带一路"倡议的共计9篇报道。

的修辞现象 257 例,包括 21 种修辞格。在这 257 例中,隐喻共 136 例,占比 52.92%,[①] 超过总数的一半;对照共 36 例,占比 14.01%;转喻共 16 例,占比 6.23%;拟人共 11 例,占比 4.28%;类比共 8 例,占比 3.11%;讽刺、反问句和夸张各有 6 例,占比皆是 2.33%;双关、典故和头韵各有 4 例,占比都是 1.56%;其余修辞格都是 3 例或 3 例以下。由此可见,语料中涉及意识形态的修辞格种类非常丰富,隐喻是其中最常用的一种,对照、转喻等也有较多应用。下面以隐喻、对照、转喻为例,具体解读文本中修辞现象的暗含义:

(1) 隐喻(metaphor)

例句:Risks include corruption (the Kyrgyz prime minister resigned over allegations that bidding for a construction project was rigged) and the creation of white elephants (like the international airport in Sri Lanka that hosts only a couple of flights a day).(报道 5)

暗含义:"白色大象"在南亚、东南亚被视作神圣之物,也有昂贵而无用的东西之意。该句把在斯里兰卡建设的国际机场比作"白色大象",认为"一带一路"造成了资源浪费。

(2) 对照(contrast)

例句:China is also offering to help other countries learn from its "Great Firewall"——in effect sharing knowledge to limit knowledge-sharing.(报道 1)

暗含义:在这一句中,"分享知识"和"限制知识分享"两个意思相反的词组构成了手段和目的的关系,形成了强烈对照效果。该句认为中国口头上承诺促进世界各国交流,实际上却限制网络互联互通,质疑中国在国内实行的政策与"一带一路"倡议的目标相悖。

(3) 转喻(metonymy)

例句:The gas pipeline to Kyaukpyu has barely run at one-third of capacity since it was inaugurated in 2013, and the parallel oil tube sat dry for years before the first cargo was loaded up last year, not a great return on the $2.5 billion spent building them.(报道 3)

暗含义:"运油管道干涸数年"是一种转喻手法,是用这个画面指代运油管道闲置现象。通过这种表达,这句话认为"一带一路"造成了资源浪费,给

---

① 精确到小数点后两位,下同。

参与国带来了负面经济效应。

2. 建立《华盛顿邮报》的"一带一路"倡议意识形态体系

本研究对257例修辞现象完成了解读暗含义、归类、建立模块三个过程。首先,对各修辞现象的具体暗含义进行解读;其次,将议题相近的暗含义归为同类;最后,将所有议题归纳为"一带一路"倡议的目的、问题、影响和其他国家的对策四大模块,如资源浪费、高额债务、贪污腐败等议题都属于"一带一路"倡议给参与国带来的消极影响,都可归入影响模块。四大模块具体内涵如下:

(1) 发起或参与"一带一路"倡议的目的

《华盛顿邮报》认为中国声称发起"一带一路"倡议是为了促进世界经济贸易发展,促进全球互联互通;但实际上中国是为了国内经济发展和社会稳定,增加对其他国家的影响力,领导甚至称霸世界。其他国家参与"一带一路"主要是为了缓解本国的经济压力。

(2) "一带一路"倡议存在的问题

在构思上,《华盛顿邮报》认为"一带一路"缺乏必要性,其所倡导的铁路建设与海运相比并无优势,且会面临多重困难;其目标过多且过于宏大,在对外宣传时诱惑性过强。在执行中,"一带一路"项目增长过快,但缺乏监管,对质量和安全问题重视不够;与此同时,中国国内管控不断增强,与所倡导的互联互通精神相悖。

(3) "一带一路"倡议的影响

《华盛顿邮报》认为"一带一路"倡议的积极影响微乎其微,反而会带来大量消极影响。中国将面临"一带一路"倡议的失败,并导致经济衰落;参与国将不会从"一带一路"倡议中获益,反而会承担高额债务,损害国家自主权,还会面临腐败、资源浪费、环境危机等问题,国内的不平等和不稳定会加剧;美国和其他西方国家的世界影响力将会下降。

(4) 其他国家的对策

《华盛顿邮报》认为美国不能再对"一带一路"倡议的推进坐视不理,而应发出质疑,建立一种新模式;其他国家应审慎考虑并拒绝"一带一路"倡议,寻找替代方案。事实上,自2017年11月以来,美国已在政治、安全、经济等多个领域系统性落实"印太战略",与"一带一路"倡议相竞争。

《华盛顿邮报》基于四大模块的"一带一路"倡议意识形态体系较为清晰:"一带一路"倡议实质上是中国为了满足自身利益和推行霸权主义,诱惑其他国家参与的一项没有必要、野心过大、困难重重的倡议,面临着缺乏调控、资金投入过多、进度过快、忽视质量和安全等问题。与此同时,伴随着中国在政治、军事、文化各方面的高压管控,会让参与国面临资源危机和高额债务,从而不得不听命于中国,加剧当地社会的不平等,最终导致"一带一路"倡议破产、中国经济衰落。因此,参与国家应仔细衡量利弊,另谋出路;包括美国在内的西方发达国家应该提出新模式与之抗衡。

3.《华盛顿邮报》意识形态体系的偏误

前文提到,一种占据支配地位的意识形态会通过修辞手段巩固地位。本研究中发现的修辞现象,本质上是为了巩固《华盛顿邮报》代表的利益群体对"一带一路"意识形态的支配地位,并邀请受众接纳。根据图1可以发现,该意识形态重点关注"一带一路"的问题与影响,虽然积极、消极两方面都有涉及,但总体上是负面态度。然而这种负面印象构建并不准确。

首先,对"一带一路"倡议的目的存在先入为主的偏见。"一带一路"倡导全球合作,蕴含的是人类命运共同体思想。但《华盛顿邮报》多次使用对照手法将中国声称的目的与所认为的中国实际目的进行比对,认为"一带一路"实质上是为了追求中国霸权,并从构思和执行两个层次对倡议进行批判,认为其现行模式不能实现声称的目的。这很大程度上是因为中西方思维模式的对立,胡正荣认为,西方国家对"一带一路"倡议最大的疑虑来源就是其"目的",原因在于西方"零和博弈"思维逻辑与"合作共赢"思维逻辑的冲突。

其次,看待"一带一路"的成效存在以偏概全的误区。《华盛顿邮报》大量使用隐喻、转喻、讽刺等修辞手法,批评中国在"一带一路"参与国造成的不良影响,涉及地区多,切入点较小,多使用数据、案例。"一带一路"共建项目尽管仍有需要完善之处,但它引领了全球包容性增长的新模式,做到了公平参与、共同决策、战略对接、成果共享和文化包容,这是"一带一路"倡议共建的大势与大方向。

总体来说,《华盛顿邮报》的"一带一路"意识形态体系中含有政治对立和大国竞争的逻辑。报道中除了对"一带一路"本身的批评,还有对中国国内实行的各项政策的批评。多篇文章都将中国的"一带一路"倡议与苏联的

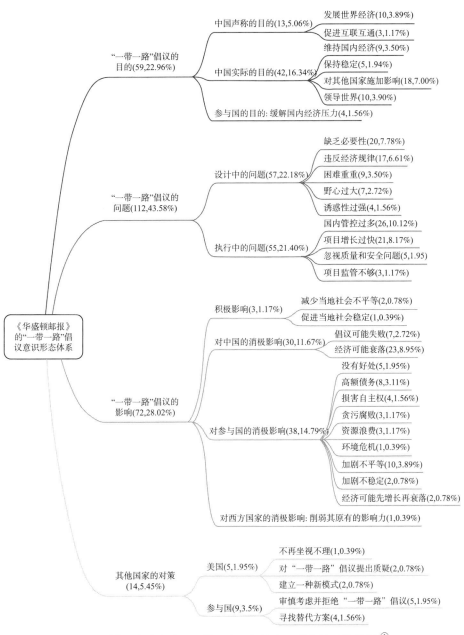

图 1 《华盛顿邮报》"一带一路"倡议意识形态体系结构图[①]

[①] 每项后括号内数字为涉及该项的修辞现象数目,百分比为涉及该项的修辞现象在 257 例修辞现象中所占的比例(精确到小数点后两位)。

项目建设类比,甚至预言中国会同苏联一样解体。在当今中美贸易冲突背景下更能看出这种修辞策略的真实目的。美国为了维护霸主地位,发动中美贸易冲突制衡中国发展,提出"亚太战略"与"一带一路"倡议相竞争。面对这种形势,中国需适时作出回应性调整,中国媒体需要识别他国媒体修辞运作中暗含的偏见与误区,用事实回应这些媒体所代表的利益主体的关切,降低负面声音的不良影响。

4.《华盛顿邮报》意识形态体系的影响

新闻是新近发生事实的报道,但如何选取、编排、表述、传递事实,体现的是报道者的意识形态和修辞动机。《华盛顿邮报》"一带一路"相关新闻报道通过修辞来邀请受众接纳己方对"一带一路"的认知体系,将会对受众产生一定的影响。

现有或潜在参与国可能会因为意识形态传递的负面信息质疑"一带一路"倡议的意义,怀疑甚至放弃参与相关项目,阻碍本国与中国的合作,制约本国发展。对中国而言,可能会影响部分中国读者对"一带一路"倡议的认知,其他国家的消极态度也可能成为中国推广"一带一路"倡议的阻碍。对美国和其他西方发达国家来说,"一带一路"倡议受挫、国际合作被阻碍,也会反过来影响这些国家的利益。

综上,像《华盛顿邮报》这样的意识形态所传递的负面信息可能会阻碍"一带一路"倡议的全球推广,进而影响全球协作发展。面对百年未有之大变局,中国更应依托"一带一路"倡议形成一套新的多边机制,对现有国际机制进行补充,使之成为构建人类命运共同体的载体。中国媒体必须正确看待、全面认知这种意识形态体系及其修辞手段,对于不合事实的表述进行反击,更加精准有效地做好"一带一路"倡议的国际传播,邀请更多国家和地区的人民参与合作、共享发展。

(三)从修辞角度提升"一带一路"倡议国际传播能力的建议

"一带一路"倡议作为中国提供给世界的一项公共产品,离不开传播与推广。在媒体智能化时代背景下,中国媒体对外传播的方式与技术不断更新,讲好"一带一路"故事有了更多元、更先进的手段。本文基于对《华盛顿邮报》修辞现象的分析,从修辞角度为中国媒体提升"一带一路"倡议国际传播能力提供建议。

从修辞角度提升国际传播能力,首先要提升对修辞作用的认知,使之成为新闻报道的"软实力"。中国的新闻写作和研究对修辞的认知通常停留在修辞格的层次,并且,不使用修辞格通常被视为新闻客观性的要求,为此曾有学者提出要正确看待修辞格在新闻写作中的积极作用。然而正如本研究中所发现的,西方媒体对修辞格的运用并不少见。中国媒体和学界应基于新修辞学的视角,客观看待修辞在新闻报道中的重要作用,认识到修辞不是文字的矫饰,而是邀请受众与己方达成一致的一种手段,在新闻报道中合理运用修辞手法,从而起到事半功倍的效果。

中国媒体可以尝试从修辞角度提升"一带一路"倡议国际传播能力,具体策略如下:

1. 以邀请的姿态讲述"一带一路"倡议故事,摈弃对外输出的宣传腔调

在"一带一路"倡议的国际传播中,要特别避免对他国进行单向输出。如果人为地强制文化进行单向性流动,就属于强势文化扩张,会遭到受众的抵制。因此"一带一路"倡议的国际传播者要依据邀请修辞观,将讲述中国故事视为邀请受众共享发展成果的一种方法,温和、有理有据地讲述"一带一路"倡议对双方的意义以及相关建设项目对当地的贡献,尤其是普通人能如何从中获益,避免宣传逻辑的强硬输出;同时,也要介绍他国文化与发展成就,增进不同文明间的交流,把共商、共建、共享的原则融入新闻报道中。

2. 融合人类命运共同体理念,构建中国"一带一路"倡议意识形态体系

2012年11月,党的十八大明确提出要倡导"人类命运共同体"意识。有学者认为中国为了建设人类命运共同体描绘的世界,以"一带一路"倡议对其进行激励性建构,并且实践证明这种建构方式加快了人类命运共同体的国际认同范围和深化程度。在实践中,"一带一路"倡议和"人类命运共同体"理念可以被视为手段与目的的关系,而在修辞中可以依据意识形态修辞批评理论将二者视为符号与意识形态的关系,即"人类命运共同体"理念是"一带一路"倡议所蕴含的意识形态。因此,在进行"一带一路"倡议的国际

传播时,要将倡议所蕴含的"人类命运共同体"理念传达出去,让受众认识到"一带一路"的目的是合作共赢,实现方式是共商、共建、共享,对于出现的问题各国可以共督共克。中国媒体通过修辞手段构建中国"一带一路"倡议意识形态体系,可以与《华盛顿邮报》这种带有偏误的意识形态体系对话,让受众能更准确地理解"一带一路"倡议的宗旨与追求、感受到实质的获益和共赢,唤起合作意愿与行动,降低怀疑、观望甚至排斥情绪,同时也可不断丰富"人类命运共同体"理念的内涵。

3. 注重文字报道中修辞手法的应用,创建与受众共同的话语空间

在新闻报道中,适当运用一些修辞手法能使受众更容易理解"一带一路"倡议,化抽象为具象,变陌生为熟悉。隐喻、转喻等手法能使读者将"一带一路"倡议与一些既有概念联系起来,从而更好地认识其目的与模式。胡正荣认为把"人类命运共同体"比喻成"家"可以在传播者与受众之间建立起一种共同经历的联结,从而更容易获得各国民众的理解与认同。人们早已熟知的"地球村"概念也可以用来诠释"人类命运共同体"。同时,媒体也要避免可能招致误解的修辞表达,如在官方话语中常使用的"桥头堡"(bridgehead)一词属于战争隐喻的用法,不具有开放性与包容性,易使受众产生误解。

4. 依托智能化、多模态的传播技术,不断优化创新修辞方法

修辞不仅仅限于文字表达,图片、视频、音频等同样也可以使用修辞方法。研究发现,西方数据新闻的涉华报道,通过数据修辞、关系修辞、时间修辞、空间修辞和交互修辞这五种修辞实践,在视觉意义上把中国建构为全球语境中的"数据他者"(the data other)。随着视频逐渐成为主流表达方式,中国媒体也需在视听文本中应用各种修辞手法,例如,在短视频中常用的设问、排比、拟人等修辞手法都有助于提升产品的表现力;同时还需注重不同元素间的互动与映衬,从而达到理想的修辞效果。国际传播从业者也可以积极采用人工智能技术,针对受众的不同特点量体裁衣,推出更为多元、丰富的传播产品,在不同介质形态上使用修辞方法,最大化提升修辞效力。

5. 根据传播对象与修辞目的的不同灵活调整修辞方法

中国媒体在进行国际传播时需要强化全球意识,深耕全球传播,打造精准

传播。在面向各国或各地区的新闻报道中,要根据受众差异与修辞目的的不同采取相适应的修辞手段。受众国的分类标准可以是地理上的远近,也可以是情感上的亲疏。

有学者认为,可以根据对"一带一路"倡议的立场和态度把世界主要国家分为三派,即以美国为代表的质疑派、以俄罗斯为代表的支持派和以印度与日本为代表的转变派(印度对"一带一路"倡议的态度由积极转向消极,日本由消极转向积极)。因此,中国媒体在面向支持派国家进行国际传播时,应通过修辞手法强调与对象国的共同利益以及"一带一路"带来的共享成果,不断深化共识,减少分歧,扩大合作。当面向反对派或转变派国家时,应着力使用隐喻、转喻、类比等手法,创造共同的话语空间与情感联结,使得受众国能更好地理解"一带一路"倡议的本质。

根据受众国地理和文化的远近,媒体在面向不同受众国进行国际传播时也应采取不同的策略。对于日本、韩国等同属汉字文化圈的国家,在国际传播时应多使用一些共有意象、传统习俗,以唤起共同情感记忆,同时,避免"宗主国"的叙事思路,能够大大增进对象国的认同与理解。对于新疆周边的中亚等国,在新闻报道中以新疆少数民族而非以汉族文明为主体的修辞策略,会大大减少与对象国之间的文化差异,取得出乎意料的同文化传播效果。而对于美国等文化差异较大的国家,在修辞中应采取受众为主的思路,使用对方熟悉的表达,避免使用对方不熟悉甚至会造成歧义的一些意象。

二、CNN和半岛台对"一带一路"倡议报道的框架对比分析[①]

CNN(美国有线电视新闻网)是影响力颇大的西方老牌媒体,向来以"世界新闻的领导者"自居;而半岛电视台是阿拉伯世界的代表性媒体,以立足阿拉伯、面向全世界为特点。本文将半岛台的阿拉伯语新闻与CNN的英语新闻作为研究对象并进行二者对比,力求从多个维度对比、刻画出东西方媒体对于中国"一带一路"倡议报道框架的相同与不同之处。

本文以框架理论为指导,主要运用内容分析法,对2019年半岛电视台阿

---

① 经作者同意,此部分节选自孙丰艺所著的《东西方媒体对于中国"一带一路"倡议报道的框架对比分析——以半岛台和CNN为例》一文,孙丰艺系清华大学新闻与传播学院硕士研究生。

拉伯语官方网站和CNN国际版官方网站对于中国"一带一路"倡议的报道进行研究。得到2019年度CNN关于"一带一路"倡议报道的58条样本,半岛台样本38条。在理论运用方面,本文以臧国仁的三层框架理论为主线并结合本研究进行一定改动,进而结合样本提出了本研究的高、中、低三层次框架。

(一)高层次框架

1. 时间框架

总体来说,半岛台和CNN在2019年对"一带一路"倡议的报道中具有截然不同的时间框架,半岛台报道中,"一带一路"倡议相关新闻的时间分布比CNN的时间分布要相对均匀一些。二者在报道相关事件时也各有侧重点:半岛台对于与阿拉伯国家有关的新闻更为关注——沙特王储的访华活动和第二届"一带一路"国际合作高峰论坛均与阿拉伯国家关系密切;CNN具有更宽泛的国际视野,除了关注"中美贸易战"这种与美国有关的事件外,对于阿拉伯国家与中国的关系、中国内政也十分关注。从图2也可以看出,"一带一路"倡议是半岛电视台和CNN都持续强调的话题,二者每月都有至少一篇涉及"一带一路"话题的报道;2019年沙特王储访华这一外交活动也都引起了半岛电视台和CNN的注意,但半岛台偏重从地缘政治方面、CNN偏重从经济交往层面报道这一事件。

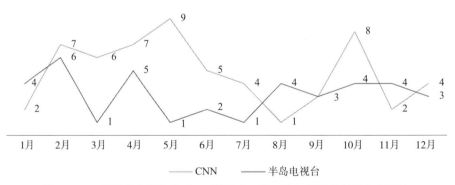

图2 2019年半岛电视台和CNN报道"一带一路"倡议的时间分布对比

2. 主题框架

如图3所示,通过对比分析,本研究发现2019年半岛台对中国"一带一路"倡议报道话题的主题分布相对集中,主要涉及政治、经济、科技三个方面。

其中,涉及政治主题的新闻报道占比最多,政治主题和经济主题两类新闻即占到了报道总量的95%。

CNN对中国"一带一路"话题的主题分布则较为广泛,且涉及社会发展的各方面内容。除了传统的政治、经济主题之外,2019年CNN对中国"一带一路"话题的报道还有涉及中国电影、中国文物的艺术类新闻,涉及中国海军和中国海军基地建设、中国发展对北约影响的军事类新闻,关于中医话题的健康类新闻,关于中国"一带一路"建设对促进气候合作的气候类新闻,以及涵盖探索发现故事的各种旅行类新闻话题。广泛的主题分布表明:CNN对中国"一带一路"倡议的关注已经不仅仅局限于倡议本身,而是其带来的各方面、多维度影响,CNN也正力图通过"一带一路"倡议的话题展现一个更加全面的中国。

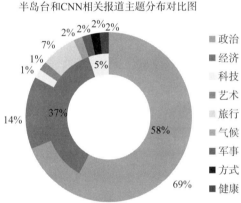

图3 2019年半岛台和CNN报道"一带一路"倡议的主题分布对比

(二)中层次框架

1.倾向框架

从半岛台和CNN在对中国"一带一路"倡议的报道中表现出来的情感倾向与立场入手,本研究对半岛台和CNN的态度按照积极、中立、消极进行了编码。研究发现,来自半岛台的样本中,持积极态度的新闻话题主要是在多哈举行的丝绸之路展览中对于宣传"一带一路"倡议的正面意义、中国5G技术的发展、卡塔尔埃米尔访华等话题。而持明显消极态度的7条新闻主要是"新疆穆斯林"等涉及民族宗教的话题、中国的崛起对于世界尤其是阿拉伯国家的威胁等。一方面,我们可以看出,由于宗教、历史等原因,半岛台作为阿拉伯世界媒体对于中国境内民族宗教问题的关注;另一方面,这些消极报道也可以体现阿拉伯国家对于中国"一带一路"倡议和中国崛起的隐忧。

对 CNN 的样本原始数据进行解读,我们发现来自 CNN 的样本中呈积极态度的两条新闻主要话题为"美国应听取来自中国的声音"和"中国'一带一路'利于促进世界合作",而持消极态度的新闻主要是关于"新疆穆斯林""香港问题""中国科技专利侵权"等话题(见图4)。从中我们不难看出,对于"一带一路"倡议本身,CNN 看到了其中利于促进国际合作、利于发展中美贸易等的积极因素,但对于中国崛起带来的挑战依旧耿耿于怀。另外,CNN 等美国媒体对中国的内政事务颇有微词。

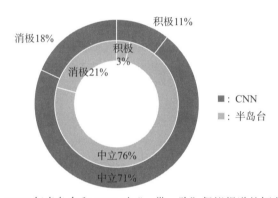

图 4 2019 年半岛台和 CNN 对"一带一路"倡议报道的倾向分布

2. 议题框架

在议题框架中,本研究通过对报道中主要涉及的事件议题进行分析和研究,呈现出报道文本集中体现的关键词。借助于词频统计软件 Tagxed,经过整理筛选以及删去介词、虚词、连接词等之后,得到半岛台和 CNN 涉及"一带一路"倡议报道的关键词词频云(见图5)。

经过对比不难看出,在提到"一带一路"倡议时,半岛台更多关注与阿拉伯世界以及中东地区相关度高的议题;从地区经济与发展来讲,"石油""基础设施""能源""项目"等关键词的出现,表示半岛台十分关注中国"一带一路"倡议带来的经济效益,尤其是给沿线阿拉伯国家带来的效益和帮助。因而透过以上议题来看,"一带一路"倡议带给中东地区及阿拉伯国家的影响是半岛台在提及相关话题时最为注重的方面。

 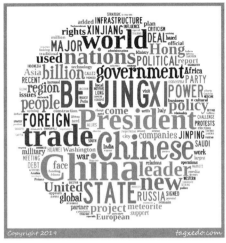

图 5　2019 年半岛台和 CNN 对"一带一路"倡议报道的词频云图

但在议题框架上,CNN 具有和半岛台完全不同的特点。除了关心"贸易""经济""投资"等"一带一路"倡议的经济影响之外,CNN 对于两国"领导人""权力""大国"等话题更加关注,表现出一定的阴谋论色彩。同时,除了共同的关键词"亚洲"和"非洲"之外,在 CNN 的议题中"欧洲"也占据重要位置,可见 CNN 的关注范围更具国际性。此外,"香港""新疆"等关键词的出现表现了 CNN 对中国内政的关注,相比之下,半岛台则没有这方面的倾向。

(三)低层次框架

在对低层次框架的文本分析中,本研究主要通过半岛台和 CNN 对"一带一路"倡议的修辞用语,来研究半岛台和 CNN 对"一带一路"倡议的文本框架。半岛台对"一带一路"倡议的主要形容词有"大的""众所周知的,有名的""最重要的""最大的""经济的""世界性的""野心勃勃的"等,半岛台通过这些修辞体现出文本框架中的"一带一路"形象:"一带一路"倡议是中国发起的世界性大项目,在阿拉伯世界内知名度很广,以经济目的和经济方式为主,也能体现出中国的雄心和抱负。半岛台文本框架中构建的"一带一路"形象体现了"一带一路"倡议在阿拉伯世界的影响力,反映了阿拉伯世界对其较为中立的态度。

CNN 对于"一带一路"倡议经常使用的形容词主要有 massive(huge,

grand)、global、leader's signature、expansive(sprawling)、aggressive(contentious)、ambitious 等,通过采用修辞,将"一带一路"倡议构建为:中国国家主席习近平提出的全球性大项目,不断扩张并对其他国家造成一定威胁。CNN 在对中国"一带一路"倡议文本框架的构建中格外突出国家领导人的作用,带有浓重的意识形态色彩;同时,突出了"中国威胁论"的一面,与半岛台相比而言,态度较为消极。

(四)半岛台和 CNN 对"一带一路"倡议报道框架的对比分析

1. 半岛台:机遇与威胁并存的报道框架

总体来说,半岛台相关新闻报道构建的"一带一路"形象具有正反两面性。在这些报道中,"一带一路"的正面形象是传统友好邦交带来的经济发展机遇,而反面形象则被构建为大国崛起背景下中国为扩张势力采取的策略。

一方面,半岛台的报道中多次提到对中国与阿拉伯国家之间关系的看好,以及对二者之间交流、合作活动的肯定,尤其对中国与阿拉伯世界之间的经济合作给予了积极评价。在半岛台关于多哈丝绸之路展览、第二届"一带一路"国际合作高峰论坛、中国与阿拉伯国家之间友好往来的话题中,半岛台均强调了在中国"一带一路"倡议框架下,中国与阿拉伯国家之间关系的发展,也经常提到中国对阿拉伯国家基础设施的支持和项目的投资,以及中国与阿拉伯国家共同合作促进中国"一带一路"倡议发展的愿望。

阿拉伯国家在中国"一带一路"倡议的路线图中占据重要地理位置和战略位置,对近些年来经济发展不太乐观的阿拉伯国家来说,恰逢其时的"一带一路"倡议,是中国帮助阿拉伯国家促进基础设施建设、促进经济发展的重要机遇。在这一维度上,"一带一路"倡议被半岛台构建为中国与阿拉伯国家合作的桥梁和实现阿拉伯经济发展的契机,半岛台总体对"一带一路"倡议持积极和欢迎的态度。

另一方面,半岛台的报道中也有诸多报道对"一带一路"倡议以及中国产生危机和怀疑感,这种危机和怀疑感主要来源于:(1)中国与伊朗、以色列等阿拉伯传统敌对国家交往过密;(2)中国对亚非落后国家提供贷款使这些国家怀疑中国在施行"新殖民主义";(3)中国积极帮助中东国家使它们产生中国想取代美国在中东地区占据主导地位的疑虑。这三个方面的新闻报道构建了半岛台报道中"一带一路"倡议的"大国崛起威胁"形象,对于中国实施"一带一路"倡议目的的不确定性,使半岛台表现出一定的怀疑和消极态度。

笔者认为,在半岛台报道中,"一带一路""大国崛起威胁"形象的形成除了受中国活动的影响外,主要是由半岛台所在的中东地区复杂的地缘问题决定的:首先,中东地区国家彼此关系错综复杂,以色列和伊朗与阿拉伯国家不仅有历史上的恩怨纠葛,现实环境中也互相提防。因此,中国在中东地区的外交政治活动十分引人瞩目,虽然中国与阿拉伯国家友谊深厚,但中国与伊朗、以色列等国家的交往依然会引起阿拉伯国家的关注。其次,中东地区向来是大国角逐的角斗场,几乎中东地区各种问题的背后都能看到大国"代理人"的身影。随着美国战略重心的转移与中国的崛起,尤其是"一带一路"倡议这个重大国际合作倡议的提出,中国在中东地区的活动很自然地会使阿拉伯国家产生中国会不会取代美国,成为新一代中东"操盘手"的疑虑。

2. CNN:警惕与对抗共生的报道框架

CNN 报道中呈现的"一带一路"倡议形象相对来说更为复杂。笔者将其主要归为两种形象:一方面,CNN 将"一带一路"倡议塑造为中国挑战美国主宰的世界格局秩序而采用的策略;另一方面,CNN 也将"一带一路"倡议塑造为窥视中国内政的窥孔,对通过此窥孔看到的所谓中国人权、民主等问题指手画脚。

在 CNN 的框架建构中,中国对美国主导的世界秩序的挑战主要体现在以下几个方面:(1)中国趁英国"脱欧"混乱时期扩大在欧洲的影响力,同时通过"一带一路"倡议以及相关的投资、援助等提高在亚非等国的声誉,逐步扩大自己在世界上的影响力;(2)中国发展与落后国家的关系,同时又积极维护与俄罗斯、印度等大国之间的关系,意图取代美国成为世界上最大的外交大国。通过相关新闻的报道,CNN 将"一带一路"倡议塑造为寻找同盟、挑战美国主导世界格局秩序的方式,蕴含着浓烈的"中国威胁论"倾向。对此,CNN均持以警惕、防备的态度。

此外,CNN 多次对涉及新疆问题、香港问题的新闻事件进行报道,多次在新闻报道中引用"人权""民主""共产主义"等字眼,将中国的"一带一路"倡议塑造为窥视、"揭露"中国内政问题的窥孔,并经常借由专家学者之口表达倾向。这一维度上,中国"一带一路"形象的形成与CNN的媒体特点及媒体环境有关。作为美国传统媒体的代表,CNN的报道中依旧带有浓厚的意识形态色彩,对于"人权""民主""共产主义"等带有意识形态意味的话题,呈现出意识形态之间对抗和斗争的态度。而另一方面,基于"刻板成见"的影响,美国媒体也以"人权卫士"自居,针对中国"人权""民主"事件中不符合西方价值观的内容表达批判态度并指手画脚。

3. 半岛台与CNN报道框架的对比分析

对比半岛台和CNN报道框架中呈现的"一带一路"形象,我们发现两大媒体都塑造了"一带一路"倡议具有威胁性的形象,但二者侧重的威胁方面不同:半岛台呈现的"一带一路"倡议的威胁是担心"一带一路"会对阿拉伯地区国家的安全造成威胁;而CNN呈现出来的威胁则是担心"一带一路"倡议会帮助中国更加强大,进而威胁美国的国际地位。这种差别的背后同样是媒体受到所在环境的影响,基于各自立场的不同呈现出不同的框架与形象。

半岛台在对"一带一路"倡议报道的框架中还构建了和平友好的"一带一路"形象,这反映了阿拉伯媒体以及阿拉伯国家和人民基于中阿友好历史和阿拉伯国家经济社会现状,对"一带一路"表现出来的展望与期待。与之截然相反,CNN通过相关报道将"一带一路"倡议塑造为反映中国内政问题的一面"镜子",借此攻击中国所谓的"人权""民主"等意识形态问题。值得注意的是,半岛台作为阿拉伯媒体,对于新疆穆斯林问题应该更为关注,然而实际情况却并不是这样。相对于CNN,半岛台对于新疆问题的报道反而数量更少、频率更低,半岛台对于中国新疆问题的关注也远远不如CNN。

半岛台和CNN对"一带一路"倡议报道框架的不同主要受媒体所在地区与中国之间关系的影响。半岛台所在的阿拉伯地区与中国友谊深厚,通过"一带一路"倡议合作良多,因而半岛台总体对"一带一路"持中立态度。受近年来中国崛起使美国受到压力、中美关系走低的影响,尤其是2019年为中美贸易战白热化之时,CNN相对地对中国的"一带一路"倡议更持防备态度。

三、中国主流媒体在 Twitter 上的报道框架分析 ①

（一）关于"一带一路"倡议报道的内容分析和框架分析

本研究通过在某海外社交媒体中以"Belt and Road"为关键词进行筛选，运用等距抽样的方法，每4条新闻为一个间隔，抓取了2015年4月至2018年4月新华社（@XHNews）、《人民日报》（@PDChina）、中国环球电视网（@CGTNOfficial）三个中国主流媒体官方账户所发布的关于"一带一路"倡议的新闻（见表2），共计385条。其中，新华社官方账户发布的新闻234条，《人民日报》发布的新闻83条，中国环球电视网发布的新闻68条。

表2 "一带一路"倡议样本来源

媒体名称（账号名称）	粉丝数量	新闻数量
《人民日报》（@PDChina）	498 万	83
新华社（@XHNews）	121 万	234
中国环球电视（@CGTNOfficial）	885 万	68

运用内容分析方法，以"框架理论"为基础，对所抓取的385条新闻记录了来源账户、日期、转发量、评论量和点赞量，并对每条新闻按照"新闻框架"（frame）和"话语包"（interpretive package）两个维度进行逐条编码。其中，"新闻框架"中包括合作共赢框架、对外援助框架、合法性框架和名人效应框架四个类目；"话语包"中包括案例、引用、描述、原因、结果、意识形态6个类目。两位编码员为清华大学新闻与传播学院硕士研究生，经过了成熟的编码训练，通过 SPSS 信度测试，本研究中各编码员间信度均高于0.8，具备可接受的良好信度。为了更准确地分析每条新闻的传播效果，本研究将每条新闻的转发量、评论量和点赞量相加，代表其传播效果。

---

① 经作者同意，此部分节选自胡岸、陈斌所著其的《国家议题的对外传播效果分析——以"一带一路"在海外社交媒体上的框架分析为例》一文，其主要内容已发表在《编辑之友》2018年第12期。该文作者胡岸系香港大公文汇传媒集团有限公司高级记者，陈斌系清华大学新闻与传播学院硕士研究生。

（二）四种新闻框架的传播效果分析

1. 合作共赢框架

在全部抓取的 385 条新闻中，以合作共赢为主题框架的共有 234 条，占比 60.8%，为四类框架中最多，但其平均传播效果为 173.33（平均每条新闻的评论量为 6.10，转发量为 43.47，点赞量为 123.74），仅略高于对外援助框架（见表 3）。

表 3 "一带一路"倡议新闻框架效果呈现

框架主题	数量（百分比）	传播效果
合作共赢	234（60.8%）	173.33
对外援助	53（13.8%）	165.17
合法性	48（12.5%）	262.81
名人效应	50（13.0%）	292.58

以合作共赢为主要框架的新闻内容主要包括通过描述（91 条）和列举具体案例（61 条）的方式，表现中国与其他国家在"一带一路"倡议下进行合作的方式和过程以及具体成果。这一框架通常涉及至少两个国家或地区共同参与或获利，并没有明显的侧重点或获利一方，强调相互性。其中，出现较多的关键词主要有"win-win"（双赢）、"cooperation"（合作）和"ties"（联系）等（见表 3）。

自"一带一路"倡议提出以来，中国多次强调这是一项多边框架下的制度性合作，共建原则中也提及了"合作""互利""共赢"的概念。因此，三家媒体也不约而同地将这一主题进行了重点发布，通过这种方式，既向外界传达"一带一路"倡议获得了沿线各国的广泛参与和支持，也强调了其多边合作框架的实质。

2. 对外援助框架

对外援助框架共有 53 条，占比 13.8%，仅次于合作共赢框架，但其平均传播效果仅为 165.17（平均每条推特的评论量为 4.62，转发量为 47.56，点赞量为 112.98），为四类框架中最少（见表 3）。

与合作共赢的框架相同,以对外援助为主要框架的新闻同样运用描述(22条)和案例(20条)的呈现方式。不同的是,对外援助框架下的新闻重点强调中国单方面的作用,这类框架下的内容,主要展示在"一带一路"倡议下,中国通过提供贷款、帮助修建基础设施、提供工作机会等,为"一带一路"某一沿线国家提供帮助,协助其发展。既有明确的收益方——"一带一路"沿线某一国家,也有明显的提供帮助者——中国。其中,出现较多的关键词主要有"donate"(赠送)、"provide"(提供)等。虽然"一带一路"倡议的提出至今已有5年,其对沿线各国以及世界经济发展的贡献有目共睹,但仍有一小部分国家对"一带一路"倡议能否真正地带来切实利益心存担忧。国家主席习近平曾多次提到,欢迎各国搭乘中国发展的"顺风车"。因此,对外援助的框架既可以看作对部分国家顾虑的回应,也可以看作对本国"一带一路"倡议功能主动地再次强调。

3. 合法性框架

共有48条新闻以合法性框架为基础,为四条框架中最少,但合法性框架的平均传播效果却显著高于对外援助框架和合作共赢框架(df=3,$p<0.05$),为262.81(平均每条新闻的评论量为7.61,转发量为60.04,点赞量为175.36)(见表3)。

合法性框架可分为历史合法性框架与现实合法性框架两类。其中,历史合法性框架主要是以举例或描述的方式,通过介绍古代丝绸之路的历史和演变,向外界证明"一带一路"倡议的历史依据;现实合法性框架则主要是通过引用专家学者或通过进行意识形态方面的宣传,说明"一带一路"是一项和平互利的、不含有政治意图的倡议。

自2013年"一带一路"倡议首次提出以来,不管是"一带一路"沿线重点国家或是世界其他主要国家媒体,对其报道都呈现出一种复杂化的态势。一方面,沿线国家希望通过"一带一路"倡议发展本国经济;另一方面,也对其可能附加的政治影响有所顾虑,甚至出现了对其目的的误读和曲解,例如,有媒体将"一带一路"倡议类比解读为中国的"马歇尔计划"。更有甚者,认为"一带一路"倡议的目的在于中国势力范围的扩张。

在这样的背景下,合法性框架自然受到了外界的关注与回应,因为这样的内容正是外界最关心的话题,直接回应了外界对"一带一路"倡议的疑惑,因此,其传播效果也就更好。例如,新华社在2017年5月15日发布的一条新闻为"#Xi: China won't base co-op on ideological ground, nor will it pursue any political agenda or make any exclusive arrangements #BeltandRoad",这样一条简单的新闻,直接回应了外媒对"一带一路"倡议的揣测,直观地对外传达了"一带一路"倡议没有任何政治议题,获得了134次转发。

此外,值得注意的是,相较于其他话语包,合法性框架更多地运用了"意识形态"这一表现方式,这同样有助于其传播效果的提升,通过对比我们发现,六类话语包中"意识形态"话语包的平均传播效果要显著高于其他五类传播效果(平均传播效果344,$df=5, p<0.05$)。这同样从另一个侧面反映出,相较于"一带一路"倡议所带来的经济利益,外界更关注"一带一路"倡议是否有其他的附加政治意图。

4. 名人效应框架

名人效应框架新闻共有50条,平均传播效果是四类框架中最高的,为292.58(平均评论量13.92,平均转发量80.26,平均点赞量198.4),显著高于其他三类框架($df=3, p<0.05$)(见表3)。

以名人效应框架为主的新闻主要集中于2017年5月13—16日"一带一路"国际合作高峰论坛召开期间(见图6所示),包括各参会国家领导人在峰会召开期间的互动。与其他三类框架不同,名人效应框架的内容更为软性,娱乐性较强,其焦点也并不在"一带一路"倡议本身,而更多地聚焦于一些相关的名人逸事或小花絮。相比于其他三类框架,更突出细节而非意义。其中,尤其值得注意的是,俄罗斯总统普京在峰会召开间隙弹钢琴的一段视频引发了意想不到的传播效果,共计获得了114条评论、854次点赞和1 366次转发。

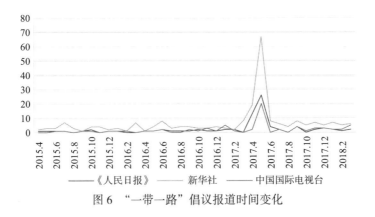

图6 "一带一路"倡议报道时间变化

（三）对"一带一路"倡议对外传播的思考与建议

新闻框架是人或组织对事件的主观解释与思考结构。三家中国主流媒体的官方账户不约而同地选择将合作共赢框架，作为"一带一路"倡议新闻发布的主要框架，说明了中国希望世界认识到"一带一路"倡议可以为世界带来的经济利益与帮助。然而，这类框架的传播效果却并不显著。与之形成鲜明对比的是，合法性框架虽然数量少，但其传播效果却显著优于以上两类框架。

事实是，"一带一路"倡议提出已5年，其为全球所带来的经济贡献有目共睹，对其"互惠性"的质疑不管是在沿线国家或其他国家已基本销声匿迹。相反，自"一带一路"倡议提出以来，由于西方媒体背后长期存在的冷战主导思维，使得中外双方看待"一带一路"倡议的侧重点不同。

当前的"一带一路"倡议对外传播模式，仍处于 Nicholas J.Cull 所提出的"宣传"阶段而非"公共外交"阶段。相比于"公共外交"，"传播"更具目的性和倾向性，忽视了受众的真实需求。而倾听传播对象的需要并作出相应的反馈，恰恰是公共外交的首要任务。这种差别在本研究中的体现就是：中国希望世界看到"一带一路"框架带来的经济利益，因此合作共赢框架是对外宣传的重点，发布数量多，但因为其并非其他国家关注的焦点，因此传播效果一般；世界希望看到中国对"一带一路"倡议的保证和解释，虽然合法性框架发布数量少，但因为这是其他国家最为关心的议题，关注程度高，自然传播效果也好。

此外，一条简单的普京弹钢琴新闻所获得的巨大关注，以及名人效应框架下新闻所取得的传播效果，证明了相较于严肃的政治、经济新闻，一些突出细节、娱乐性较强的"一带一路"花絮，或许更有利于进一步拉近海外受众与"一带一路"倡议的距离，让他们以另一种方式了解和接受"一带一路"倡议。社交媒体时代，传统的宏大叙事视角不再适用于社交媒体时代的新闻传播，在国际新闻的话语建构上，应当以人性化、趣味性的叙事代替严肃化、政治色彩浓郁的新闻话语。事实上，2015年由复兴路上工作室所制作的flash动画外宣视频《"十三五"之歌》就已经证明了，摒弃传统思维中二元对立式的结构化思路，追求一种去中心化、结构式的交流方式，更有利于中国国家形象的塑造。

海外社交媒体无疑是中国进行"一带一路"对外传播，以及传播国家形象的重要平台。但也正因如此，在利用海外社交媒体发布新闻时，更应当主动融入国际话语体系：一方面，是在新闻角度的选择上，摒弃传统的"宣传"模式，善于倾听、了解传播对象的关注焦点，针对对方的疑惑，有的放矢，主动回应相关问题，争夺国际话语权；另一方面，在新闻的创作方法上，以更人性化、趣味性的方法生产新闻。

参考文献

陈力丹. "一带一路"建设与跨文化传播. 对外传播, 2015（10）: 25-26.

邓志勇. 西方"新修辞学"及其主要特点. 四川外语学院学报, 2001, 17（1）: 92-95.

Wichelns, H.A.The Literary Criticism of Oratory.In: Wichelns, H.A.& Drummond, A.M., ed.Studies in Rhetoric and Public Speaking in Honor of James Albert Winans.New York: Century Company, 1925: 209.

邓志勇, 杨永春. 美国修辞批评: 范式与理论. 天津外国语学院学报, 2007（3）: 24-30.

王旭东. 意识形态修辞批评略论. 时代文学: 下半月, 2008（12）: 82-83.

邓志勇, 李湘. 2012年中美换届时期《时代周刊》涉华报道的意识形态修辞批评. 语言与文化研究, 2014（2）: 6-14.

Foss, S.K.Rhetorical criticism: Exploration and practice.Long Grove: Waveland Press, 2017: 237-248.

Foss, S.K.& Griffin, C.L.Beyond persuasion: A proposal for an invitational rhetoric. *Communications Monographs*, 1995, 62（1）: 2-18.

李克, 李淑康. 批评转喻分析的意识形态观. 山东外语教学, 2011, 32（5）: 34-39.

龚婷. 美国对"一带一路"倡议的认知和行动: 演进及现状. 和平与发展, 2019（5）: 54-70、134.

胡正荣. 智能化背景下国际传播能力提升与人类命运共同体构建. 国际传播, 2019（6）: 1-8.

盛斌, 靳晨鑫. "一带一路": 倡议引领全球包容性增长的新模式. 南开学报: 哲学社会科学版, 2019（6）: 1-10.

王贵国. 中美贸易战背景下"一带一路"建设的思考. 中国法律评论, 2018（5）: 25-32.

刘冰. 新闻写作中几个敏感技术问题的讨论. 新闻与写作, 2008（2）: 57-58.

胡键. "一带一路"与中国软实力的提升. 社会科学, 2020（1）: 3-18.

王玉主. 中国的国际社会理念及其激励性建构——人类命运共同体与"一带一路"建

设.当代亚太,2019（5）:4-29、144-145.

刘涛.西方数据新闻中的中国:一个视觉修辞分析框架.新闻与传播研究,2016（2）:5-28、126.

曲甜,王艳."一带一路"倡议官方话语解析与国际反响述评.当代世界与社会主义:双月刊,2019（6）:193-200.

陆地.周边传播理论在"一带一路"中的应用.当代传播,2017（5）:4-9、34.

Gamson W A&,Modigliani A.Media discourse and public opinion on nuclear power:A constructionist approach.*American journal of sociology*,1989:1-37.

国家发展改革委,外交部,商务部.推动共建丝绸之路经济带和21世纪海上丝绸之路的愿景与行动.人民日报,2015-03-29.

李忠发,王慧慧,李舒.习近平出席"一带一路"国际合作高峰论坛开幕式并发表主旨演讲.人民日报,2017-05-15.

沈雁昕.2015年境外媒体关于"一带一路"的评述.红旗文稿,2016（1）:32-34.

郑华,李婧.美国媒体建构下的中国"一带一路"战略构想——基于《纽约时报》和《华盛顿邮报》相关报道的分析.上海对外经贸大学学报,2016（1）:87-96.

朱桂生,黄建滨.美国主流媒体视野中的中国"一带一路"战略——基于《华盛顿邮报》相关报道的批评性话语分析.新闻界,2016（17）:58-64.

杜涛.框中世界——媒介框架理论的起源、争议与发展.北京:知识产权出版社,2014.

李希光,刘康.妖魔化中国的背后.北京:中国社会科学出版社,1996.

Cull,N.J.公共外交:以史为鉴的七条法则.国际新闻界,2010（7）:6-10.

常江,肖寒.超越二元对立:外宣视频《"十三五"之歌》的传播效果与中国对外传播的后结构转向.新闻大学,2016（1）:121-128.

TikTok 短视频中的全球传播与中国形象分析[①]

王沛楠[②]

【摘要】 短视频在近几年的快速发展引发了全球互联网和社交媒体的"视频转向"。以 TikTok（抖音海外版）为代表的中国互联网短视频平台在国际市场上的勃兴，则为利用短视频进行对外传播提供了机遇。本文以 TikTok 为例，通过内容分析和案例分析的方法观察当前海外短视频平台上的中国形象。通过对 TikTok 平台中"#我们来自中国"标签下的高赞视频进行分析，讨论短视频平台进行对外传播的潜力、优势及阻碍，并分析如何借助短视频平台推动中国国家形象的海外传播。

【关键词】 短视频、对外传播、国家形象、内容分析

根据移动视频平台 Magisto 的测算，2018 年美国的数字视频行业营收将达到创纪录的 1 350 亿美元，其中，移动互联网广告收入将达到 830 亿美元。在多年的爆发式增长后，数字视频行业的发展势头依然强劲，成为驱动互联网经济持续增长的新动力。在中国，数字视频领域在同一时期也经历了爆发式的增长，2018 年的数字视频行业利润预计达到近 20 亿美元。[③] 这样的趋势也印证了媒体分析师 Derakhshan 在 2017 年的预测，即互联网和社交媒体正在经历内容的"视频转向"（Pivot to Video），互联网会逐渐成为一个基于视频内容

[①] 本文主要内容已发表在《电视研究》2019 年第 4 期，经作者同意，部分内容有所调整。
[②] 王沛楠：清华大学新闻与传播学院博士生。
[③] Statista.Digital Media Report.2018, https://www.statista.com/outlook/200/117/digital-media/china.

驱动的"收视平台"。①

伴随着 Instagram 和 Snapchat 等新生代社交媒体将战略侧重转向更为适应移动社交环境的短视频,在数字视频行业内部也开始出现了产业结构的分化。包括脸书（Facebook）和推特（Twitter）等社交巨头也紧随其后开发短视频平台和应用,使得短视频进一步受到互联网行业的关注。有学者更进一步认为,"视频代表着现在,短视频则代表未来"②。在短视频领域的国际市场上,中国互联网企业占据了重要的位置。今日头条旗下的 musical.ly 和 TikTok 在移动终端都有抢眼表现,特别是 TikTok,在 2018 年上半年成为"Apple Store"全球下载量第一位的 APP。另一家中国短视频平台快手的海外版本 Kwai,则在韩国、东南亚和俄罗斯等地成为下载量最大的短视频社交平台。

TikTok 和 Kwai 等属于中国互联网企业的短视频平台在国际市场的成功,对于中国的对外传播发展具有重要的价值。当前中国对外传播的主要平台——脸书、推特和优兔（YouTube）——无一不是西方互联网巨头旗下的产品,在传播渠道上难以摆脱受制于人的局面。因此,以今日头条和腾讯为代表的中国互联网企业"造船出海",无疑为中国利用短视频提升对外传播的能力与效果提供了机遇。本文以 TikTok 为例,通过内容分析的方法观察当前海外短视频平台上的中国形象,并以此讨论如何借助短视频平台推动中国国家形象的海外传播。

一、短视频与国家形象

在国家形象的建构与传播过程中,有学者提出了"视觉说服"的理念,并认为视听语言与新媒体的结合,可以将传播过程中的"情感卷入"最大限度释放,从而提升传播的效果。近几年来中国对外传播基于"视觉说服"的逻辑进行了尝试,包括时代广场投放的"国家形象宣传片"和"复兴路上工作室"所推出的《十三五之歌》《领导人是怎样炼成的》等一系列短片,在海外产生了一定的影响。但是,以国家主导的 PGC（专业生产内容）视频生产,一方面容易被海外舆论解读为"喉舌""宣传"（propaganda）,使得内容在接触

---

① Derakhshan.Television Has Won.http://www.niemanlab.org/2017/12/television-has-won/.
② Jess Ostroff.Video content is the now, but short-form video content is the future, https://www.convinceandconvert.com/content-marketing/video-is-the-now-but-short-form-video-is-the-future/.

到受众时效果大打折扣,另一方面,视频内容和视角也受制于内容生产者的能力和角色而有所局限。

因此,基于 UGC 与公民参与的国际传播开始受到学者的关注。UGC 即用户生产内容(User Generated Content),指用户借助 Web2.0 的环境自主创作文字、图片、音视频等内容并借助社交媒体平台传播。① 相比于国家主导的 PGC,UGC 具有很强的草根性,选题范围广、切入视角平民化,在色彩、叙事、剪辑等方面没有明显且统一的特点。实际上,短视频已经被广泛运用于政治团体和企业广告的场景中。希拉里在 2016 年竞选美国总统时,就在脸书上发布了诸如 Getting Started 等一系列短视频,政治人物通过社交媒体平台定期发布短视频已成为政治宣传的常规手段。

但长期以来,对外传播和国家形象塑造主要都是由政府主导的,因此在这一领域中 UGC 的力量没有受到足够的关注。加之传统媒体平台——特别是基于文本传播的平台——对于外语能力的要求很高,利用 UGC 进行对外传播面对很大的挑战。但其中,"高铁立硬币"在优兔平台的走红是 UGC 在对外传播中的重要案例。2015 年,有外国游客在中国高铁上拍摄了一段 9 分钟的视频,视频中列车飞速行驶而硬币始终稳立不倒。这一视频在 YouTube 上点击量超过 25 万次,甚至演变成为一个网络米姆(meme),引发其他海外网友模仿拍摄。外国网友的这一"无心之举"成为了中国高铁品牌对外传播的契机。

由此可见,视觉信息——特别是多媒体融合的视频文本——正在成为全球传播的重要推手。传统的全球传播高度依赖于文字内容,这使得跨文化的内容输出面临语言隔阂这一障碍,在很大程度上阻碍了信息的多元流动,媒介使用也倾向于依赖文化和语言的接近性。但短视频这种典型的"热媒介"内部即包含了大量可以被广泛理解的信息,在一定程度上打破了跨文化的信息流动在文化层面的阻碍。此外,相比于冗长的连续剧和电影,短视频更好地适应了数字媒体时代碎片化的信息获取偏好,这都使得短视频对全球传播的形态产生了迅速而深刻的影响。

TikTok 和 Kwai 等短视频平台在海外的快速扩张,为广泛利用 UGC 进行全球传播提供了绝佳的机遇。来自中国的"网红"和"素人"都有机会直接

---

① Cha,M.et al,Analyzing the video popularity characteristics of large-scale user generated content systems.*Ieee/Acm Transactions On Networking*(*Ton*),2009,17(5):1357-1370.

将自己拍摄的关于中国的短视频,利用这些平台面向全球受众传播,而 TikTok 和 Kwai 背后的中国互联网企业则能够通过内容分发、主题活动设置等方式参与到国家形象的对外传播中,成为对外传播战略的重要一环。TikTok 在推向海外之初,就发起了标签挑战"#我们来自中国",邀请全球用户发布关于中国的短视频。截至 2018 年 10 月为止已经有超过 8 000 条投稿视频。由于社交媒体的标签具有显著的"议题引导"功能,[①] 借助 TikTok"#我们来自中国"这一标签下的视频,能够对当前中国互联网公司海外短视频平台中的涉华内容进行直观分析。

二、海外短视频平台的涉华内容分析

在 TikTok 平台中,每一个标签下的内容都是按照点赞数量从高到低排列的。本文采集了 TikTok 平台中"#我们来自中国"标签下排名前 100 位的视频,数据采集时间为 2018 年 10 月 16—18 日。研究通过内容分析的方式对发布者、视频主题、视频内容、点赞量与回复量进行了分析。通过描述性统计和典型案例分析,讨论当前海外短视频平台中涉华内容的主要特点和发展趋势,从而为如何利用 TikTok 等中国互联网企业的海外平台进行对外传播和国家形象塑造提出建议。

(一)TikTok"#我们来自中国"标签内容分析

通过收集"#我们来自中国"标签下排名前 100 位的视频并进行初步分析,发现短视频的主题主要包括运动、艺术、饮食、风景、创意、动物及其他七大类,各类所占的比重如图 1 所示。

其中,关于"艺术"和"运动"主题的视频达到了 66%,"艺术"主题的视频内容非常多样,既包括中国传统的木雕、瓷绘、古筝、杂技等,也有包括沙画、水晶球等中国文化色彩并不显著的内容。在"运动"主题下,包括单车、滑板等街头运动达人的个人展示占据了主要内容;此外,网名为"妮子 NI"的网友上传了多个花样游泳训练和展示的短视频,都获得了超过 10 万次的点

---

① Meraz,S.Hashtag Wars and Networked Framing.*Between the public and private in mobile communication*,2017,36,303.

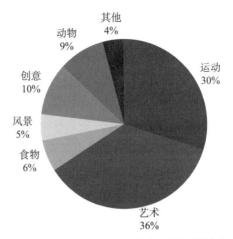

图1 "#我们来自中国"标签视频主题分布

赞。相比于"艺术"主题,运动主题下的内容更多带有上传者个人展示的目的,附带"#我们来自中国"的标签目的更多是借助标签的"议题引导"功能提升关注,但缺乏带有中国色彩的内容。

与之类似的是,在"动物"和"创意"两大主题下的短视频更多涉及的是短视频拍摄者的个人表达,无论是拍摄自己的宠物猫狗还是手指舞、创意舞蹈等,都只是一部分中国网友利用"#我们来自中国"的标签提升关注度。其中只有网名为"我爱panda"的用户上传的熊猫视频具有典型的中国文化特色。但在"风景"这个主题下,视频内容包括了北京和上海的城市风景和中国各地海滨、山川的风景,带有鲜明的中国文化特色。其中网名为"航boys"制作的两部航拍山水风景短视频获得了近10万次点赞。在"饮食"主题下,几位用户上传自己制作动物花卷和面点的过程,吸引了海外网友的关注。但相较于内涵丰富的中国传统美食文化,"饮食"主题下的内容显得较为单一。

综合分析以上七大主题,"艺术""风景"和"饮食"主题的内容更能够体现带有中国文化符号的内容,但在"运动""动物"和"创意"主题下,短视频内容主要是用户的个人展示。由此可见,虽然TikTok力图通过"#我们来自中国"这一主题来展示可视化的中国形象,但其UGC平台的特性决定了其中具有吸引力的内容一部分依然是"网红"式的个人展示与趣味视频。

(二)点赞评论与用户分析

点赞和评论作为分析社交媒体反馈和效果的重要机制,能够有效地反映社交媒体平台上内容对受众的吸引力和受众的情感态度。本文对于搜集到的100条短视频的点赞和评论进行了统计与分析。在"#我们来自中国"这一标签下,点赞数前100位的视频平均获得点赞13.7万,平均回复为1 031条。相较于TikTok在全球范围内的5亿用户量,"#我们来自中国"这一挑战整体的吸引力还有待提升。分主题的点赞和评论数见表1。

表1 分主题平均点赞评论数

	运动	艺术	饮食	风景	创意	动物	其他
平均点赞数	13.3万	13.3万	11.5万	10.6万	13万	22万	11.8万
平均评论数	762.8	866.6	466	390.6	821.4	3691.3	730.5

从分主题的点赞与评论可以看出,"动物"主题下的视频在吸引点赞和评论上具有明显的优势,而最具中国符号特色的"风景"和"饮食"主题则相对缺乏吸引力。这在一定程度上反映了文化接近性(cultural proximity)这一指标在跨文化媒介内容传播过程中具有的影响力。"动物"主题下用户拍摄的宠物猫、狗和国宝熊猫由于不存在接受文化上的差异,很容易被海外受众理解;人对动物的亲近性也促使这一主题的内容非常容易得以传播。但相比而言,"饮食"主题下的动物花卷面点制作等内容由于中外在饮食文化上的差异,相对不易被海外受众理解。因此,此类具有鲜明"中国符号"特性的视频内容在社交媒体传播上会遇到一定的阻碍。

本研究还对制作视频的用户进行了分析,"#我们来自中国"标签下前100位的短视频来自54位不同的用户,其中,有10位用户拥有3部以上短视频作品位列前100名。这10位用户可以被视作在"#我们来自中国"标签下的"意见领袖"。表2归纳了10位用户拍摄的短视频主题和用户反馈。

表2 "意见领袖"型用户的视频信息

	用户名	视频数	视频内容	平均点赞数
运动主题	余huangkun	4	水上飞行器表演	18万
	妮子NI	8	花样游泳表演	13.4万
	zip-parkour	3	跑酷极限运动	12.9万
	dessex2	6	极限单车运动	12.5万

(续表)

	用户名	视频数	视频内容	平均点赞数
艺术主题	画女孩的小木头	4	果雕展示	16.3 万
	瓷都艺术	3	传统木雕技艺	15 万
	司氏果雕艺术	4	东方木绘	13 万
	janitart	7	木绘瓷绘技艺	12.7 万
	管鱿鱼	3	视觉魔环表演	9.8 万
动物主题	英短蓝猫爸比	5	宠物猫	21.8 万

通过对"#我们来自中国"标签下头部用户的分析可以发现,除了"英短蓝猫爸比"之外的绝大多数用户都是在某一领域具有专长的 UGC。"运动"主题下的用户多为极限运动或冷门运动项目的展示,而"艺术"主题下的用户则多数为木雕、瓷绘等中国传统技艺的展示。相对于纯"素人",这些具有专业技艺和才能的用户具有持续生产高吸引力内容的能力,相对而言容易吸引海外受众的关注。此类用户可以被视作 PUGC(专业用户生产内容)模式,一方面是来自社会各界的普通用户,另一方面,通过相对专业化的视频内容和制作能够更好地吸引和沉淀用户。

(三)案例分析:"风景"主题短视频

在七大短视频主题中,"风景"是最能够直观展示中国城乡风貌的一个主题。本文以"风景"主题为案例,分析 TikTok 中关于中国形象的塑造与反馈。在"风景"主题下,包括"航 boys"制作的两个航拍短视频,"小磊躲起来"制作的北京城市风景剪辑,"swallowaa"制作的上海城市风景剪辑和"视觉体验"制作的江西水上公路航拍短视频。

通过观察这五个高赞风景类短视频可以发现,其具有的共同特点是制作手法专业、视觉效果出色,通过航拍或高清摄像的方式配合用户为视频配的背景音乐,具有很强的感官冲击力。用户在上传视频的同时还附带了解说和标签,标明了视频拍摄的地点,从而帮助海外用户形成对中国的直观印象感受(见图 2)。从"风景"主题的视频评论中也可以看出,普通海外用户对这类主题有着浓厚的兴趣(见图 3)。在每一个视频下都出现了诸如"我想去这里""这太漂亮了"等类似内容的评论。

图 2 "风景"主题短视频截图

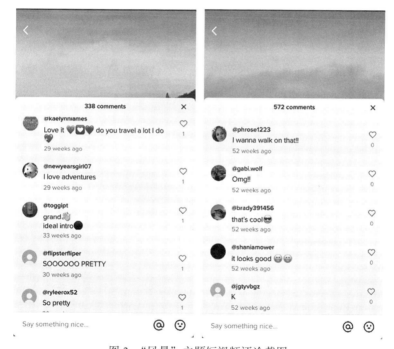

图 3 "风景"主题短视频评论截图

由此可见,"风景"主题下的视频实质是中国不同地方的风景展示,但通过普通网友的制作发布,一方面,摆脱了"官方宣传"的痕迹,将中国的风光形象植入在一个娱乐化主导的平台上;另一方面,则借助这些具有专业拍摄制作能力的普通用户,向海外民众呈现了丰富多样的中国形象。

三、短视频对外传播的潜力与发展

通过对 TikTok 短视频平台上"# 我们来自中国"这一标签下的高赞视频进行内容分析,本文试图发掘短视频这种新兴的媒介形式与移动终端的结合,能够为开拓对外传播的新途径作出怎样的贡献。短视频具有的视觉化和碎片化特征,契合了移动互联传播时代受众的接受习惯,因此,利用短视频传播中国信息、讲述中国故事,应当成为社交媒体时代吸引用户关注的重要手段。TikTok 作为来自中国的互联网平台,推出"# 我们来自中国"的挑战,代表了借助短视频进行对外传播的一种尝试。

通过对 TikTok 的分析可以看出,基于短视频平台开展对外传播具有巨大的潜力。短视频平台作为一个低门槛的国际传播平台,符合 UGC 对于信息生产门槛的要求和对外传播的要求,从而能够充分激发普通网民参与的热情,推动对外传播走向真正意义上的"全民化"生产,通过与短视频平台在"议程"上的推动相结合,从而使 TikTok 等短视频平台成为隐形的公共外交平台,提升了中国在社交媒体上的可见度。此外,UGC 来源多样,内容丰富,展现了中国各行各业、不同地区民众的面貌与生活。这种来源于民众的另类叙事与"国家形象宣传片"所代表的国家叙事遥相呼应,共同构成更为完整而多元的中国形象。

但与此同时,目前"# 我们来自中国"这一标签下的短视频也存在着内容相对单一、具有代表性的"中国符号"特征不够显著、少数"意见领袖"主导整个标签内容走向的情况。这一方面是由于 TikTok 作为抖音的海外版,能够接触到的国内用户相对较少;另一方面,则是运营方缺乏对这个标签活动的管理,没有能够将"# 我们来自中国"作为一个展示中国风貌形象的平台加以规划设计。为了能够更有效地激发短视频平台作为对外传播窗口的潜力,其未来发展可以从以下几个层面出发。

第一,从 UGC 向 PUGC 转变,提升内容生产专业化程度。虽然 UGC 扩大了内容生产者的范围,但通过对 TikTok 高赞视频的内容分析可以看出,只有相对专业化的内容生产,才更容易在社交媒体平台上获得关注。因此,打造社交媒体 PUGC 可以成为专业化内容生产的保障。借助 TikTok 等短视频平台培植一批代表中国文化形象的素人网红,基于中国美食、传统文化、名胜古迹等不同主题发布短视频,一方面代表了普通中国民众的素人视角;另一方面,利用 PUGC 的资源生产相对高质量的视频内容,从而有助于创造可持续的内容生产和流通体系。

第二,情感化表达与互动性参与相结合。短视频平台作为一个"仪式化互动"的平台,通过声画效果结合的方式唤起受众的情绪。标签则使得人们在同一个主题下展开叙事,使得短视频内容具备较高的连贯性。这都意味着短视频平台将逐渐成为一个社群而非单纯的平台。但当前的短视频更多只是一种直观式的呈现。因此,在传播策略上应当充分利用情感化表达的方式,如标签、配音配乐、文字解说、留言提问等激发受众情感共鸣,并且还可以利用 TikTok 流行的"与你合拍"功能,邀请全球网友参与到合拍中,进一步利用社交媒体的特性增强互动,从而增加用户黏性。

第三,寻找共通价值,提升文化接近性。从内容分析的结果来看,短视频平台上的跨文化传播也存在文化接近性的问题。虽然诸如木雕、捏面人等传统技艺具有很强的中国特色,但由于存在着文化差异,这些中国符号很难被海外受众所理解,必然影响到对外传播的效果。因此,在培植 PUGC 的同时,还需要从内容主题层面入手,着力在具有视觉冲击力的风景或者具有娱乐性的活动等文化共通性主题下进行内容生产,辅之以具有中国文化内涵的内容"植入"视频中,从而更有效地提升传播力。

在移动社交时代,短视频以可视化和碎片化的传播形态适应了移动社交的特点,其市场份额的爆炸性增长证明了这种传播形态具有的潜力。中国互联网企业在世界范围内的战略布局,则为利用短视频传播中国形象、讲述中国故事提供了可能。在主流媒体之外,利用短视频平台"造船出海",将中国的形象和故事直接投向海外社交媒体受众,将会是未来对外传播的一条新进路。

参考文献

Magisto report.The modern marketing dilemma and the state of business video,https://www.magisto.com/reports/video-market-size.

Qian Chen.The biggest trend in Chinese social media is dying,and another has already taken it splace,https://www.cnbc.com/2018/09/19/short-video-apps-like-douyin-tiktok-are-dominating-chinese-screens.html.

栾轶玫.视觉说服与国家形象建构——对外传播中的视听新话语.新闻与写作,2017(8):

14-18.

刘健,陈昌凤.国际传播新路径:借船出海与公民参与.对外传播,2015(2):29-31.

董媛媛,田晨.社交媒体时代短视频传播与国家形象建构.当代传播,2018(3):8.

屈波,李阳雪.移动短视频:国内电视媒体融合实践的新路径——中外电视媒体的移动短视频对比研究.电视研究,2018(8):42.

Straubhaar, Joseph D. Beyond media imperialism: Assymetrical interdependence and cultural proximity. *Critical Studies in media communication*, 1991, 8(1):39-59.

王沛楠.短视频平台:拓展对外传播的蓝海.国际传播,2018(3):19-25.

史安斌,王沛楠."新十亿"阶层的崛起与全球新闻传播的新趋势.新疆师范大学学报:哲学社会科学版,2017(3):22-28.

姬德强,杜学志.短视频平台:交往的新常态与规制的新可能.电视研究,2017(12):33-36.

赵如涵,吴心悦.短视频文化内容生产:虚拟社群的传播特质与平台策略.电视研究,2017(12):30-32.

第 五 章
品牌战略与形象塑造

品牌传播与国家形象:中国企业在德国[①]

吴璟薇[②]　谢宗旭[③]

根据美国波士顿国际咨询公司声誉研究所的数据,2018年,中国在"全球最佳声誉国家"中排名第45位,[④]这与中国"世界第二大经济体"的形象发生较为严重的错位。在长期以西方媒体为主导的国际传播场域中,中国形象被扭曲已成为常态,因此,国家形象建设刻不容缓。而企业形象是国家形象的重要组成部分,从产品到服务,以及企业所传递的文化和价值,都能够以最直接的方式接触他国国民,进而深入影响他国对本国的认知。随着"一带一路"倡议的深入推进,各国之间的跨国经济合作也不断加深,这为中国国家形象的海外建构提供了新的历史契机和空间。

在西方国家中,德国是中国在欧洲的最大贸易伙伴国,据欧盟统计局公布的数据显示,2018年,中德双边贸易额增长10.6%,中国是德国第三大出口市场和第二大进口来源地。[⑤]正如习近平总书记所指出的,中德之间的务实合作不仅在中欧关系中发挥着重要的引领作用,也成为全球最重要的经济体之间开展互利共赢合作的典范。[⑥]因此,在德国建立良好的中国企业形象,不仅对中国企业在德国市场的进一步发展具有重要意义,也是在德国乃至欧洲建立中国形象的重要一步。

[①] 本文主要内容已发表在《对外传播》2019年第8期,经作者同意,部分内容有所调整。
[②] 吴璟薇:清华大学新闻与传播学院助理教授,清华大学国家形象传播研究中心国际人文交流研究室主任。
[③] 谢宗旭:清华大学水利水电工程系2015级本科生。
[④] https://www.reputationinstitute.com/research/2018-china-reptrak.
[⑤] https://ec.europa.eu/eurostat/.
[⑥] http://theory.people.com.cn/n1/2017/0705/c40531—29383295.html.

一、企业形象与国家形象

国家形象的建构具有多重维度,政治、经济、文化与社会的任何一方都可以影响国家形象。从国际市场营销的视角来看,国家形象专门指对特定国家制造的产品的认识。消费者可以直接从对某国产品的使用中形成对该国的直观印象,长此以往便会建立起对特定国家和产品的固有观念,乃至偏见。同时,跨国企业的跨国经营也需要融入他国社会与文化,例如,雇用他国雇员以及跨国推广等,在以经济形式进行的互动中展示本国文化,企业形象因而也成为建构国家形象最重要、最直接的因素。

企业形象对国家形象能够产生直接影响。当消费者非常熟悉一个国家的产品时,他们会将产品特性与产出国的国家形象联系起来;反之,当消费者对某个国家非常了解的时候,他们也会把自己对该国的印象与该国产品的特性相关联。此外,消费者对产品来源国的偏见还直接影响着产品的国际销售。虽然近年来中国对外贸易不断发展,产品研发、质量与服务都大幅提高,联想、海尔、华为等中国国际品牌影响日渐扩大,但"中国制造"在国际市场上的品牌美誉度仍然有待提升。

二、中国企业在德国的形象传播现状

(一)中国品牌在德国市场的总体情况

近年来,中国与德国的海外投资合作由"单行道"进入"双向快车道",德国企业长期以来对中国进行了不同规模的投资,而中国企业也紧随其后开拓德国市场,对德国市场的投资不断增加。中国品牌在家电及电子领域最具影响力,其中海尔、华为和联想等企业制定了国际化战略,针对不同国家的情况开辟不同的营销途径,不断从企业层面推动国家形象的传播。有数据显示,2018年德国市场品牌形象排名中,华为在品牌得分增长最快的企业中排名第4位,[1]体现出近年来华为在德国品牌推广和企业形象建设方面所取得的成果。

在不断探索德国市场的过程中,塑造良好的企业形象逐渐上升为中国企

---

[1] http://www.sohu.com/a/290991488_173358.

业的发展战略。随着中国企业不断"走出去",越来越多的中国企业将形象与声誉建设作为国际化战略的核心内容。数据显示,2015年在德国最具吸引力的十大中国品牌中,联想以18.9%排在首位,华为与微信分别以13.2%、9.7%的占比紧随其后(见图1)。①

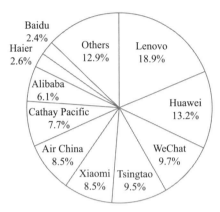

图1　德中商务管理、跨文化培训与市场营销信息门户
评选出的2015年在德国最具吸引力的十大中国品牌②

自从2005年收购IBM业务后,联想一直着力开辟国际市场,欧洲成为其主要目标市场。2008年,联想笔记本电脑业务开始重点开辟德国市场,并且放弃了以往传统中国产品在欧洲主打低端市场的策略,在Thinkpad的基础上突出更加时尚、精品的笔记本电脑,当年前三个季度的业绩就比上一年同期增长20%,而季增长率则超过50%。③2011年,联想又收购了德国电子产品营销商Medion,稳定地打入西欧市场。除了联想以外,原本在西欧市场主要以提供通信基础设备的华为也开始在德国西部的杜塞尔多夫投资建厂,将西欧总部从英国搬迁至此,同时重点开辟德国电子终端零售市场,2012年开始在德国推广平板电脑与手机,此后业绩不断创新高,成为2018德国年度品牌上升榜Top

---

① http://interculturecapital.de/beliebteste-chinesische-marke-in-deutschland-2015-umfrage-icc-portal.
② 由于德国并不是每年都对中国品牌市场进行调研,上一次调研的最新数据为2015年。
③ https://www.dw.com/zh/2008%E5%B9%B4%E8%81%94%E6%83%B3%E8%BF%9B%E5%86%9B%E5%BE%25BB7%E5%9B%BD%E4%B8%AA%E4%BA%BA%E7%AC%94%E8%AE%B0%E6%9C%AC%E5%B8%82%E5%9C%BA/a-2799851.

10之榜首。① 更为重要的是,华为针对特定国家的法律和市场营销环境制定了相应的策略,在提升品牌的同时避免了因不熟悉其他国家法律和文化而造成的违规操作问题。它们将推广产品视频的主要诉求点放在企业的社会责任上,按照"让科技拥有温度"的理念进行营销。② 同时,华为通过与德国市场营销公司 Jung von Matt 合作来探索数字化管理方法,在广告、社交媒体及网站推广等多方面融入创新数字营销模式。这些措施不仅扩大了华为在德国数字产品市场的影响力,也对后期华为电子产品的推广提供了很好的品牌知名度与亲和力。③ 德国智库墨卡托商业政策研究中心研究员安娜·霍尔茨曼(Anna Holzmann)指出,在数据安全问题备受西方国家质疑的严峻形势下,华为计划在波恩设立安全实验室,并在该实验室公布源代码,以消除民众的怀疑,此举一改德国民众心中对于中国的刻板印象。④ 中国国际广播电台德语频道针对华为发表评论,指出:"华为的产品和服务正不断发展与完善,数码经济正在加速转型。为此受益的企业和人民都应归在商业范畴,不应政治化;如果澳大利亚要抓住信息技术的机会,实现在未来的经济发展,它应欣然欢迎像华为这样创新的企业率先参与其发展进程。"⑤

企业作为商业组织,在塑造国家品牌、传播国家形象上比其他组织更易于被他国消费者接受,也能够在国家形象传播中实现多方共赢。在推广国际市场的过程中,除了创新和研发能力外,更重要的是制订跨国品牌策略,为适应各国文化与市场特征,适当增加与当地文化以及当地居民的融合。建立品牌的同时还应该传播企业重视社会责任、注重全球利益和人文关怀的形象。

(二)数字营销成中国企业海外形象建构的重要方式

近些年来,纷繁多样的新媒介平台让企业意识到选择创新型营销模式的重要性。尤其是基于对5G技术提升产业实力方面的期待,物联网、人工智能等新兴产业迎来了新一轮的发展高潮,众多品牌也借此机会纷纷聚焦数字化转型,以

---

① http://www.deguoguanjia.com/newsview/cat_id/25/id/431.
② https://www.sohu.com/a/298515953_178777.
③ https://consumer.huawei.com/de/press/news/2018/huawei-mit-neuer-digitaler-leadagentur/.
④ https://www.spiegel.de/wirtschaft/unternehmen/huawei-so-tickt-der-umstrittene-chinesische-it-konzern-a-1242305.html.
⑤ https://www.deutsch-chinesische-allgemeine.com/2018/08/30/cri-kommentar-huawei-verbot-von-australien-ist-unbegruendet/.

助力品牌在营销过程中清晰定位,为中国企业进一步开拓国际市场带来重要机遇。

所谓数字营销,就是指借助于互联网络、电脑通信技术和数字交互式媒体来实现营销目标的一种营销方式。① 新兴的数字营销模式在有效推进企业文化、增强品牌附加效应等方面存在突出优势,调研结果显示,79% 的广告主愿意增加数字营销方面的投入。② 2018 年,德国网民平均每日使用互联网 196 分钟,超过 3 小时,这相比 2017 年 149 分钟增加了 47 分钟,社交媒体在德国的普及率也非常高。③ 特别是近年来短视频平台成为其重要媒介形式。以抖音为例,其全球化布局始于 2017 年 8 月,但短短两年时间已覆盖全球 150 多个国家和地区,《德国商报》报道称:"虽然西方国家普遍对使用华为是否可能造成数据泄密存在疑虑,但对抖音等中国新型自媒体社交应用的接纳度却超出预期。在英国、法国、德国、意大利与西班牙 5 国中,平均月活跃用户高达 1 700 万,其中 410 万用户来自德国。"④ 抖音在德国的年轻群体中非常受欢迎,也越来越受到德国广告主的重视。当然,抖音在德国的成功,还归功于其收购了当地已经具有一定数量用户的短视频社交平台"妈妈咪呀"(Musical.ly),使得其在推广初期具有稳定的当地用户群。

不止抖音,华为在推广手机和平板电脑时,也借助脸书等社交平台与用户之间形成互动,并策划了一系列吸引用户的活动,提升了华为品牌的知名度和亲和力,为后续推广奠定了基础。总体而言,数字营销为中国企业"走出去"提供了有力的营销推广平台。

三、中国企业在德国形象传播的挑战

在德国,中国企业已成为形塑中国国家形象的主体,在扩大国家影响力的同时,也承担着联结中外的重要职责。但由于西方社会对中国长期以来缺乏信任,以及诸如文化差异等因素,使得中国企业在德国的发展过程中面临诸多挑战。

---

① https://wiki.mbalib.com/wiki/%E6%95%B0%E5%AD%97%E8%90%A5%E9%94%80.
② 数据来源:《2019 中国数字营销趋势》,http://www.admaster.com.cn/?c=downloads&a=view&id=147.
③ 数据来源:ARD/ZDF Onlinestudie,http://www.ard-zdf-onlinestudie.de/onlinenutzung/nutzungsdauer/taegliche-nutzung/.
④ 德文报道来源:https://www.handelsblatt.com/unternehmen/it-medien/tiktok-wie-eine-chinesische-app-deutsche-jugendliche-und-werber-begeistert/24035480.html?ticket=ST-1405843-BGOEqWkeqgcj2leBBGu9-ap6.

（一）消极舆论环境下国际社会对中国企业的刻板印象仍客观存在

德国媒体对中国官方信息往往持有不信任的态度,如在涉及"一带一路"倡议的相关报道中消极用词较多,缺乏基于事实的客观报道。《德国商报》自 2000 年 6 月起涉及华为的 1 145 篇报道或评论,多数提到了华为的飞速发展,与此同时也流露出了"中国威胁论"的观点。[①] 华为曾发布报告称:"尽管中德关系已达到一个新水平,但德国人对中国的看法仍受到陈词滥调或偏见的影响。"

对于一个国家而言,国际社会对其认知往往会贴上"标签",如若这一"标签"是褒义,则反映了这一国家在国际场域中形象传播的有效性,如德国的"严谨"、意大利的"时尚"、美国的"先进"与日本的"整洁"等。但如若一个国家被贴上了贬义的"标签",这无疑是国家形象传播的巨大阻碍。华为曾发布调查报告,数据显示,40%的德国人对中国持中立态度,较差、较好、很差、很好这 4 个维度的比例分别是 31%、21%、4% 与 3%,中国形象在德国的传播情况不容乐观。[②] 此外,该报告显示,在中德两国技术合作中,认为中方获益大于德国的占比为 42%,认为两国共同受益但部分合作中中国收益较多的占比仅为 21%,但认为中国有能力生产高科技产品的占比为 82%。[③]

所以,我们不能忽视在国际传播场域中中国企业刻板影响的客观存在,但同时也要看到中国企业国际声誉虽然受到国际舆论"妖魔化宣传"的消极影响,可仍在不断克服发展中面临的困难,通过产品的创新研发、质量把控与品牌建设,在消费者中建立了一定的良好形象。

（二）对中国产品质量的刻板印象仍然影响中国企业形象

中国企业提升形象的根本在于提升产品质量。产品的质量和创新性是中国企业进行对外宣传的基础,在竞争激烈的全球市场中,拥有良好产品、创新性强的企业更容易开拓新市场,实现更持续、更长远的发展。近年来,中国企业不断意识到提升产品质量及开拓创新的重要性,尤其是基建、交通运输、金融等行业领域,中国企业"走出去"正在发生从产品输出到品牌输出、从中国

---

① 德文报道来源于:https://www.handelsblatt.com/meinung/kommentare/kommentar-im-handelsstreit-sind-zukunftstechnologien-die-entscheidende-waffe/24345372.html.
② 数据来源:https://www.fmprc.gov.cn/ce/cede/chn/dgrkzg/t1132817.htm.
③ 数据来源:https://www.fmprc.gov.cn/ce/cede/chn/dgrkzg/t1132817.htm.

制造到中国创造、从中低端到高端的多维转变。

曾有咨询公司针对中国品牌在德国的形象认知进行调查,数据表明,中国品牌尚未让德国消费者信服,产品被普遍认为不具有持久性,只有约12%的受访者认为中国品牌的产品质量很好,[①]因而对产品质量的认知成为影响中国品牌总体认知的负面因素。德国消费者认为,产品质量所涉及的问题,往往不是技术性问题,而是责任心问题。所以,把产品质量作为产业形象的出发点,增强中国企业形象品牌的管理,有助于提升中国企业在德国消费者心目中较弱的品牌形象。

(三)产品创新性不足仍然是中国企业形象在德国传播的重要阻碍

在创新方面,中国的国际舆论形象长期以来处于较负面的状态。中国在维护知识产权上的意识有待提高。改革开放以来,"发展致富"成为中国企业的第一要务,然而与之相比,公众的法律意识较为淡薄,针对知识产权的保护未引起充分重视,侵权现象时有发生。在华为调查报告结果中,持中国企业有能力生产高科技产品观点的德国受访者占比很高,但认为中国企业目前主要生产批量性产品的观点仍然占比高达86%。这说明,虽然中国企业被普遍认为有能力完成创新型产品的设计与生产,但现实情况是,中国企业仍把批量性产品生产作为其开拓海外市场的主要模式。在欧美发达国家,中国企业在低端消费品如服饰、玩具等小商品领域占据一定优势,但在电子产品等高科技领域仍缺乏充分的竞争力。

四、中国企业在德国的形象传播策略与途径

(一)重视战略传播的多元化,在注重经济合作的同时兼顾中国文化等软实力的输出

没有良好的企业形象,企业根本无法在当地持续立足,不能赢得公众发自内心的认可。为提高中国企业在德国的形象,要及时关注舆情变化,积极地通过参与国际事务来发声,以提高中国企业的话语权与知名度,从而为中国企业

---

① 数据来源:https://www.docin.com/p-2105558011.html。

在海外提供有利的舆论环境,促进中国企业在海外的健康发展与有效合作。

对于海外形象传播,能够适应当地文化与市场需求,有针对性的营销方式是必不可缺的。数字营销模式的兴起,对于中国企业的形象传播既是机遇,也是挑战。如何在竞争激烈、信息更迭飞速的当下稳定发展,不但考验中国企业的自身实力,更考验在选择战略传播路径时的变通能力。充分结合当地特点,采用针对性的营销模式,更能提高中国企业的声誉,从而扩大企业在当地的影响。

(二)强化责任意识,注重质量提升,加快创新步伐,明确中德合作的角色关系,建立双边发展信任

在产品质量方面,中国企业需加强自身产品的生产水平,在现有技术基础上不断探求创新,从而用优质产品打动德国消费者。尤其是在面对德国本土类似行业的竞争时,中国企业更要注重产品的质量与创新,充分结合自身特色,推进中国企业的形象建设。在履行当地社会责任方面,中国企业要明确文化观念等方面的差异,并充分结合当地特点,避免落下作秀的疑虑。

中国企业遍布海外,经营范围与形式也各式各样,在国际舞台上越来越引人关注。德国学者 Ulrike Reisach 认为,中国公司既是伙伴又是竞争对手,至少应该既要把它们当成投资者和竞争者,又要当成客户和供应商而认真对待。[①] 建立双边发展信任,就要从企业形象建设开始做好,在发展中懂得因地制宜,经营业务时灵活变通。为改善国际舆论对中国知识产权问题的成见,中国企业作为创新的重要"阵地",更要严于律己,在充分了解并遵守当地法律法规的前提下,不断推进创新性的发展。

(三)加强与当地媒体的合作沟通,通过当地媒体,让民众对中国品牌产生好感,以促进企业乃至国家形象传播的良性互动

随着改革开放的不断深入,中国对外传播资源不断增多,和外方的合作交流也得到加强。目前,借助国外主流媒体加强对外传播,是中国企业提升海外形象的有利途径。当前,中国对外传播能力明显增强,但中国媒体在他国的落

---

① Im Gespräch mit Dr.Ulrike Reisach, Hochschule Neu-Ulm: Chinesische Wirtschaftspolitik und Internationalisierung der chinesischen Wirtschaft, Deloitte.2009.

地率、受众影响力仍然有待提高,外国公众也主要通过本国媒体了解和认识中国。长期以来,在国家形象传播方面中国主要依靠官方媒体,在利用当地媒体进行宣传方面仍有较大开拓空间。同时,社交媒体也为中国品牌近距离接触当地公众提供了最直接和最有效的平台。

当前,越来越多的中国企业在开拓德国市场的同时注重在德国的企业形象建设与传播,而企业形象是国家形象的重要组成部分,所以在发展中谋求企业形象的提升已成为在德国构建良好的中国国家形象的必要途径。数字营销等新兴手段的兴起,为中国企业更好地"走出去"提供了一个重要而有效的渠道。同时,我们应该意识到,中国企业在德国形象传播方面仍存在较多挑战。为了更好地打造"中国名片",企业应该重视传播战略的多元化,注重经济合作的同时兼顾中国文化等软实力的输出,并不断强化中国企业的责任意识,注重产品质量提升,加快创新步伐,在中德合作与发展中建立稳固的信任关系,并在消费者心中建立起良好的企业形象。

参考文献

Bilkey, W.J., & Nes, E.Country-of-origin effects on product evaluations.*Journal of international business studies*, 1982, 13(1):89-100.

Crawford, J.C., & Garland, B.C.East-West trading relationships:The importance of political freedom.*Journal of Global Marketing*, 1988, 1(1-2):105-112.

范红.国家形象的多维塑造与传播策略.清华大学学报:哲学社会科学版,2013,28(2):141-152,161.

Han, C.M.Country image:halo or summary construct?*Journal of marketing research*, 1989, 26(2):222-229.

Laroche, M., Papadopoulos, N., Heslop, L.A.& Mourali, M."The influence of country image structure on consumer evaluations of foreign products", *International Marketing Review*, 2005, 22(1):96-115.

刘建丽,刘瑞明.来源国形象、消费者偏见与中国品牌跨国营销——中国电子产品在美国的品牌来源国效应检验.经济管理,2020,42(3):133-150.

胡钰.央企形象与国家形象.中国软科学,2016(8).

张昆.改革创新国家形象的传播方式.人民日报,2016-06-19.

国家品牌建构中的智库角色[①]

朱旭峰[②]

纵观当今世界各国现代化发展历程,智库在国家治理中发挥着越来越重要的作用,逐渐成为国家治理体系中不可或缺的组成部分,国家品牌的构建也日益成为对外传播国家之治的重要抓手。

长期以来,西方国家主导的国际话语体系,通过其学术群体、智库和媒体,炮制"中国威胁论""新殖民主义"等针对性话语,采用"污名化"策略图谋遏制中国的和平崛起。在此背景下,智库作为衔接学术界、政界、商界和媒体之间的桥梁,拥有相应途径和责任,充分发挥、维护好国家形象与话语权的积极作用。

一、国家品牌构建的三大矛盾

智库除了务实推动国内外政策议程,还应务虚参与国家品牌构建。品牌的概念来源于商业活动,它意味着与特定企业或者其产品相联系的、存在于公众认知中的声誉(reputation)。近年来,越来越多的研究和实践开始将品牌的概念引入非商业领域,探讨公共部门、政府乃至国家的品牌塑造问题。从国家层次出发,国家品牌不仅意味着国家要将国际社会中其他国家包括政府、学术界、智库、媒体和民众在内的广泛对象作为受众;同时也需要考虑如何维持国内品牌认知与国际品牌认知一致性的问题。这意味着,在国家品牌构建中,对

---

① 本文主要内容已发表在《对外传播》2020年第2期。本文系中信改革发展研究基金会"中美结构性矛盾与中国话语体系的'内功与外功'研究"(项目编号:A191001)阶段性成果。
② 朱旭峰:清华大学公共管理学院教授、副院长。

外构建和对内构建是一体两翼、息息相关的。

广义而言,任何组织品牌意味着一系列复杂认知(包括机构名称、标志等多种具象化内容),这种认知往往可以强化机构的主要特征,特别是其与其他同级组织机构的差异。组织品牌的构建不仅与组织品牌构建行为有关(政府主动进行品牌信息的生产和传播),也与社会对组织品牌的自主感知有关(公众与政府的直接接触经验与政策对于个体的效用)。这就意味着,组织不仅要会建构对自己有利的品牌(能说会道),同时这种品牌建构还必须与组织相关的所有行为一致(言行一致)。组织品牌构建的行为不能是零散的、偶然的、封闭的,而必须是持续的、一致的、公众广泛参与的。

也正是基于这一点,国家品牌在实际构建中反复面临不同矛盾,其主要有以下三点:一是建构行为短期性和品牌感知长期性的矛盾。在对外品牌构建中,这一矛盾表现为国家话语的具体化、片段化,缺乏在底层价值和元理论支持下的稳定观点输出;在对内品牌构建中,这一矛盾则表现为由政府任期轮换所导致的政策导向和内容的不断变化。二是品牌构建由政府主导和品牌感知由社会产生的矛盾。在对外品牌构建中,这一矛盾表现为国际民众对于政府官方话语的天然警惕和不信任;在对内品牌构建中,这一矛盾表现为国内民众对于政策语言的难以理解。三是政府品牌的宣传效果与民众品牌实际感知的矛盾。在对外品牌构建中,这一矛盾表现为国家的言行不一致,例如,美国声称尊重其他国家主权,却频频干涉他国内政等;在对内品牌构建中,这一矛盾则表现为政府政策宣传和政策执行效果的偏差。

二、国家品牌构建中智库的对外角色

为解决上述三大矛盾,智库需要充分发挥自身职能优势。"对外角色"是指智库可以"走出去",发挥向国际主流学术界和外国政策界输出本国国家品牌和形象的职能。在品牌构建时,智库对外可以承担理论孵化器、方案倡议者和外交探路石的角色。

(1)智库作为形成特色理论的孵化器。长期以来,西方针对中国进行的"污名化",常常是以西方主流政治学、国际关系学等相关学科基础理论作为包装,为其论断的科学性和无偏性背书。但是,西方主流学术理论往往是局限于西方国家实践而产生的理论抽象,并不适合解释中国。智库作为政治与科学的桥梁,应当积极发挥自身在知识加工以及生产上的资源优势,孵化形成具有足够深度的理论体系,完整阐述中国的制度优势,搭建与他国理性对话的底层基础。

(2)智库作为全球治理方案的贡献者。西方国家的智库在国际活动中大多表现出极大的积极性,这在客观上帮助西方国家抢占了国际舞台中的话语空间。智库作为专业化政策研究机构,应有意识地培养拥有国际视野、比肩国际水平的研究队伍,并通过参与国际组织和区域组织的各项会议活动,积极发表所在机构的研究成果和政策洞见,参与到国际专业领域制度、规则、标准、倡议等的讨论和制定中去。智库本身国际影响力的扩大,会对国家品牌正向认知的扩散起到直接促进作用。相对于官方政府的言语宣称,专业机构的客观实力往往更能达到"事实胜于雄辩"的效果。

(3)智库作为开展公共外交的探路石。在国家间面对敏感议题或时期时,智库往往会成为承接国家间互访和沟通活动的非官方探路石。这种"第二轨道"的外交身份,无疑为智库发挥国家品牌推广作用提供了独特而有效的途径。通过非官方外交渠道的培育和维护,智库往往能够成为国家间持续深化了解的重要抓手,并且把基于国家政府的政治精英联系扩散到包含学术界、媒体界、产业界,甚至普通民众的广大范围。但与此同时,智库需要审慎对待其所表述出的国家态度和情报内容,避免由于言论的不当表述和外泄而造成国际社会负面影响。

三、国家品牌构建中智库的对内角色

"对内角色"是指智库在国内发挥影响学术界和政府决策者与社会舆论、主动帮助全社会构建国家品牌和形象的职能。在品牌构建时,智库对国家承担谏言者、参与者和监督者的角色。

(1)智库作为增进品牌意识的谏言者。政府对于国家品牌构建及其自身作用缺乏理性认识,由此智库可以充分发挥自身在资政谏言方面的作用,通过撰写内参、座谈会议等方式启迪政策制定者对品牌构建的重视,让国家品牌构建逐步内化到政府治理的制度化框架,不仅在政策制定者中形成品牌建设共识,而且将品牌目标纳入政府的政策议程,明确品牌构建的部门职责,并最终建立政府与社会协同的品牌构建机制。

（2）智库作为建构国家品牌的参与者。政府品牌是国家形象的重要体现。由于国家品牌认知不仅仅与政府行为相关，同时也与社会感知密切联系，而智库作为介于学术界、政界、商界和传媒界之间的混合型组织，恰恰可以发挥优势，在政府品牌的社会协同生产上发挥自身作用。智库通过调查研究和媒体传播等形式完成政策制定和社会需求间的有效沟通，丰富社会对政府的品牌认知，从而也增强国内民众对国家品牌认知的一致性。

（3）智库作为品牌竞争的监督者。地方政府竞争在一定程度上也可以体现为政府品牌的竞争。不管是在吸引经济生产要素层面，还是在争取政策优先试点层面，拥有广泛的正向品牌认知往往会帮助地方政府获得更多的关注。因此，品牌认知的真实程度非常重要。通过提供相对客观真实的政府品牌认知评价和排名，智库不仅可以引导政府形成对于品牌构建的良性认知，还能够成为政府品牌的监督者，为市场要素流动和政府的政策落地提供有价值的参考和咨询。

四、结语

党的十九届四中全会召开于当今世界面临"百年未有之大变局"的国际背景之下，展示出在世界多事之秋中"中国之治"的定力、魄力与魅力。全会审议通过的《中共中央关于坚持和完善中国特色社会主义制度、推进国家治理体系和治理能力现代化若干重大问题的决定》，是对全球化、信息化时代错综复杂的"国家治理""社会治理"等重要全球性议题作出的重要回应，也为中国国家品牌的建构提供了重要内容和全新思路。

习近平总书记强调，智力资源是一个国家、一个民族最宝贵的资源。进行治国理政，必须善于集中各方面智慧、凝聚最广泛力量。新时代的智库，应当立足自身职责优势，在推进国家治理体系和治理能力现代化过程中，深入研究中国特色社会主义制度和国家治理经验背后深层次的形成原因及内涵；在国家品牌建构与对外传播中积极探索，奋发作为，搭建国际化高端平台和国际化研究网络，拓宽传播渠道积极发声，积极向全球传播中国共商、共建、共享的全球治理观，以及新时代"中国之治"的中国经验与中国智慧，充分展现新时代的中国特色、中国风格、中国气派。

（清华大学博士生孔媛对此文亦有贡献）

粤港澳大湾区旅游品牌共建要素谱系及协同发展路径研究[①]

梁江川[②] 刘少和[③]

【摘要】 区域品牌是多种联想要素集成优化的符号系统。粤港澳大湾区的地理概念经历了小、中、大湾区的历史演进,三地旅游联合营销也经历了一个从战略构想到实质运作、从市场驱动到制度驱动、从模式固化到融合创新的发展过程。区域品牌化是一个不断建构和提升的非线性过程,品牌营销要与本体概念的时空演变俱进。本文基于对大湾区旅游发展相关规划文本的编码和分类,构建了反映从中央到地方政府共识的大湾区旅游品牌开发要素谱系,提出一种不同于传统商品营销范式的"一元、二面、四维"区域旅游品牌共建理论模型,并从要素跨界集聚融合、全方位社会关系维护、长期过程管理三方面,提出粤港澳大湾区旅游品牌共建要素的协同发展路径。

【关键词】 粤港澳大湾区、区域品牌化、旅游品牌共建、品牌要素谱系

一、引言

粤港澳大湾区(以下简称大湾区)建设是新时代国家重大战略,其深远意义不言而喻。旅游业是大湾区的优势特色产业,大湾区要打造世界级旅游目的地,其实就是要形成国际一流的区域旅游品牌。粤港澳大湾区品牌化源

[①] 本文主要内容已发表在华南理工大学学报(社会科学版)2019 年第 21 卷第 5 期,经作者同意,部分内容有所调整。本文系教育部人文社科青年基金项目(编号:20YJC790070)阶段性成果。
[②] 梁江川:广东财经大学岭南旅游研究院、院士专家工作站副研究员。
[③] 刘少和:广东财经大学岭南旅游研究院、院士专家工作站教授。

自国际湾区之间激烈差异化竞争的现实需求。对标纽约湾区、旧金山湾区、东京湾区等世界级湾区，粤港澳大湾区虽然在地理区位、经济体量、人口规模、土地面积等方面较具优势，但在市场互联互通水平、人均发展水平、城市化精细管理、优质人文生活、开放式创新所需要的自由环境等方面尚有差距。品牌化战略作为一种地方治理的手段，将是大湾区发展规划中不可或缺的部分。现行的区域品牌营销实践通常沿用一般的商业范式，认为品牌意识、感知质量和品牌忠诚度是品牌塑造的重要因素。然而，商品品牌与区域品牌在品牌目的、复杂度、属性、所有权、行动方式等方面存在明显的概念差异。鉴于大湾区的独特性和复杂性，将区域进行商品化开发的逻辑不能完全契合大湾区发展的现实。目前，业界关于共建大湾区旅游品牌的研究仍停留在理念构想阶段，针对具体如何界定、创建和维护大湾区旅游品牌的学术研究严重滞后于实践应用需求。关于大湾区旅游品牌建设的论述只是散见于研究该区域的旅游发展战略、旅游合作模式、世界旅游目的地培育、城市间产业协同等论文中，而缺乏专门篇章的论述。大湾区旅游品牌化的战略规划和实践应用亟待学界的理论介入，并通过总结和反思国内外经验，指导下一步大湾区品牌共建的实践。

　　品牌是为消费者创造意义的符号，品牌要素则是品牌能在人们心目中留下印象的标记。符号能指与所指的对应关系受不同时期社会、文化、历史、民族、地域等因素影响而不断演变。区域品牌由代表其内在本质的本体（identity）和代表其外在表现的形（image）这两个相互依存的部分组成。区域品牌共建属于高层次的营销竞争手段，是指在某些领域具有共同或相似价值取向的多个地区或利益相关者，为了联合开拓外部市场而建构该区域与他者差异性的行为。区域品牌化是学界研究的热点话题，不少学者从不同利益相关者共创的公共关系、自下而上的社区参与模式、国家软实力和政治外交等视角，为特定区域实施品牌化战略提供了有益的指导。区域品牌化的关键是确保利益相关者能够参与到品牌共建的过程中，区域品牌化研究须综合考虑不同维度之间相互作用的整合理论和框架。本文聚焦影响大湾区旅游品牌建构的重要元素或环节，对大湾区旅游品牌化问题进行整体思考，为跨行政区域的旅游品牌共建提供了一个系统思维的分析工具。

二、粤港澳大湾区地理概念及旅游联合营销历史演进

（一）粤港澳大湾区的地理概念演进

地理位置是为社会互动提供环境的空间场所，是人们认知一个区域的首要联想因素。"粤港澳大湾区"是近年来在国家政策推动下新兴的热门词。但是，大湾区作为临近珠江出海口各行政辖区范围总和的地理空间概念却是由来已久，不同时代赋予其不同意义。自20世纪80年代以来，该区域先后经历了粤港澳大三角、大珠三角、环珠江口地区、粤港澳大湾区的演进过程。作为一种普通语言符号，"粤港澳大湾区"（Guangdong-HongKong-Macao Greater Bay Area）的能指和所指并不十分清晰。"粤"可以理解为珠三角地区，也可以理解为广东省全境。"湾区"重点在"湾"还是在"区"，仅从字面上难以准确判断。

综合政界、学界观点，粤港澳大湾区先后有"小湾区""中湾区""大湾区"三种说法。1994年，时任香港科技大学校长的吴家玮先生最早提出"湾区"的概念，但所指范围局限在以香港为中心的环珠江口沿岸的区域，主要是香港、深圳、珠海、澳门，又称为"香港湾区"或"深港湾区"。2011年，粤港澳三地政府发布《环珠江口宜居湾区建设重点行动计划》，明确了环珠江口湾区是由邻接珠江出海口水域的区一级行政单位组成，包括广东省的广州、深圳、珠海、东莞、中山5市所辖的17个区和香港、澳门全境。自2015年以来，随着《推动共建丝绸之路经济带和21世纪海上丝绸之路的愿景与行动》《国务院关于深化泛珠三角区域合作的指导意见》等多份国家级文件的出台，建设粤港澳大湾区全面上升到国家战略的高度。2019年，《粤港澳大湾区的发展规划纲要》出台，明确界定了大湾区的空间范围，即包括香港、澳门全境，以及广州、深圳、珠海、佛山、惠州、东莞、中山、江门、肇庆珠三角9市。可见，大湾区的空间范围不断扩大（见图1），陆地范围等同于"大珠三角"的概念，而海域范围拓展至环珠江口、大亚湾和广海湾。

从中英文语义来看，所谓"湾区（bay area）"，是"海湾地区"的缩写。湾区是一个抽象的地理术语，指海陆相连的区域，边界模糊，普通民众很难对此有准确认知。例如，日本东京人身在湾区却对东京湾区的概念很陌生，而"首都圈"的说法更广为人知。在古代，"湾区"曾经是远离中央权力中

 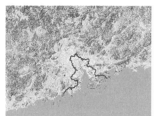 

1994年：小湾区　　　　　2011年：中湾区　　　　　2015年以后：大湾区
包括4个城市　　　　　　包括7个城市　　　　　　包括11个城市
总面积1.4万平方公里　　总面积1.6万平方公里　　总面积5.6万平方公里

图1　粤港澳大湾区的地理概念演进示意
（图片来源：谷歌地图。比例尺：1∶10 000。图例：红线表示湾区范围）

心的偏海一隅的意指，但在当今社会，湾区因为濒临海洋反而成为区域发展的中心、居住就业旅游的最佳空间载体。粤港澳大湾区是大珠三角及粤港澳区域合作概念的升级版，相比之前常用的"地区"概念，"湾区"一词在新时代语境下的意义重点在于"湾"，而不是"区"。湾区空间概念的演变，反映了湾区中心从港澳逐渐向珠三角腹地转移的趋势，反映了从内陆转向海洋的国家战略，反映了粤港澳从区域合作概念转向融入国家发展大局的战略考量。

（二）粤港澳大湾区旅游联合营销历史演进[①]

1. 第一阶段（1979—1989年）：资本与市场驱动阶段

20世纪80年代，入境旅游业百废待兴，接待入境游客的当务之急是解决食宿难的问题。三地旅游合作集中在吸引港澳投资，到广东建设宾馆酒店、度假村、主题乐园等项目，并引进国外先进的经营管理经验方面。当时，涌现了一批诸如广州白天鹅宾馆、花园酒店、中国大酒店、深圳竹园宾馆、珠海宾馆、中山温泉宾馆、长江乐园、广州东方乐园等粤港澳合资兴建的旅游项目，其中，不少项目至今仍是粤港澳地区旅游业界的标杆。当时广东旅游界在开拓海外市场时，意识到香港地区作为内地与海外市场之间的"超级联系人"作用，开始探索利用香港拓展海外旅游业务。例如，1986年广东省旅游局批准粤海集

---

① 本节大部分史料根据历年[中国旅游年鉴《广东旅游年鉴〈广东省志（1979—2000）17：旅游卷〉》]整理而成。

团公司在香港合资注册设立粤海国际旅行社有限公司。这一时期,粤港澳旅游营销合作以民间的、自发的、市场调节的交流往来为特征。内地缺资本、缺技术、缺客源,于是广东快速与港澳对接,并成功实现资源引流。1988年,广东省旅游局举行粤港澳大三角旅游研讨会,提出共建"粤港澳大三角旅游区"的战略构想,为下一阶段联合营销的制度设计奠定了理论基础。

2. 第二阶段(1990—2016年):制度与政府驱动阶段

1989年之后,国内旅游业滑坡,三地加强旅游营销合作的意识更加强烈。广东旅游业界开始谋划将到访港澳的外国游客部分分流到内地。广东省旅游界频繁地以"粤港澳旅游界联欢洽谈会"之名举行联谊活动,逐渐把三地策划联合营销的氛围推向高潮。1993年,由广东省旅游局、香港旅游发展局、澳门旅游局组成的珠江三角洲旅游推广机构成立,标志着粤港澳旅游联合营销的动力机制,从企业经营为主的市场要素驱动模式,转向依靠正式制度和官方机构的驱动模式,相关营销协作工作也进入实质性阶段。旅游推广机构的主要任务是宣传粤港澳作为一个旅游目的地的整体形象。品牌名称确定为"珠江三角洲旅游区",宣传对象是欧洲、北美及亚太地区入境游客,品牌形象为"一江珠水,三颗明珠"。香港、澳门回归以后,粤港澳旅游推广机构逐渐取代了原先的珠江三角洲旅游推广机构。联合推广机构主席由三方轮值,香港旅游发展局是主要牵头人,负责三方注资账户管理。粤港澳旅游推广机构设有统一的宣传logo(见图2)。三地面向海外市场的联合促销主要有以下四种形式:(1)产品开发:设计"一程多站"旅游精品线路,评选游学旅游示范基地;(2)关系维护:参加国际旅游展会,组织境外业界和媒体采风踩线;(3)渠道

图2 粤港澳旅游推广机构标志

传播：广告投放、赴客源国开展专题推介会、现场路演、网站开发；（4）内容生产：发布和更新旅游资讯、制作宣传促销品、拍摄电视节目和宣传片。

3. 第三阶段（2017年至今）：融合与创新驱动阶段

粤港澳旅游推广机构制度实行20多年以来，营销模式相对固化，由于旅游部门的职能所限，可供联合开展的推广活动非常有限，虽然该机构一直尝试提升合作层次，拓宽合作领域，但未能有所突破。三地旅游联合营销具有较强的政策依赖性，以服务国家和地方重大政策、维护区域合作伙伴关系为主要目的，实际的宣传成效值得商榷。近年来，三地更加重视内容生产。例如，官方指定版"一程多站"精品旅游线路从2013年的4条增加至2018年的10条；2018年，为顺应旅游消费潮流，三地联合制作了美食节目。粤港澳大湾区概念的提出，为三地旅游联合营销注入了新的活力。2017年12月，综合性旅游合作创新团体"粤港澳大湾区城市旅游联合会"成立，标志着粤港澳旅游联合营销，从三地旅游主管部门之间的协同延伸至11个城市之间的协同，也意味着三地旅游联合营销，从整体区域形象宣传转向城市品牌族群的构建与传播。2018年国务院机构改革，各级旅游主管部门与文化、广电、体育等相关部门合并，多种行政职能的深度融合将拓宽传统旅游行业边界，势必促进大湾区旅游联合营销向纵深拓展。今后，粤港澳旅游联合营销将以融合创新为驱动，以打造国际一流湾区和世界级城市群为目标，在品牌化理念、主体、机制、手段等方面开创新的格局。

三、粤港澳大湾区旅游品牌构成要素分析

（一）资料来源与分析方法

大湾区建设作为国家战略，对其进行品牌化是一个具有高度选择性的政治过程，在愿景和战略层面的共识，无疑是确保区域旅游品牌协同构建的前提和基础。为了提炼中央和地方政府对于大湾区旅游发展规划中具有一致性的共同要素，笔者选取了6个区域的发展规划作为文本分析来源（见表1）。这些规划作为政府谋划区域未来发展愿景和战略的行动纲领，反映了官方致力向社会公众投射的区域形象，对于区域旅游品牌建设和管理具有重要指导意义。

表 1　粤港澳大湾区旅游发展相关规划情况

规　划　名　称	发布时间	印发单位	规划期限
粤港澳大湾区发展规划纲要	2019.02	中共中央、国务院	2019—2035 年
广东省旅游发展规划纲要	2012.07	广东省政府	2011—2020 年
广东省沿海经济带综合发展规划	2017.10	广东省政府	2017—2030 年
珠江三角洲地区旅游一体化规划	2014.11	广东省政府办公厅	2014—2020 年
香港旅游业发展蓝图	2017.10	香港商务及经济发展局旅游事务署	2017—2022 年
澳门旅游业发展总体规划	2017.09	澳门旅游局	2017—2030 年

本文梳理了从中央到地方政府对大湾区旅游发展的愿景规划,对其内容进行编码与逐层分类,采用演绎和归纳的逻辑方法,从中提炼最能体现不同政府之间共识的、具有区域共性和符号意义的品牌要素。品牌要素的选取参考以下标准:(1)凯勒的"品牌要素选择标准"。可记忆性(易于回忆和识别)、有意义性(反映属性或利益)、可爱性(具有内在吸引力)。(2)索绪尔的符号定义,同时具有清晰的能指和所指。(3)Kavaratzis 和 Kalandides 的区域品牌建构四要素(物质、实践、制度、表征)。具体而言,物质是社会关系的物理基底;实践是与物质基底相关的社会互动结构;制度是某种已成惯例的、规范性的管制体系;表征是与物质基底相连的标志、符号和表征的空间系统。

(二)要素分析结果

根据上述分析方法,组建出大湾区旅游品牌要素三级谱系,包括主类、亚类和典型代表(见图 3),但大湾区旅游品牌要素谱系不仅仅限于三级分类,而是一个开放性的动态系统,可以无限衍义。随着游客与目的地之间的互动体验不断深入,与品牌相关的联想要素将不断扩展其广度和深度。例如,"一程多站"精品旅游线路作为大湾区旅游品牌的重要载体之一,借全国高铁网络和邮轮码头等基建的逐步完善,将从湾区内城市之间的线路串联逐步拓展到泛珠三角区域、"一带一路"沿线国家之间的线路产品组合。新的要素被受众感知捕获,通过受众的反思融入品牌本体,内化为品牌的组成部分。每个类别相当于品牌系统在不同层面、不同部位上的构件,这些构件是最能直接触及品牌联想节点,通过相互关联和协调共同为大湾区品牌化发挥各自独特的作用。品牌推广活动应该要有与之相应的、地理边界一致的行政管理主体来负责政

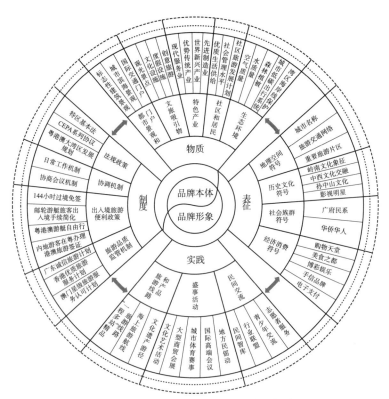

图 3 粤港澳大湾区旅游品牌共建要素谱系

策施行,否则将因缺乏政治权力和财政资金而难以为继。所以,对于跨行政区域的大湾区而言,实施区域品牌化战略,首先要解决的就是缺乏具体管理主体的问题。复杂的区域品牌体系经过如此拆分后,让每个"零件"归属各自的利益相关主体,从而有效解决跨行政区域品牌缺乏明确实施主体的问题。而中央和地方政府高层的主要职能应该更多地转向综合统筹和协调管理。

物质维度包括都市景观和门户、文旅吸引物、特色产业、社区和居民、生态环境等元素。其中,"都市景观"和"门户"由标志性建筑景观(如港珠澳大桥、维多利亚港及海滨长廊、澳门历史城区、广州新中轴线)、城市滨海景观(如滨海景观公路、城市海滨公园)、国际交通门户(如航空机场、高铁站、客运码头、邮轮母港)等典型代表组成;"文旅吸引物"由观光景点(如名胜古迹、主题公园)、文化设施(如博物馆、美术馆、歌剧院、戏曲中心、演艺剧场)、度假设施(如海滨、海岛、温泉、高尔夫、健康医疗、乡村休闲)和创意旅游(如虚拟现实技术应用)等典型代表组成;"特色产业"主要包括现代服务业、优势传统产业、世界新兴产业、先进制造业;"社区和居民"包括优质生活供给(如公园、图书馆、体育场馆、学校、医院等公共服务设施)、社会管理水平(如公共卫生、治安文明)、社区旅游发展计划(如精品民宿、特色商铺);"生态环境"包括空气质量、水质量、森林植被、城市低碳出行系统、湾区海岸线保护等。

实践维度包括旅游线路和产品、盛事活动、民间交流等元素。其中,"旅游线路和产品"包括"一程多站"精品旅游线路、海上旅游航线、文化遗产旅游线路等典型代表;"盛事活动"包括文化艺术活动(如文化艺术节、艺术文博机构交流、博物馆合作策展、非物质文化遗产展演)、大型商贸会展(如广交会、香港书展、香港设计营商周、国际影视展、国际旅游展会)、城市体育赛事(如马拉松、赛车、橄榄球赛、高尔夫球赛、网球赛)、国际高端会议(如青年高峰论坛)、地方民俗活动(如龙舟嘉年华、单车节、舞火龙);"民间交流"包括民间智库(如大湾区研究院)、行业联盟(如旅游联盟、企业家联盟)、青少年交流(如大湾区青年协会)、志愿者服务(如文明旅游志愿者)。

制度维度包括法规政策、协调机制、出入境旅游便利政策、旅游品质监管机制等元素。其中,"法规政策"包括特区基本法、CEPA系列协议等体现"一国两制"的法律文件;"协调机制"包括日常工作机制(如粤港澳旅游推广机构、粤港澳大湾区城市旅游联合会)、协商会议机制(如高层会晤、磋商会议、联席会议、联谊会、研讨会、合作发展论坛);"出入境旅游便利政策"包括144小时过境免签、邮轮游艇旅客出入境手续简化、粤港澳游艇自由行、内地游客在粤办理港澳旅游签证等;"旅游品质监管机制"包括粤港澳三地各自施行的广东旅游诚信体系、香港优质旅游服务计划、澳门星级旅游服务认可计划。

表征维度包括地理空间符号、历史文化符号、社会族群符号、经济消费符号等元素。其中,"地理空间符号"由"点-线-面"三个层面组成,分别包括城市名称、旅游交通网络、重要旅游片区(如广佛肇、珠中江、深莞惠、南番顺、台开恩等);"历史文化符号"主要包括岭南本土文化(如粤绣、粤剧、龙舟、武术、醒狮、早茶)、西方融合文化(如广州沙面、香港茶餐厅)、孙中山文化(如孙中山史迹、思想)、影视明星(如李小龙、成龙、刘德华);"社会族群符号"包括广府民系、华侨华人;"经济消费符号"包括购物天堂(如各类批发市场、百货商城、免税店)、美食之都(如各类特产、美食、美酒)、博彩娱乐、手信品牌(如广州酒家、澳门钜记、香港荣华等老字号名店)、电子支付(如支付宝、微信支付、银联、三地联网公交卡)。

四、粤港澳大湾区旅游品牌共建要素协同发展路径

（一）拓展要素纵深度，促进大湾区旅游品牌要素跨界集聚融合

大湾区旅游品牌可视为由物质、实践、制度、表征多个联想要素互动形成的复杂系统，品牌共建就是统筹协同各要素以实现系统最优化。大湾区旅游品牌首先是粤港澳地区作为一个旅游目的地的整体品牌，既要各个组成要素彰显个性特质，又要整体呈现和谐统一的美感。现代旅游是体验异地生活方式的活动，大湾区旅游品牌建构要依托"一国两制"政体和岭南历史文化基底，充分发挥大湾区作为国际商贸中心的非传统旅游资源优势，围绕文化体验、商贸会展、美食佳肴、健康养生、休闲娱乐等内容，主推体验现代中国南方生活方式的休闲度假旅游产品，突出呈现粤港澳旅游充满活力和现代化的品牌个性，提高游客对大湾区旅游品牌的认同。在这种理念的指引下，大湾区旅游品牌化要跳出仅包括景区、酒店、旅行社的狭义旅游行业限制，打破行政区划和政府部门之间壁垒，以游客的消费偏好和行为规律为导向，加强大湾区品牌内容跨界融合创新，拓宽品牌要素的广度和深度。通过活动冠名、品牌授权、平台共建、内容生产等营销创新方式，将美食、艺术、文化、体育、教育、科技、商贸等旅游相关行业的资源和活动，融入大湾区旅游品牌共建要素之中。

（二）扩大社会参与，加强大湾区旅游品牌的全方位关系管理

品牌是一个实现参与者多方位沟通的开放平台，利益相关者的普遍参与和协同是品牌共建的基础。大湾区旅游品牌化要充分利用上下（权力部门内部施政）、左右（部门行业之间合作）、内外（本体形象之间互化）三股力量，长期维系一种多方参与、互利共荣的生态关系网络。

自上而下的政府主导路径，要求利用垂直行政权力确保从中央到地方各级行政部门之间的通力合作。大湾区是国家品牌形象的重要组成部分，应由中央政府设立大湾区品牌管理机构，统筹谋划战略规划、协调解决重大问题。国家对外营销时要推出大湾区统一的旅游品牌形象，粤港澳三地政府负责协同构建、具体推进大湾区品牌营销行动计划，每个城市及县域旅游联盟将是大湾区旅游品牌建设的有益助推者。大湾区要与旅游、经济、商贸、工业、农业、商业、文化等部门和行业共用统一品牌标识，统一推广，这将有助于大湾区品

牌在多领域的联合发力。

自下而上的社会参与路径,是寻求与各种非官方利益相关者更深层次的协同。(1) 积极引导多方参与大湾区品牌共建共创,让大湾区品牌建设与更多个人、企业、社群的切身利益相关,基于多方通过品牌共建所达成的共识,推动建立品牌战略合作伙伴关系。(2) 作为品牌共建重要手段的文艺活动要改变让观众以静止、被动状态欣赏演出的传统方式,设计一种多方参与互动的交流方式,如艺术集市、街头表演、社区剧场、跳蚤市场等,让民众、游客、企业都是表演者、观赏者和主办者。(3) 以探索集体创作艺术作品的方式,鼓励粤港澳三地艺术家联合创作作品,如壁画涂鸦墙、许愿签名墙等。(4) 支持各类利益相关主体共同参与大湾区旅游品牌建设,政府部门可面向全社会征集和资助品牌创意项目,如举办外国青少年粤剧艺术交流冬令营、大湾区旅游宣传志愿服务行动、大湾区旅游微电影创作评选活动等。(5) 繁荣社区文化产业,支持歌剧团、乐团、公众图书馆、艺术中心、社区公园、活动中心、商业中心、自然生态中心等文化娱乐团体和公共设施下基层、下乡镇,经常性地举办不同风格的文艺活动,为城镇居民、游客提供丰富健康的文化休闲娱乐生活。(6) 实施社区旅游发展计划,支持当地居民在旅游行业就业创业,鼓励当地居民开发面向家庭和青年客户群体的小型精品酒店、手工艺作坊、精品民宿、特色商铺。

平行部门或行业的协同路径,包括政府职能部门之间、企业之间、社团之间的交流合作。尤其对于旅游部门而言,可以整合三地驻外旅游市场推广机构的资源,利用它们在外国当地关系网络及对市场更直接、更新锐的判断,共同推广大湾区旅游品牌形象。"9+2"城市群、县域旅游联盟、泛珠三角城市之间,可以创新开发"一程多站"旅游线路。粤港澳联合营销机构可以将大湾区旅游品牌推广与各类农工商企业年度营销计划相结合,授权指定企业广告使用大湾区旅游品牌标志,或者在机场、高铁站、汽车客运站、客运码头等公共交通枢纽站场,开展大湾区旅游公益广告项目,通过巨幅平面广告、宣传视频、虚拟情景体验等形式,强化大湾区在游客心目中的形象。

从内到外地呈现传播路径,是指从区域内部提炼最能代表地方特质的象征性元素,并给外界留下印象的过程。不仅各类专业营销机构可以施展其品牌推广技巧,根植本地的社团或居民也可以将他们对其内部文化的理解外化、呈现给游客。大湾区虽然是大珠三角的升级版,但时代赋予其新的意义,本体概念发生了改变,那么,相应的形象也要发生改变,过去的"一江珠水,三颗明珠"品牌形象已不适用于大湾区新时代的内涵。大湾区旅游品牌化首先要让人们对"湾区"的空间地理概念有简单、清晰的认知,摒弃复杂的政治战略内涵演绎,从独特的自然山水地脉和岭南历史文脉中化繁为简、去糟取精,提炼大湾区直指人心的标志性符号。其次,大湾区旅游品牌化要通过音乐歌舞、文创设计等审美体验,为游客提供塑造地方认同感的机会。当品牌本体所蕴含的意义通过文艺作品或活动表达出来时,意义将从文化理解的深处带到表层,从而促进品牌本体被广泛认同。

从外到内的镜像反思路径,是通过测量外界对品牌的感知,重新审视品牌化战略和举措是否妥当的过程,类似于"照镜子"以"正衣冠"。区域品牌管理者可以采取游客抽样调查、域外媒体言论分析、舆情大数据分析、面对面深度访谈等技术手段,监控外界对本地的形象认知或满意度评价,据此对品牌愿景和定位进行重新考量与适当更新。"投射形象"是品牌管理者计划在市场上树立的形象,属于内部供给者导向的区域形象;"感知形象"是受众感知的实际景象和意境,属于外部消费者导向的区域形象。大湾区旅游品牌化战略的关键是尽量缩小感知形象与投射形象之间的差异,开发与外界认知相匹配的品牌标识及营销活动组合。

(三)创新推广理念,加强大湾区旅游品牌的长期过程管理

区域旅游品牌化不是一时性的政治宣传活动,也不是一个个吸引眼球的标志图案、宣传口号或形象代言人的短时间密集曝光,而是一个区域的长远发展战略。品牌塑造需要长时间的积累沉淀才能在公众心目中形成稳定的良好认知,否则,所谓的"品牌"充其量是"牌子"而已。区域品牌建构的不是具体物件,而是关系和过程本身。大湾区旅游品牌营销不仅要强调粤港澳地区拥有丰富的旅游吸引物,更重要的是突出大湾区旅游能为游客提供独一无二的个性化和定制化的体验享受,而这种体验存在于游客与大湾区之间的互动关系之中。因此,大湾区可以作为一个开放包容的、充满活力的、能激发人们追求梦想的旅游目的地进行对外推广。大湾区旅游品牌也在与外来游客、社区居民及其他利益相关者互动的过程中,不断地演进和重塑自我。这种基于过程和关系视角的理解,正是目前国内区域品牌化实践所缺乏、需要对其本质和机制进行重新思考的。

五、结论与启示

品牌是多种联想要素优化集成的符号系统。本文通过文献梳理和国情适用将区域品牌共建过程提炼为"一元、二面、四维"理论框架。"一元"指品牌建构的动态过程;"二面"指本体和形象两个相互依存的方面;"四维"指物质、实践、制度、表征四个基本维度。本体和形象之间的相互交融就是品牌形成的过程,本体对应物质和制度,形象对应实践和表征。物质和制度是实践与表征的基础,前者为后者提供源源不断的土壤和灵感,后者通过反思植入前者,引发两者之间新一轮的融合创新。品牌建构过程永无止境,要素无法穷尽,总处在外延拓展的持续变化中。该框架不同于一般产品或企业品牌营销理论,突出了区域品牌化的社会建构主义特征,有助于管理者从系统论、过程论和关系论视角理解区域品牌共建问题。

基于该模型建构的大湾区旅游品牌要素谱系,突破了旅游行业和政府行政部门的传统边界,形成了多要素、多主体、全方位的集聚融合创新格局,由此验证了运用该模型分析跨行政区域的品牌共建问题是行之有效的。管理者可以通过拓展要素纵深度、扩大社会参与、创新推广理念等政策举措,形成营销合力最大化和效果最优化。

参考文献

Yoo, B., DONTHU, N., & LEE, S. An examination of selected marketing mix elements and brand equity. *Journal of the academy of marketing science*, 2000, 28(2):195-211.

Adidam, P.T. Brand identities: a framework for successful branding. *Paradigm*, 2007, 11(2): 46-51.

Pasquinelli, C. The limits of place branding for local development: the case of Tuscany and the Arnovalley brand. *Local Economy*, 2010, 25(7):558-572.

孙丽辉,毕楠,李阳等. 国外区域品牌化理论研究进展探析. 外国经济与管理,2009,31(2):40-49.

刘少和. 粤港澳大珠三角区域旅游发展战略. 珠江经济,2005(Z1):51-55.

秦学. 特殊区域旅游合作与发展的经验与启示——以粤港澳区域为例. 经济地理,2010, 30(4):697-703.

黄晓慧,邹凯敏.粤港澳国际都市圈世界旅游目的地的培育研究——三地旅游合作如何对接"一带一路"战略//广东经济学会.市场经济与创新驱动——2015岭南经济论坛暨广东社会科学学术年会分会场文集.广州:中国数字化出版社,2015:7.

陈燕,林仲豪.粤港澳大湾区城市间产业协同的灰色关联分析与协调机制创新.广东财经大学学报,2018,33(4):89-97.

汪海波.品牌符号学.长春:东北师范大学出版社,2018.

阿克.创建强势品牌.李兆丰译.北京:机械工业出版社,2012:60,64.

凯勒.战略品牌管理4版.吴水龙,何云译.北京:中国人民大学出版社,2014:113.

Kladou,S.,Kava,R.M.Rigopouloui et al.The role of brand elements in destination branding.*Journal of Destination Marketing and Management*,2017,6(4):426-435.

隋岩.符号中国.北京:中国人民大学出版社,2014:12.

Kava,R.M.& Hatchm,J.The dynamics of place brands:anidentity-based.approach to place branding theory.*Marketing Theory*,2013,13(1):69-86.

Thelande,R.A.,Sawe,F.The challenge of internals take holder support forco-creational branding strategy.*Public Relations Inquiry*,2015,4(3):323-341.

Hudson,S.,Denasd,R,Memg,F,et al.Building a place brand from the bottom up:a case study from the United States.*Journal of Vacation Marketing*,2017,23(4):365-377.

HAMPV.Place branding:the state of theart.*The annals of the American.academy of political and social science*,2008,616(1):126-149.

刘文超,孙丽辉,辛欣.区域品牌化理论研究:国外文献述评.税务与经济,2018(5):54-62.

吴家玮.以深港为核心的珠江口湾区——"2014深圳国际化城市建设研讨会"嘉宾主题演讲报告//汤丽霞.建设国际化湾区名城深圳国际化城市建设比较研究报告Ⅱ.北京:中国发展出版社,2015:169-176.

秦学.论区域旅游合作模式的变化及其创新发展——以"泛珠三角"和"大珠三角"为例.云南民族大学学报:哲学社会科学版,2006(1):98-102.

索绪尔.普通语言学教程.刘丽译.北京:中国社会科学出版社,2009:43.

Kava,R.M.&Kalandidesa.Rethinking the place brand:the interactive.formation of place brand sand the role of participatory place branding.*Environment and Planning A:Economy and Space*,2015,47(6):1368-1382.

城市文化品牌设计中非遗的价值认知与重构[①]

孟磊[②]

【摘要】城市形象塑造需要文化品牌,城市文化品牌建构首先需要挖掘并明确自身的独特竞争力。非物质文化遗产体现出的特定民族、群体或地域的历史、文化传统、生活方式和美学的独特性,对于设计城市文化品牌、塑造城市形象有着不可替代的作用。但当前在以非遗资源建构城市文化品牌的领域里,存在着价值认知与意义诠释维度单一的现象。为了更好地借由非遗保护工作提升城市形象与建构城市文化品牌,本文从设计学领域之意义驱动创新的视角提出,通过转变非遗认知语境、拓宽价值认知维度、优化非遗传播空间载体的社会角色、重新定义传播对象的角色与行为,来认知与重构非遗的当代价值,并从当地环境、文化语境、公共空间、体验互动等视角重构非遗传播与城市文化品牌设计的关系;从非遗资源的历时性和即时性两个方面探寻获得城市话语权的路径,以此激活城市活力,打造城市品牌,重塑并完善城市形象。

【关键词】城市形象、城市品牌设计、非物质文化遗产、文化传播、意义驱动创新

[①] 本文主要内容已发表在《江南大学学报人文社会科学版》2020年第3期。本文系2019年江苏省文化研究课题"文旅融合下非物质文化遗产馆提升运营效能的策略研究"(项目编号:19YB48);2015年教育部人文社科青年基金课题"技艺类非遗主题展馆的设计理念与运营模式研究"(项目编号:15YJCZH115);2020年江南文化和大运河文化带建设研究重点课题:"非遗视角下的江南文化研究"(项目编号:JUSRP12089)阶段性成果。

[②] 孟磊:江南大学设计学院副教授、硕士生导师、设计学博士生。

一、城市认知与文化品牌

在 1960 年,美国城市理论家凯文·林奇(Kevin Lynch)写了《城市意向》一书。林奇认为:"对于任何一座城市而言,人们体验这座城市的头脑中都存在着相应的一套心理图像。帮助形成这些意象的是路径、边界、区域、节点和地标这五种要素。"[1] 而随着城市化进程加快,城市的识别度开始变得模糊。正如美国学者罗伯特·杰维斯(Robert Jervis)所言:"国家形象在国际关系中是一种关键性资源。"[2] 当代城市在道路、建筑、电力、网络等硬实力打造的同时,更需要着力于文化交流、城市形象、文化影响力等软实力的塑造。软实力的竞争是全球化时代地域之间博弈的新空间。在此背景下,如何让人们认知一座城市并形成良好的城市印象,就需要在城市化进程中有意识地设计城市文化品牌。

有意识地设计一座城市的文化品牌,首先,需要城市回答"我是谁";其次,还要明确"我在哪儿"的问题。

(一)通过文化自觉客观认知城市自身

要回答"我是谁"的问题,本文借用中国著名社会学家费孝通先生提出的"文化自觉"概念。"文化自觉"是指生活在一定文化历史圈子的人对其文化有自知之明,并对其发展历程和未来有充分的认识。换言之,是文化的自我觉醒、自我反省、自我创建。费孝通先生曾说:"只有在认识自己的文化,理解并接触到多种文化的基础上,才有条件在这个正在形成多元文化的世界里确立自己的位置,然后经过自主的适应,和其他文化一起取长补短,共同建立一个有共同认同的基本秩序和一套多种文化都能和平共处、各抒所长、联手发展的共处原则。"[3] 依照"文化自觉"的观点,在设计城市文化品牌的过程中,需要认识和理解一座城市自己的文化,在当代语境中去尊重自己的文化,从而真正认知自己城市的文化,知道"我是谁",在对比中正确看待并寻找城市文化的长处,构建文化自信。

---

[1] [美]凯文·林奇. 城市意向. 方益萍,何晓军译. 北京:华夏出版社,2017:20-22.
[2] JERVIS R. The Logic of Images in International Relation. Princeton: Princeton University Press,1970: 6.
[3] 费孝通. 文化与文化自觉. 北京:群言出版社,2016:195.

（二）凭借时空语境转换和"在地"观念明确感知场域与社交语境

时空语境涉及即时性与历时性两个维度，不仅仅是空间定位，更包括时间感知。中国非遗的文化生态环境与农业社会密切相关。信息时代下，"在地"概念是一个思维理念与时代意识。它强调设计对象不仅要与所在地的空间产生联系，更要与当地人文历史的情感产生紧密关系。但以传统的农业社会思维来诠释地方历史文化资源，已不能适应当下"在地"与"在线"的思维理念。因此，非遗在城市文化品牌塑造中不仅要有意识地延续传统，还需要挖掘传统中的价值意蕴。这就需要凭借时空语境的转化与"在地"思维理念来解决"我在哪儿"的问题。时空转换和"在地"观念强调设计对象要与所在场地建立一定的关系，明确场域和语境。依照这一思维，当下的城市不再是以前的城市模式，已经从居住、生活、娱乐转为资本无处不在的沉浸式交互。这种观念认为，城市更重要的是需要满足当代人群对于沉浸式感知与体验的社交需求。这就需要在强调虚拟社交的过程中，更要以当代艺术中的"在地"观念明确城市的场域和社交语境。因此，场域和语境是信息时代对"我在哪儿"的回应。

对于一座城市而言，厘清"我是谁"与"我在哪儿"是塑造城市文化品牌和建构城市形象的前提。非物质文化遗产作为城市的区域性文化资源，可以有效地帮助民众实现文化自觉，以及认知并理解文化建构过程中的"在地"观念与文化归属。

二、非物质文化遗产的价值认知

（一）非遗概念认知

2003 年联合国教科文组织公布了《保护非物质文化遗产公约》，其中对"非物质文化遗产"的界定是：

"非物质文化遗产"指被各群体、团队，有时为个人视为其文化遗产的各种实践、表演、表现形式、知识和技能及其有关的工具、实物、工艺品与文化场所。各个群体和团队随着其所处环境、与自然界的相互关系和历史条件的变化，不断使这种代代相传的非物质文化遗产得到创新，同时使它们自己具有一定认同感和历史感,从而促进了文化多样性和人类的创造力。①

根据以上界定,可以明确:非物质文化遗产作为文化遗产的一部分,对于一个地域中的群体、团队,乃至个人都具有凝聚力与认同感。保护与传承非物质文化遗产,首先需要传承者从主观上能够认知到相应的技艺,通过主体的演化,成为自身技能的一部分,然后才谈得上传承与延续。所以说,非物质文化遗产的保护和传承本身是一个文化自觉的过程。城市文化品牌的建构需要民众的普遍认同,非物质文化遗产的存在有助于形成这种群体性的认同感与凝聚力。因此,塑造城市形象、设计城市文化品牌需要对非遗的价值进行充分认知与重构。

(二)非遗价值认知

1. 在非遗保护工作中认知非遗自身价值

2011年2月25日,十一届全国人民代表大会常务委员会第十九次会议上通过《中华人民共和国非物质文化遗产法》。其第三条规定:"对体现中华民族优秀传统文化,具有历史、文学、艺术、科学价值的非物质文化遗产采取传承、传播等措施予以保护。"② 由此可见,非遗认定的价值标准是历史价值、文学价值、艺术价值、科学价值。以上四个维度的价值是从非遗项目本身的保护工作视角提出的,某种程度上也是遴选非遗项目的判断依据。非遗项目的历史、文学、艺术、科学价值为设计城市文化品牌提供了依据与素材。例如,苏州市的江南文化品牌塑造中,除了江南园林,还有"昆曲""宋锦""苏扇""苏作家具"等,以及在此之上的文人视角诠释。这就是将非遗项目自身的价值直接移植到城市文化品牌与城市气质中。

2. 在城市化进程中塑造乡情的社会价值

中国目前将传统文化定位为推动民族复兴的独特"战略资源"。这一战略定位,需要文化遗产在功能重构与价值实现过程中走出相对封闭的文化圈,

---

① UNESCO. Text of the Convention for the Safeguarding of the Intangible Cultural Heritage, https://ich.unesco.org/en/convention, 2003-20-17.
② 中华人民共和国非物质文化遗产法, http://www.npc.gov.cn/npc/c12488/201102/ec8c85a83d9e45a18bcea0ea7d81f0ce.shtml, 2011-02-25.

走向社会与大众,借助多样的平台、渠道和方式来满足人们对于美好生活的需要。

在新型城镇化建设中,要想让城市民众记得住乡情,就需首先在真实的生活中将传统记忆转化为富有生机的需求,以此来建构乡情。以日本的歌舞伎形式为例:一个地域通过歌舞伎,能够将本来分散的人联系在一起,并在学习、排练、演出等过程中发生持续的关联。这使参与其中的民众能够切身体会到自己是生活在这个群体中,是生活在这片土地上的主人,这是乡土意识的朴素体现。在接触、交流、合作的过程中,人们之间的空间距离和心理距离都被拉近,情感联系得到增强。这种来自诸多个体的感激、热爱、依恋等感情,正是乡土之情的具体体现。完全抽象的乡土之情是不存在的,它必须存在于人们对某地的热爱之中。非遗是重新建立地缘交流的一个纽带,是人们共同的情感记忆。它也是培养乡土感情的一种重要途径。这类借助非遗建构乡情的方式,是将历史中具有地域记忆与符号的资源"拉进"现代语境的框架中,通过记忆重构共同体来促进文化认同。助力文化认同是城市化进程中非遗价值挖掘的核心,也是设计城市文化品牌与塑造城市形象的路径之一。

3. 在文旅融合下挖掘非遗的旅游与休闲价值

M. 霍夫说:"寻求特色与不同之处是旅游的全部意义。"[1] 在现今全球化背景下,非遗作为各地的"独特卖点",被地方政府在追求经济价值的思维导向下,市场化为旅游目标。2018 年 3 月 13 日,国务院机构改革方案提请十三届全国人大一次会议审议通过了文化部与国家旅游局合并。文化和旅游部的成立,说明文旅融合观念和文旅运营思维已成为国家层面的战略思维,从权力重构的高度为文旅产业优化发展提供保障。文旅融合旨在"为增强和彰显文化自信,统筹文化事业、文化产业发展和旅游资源开发,提高国家文化软实力和中华文化影响力,推动文化事业、文化产业和旅游业融合发展"。[2] 城市需要借助于旅游来彰显文化软实力。在具体做法上,中国借鉴了欧洲的先进经验。例如,参照"欧洲文化遗产日"的模式,设立了中国的"文化和自然遗产日"。"欧洲文化遗产日"是由法国文化部发起并于 1984 年创立,之

---

[1] 沃森·本特利. 设计与场所认同. 魏羽力, 杨志译. 北京:中国建筑工业出版社, 2010:2.
[2] 王勇. 国务院机构改革方案"文化和旅游部", http://www.bjnews.com.cn/news/2018/03/13/478825.html, 2018-03-13.

后逐渐延伸到欧洲其他国家的一个文化活动。每年设立一个全国性的主题，使得遗产的某一独特或新颖的方面得到突出，促使开放一些非常规参观项目并组织精彩活动。在当时的法国人看来，国家不是文化遗产的唯一保护者，中央政府、地方行政机构、社会各界都应该保护和热爱文化遗产。"欧洲文化遗产日"旨在展示欧洲各国的文化、传统建筑与艺术，加深欧洲民众对欧洲文化丰富性和多元性的认识，促进民众之间的相互理解。开展文化遗产日活动可以有效地促进民众对文化的丰富性与多元性的认知，能够促进文化包容及社会开放；借助主题性的文化活动，人们也可以积极地参与到城市文化的建构之中。

4. 在城市文化品牌建构中把握非遗的现代性价值

社会理论家马克斯·韦伯认为，所谓"现代性"即是"合理性"。文化现代性是涉及社会制度、知识理念体系与个体—群体心性结构及其相应的文化制度方面的全方位的秩序重排。城市文化品牌需承载城市过去的繁华记忆，更需要体现未来的勃勃生机。因此，需要从对非遗的工具理性批判视角去重构非遗的现代性价值。文化和旅游部非物质文化遗产司副司长胡雁在2019年10月17日，出席第七届中国成都国际非物质文化遗产节相关活动时介绍：中国设立专门的非遗保护专项资金，自《非物质文化遗产法》颁布以来累计投入已超过70亿元。同时，全国已有29个省、区、市出台了非遗保护地方性条例，把非遗保护纳入地方财政预算。自2015年启动"中国非遗传承人群研修培训计划"以来，累计举办培训班701期。在扶贫和可持续发展方面，非遗保护相关工作也是积极作为，成效显著。当下，政府如此重视非遗保护工作的原因无外乎回应两大问题：如何在全球化发展趋势中保持中华民族的主体性？为什么在现代化进程中我们需重新认识并正确把握传统文化的价值？

中国在改革开放的大背景下经济持续高速发展，人民生活正逐步实现温饱和迈向小康。与此同时，全球化浪潮扑面而来，凡此种种均不同程度地导致了中国的传统生活方式日渐式微。对于文化遗产的高度关注，可以说是中国社会对当代文化及国民生活方式急剧变迁的一种颇为自然的反应。充分认知非遗的时代价值不仅是顺应民众文化诉求，而且也是城市文化品牌设计的一条捷径。

三、非遗价值重构的路径

非遗既包括文化的显性表达,同时也承载了所在地域文化的文法①,表达大多依赖技巧,与具体的功能相关联。如果通过保护来唤起并传承文法,就需要让其借助技巧不仅发挥自身的功能,而且还要发挥非遗在当下社会的诸多作用并彰显其价值。下文借助设计学中意义驱动创新的设计理念与方法,探讨如何从传播上转变解读语境、从功能上提升认知维度、从作用上优化平台角色、从意义上重构交互关系,从而明确在建构城市形象过程中,如何利用非遗的地域情感因素和象征意义来实现大众的文化认知与价值认同。

设计学意义驱动创新模式旨在主动向消费者传达一种新的理念、新的愿景。意义创新的内在意义在于诠释"为什么",而不是告知"是什么"。这体现了一种追求无形的心理满足要求。所谓"内在意义"是指"人类心理与文化的反射,人们赋予产品内在意义的方式与其价值观、信仰、社会规范及历史传统有很密切的关系。它既反映出一个人的文化模式,也反映出一个人的个人经历与所处的社会环境"。城市文化品牌属性中的象征意义、内在特性及情感因素,即"内在意义"。在打造城市文化形象中,把握好非遗的活态性、地域性、独特性等特征,有利于突出城市文化品牌的情感因素,提升城市文化品牌的象征意义,体现复杂语境下民众的心理愿景与价值认同,从而准确地提供"内在意义"的建构思路。

(一)转变解读语境

中国的非遗是在传统的农耕文化土壤中孕育的,依托的大多是农村生活与农耕的生产生活方式。衍变发展至今,我们对非遗不仅仅需要从新的时空视角去认知其价值、意义与作用,更需要借助时空转换的方法,将解读语境由农耕社会转换到信息社会。只有转变认知与解读语境,才能更好地借助非遗项目驱动地域的情感认同、提升民众的文化自信、塑造城市的文化形象。

非遗根植于地域性的发展历史之中,因此需要把非遗保护放到整个人类、国家、民族、城市的历史发展进程中考量。非遗保护要随历史进程的变化而变

---

① 文法(cultural grammer),是指文化的内在法则,是整合物质或技术文化、社群或伦理文化、精神与表达文化不可观察的文化法则或逻辑,即文法是每一个文化内在的意义系统。

化,在尊重传统不失其本的基础上,实现创造性转化和创新性发展。历史进程的呈现不仅需要面向信息社会的认知人群,还要深挖不同时空中非遗的演变过程。例如,常州梳篦作为一种用于头饰的器物与传统制作工艺,在当代的实际使用价值已经式微。只有通过转换解读时空语境,让民众认识到梳篦在常州这座城市中的重要历史地位,才能让人们感知到梳篦对于建构文化自信的重大价值。

要实现准确的信息转译并有效表达一个区域的文化,需借助于当地当时的时空环境与人文生态。时空关系不仅仅要考虑时间因素,还要考虑社会因素及人的认知因素。非遗传播需体现真实的生态时空环境,而脱离了时空环境去传达情意,就可能会使异时易地的观众难以体会其氛围、价值与意义。通过转变非遗的认知与解读语境,让信息时代的民众对传统农耕社会的历史价值产生认同,有助于实现文化自觉,更便于在文化自觉基础上设计城市文化品牌。

意大利的托斯卡纳地区于现代先进工艺和生活时尚的背景下,在转换传统手工艺的解读语境方面给出了很好的借鉴案例。佛罗伦萨是托斯卡纳的首府,是意大利文艺复兴运动的发源地,其悠久的文化、艺术基因传承有序。Gucci、Salvatore Ferragamo 等时尚品牌的总部也位居于此。传统的陶瓷、皮革、木器家具等手工艺在托斯卡纳得到了很好的传承,具有顽强的生命力。1987年托斯卡纳传统工艺中心创办成立,旨在保护、传承、创新当地的传统手工艺。该机构将手工艺、文化遗产和旅游相结合,在确保其"艺术与手工聚集地"性质的同时,也让商业参与其中。该机构在地方层面为地区发展提供专业建议,在国家层面为意大利贸易委员会提供支持,并通过一系列的努力使得先进的技术和手工艺在时尚和奢侈品设计中形成了托斯卡纳模式。让传统工艺在现代的时尚语境中成为地区乃至意大利这个国家的品牌。

(二)拓宽认知维度

提升价值认知维度是指在确定非遗之文学、艺术、科技、历史价值基础上,更加注重其教育、休闲娱乐及社交价值。城市已突破过去通过人群集聚提升工作协作效率的功能。正如前文所言,城市已经不再是以前的城市,而是成为一种沉浸式感知与体验的社交场域。虚拟的数字生活方式已经占据了人们的大量时间,在客观世界中人们的注意力越来越分散,城市文化品牌需要借助数字社交语境更好地让人们在传播中感知与认同。因此,需要在非遗传统四大价值的基础上,进一步突出意义创新,强化非遗在城市文化建设中的教育属性、娱乐属性、社交属性等。同时,借助极具地域符号特色的非遗语言形成人们感知城市文化的"在地"观,认同自身生活城市的客观场域,并接受城市文化所浸润的社交语境。

墨西哥的葡萄酒酿制技艺是传承至今的一项非遗项目。墨西哥旅游业在突出传统元素的象征性特征方面与旅游结合,进行了传统文化与旅游的融合,让旅游者在畅游龙舌兰酒主题旅游体验路线的同时,关注拉美文化。在具体的实施中,不仅将非物质文化遗产和有形的自然遗产、历史遗产有机结合,传播"墨西哥风味",同时通过酒文化与乡土建筑文化体验的结合,打造出一个既有利于传播文化传统,又有其独特休闲体验的地域文化品牌。

(三)优化平台角色

优化非遗传播空间载体的社会角色,亦即将传统的非遗展示空间转变为文化休闲空间,将文化管理与服务机构转变为文化休闲体验与共享共创平台。各城市的非物质文化遗产馆在展示与传播城市文化的过程中取得了一些成绩,但更多的还是作为展示空间,而仅有的文化展示功能已不能满足民众对文化消费的多元化、高质量需求。习近平总书记在十九大报告中强调:"中国特色社会主义进入新时代,我国社会主要矛盾已经转化为人民日益增长的美好生活需要和不平衡不充分的发展之间的矛盾。"[①] 那么非遗传统的定位有必要从展示知识转变为通过重新认识传统与人们当下生活需求的关系来建构新意义,观众也需从被动参观转变为主动参与。

日本在塑造城市品牌乃至国家文化形象方面,平台的作用非常显著。以日本的"传统样式工艺品产业振兴协会"为例,该平台是1975年依据日本《传统样式工艺品产业振兴法》所设立的机构,其与日本各级公共团体合作开展振兴日本传统工艺品产业,通过展示活动,普及、提高一般民众对日本传统文化的认识。具体包括:开展各类非遗项目振兴计划的指导与咨询,传统工艺品的推广普及、展示宣传,举办各类主题月活动和比赛,开展各类传统文化的调查研究,针对学生开展日本传统工艺教育活动,等等。为了打造日本传统工艺

---

① 习近平总书记在中国共产党第十九次全国代表大会上所作的报告《决胜全面建成小康社会夺取新时代中国特色社会主义伟大胜利》。

品的品牌,该协会还发行"传统证纸"用于证明产品正宗可靠,让民众安心选购正宗的日本各地传统工艺品。基于此平台,日本传统工艺不仅产生了国家文化品牌,而且还形成了一系列地方城市文化品牌,例如,美浓市的美浓和纸、岐阜市的岐阜提灯等。

(四)重构民众角色与行为

重新定义非遗传播对象的角色与行为,这是基于埃佐·曼奇尼提出的理论——越来越多的人正在参与"为本土设计"以及"和本土一起设计"的生活实践中。非遗展示与体验场所在提供民众文化服务的过程中,需要提供良好的服务体验,而民众并不在意个体接触时的服务,他们的体验是整体、全面的,是一种对于完整系统的综合性体验。提供服务必须从系统观出发,在系统观下,观众不再是被动地接受服务或者信息,而是与系统有着共创、共享的关系。服务的基本特征是:只有在人们享用时,才能发挥价值。因此,文化服务必须是提供方与客户共同创造。例如,微信平台提供大家网络社交服务,用户在享用社交信息与服务过程中,如果不投入时间和精力去上传、分享内容,则服务也就不存在,用户的这些共创行为为服务系统提供了真正的价值。因此,在非遗传播平台上需要借助服务设计思维,将民众角色由"受众"转变为"生产性资产";在参与文化体验的过程中也需要将民众行为由"观看"转变为"参与"。塑造城市文化形象最有效的方法就是在提供文化服务的过程中,将民众作为有价值的"生产性资产",而不仅仅是被动的受众,积极引导其从被动体验转化为积极参与。

美国史密森学会所支持的史密森民俗文化节(the Smithsonian Folklife Festival),成立于1967年,目的是为了纪念当代的生活文化传统和实践以及维护这些传统的人们。该文化节由原来的民俗音乐周期性群体活动,发展成为目前能吸引来自100多个国家参加的重要的民俗与文化遗产活动。近年来,艺术节致力于利用民俗和设计等方面的观念与知识,以及科学文化知识来引导人们理解、体验和应对不断变化的自然和社会。活动充分调动了游客的主动性,通过欣赏现场音乐和舞蹈表演、参与手工艺制作和烹饪展演,以及夜间音乐会,使得传统民俗在华盛顿特区的博物馆前存在半个世纪并保有生机。这是美国在利用民俗及非遗方面一个将民众广泛参与并塑造文化品牌的成功案例。

四、非遗助力城市文化品牌设计的案例实践

笔者于 2019 年上半年参与策划了泰州市海陵区非遗馆。下文借助此案例阐述非遗在城市文化品牌设计中价值重构的实践思考。

(一)概况及挑战

场地概况：泰州市海陵区非物质文化遗产馆（泰州市非物质文化遗产馆海陵分馆）位于海陵区范家花园。范家花园始建于清宣宗道光年间（1821—1850年），青砖灰瓦、肥梁胖柱，为泰州市民居的代表作之一。建筑群占地 6 200 平方米，总建筑面积 3 082 平方米，为泰州目前修复体量最大的古建筑群。

非遗资源概况：辖区内有国家级非遗项目 1 项（盆景技艺）、省级非遗项目 3 项（道教音乐、摺石锁、泰州白酒酿制技艺）；其他均是市级与区级项目。整体而言，非遗资源不集中、层次不高，具有物象载体的项目少。

通过前期问卷抽样调查可知，泰州本地的民众普遍对城市文化资源缺乏认知，尤其是在推介旅游目标时，极度缺乏对本地文化资源的认同。由此，借助意义驱动创新的设计思维，实现民众对于地域文化的认同与选择成为设计的核心目标。

(二)策划理念与方法

以建构城市文化形象、设计城市文化品牌为本源，以文旅融合背景下意义创新为导向，强调地方文化特色，强调融合共生的关联性与代入感，将泰州市海陵区非遗馆定位为民众认识泰州的文化名片，具体方法如下。

1. 以史论今，深挖文化特色性

借助非遗项目，结合海陵的历史人文资源，深入挖掘海陵的盐税文化、水文化、教育文化。在具体策划中，摒弃简单展示非遗项目的做法，而是结合非遗本身和它所产生并演变的文化生态来塑造所在地域的文化语言，助力民众实现文化认知、情感认同与行为驱动。

例如，泰州历史上是中国著名的海盐文化生产地，最辉煌时，曾占全国税收的 1/4。以泰州所在地域历史上的盐税文化为切入点，可以让非遗传播更生动。在传统象形造字中，"鹽"是由臣、盐丁以及煮水为盐的工艺象形而成的。

"臣"也就是盐官。海陵区的非遗项目又有与盐官密切相关的内容,如"范仲淹与文会堂""陈庵与孔尚任"的故事等。单纯的两则故事很难勾起民众对本地文化的认知兴趣,于是在策划过程中,将"范仲淹与文会堂"的故事进行延展。北宋天圣年间(1023—1031年)范仲淹在泰州任盐官,滕子京任军事推官,二人在"文会堂"以文会友,范仲淹写下《书海陵滕从事文会堂》。后来滕子京谪守巴陵郡,修成了岳阳楼,并送范仲淹一本《洞庭晚秋图》,范仲淹根据想象写下名篇《岳阳楼记》。借助《岳阳楼记》这个著名的文化品牌,可以迅速吊起民众对"范仲淹与文会堂"这个故事的兴趣,再由范仲淹的盐官身份延伸到盐税文化的展示与解读。"陈庵与孔尚任"的故事,则是讲述了孔尚任在泰州做官时居于陈庵,创作了《桃花扇》这一家喻户晓的作品。借助这一故事可有效提升民众对于泰州这座城市的文化自觉。同样,作为"臣"的南宋泰州知州岳飞的故事也能够容纳进来,从而以盐税文化中的"臣"建构多个非遗项目的关联度,形成一个完整的主题式地域性时空语境。

2. 以点带面,借力彰显文化多样性

克服海陵区目前非遗项目零散、层次不高、工艺类物项资源不足的现状,通过梳理盐税、运河、历史典故等文化主题线,延伸并丰富海陵文化脉络,整合非遗点状资源形成一个文化面的展示,使得民众对于海陵区文化有了丰富、多样的认知。

策划过程中,将泰州小磨麻油、嵌桃麻糕、泰州脆鳝、泰州干丝、鱼汤面、泰州麻饼、老酵包子等这类散点式的非遗项目与当地特有的早茶文化相结合,再结合扬派园林、扬派盆景、京剧、淮剧等来诠释历史上的大盐商生活方式;再由世袭盐商形成的原因是朝廷施行"纲盐法",进一步探究"纲盐法"的出现是因为修建了泰坝,并出现了盐引,让这里的盐可以通过泰坝转运到长江流域;泰坝的修建又与元末徐达攻打泰州时修建了水路运送军粮有关;而泰州那时为张士诚所统辖,张士诚是盐丁出身,以"18根扁担抗盐税"起家……上述策划就是采用了以点带面的方法,并不断地转化解读时空语境,但一直秉承在地观念,从而让人们体会到泰州这块土地上文化的丰富性,并以此建立文化自信。

3. 以人为本,建构系统关联共享性

设计策略方面,为使非遗馆的展示系统运行有效,策划时秉承设计中以人为中心的设计理念,采取了展示活动业务映射的设计方法,将场馆内各方利益相关者区分为三个层面:核心层(场馆运营方、政府主管部门、参观受众)、密切相关层(传承人、外围传习基地、非遗爱好者)、合作层(旅游企业、非遗衍生品提供商等)。在物资流通、经济流通、信息流通、人员流通四个维度上进行系统中各个环节的衔接与建构,以此实现馆内系统的有机性与生长性。在这一方法基础上,围绕此场馆策划之初确定的核心目标,通过多方参与,借助共创共享的设计策略和合作机制,实现民众对这一地域文化的认同,并借助同创合作交流过程中的新型关系形成变客为主的主动选择。另外,设计过程中依据"层次效应"与情感设计理论,以民众的文化选择为目标点,通过意识、知识、喜欢、偏爱、信任、购买六个方面,细化文化认知、情感认同、行为选择三个层次的内容,以非遗项目驱动文化旅游,提升生活质量,最终达到提升城市文化形象与建构城市文化品牌的目的。

在实际场景中,将泰州市海陵区富有特色的自然与文化资源进行整合:(1)将历史上的海盐资源与盐税制度提炼为"盐";(2)将国家级非遗项目"盆景制作技艺"提炼为"花";(3)将大量历史人物,如宋代的胡瑗、陆游、岳飞,元末的张士诚,明代的王艮、孔尚任等提炼为"贤达";(4)将里下河、盐运河等自然人文资源提炼强化为"水边"意向;(5)将淮扬地区的特色早茶文化提炼为"茶"……从而将泰州市海陵区的自然与文化资源提炼成一句话:"早上的茶、院里的花、饭菜中的盐巴、水边走来的贤达。"以此朗朗上口的传播语句形成认知符号,进而达到提升城市文化形象的目的。

五、结语

非物质文化遗产是全球化过程中城市能够彰显独特性的战略资源,对于提升城市的竞争力、凝聚力和增强城市的归属感、认同感有着不可替代的作用。通过转化时空语境等手法对非遗价值的认知与重构,有助于形成新的城市文化品牌并塑造城市文化形象。数字语境下,人们认知与理解世界的方式已发生改变,解决非遗的现代性问题是发掘非遗价值与意义的核心。在设计城市文化品牌的过程中,设计理念与方法也需要与时俱进,应有效借助非遗项目明确城市的文化场域和社交语境。在充分认知传统的合理性价值并形成文化自觉的前提下,设计城市文化品牌既要能满足城市的可持续健康发展需要,又要顺应当下民众的文化消费需求与传播习惯。这是一个值得持续研究的方向。

参考文献

NYE J S.Future of Power:Its Changing Nature and Use in the Twenty-First Century.*Public Affairs*,2011:157.

费孝通.文化与文化自觉.北京:群言出版社,2016:192-195.

路璐,丁少康.大运河与国家形象话语建构.江南大学学报:人文社会科学版,2020（1）:40-45.

刘壮,牟延林.非物质文化遗产概念的比较与解读.西南大学学报:社会科学版,2008(5):184.

戴斌.文化遗产的功能重构与价值实现,http://www.sohu.com/a/311911181_124717,2019-05-05.

康宝成.中日韩非物质文化遗产的比较与研究.广州:中山大学出版社,2013:66-71,78-86.

刘壮.论文化遗产的本质——学科视野下的回顾与探索.文化遗产,2008（3）:121-132.

刘小枫.现代性社会理论绪论:现代性与现代中国.上海:上海三联书店,1998:2.

康宝成.中日韩非物质文化遗产的比较与研究.广州:中山大学出版社,2013:17.

维甘提.第三种创新:设计驱动式创新如何缔造新的竞争法则.戴莎译.北京:中国人民大学出版社,2013:22,71.

胡雁.第七届中国成都国际非物质文化遗产节开幕发言内容,http://www.xinhuanet.com/local/2019-10/18/c_1125123097.htm,2019-10-18.

费孝通.乡土中国.上海:上海人民出版社,2013:15.

DE LEON AGG,Borrayo E R.The added value of vernacular architecture:the cases of the Wine and Tequila Route in Mexico. *Pasos-Revista de Turismo y Patrimonio Cultural*,2019（4）:267-284.

黄贞燕.日韩无形的文化财保护制度.台湾:台湾传统艺术总处筹备处,2008:72-75.

曼奇尼.设计,在人人设计的时代:社会创新设计导论.钟芳,马谨译.北京:电子工业出版社,2016:52.

宝莱恩,乐维亚,里森.服务设计与创新实践.王国胜,张盈盈等译.北京:清华大学出版社,2015:24.

西安城市形象研究
——"他塑"与"自塑"

范红[①] 任娇[②]

【摘要】 本文从"他塑"和"自塑"视角对西安城市形象进行研究,首先利用过去5年全球28种语言媒体对西安的32万条报道数据,对中外媒体报道中的西安城市形象进行"他塑"研究,然后通过西安官方微博"西安发布"在过去5年发布的5万余条微博数据进行"自塑"研究,并基于城市品牌传播框架理论,对西安在新闻媒体中的城市形象进行深入探究,寻找西安在"自塑"和"他塑"之间的差距,总结核心问题,提出应对策略。

【关键词】 城市形象、城市品牌、"他塑""自塑"、城市身份认同

随着城市之间在招揽人才、招商引资、旅游营销、活动举办等方面竞争的日益激烈,城市品牌形象在提升新一线城市知名度、吸引力等方面的作用日益凸显。西安在仰赖丰富的历史文化资源的同时,在城市品牌塑造中也受制于"古都"的刻板印象,使其陷入自身的"城市品牌认知困境"。

本文将通过大数据对西安的城市品牌传播优化策略提供数据支持和新的思路,对过去5年全球媒体对西安的32万条报道数据进行内容分析,勾勒出西安在全球媒体中的国际形象,借此分析提升城市国际传播能力的关注点、路径与策略。为了与西安的国际城市形象传播相比较,本次研究还分析了西安市政府官方微博"西安发布"过去5年发布的50 908条微博数据。通过比

---

① 范红:清华大学国家形象传播研究中心主任,清华大学新闻与传播学院教授、博士生导师。
② 任娇:清华大学新闻与传播学院硕士研究生。

较全球媒体对西安报道的"他塑"与西安自身传播的"自塑"之间的契合度和差异度，本文深度研究了所选用文本信息背后产生的意义，为西安的国际形象塑造提出建设性建议与参考意见。

一、城市形象与城市品牌

"城市形象"（City Image）正式作为一个学术性概念，是由美国学者凯文·林奇（1961）提出的，他在其著作《城市意象》中做了较为详细的阐述。林奇认为，城市形象是一个城市在发展过程中产生的具有代表性的公众认知，它可以由多个维度形象交融组合而形成，也可以是多个维度的单向形象，公众对城市的不同认知构成了城市的形象。刘易斯·芒福德（Lewis Mumford，2005）对城市形象的阐述主要集中在《城市发展史：起源、演变和前景》中，他认为城市形象是生活在城市中的群体及外部群体，基于城市的基本特征对其产生的一种主观认知及印象感知，是基于传媒报道、口碑传播、主观印象、环境感知等要素形成的。这两位学者对城市形象的定义给后来的城市形象研究打下了理论基础，就是城市形象与认知、印象、传播等密切相关。近年来，许多欧洲的后工业化城市都开始重新规划城市，以吸引各种各样的外部受众。

安德鲁·史密斯（Andrew Smith，2005）提出改变概念化城市形象的理论框架，他认为懂得城市形象塑造的策略对提升游客的认知有很大的影响，可以通过提升城市内涵、增强城市联想来重塑城市形象。这一框架已经在欧洲的一些城市形象塑造中得到应用。

城市形象是人们对一个城市的总体印象，清晰的、差异化的、个性的城市形象比模糊的、千城一面的城市形象更具有竞争力。关于城市形象，基思·迪内（Keith Dinne，2012）及卢卡雷列和安德里亚（Lucarelli & Andrea，2012）认为，城市品牌资产非常复杂，它包括无形元素和有形元素，既涉及城市直接相关的形象和身份，也涉及社会、政治和经济方面。

在中国，"城市形象"一词最早出现在城市的规划设计中，主要指城市的空间形象，也包括在空间规划设计中的地域特征。随着中国城市的不断发展，城市形象一词广泛用于政府工作报告中，城市形象的概念开始包含城市构成的核心要素和其表现特征、城市外部物理形象的概括、城市精神、市民行为、城市文化艺术、城市媒体报道等诸多方面的内容。

范红（2011）将城市形象总结为：城市利益相关者对城市产生的总体印象，既包括亲身感受，也包括媒体舆论和他人口碑；既有客观性，也有主观性。此外，人们对城市产生的印象以及城市形象的形成与传播密不可分。而城市品牌传播重视凸显城市具有竞争力的核心价值和鲜明个性，重视品牌价值与城市内外利益相关者的沟通，重视强化人们对城市所产生的品牌联想。

何国平（2010）认为，城市形象包括城市居民和其他公众对城市的看法及观点，城市形象可以细分为精神形象、行为形象和视觉表象。杜青龙和袁光才（2004）认为，城市形象研究可以从品牌角度出发，它比一般品牌更具有复杂性、象征性、无形性。他们将城市品牌分为四类，分别是：人居型、旅游型、资本聚积型和产品市场型。他们对人居型品牌进行了特别详细的阐述。城市的人居品牌目标是吸引常住居民，进而提升城市的规模效应，通过扩大城市人口规模，带动房地产行业发展，补充人才资源，促进服务业等第三产业发展，进而推动区域经济发展。

二、城市形象传播

随着城市形象对城市的经济价值日益凸显，城市形象传播的重要性日益显现，并成为城市竞争的重要手段之一。城市形象是如何被塑造和传播的，也成为当前城市形象研究领域的重要议题。

西方学者以传播学创新扩散理论为基础研究了城市形象传播的相关问题，该理论是美国学者艾弗雷特·罗杰斯（Everett M.Rogers，1962）于20世纪60年代创立的，其核心思想是基于媒介宣传，促使人们认可、接受新事物、新理念。美国社会学家瑞泽尔（Ritzer，1993）将全球化定义为一种"扩散"，提出城市形象的建构本质上就是把与城市相关的内容向外传播。大众媒介对城市形象的宣传与传播，就是向受众传递城市相关信息的过程。

北京在申奥成功之后，迅速获得全球关注，这显示出城市形象传播对城市竞争起到的重要作用。刘路（2009）认为，城市作为一个经济区域体，其自身形象的独特性已经成为现代城市参与市场竞争、谋求更多发展资源的重要手段。因此，为达到广泛传播城市形象的目的，搞好城市形象传播的关键是要创新传播理念，而拓展传播路径和改进传播策略，则是目前城市形象传播理念创新的必然趋势。

城市如何将国际品牌形象有效地传播给大众？范红（2008）认为，城市品牌传播的目标受众是旅游者和商务人士。如何吸引他们到城市来，并为城市带来经济价值，是城市品牌形象传播工作的核心任务。旅游者来城市的目的是体验风土人情及休闲娱乐、饮食文化；而商务人士来城市的动机则是要在城市经商、投资，参与能够给他们带来经济利润的商务活动。

目前，积极组织或申办各类节事活动，已成为当今世界最为流行的城市营销手段。李宗诚（2007）提出，节事活动可以通过吸引参加者到城市中亲身体验，能消除由于信息传播不畅而形成的误解和偏见。此外，举办节事活动还能够带动城市软、硬件环境的建设和改善。城市形象传播，也被认为是提升城市经济发展的有效手段。韩隽（2007）建议通过纵向传播、横向传播、立体传播三种传播方式，从政治文明、经济建设、社会风尚、文化生活等多方面内容进行城市形象的塑造和传播。

然而，随着城市形象传播逐步成为各地提升城市软实力的重要手段，越来越受到重视，城市传播形象存在的一些问题开始显现，如城市形象定位不清晰、传播主题同质化、传播渠道和手段较为单一。因此，有学者聚焦城市形象传播中所存在的问题并提出策略。范红（2011）认为，城市品牌化传播重点涉及4个策略，即传播者策略、受众策略、内容策略和渠道策略；陶建杰（2011）提出，需要运用整合营销传播理论，对传播理念、方式和工具、内容加以整合，灵活运用品牌策略、口碑策略、植入策略、危机转化策略、个性化策略，实现传播效果最大化。

三、城市形象"自塑"与"他塑"

"自塑"与"他塑"这两个概念最早的使用是在国家形象传播领域内，指的是对国家形象的自我认知，在传播过程中其他主体对国家产生的形象认知。美国学者汉斯·摩根索（Hans J. Morgenthau,1991）对国家形象的"他塑"问题进行深入分析后，明确了其重要性：由于我们自己在他人心中的形象与实际存在一定的偏差，促使作为社会成员的我们可以选择自己的人设定位，即便他人对我们的印象存在错误之处。

而城市形象作为国家整体形象的一个重要组成部分，近年来已经被部分学者开始使用"他塑"与"自塑"的概念来研究城市形象传播，从传播学视角探究媒介对城市形象的"自塑"与"他塑"过程。刘小燕（2002）提出形象建构的3种塑造范式：即本国（地）媒体对于本国（地）形象的建构，称为媒介的"自塑"；外国（地）媒体对于本国（地）形象的建构，称为媒介的"他塑"；本国（地）和外国（地）媒介的共同建构称为"合塑"。

因此，在城市形象传播过程中，为达到理想效果应较多采用"自塑"与"他塑"相结合的"合塑"建构方式，通过本地官方媒体和外部媒体对城市形象的共同塑造来形成合理传播，较为全面、真实地反映城市形象的全貌。同时，在"自塑"过程中会出现对自己的问题认识不足的情况，也可以借助"他塑"这面镜子来及时修正。

城市形象与国家整体形象的关系是：前者是构成后者的元素，后者在一定程度上体现着前者。国内学者在开展城市形象建设研究过程中，对于"自塑""他塑"做了详细的分析，并将其具体过程明确化。何国平（2010）就城市形象的建设提出了3种建设模式，它们分别是：基于本国媒体的塑造；基于他国媒体的塑造；基于本土、他国媒体的共同塑造。同时，他还指出，在建设城市形象的过程中，自我情感认同在"自塑"过程中显现出显著的优势作用，自评时多采用褒义词，因而传播效果的积极性更为显著。

四、西安城市形象研究

西安是世界四大古都之一长安所在地。关于西安的城市形象研究总体较少，目前在知网上查到218篇关于西安城市形象研究的相关文献；而且起步较晚，直至2008年，关于西安城市形象的研究还非常少。因此，随着西安国际化进程的加快，关于西安城市品牌的传播研究还主要具有三方面的意义：良好的城市形象，有助于提升西安国际声誉，助力西部区域经济发展；留住人才、吸引投资，有利于当地商业、服务业和旅游业的发展，提高居民社会服务水平；增强居民体验，提高荣誉感。

相关研究的第一个小高潮出现在2008年北京奥运会之后，由于运动盛会的召开，中国的城市在奥运会期间大放异彩，城市形象的外在建设开始得到重视。这一阶段，一些区域与经济研究方面的学者也认识到了城市品牌形象的营建对提升城市竞争力起到的重要作用。第二个研究小高潮出现在2015年，在经过第一阶段的城市形象确定、建设策略分析后，第二阶段研究重心偏向了城市形象营销和传播策略,尤其是 2015 年新媒体获得迅猛发展,相关学者开始分析新媒体时期西安城市的宣传。

从 2017 年至现在,关于西安的城市形象研究数量直线上升,仅在 2018 年、2019 年研究文献数量就翻了一倍,这意味着西安城市形象得到了空前的重视。其中主要原因得益于短视频的爆发,其带动了西安作为"网红城市"的高度曝光。这一阶段的研究重点主要围绕短视频场景化营销展开,其中,以抖音等视频媒体平台在城市传播中的作用和传播影响方面的研究最为集中。

(一)研究设计及研究目标

本研究基于 Factiva 道琼斯全球媒体数据库就西安城市形象进行描绘,在运用内容分析法的过程中,确定关键词,并在该平台中检索 2015 年初至 2019 年末关于西安城市的新闻报道,其包含国内主流媒体及国外主流媒体;搜集西安市官方微博"西安发布"在 2015 年至 2019 年 5 年中所发布的微博内容,对检索到的文本内容、图表等作以分析,将关于西安城市形象描述比较贴切、深刻的内容进行重点分析学习。

结合媒体大数据分析结果,设计调查问卷,针对西安当前城市品牌形象的认知和感受制定问卷,主要从不同年龄阶段、不同利益相关者视角,对西安的城市地标认知、城市名片认可度,以及对西安的城市机会和活力等维度,针对获取的真实数据进行频次统计、交叉分析和分类分析。

本研究的主要目标有:

(1)从全球媒体大数据中发现西安在媒介中的"他塑"形象和要素;

(2)从西安发布的微博议程设置和发布内容中分层挖掘西安的"自塑"城市形象和相关城市元素;

(3)从当前居民、游客和潜在的居民、游客中发现西安城市形象在利益相关者群体中的认知与感受。

结合上述三个视角,进行关联分析,挖掘西安城市形象"古都困境"的成因,结合对西安城市形象的影响因素给出具有建设性的城市品牌形象优化策略。

(二)"他塑":全球媒体报道中的西安城市形象

1. 全球媒体重点关注领域:科技和人文科学

在本次关于西安城市形象的研究中,利用 Factiva 全球库进行相关关键词搜索,抓取2015年1月1日至2019年12月31日,以"西安"为关键词搜索传统主流媒体和商业网站上发布的与西安相关的报道,检索语言为中文的新闻数据,共抓到244 789条;以"Xi'an"为关键词输入搜索境外新闻数据,获得84 690条(见图1),通过对抓取到的新闻报道所涉及的关键词、主题、行业,以及所属媒体和地区分布进行深入分析。

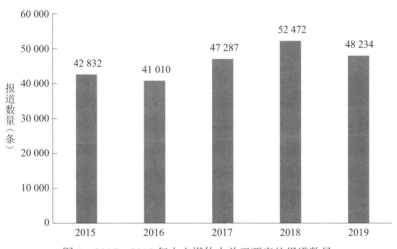

图1 2015—2019年中文媒体中关于西安的报道数量

与国内媒体相比,虽然外文媒体对西安的关注度较低,但是整体发展趋势差异不大,在近年持续上涨,2019年增幅52.4%。在外文媒体中所涉及的28种语言中,英文媒体报道占86.05%(见图2)。

图2 2015—2019年外文媒体中西安相关报道数量

从过去 5 年全球媒体对西安的报道数据来看,西安的报道主题和内容主要聚焦在科学研究和人文艺术领域,其中,与国内外大公司的合作、著名高校的科研成果发布,都能得到国内外媒体关注(见图 3)。

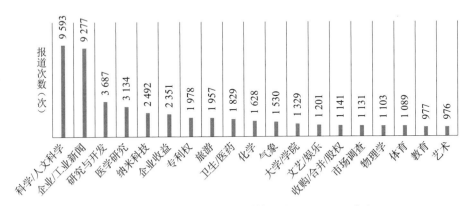

图 3　西安"最热话题"的报道数量(2015—2019 年)

非英语国家中有 21 种语言报道西安,最多的是法文、德文、西班牙文、意大利文和葡萄牙文,和西安同在东亚文化圈的韩国、日本本土媒体报道也较多。和西安"文化关联度"较高的国家和地区,是西安在国际形象的主要"他塑者"。

2. 西安"科技形象"塑造主体:公司和高校科研机构

在国内外媒体报道中,西安相关机构提及率最高的是西安知名公司和高等学府,对城市形象的提升有显著作用。全球媒体数据显示,境外媒体关于西安的报道中提及最多的公司是华为、海航、三星电子、比亚迪和空客集团。

这一发现在报道相关机构的数量中也有所体现,过去 5 年,境外媒体对西安的报道,在关于西安的媒介内容输出中排在第一位的是西安交通大学,相关新闻主要是西安交大的科研成果和研究发现。这说明在城市形象的塑造中,当地大学的智力成果输出对塑造城市的正面形象起到积极作用(见图 4)。

此外,华为、三星、中兴等具有世界号召力的科技公司均在西安设有研究所、生产基地,知名科技公司也可以对区域知名度起到提升作用。

西安城市形象研究——"他塑"与"自塑" 397

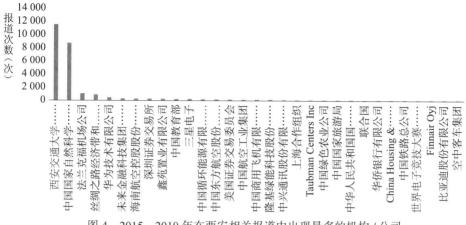

图4 2015—2019年在西安相关报道中出现最多的机构/公司

(三)"自塑":西安城市形象的建构

1."西安发布"官方微博中的"西安城市形象"

通过对"西安发布"在过去5年中所发布的5万条微博中的高频词进行梳理,可以发现,在西安的高频词中科技、历史和生态均占据明显位置。西安硬科技、西安科技、无人机、5G等均有大量呈现。

而通过对过去5年"西安发布"微博内容中分年度的高词频内容进行进一步分析,可以发现,"西安形象元素"在过去5年发生了变化(见图5)。

图5 西安发布微博中高频词

在西安地标中,提及最高的是西安城墙,其次为大唐不夜城、大雁塔。西安城墙是目前保存最完整的城墙,全长14公里,是西安独特的城市景观。大唐不夜城是西安近年新晋地标,"西安年·最中国"城市节庆举办地,在这里日常聚集大量表演和行为艺术,网红"不倒翁小姐姐"的爆红也让大唐不夜城被更多人熟知(见表1)。

表1 2015—2019年西安发布微博文本中文化地标和产业变化(次)

	关键词	2019年	2018年	2017年	2016年	2015年
西安城市文化地标	城墙	157	168	59	71	69
	大唐不夜城	90	57	4	2	1
	遗址	89	88	35	62	80
	大雁塔	87	100	25	42	1
	大明宫	47	1	20	32	28
	钟楼	41	42	19	44	1
	陕西历史博物馆	35	31	15	27	24
	终南山	17	14	3	9	1
	回民街	6	1	4	10	7
	昆明池	12	1	8	0	1
	小雁塔	15	10	8	3	6
西安产业变化	旅游	389	389	214	265	336
	体育	133	1	0	0	0
	航空	130	95	78	55	103
	航天	128	85	62	66	39
	医疗	91	111	125	90	125
	互联网	90	97	71	70	82
	5G	51	2	1	1	5
	物流	35	59	39	18	32
	新能源	22	32	37	12	18
	新材料	10	9	7	3	5
	电竞	4	5	4	0	0

2.西安"古都名片"连续5年位居首位

在过去5年西安发布微博所提及的城市名片中,西安的"古都"名片连续5年位于首位,而在5年中又可以发现其中有所变化,2017年开始,更加注重"西安发布"的城市品牌传播功能,2017年提出"美食之都",2018年又提出了"东亚文化之都"和"博物馆之城"。

此外,在"西安发布"2019年所发布的微博内容中,所涉及的"西安城市名片","古都"位列第一,出现频次最高达135次,这意味着在2019年全年,每隔三天"古都"就会出现在"西安发布"的微博内容中(见表2)。

表2 2015—2019年西安发布微博文本中城市名片出现的频次(次)

城市名片	2019年	2018年	2017年	2016年	2015年
古都	135	186	34	30	30
文化西安	81	85	59	13	0
美食之都	73	157	1	0	3
国家中心城市	73	134	20	0	0
硬科技之都	61	74	13	0	0
东亚文化之都	17	1	0	0	0
音乐之城	15	42	34	1	0
文明西安	15	17	51	31	23
博物馆之城	14	8	0	0	0
制造业强市	8	0	1	0	0

五、西安城市形象受众认知

西安市政府近年提出的"东亚文化之都""硬科技之都""书香之城"等形象定位,对于受众产生的影响如何?在本次调研问卷随机调查的260位受众中,城市的利益相关者主要包括:本地居民、游客、与西安曾产生关联、未来可能有旅游和工作计划的人群。通过问卷形式,呈现出受众对西安形象的认知。

(一)西安城市景点地标:兵马俑最深入人心

本次调研问卷:西安诸多名胜古迹和景点中,哪个最能代表西安?调研数据显示3个历史古迹位居前列,世界第八大奇迹秦始皇陵的兵马俑排名第一,其次是大雁塔、钟楼,人文景点如陕西历史博物馆、大唐不夜城和回民街,位居4~6位,城墙位居第7位(见图6)。

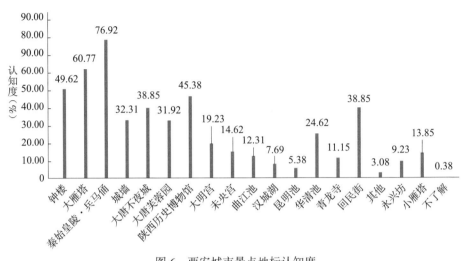

图 6 西安城市景点地标认知度

对于2000年后修建的仿唐建筑景观大唐不夜城、大唐芙蓉园,呈现出性别差异,对于这类景观,女性的兴趣要大于男性,而男性更倾向于更有真实感的历史古迹。

(二) 西安城市认知:"美食之都"

西安一直被看作是西部美食之都,尤其以小吃为主。本次调研数据显示,排在首位的是肉夹馍,占比为77.31%,其次为泡馍和凉皮(见图7)。

西安因主食小吃众多而被称之为"馍都",2019年9月,西安评定50个"西安名吃"中有40个是主食。

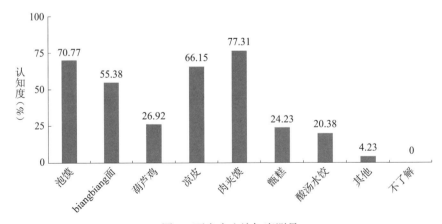

图 7 西安小吃认知度测量

文化旅游产业是西安的支柱产业,在2019年GDP中占比已超过12%。本次调研数据显示,在西安特色产业认知方面,文化旅游排在首位,其次是航天、航空、文化创意产业。

值得注意的是,在传统优势行业之外,西安近年在新兴行业,如电竞游戏,也获得一定知名度。

如图8所示在西安特色产业认知中,也呈现出较为明显的性别差异,女性受访者对文旅、文化创意、生物医疗、新能源、无人机和3D打印产业的认知度比较高,而男性对航空、航天、半导体、人工智能和物流产业认知度更高。

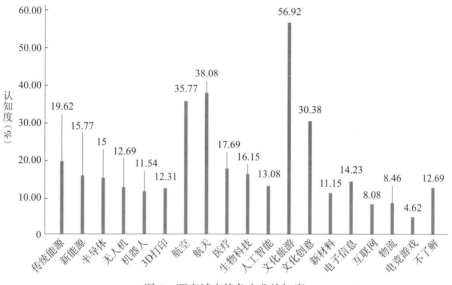

图8 西安城市特色产业认知度

(三)西安城市认可度:"历史名都"

受访者中近85%认可西安知名度。在本次调研中,45%受访者认为西安"非常知名",39.23%受访者认为"较知名",受访者中有13.85%认为西安知名度一般,仅1.92%认为西安"不太知名"(见图9)。

如图10所示,在目前针对西安官方宣传的"城市名片"中,认可度最高的是"历史名都",其次是美食之都、博物馆之城和网红城市。

如图11所示,目前,在对西安城市风貌的历史文化元素认知中,本次调研数据显示,73%受访者认为是以唐文化为主,其次为秦文化(14.23%)和汉文化(12.69%)。

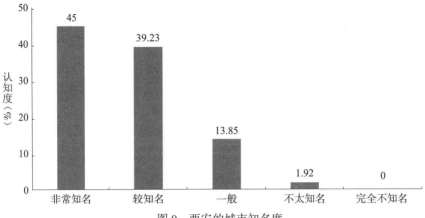

图 9 西安的城市知名度

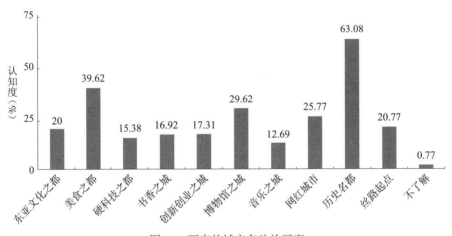

图 10 西安的城市名片认可度

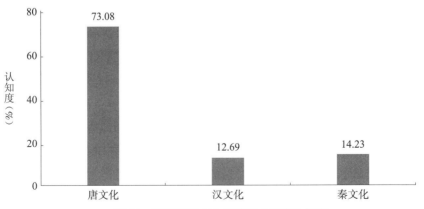

图 11 西安城市文化风貌历史元素认知度

（四）不同利益相关者对西安感知不同

值得注意的是，对西安城市名片的认知受到身份认同的显著影响。曾到访西安的游客，对西安"美食之都"的城市名片认知程度显著高于其他类型利益相关者；而未来可能到西安工作、居住的利益相关者，超六成更认可西安是一座"创新创业之都"，而对"历史名都"感知显著低于其他利益相关者（见表3）。

表3 不同利益相关者对西安名片感知不同（%）

城市名片认知	曾在西安生活/工作	一直在西安工作/居住	未来可能到西安工作/居住	曾到西安旅游	未来可能到西安旅游
东亚文化之都	-33	16.35	3.85	25	15.38
美食之都	37.50	28.85	30.77	60.71	50
硬科技之都	12.50	15.38	23.08	14.29	15.38
书香之城	14.58	18.27	19.23	14.29	19.23
创新创业之城	10.42	16.35	50	14.29	7.69
博物馆之城	35.42	25	34.62	32.14	26.92
音乐之城	6.25	13.46	15.38	16.07	11.54
网红城市	18.75	25.96	19.23	35.71	23.08
历史名都	66.67	62.50	42.31	64.29	76.92
丝路起点	16.67	21.15	19.23	25	19.23
不了解	2.08	0.96	0.00	0.00	0.00

六、西安城市品牌形象塑造与传播优化策略

本文通过媒体大数据勾勒出西安当前的形象认知和自我塑造，发现在过去5年全球媒体关于西安的报道中，科技与人文艺术关注度持续上升，西安在进行自我形象塑造时，也在2018年后逐步增加科技形象塑造的议程设置，但仍以古都形象为主要形象。此外，还发现不同利益相关者对西安的认知和感受也不同，此前在西安有居住和工作、旅游经历的受众，推荐西安的意愿更强烈。

在上述研究基础上，本文寻找西安城市形象在媒介与利益相关者之间的差距，发现其中发生了积极的变化。对此，将从西安城市传播者策略、受众策

略、内容策略和渠道策略给出以下建议。

（一）提炼城市品牌竞争力，重视城市品牌战略定位

城市品牌是系统工程，没有品牌的顶层设计，表面活动无法形成集聚效应给受众留下深刻持久的印象。范红（2018）在接受《华商报》采访时建议，首先，要对城市各类文化资源进行全面、系统的梳理，挖掘出西安文化的核心价值和最具辨识度的文化特色，形成城市品牌传播的内容体系。其次，要构建西安城市品牌的理念识别体系、行为识别体系、视觉识别体系、环境空间识别体系。

范红提到，以国际化艺术标准对西安城市文化的核心和最具辨识度的文化特色进行艺术处理，精准呈现西安文化最突出的特色与气质，以确保在传播过程中直达受众内心，引起共鸣，达到提升吸引力、美誉度的目的。此外，还要围绕城市形象定位，对西安的城市品牌进行系统性的整合传播，在对传播受众进行细致划分后，应用不同的传播策略对西安进行造势：一般包括节事营销、文化艺术营销、外宣品策划、媒体传播、多渠道联合推广等传播策略。这样全方位、多元化地进行推广，才能真正打造出强有力的城市品牌。①

（二）组建城市品牌传播机构，政府相关部门分工协作

西安城市形象传播者的优化策略，首先需要建立足以承担西安城市品牌形象传播工作的专业部门。目前，在西安的城市形象宣传主要由宣传部的外宣部门和网络信息办公室承担，缺乏统一部署和专门机构来负责西安城市形象品牌塑造工作，城市形象塑造工作缺乏整体协作性。

（三）打造科技型网红城市，传播立体化城市形象

"网红城市"就是在互联网上火爆的城市。2018年9月，清华大学城市品牌工作室与抖音一起发布了《短视频与城市形象研究白皮书》，古城西安在短视频媒体上持续发力，靠摔酒碗、陕北美食、城隍庙以及《西安人的歌》，跻身网红城市之列。

---

① 2018年7月10日，《华商报》《学者范红：西安的城市形象品牌推广还可以做得更好》，发布于微信公众号平台"八百理"。

范红（2018）所负责的清华大学城市品牌工作室与抖音发布的白皮书总结出了城市形象短视频火爆的原因，以及 BEST 东西，即 BGM——城市音乐、Eating——本地美食、Scenery——景观景色和 Technology——科技感的设施。这四项内容构成了短视频传播中立体化的城市形象，并深受抖音短视频用户的喜爱。

范红建议，政府宣传部门需要主动拥抱新媒体，积极与大流量的新媒体平台合作。要找准适合新媒体平台（社交媒体、短视频、vlog 等）传播的城市特质、元素、片段、素材等，比如，美景、美食、美人、名人和酷炫元素都可能点亮"爆点"，使城市快速成为网红。①

（四）加强国际化策划包装，重视使用多种语言传播城市形象

西安官方发布新闻媒体是"西安发布"微博、微信和独立 APP，还没有国际化传播渠道。而本研究发现，目前在全球媒体对西安的报道中，来自 40 个国家的媒体使用英语、丹麦语、俄语、保加利亚语、匈牙利语、印尼语、土耳其语、德语、意大利语等 28 种语言进行报道（见图 12）。

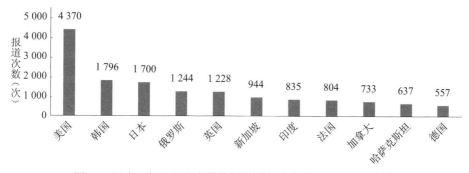

图 12　过去 5 年这些国家媒体报道西安最多（2015—2019 年）

（五）重视游客体验，建立口碑传播及反馈机制

城市中除了居民，还有来自全球各地的游客、差旅者、访问学者等，他们在西安短暂停留之后会回到自己的家乡，乐于在自媒体和亲友之间分享自己的所见所闻，因此在西安城市形象的推广中还应该重视城市来访者所起到的作用。

---

① 2018 年 7 月 10 日，《华商报》《学者范红：西安的城市形象品牌推广还可以做得更好》，发布于微信公众号平台"八百理"。

（六）利用国际节事活动，增强国际影响力和知名度

在本研究所抓取的过去5年全球媒体关于西安的报道中可以看到，电竞行业成为社会各界关注西安的一个新增亮点，这得益于西安在2019年中旬成功举办的"WCG（世界电子竞技）2019XI'AN世界总决赛"，由此吸引全球来自111个国家约4万名玩家报名参加，大大提高了西安在全球年轻群体中的知名度。

（七）根据细分受众设计不同的城市营销活动

城市形象的受众，即城市所要吸引的目标人群——潜在的定居者、投资者、游客、居民等利益相关者，由于受众构成复杂且构成分散，因此不同年龄、身份的人对城市有不同的诉求，对城市形象的传播内容有不同的关注点和理解方式。因此，可以针对不用类型人群进行不同的营销活动。

（八）为"潜在顾客"提供深度情景体验服务

在本次研究中，我们将利益相关者按照和西安的关联程度进行区分，主要分为本地居民、游客，以及未来有可能到西安工作、居住和游览的潜在居民与游客。在研究中，可以发现不同利益相关群体对西安城市形象的感知差异较大，因此在城市形象的宣传和塑造中，也应该根据目标受众的关联程度来进行多向诉求，使西安本地居民、外来人群、游客与西安这座城市之间产生更好的互动交往，带动情绪、感受的深层次联结。

（九）"硬科技"驱动打造"科技＋文化"双名片

科技是城市发展的动力源泉，可以显著提高城市创新能力，为城市建设提供强有力的支撑，现阶段，西安在长期发展中已经具备较强的职能制造和科研技术能力，"硬科技"为西安成为科技创新城市的发展打下了良好基础。

（十）结合人文历史资源，重塑西安科技认知

西安科研院所、高校云集，每年约40万大学毕业生从西安走向全国工作岗位，其创新能力和人才储备并不比中东部城市差。在科技发展飞速的今天，宣扬城市的科技创新和文化宜居，有利于西安在科技领域吸纳人才，提高西安

的城市竞争力,同时,发挥西安世界级人文历史资源优势,利用科技发展文创产业,打造以科技文化为核心定位的城市形象,吸引更多高端人才在西安生活和居住。

(十一)塑造科技形象,增加科技内容生产与传播

从过去5年全球媒体对西安的报道数据来看,西安的报道主题和内容主要聚焦在科学、研究和人文艺术领域,其中,与国内外大公司的合作、著名高校的科研成果发布,都得到了国内外媒体关注。未来,西安在对外传播方面,需要加强对西安科技公司、科研机构的科技进展、科研成果的发布,以及挖掘在西安生活的科技工作者的相关故事,营造适合科技工作者生活的城市形象。

(十二)重视对传统媒体和新媒体资源的整合

随着短视频平台、社交媒体的迅猛发展,各种形式的新媒体相继出现,内容传播迎来了史上最多渠道的时代,所以城市品牌形象传播需要进行资源整合。范红(2011)此前研究发现,很多城市政府网站既发布政务信息,又用于城市宣传;一些城市的官方门户网站栏目分类繁杂、信息混乱。这些网站都无法满足塑造城市形象、传播城市品牌的需求。因此,范红建议,为提升城市整体形象,研究人员在设计城市品牌传播方案时,必须为城市设计一个全方位的城市形象传播功能性网站,通过该网站的内容设计,使受众更全面地认识这座城市的特质,并接收到尽可能多的正面信息。

目前,除了官方门户网站之外,各个城市均设置官方微信、微博以及抖音账户进行城市相关内容传播。西安城市形象渠道优化策略,需要对传统媒体和新媒体资源进行整合,借助各类媒体资源的优势,在传播城市形象时,综合利用不同渠道的话语优势,全方位展示城市形象,以影响不同受众。

参考文献

凯文·林奇.城市意向.方益萍,何晓军译.北京:华夏出版社,2001:35-65.
刘易斯·芒福德.城市发展史:起源、演变和前景.北京:中国建筑工业出版社,2005.
Smith, A. Conceptualizing city image change: the 're-imaging' of barcelona. *Tourism Geographies*.

Lucarelli & Andrea.Unraveling the complexity of "city brand equity":a three-dimensional framework.*Journal of Place Management & Development*,2012,5(3):231-252.

范红.城市品牌化及其传播策略.国际公关,2011(3):92.

何国平.城市形象传播:框架与策略.现代传播,2010(8):13-17.

杜青龙,袁光才.城市品牌定位理论与实证分析.西南交通大学学报:社会科学版,2004(6):105-108.

闻佳媛.罗杰斯的"创新扩散"理论.科技传播,2015,7(13).

Ritzer,G.The mcdonaldization of society.*Revue Franaise de Sociologie*,1993,37(3).

刘路."The Paths and Strategies of Communication Ideas Innovation on the City's Image% 论城市形象传播理念创新的路径与策略".城市发展研究,2009,16(11):彩页1-3,8.

范红.城市形象定位与传播.对外传播,2008(12):56-58.

李宗诚.节事活动与城市形象传播.当代传播,2007(4):31-33.

韩隽.城市形象传播:传媒角色与路径.人文杂志,2011(2):192-封3.

陶建杰.城市形象传播的误区突破与策略选择 %misunderstanding and strategies choice of city image communication.城市问题,2011(2):25-29.

汉斯·摩根索.国家间政治:为寻求权利和和平斗争.北京:中国人民公安大学出版社,1991.

刘小燕.Thinking on shaping of state images by the media% 关于传媒塑造国家形象的思考.国际新闻界,2002(2):61-66.

范红.城市品牌塑造和网红城市打造.国际公关,2019(3).

范红.谈城市形象网站建设.对外传播,2011(5):50-51.

"重大工程"系统性创新设计对国家形象的建构与呈现
——以京张高铁为例

刘强[①] 李斯雯[②] 孙路静[③] 黄晟昱[④]

【摘要】 2022年北京-张家口冬奥会举办在即,京张城际铁路交通将成为奥运赛事的主要人流运输途径,中国的高铁面貌也将通过这场盛大的国际赛事受到各国到访人流高密度、高频次的检验与传播。中国高铁已不仅仅是向世界展示中国速度、中国质量的硬实力标杆,更是通过具有中国特色的文化呈现与艺术创新设计,成为传播中国文化、民族自信自强的中国软实力重要载体之一。高铁创新设计的视角和方向需要跳出以往工程设计先于艺术设计的模式,围绕"文化"和"艺术",从人文传播和用户体验两个角度进行同步设计研究与实施,形成一种新的工程建设模式。整合优质资源,通过在高铁站房建设中的"设计前置",以艺术设计驱动工程建设,为高铁建设注入更多文化、艺术、科技元素,使之更具文化、地域特征,全面提升了国家形象和国际影响力。

【关键词】 国家形象、文化软实力、设计创新、系统性、高铁站房

随着全球化的到来以及国际交流的不断深入,国家形象的塑造,在经济、政治等外交活动中发挥着越来越重要的作用。国家形象是中国与他国之间交

[①] 刘强:清华大学美术学院副教授,博士生导师。
[②] 李斯雯:清华大学美术学院博士生。
[③] 孙路静:清华大学文化传承和创新设计研究所研究员。
[④] 黄晟昱:清华大学美术学院博士生。

流的媒介,是国家综合实力的体现,也是国家在国际舞台中产生影响力的重要实力来源。近年来,中国整体形象好感度在国际社会中的稳步提升,其中中国高铁扮演着不可或缺的角色。

通过《2016—2017年中国国家形象全球调查分析报告》发现,在海外国家公民对中国的印象中,中国高铁、中餐和中医药等中国文化与科技元素共同成为展示中国国家形象的亮点。在现代中国科技成就中,高铁在海外认知度高居首位,习近平总书记、李克强总理赞誉它是"中国高端装备的一张靓丽名片"。中国高铁的发展不但大大加速了中国现代化进程,助推了"中国梦"的实现,同时还承担着走出去的使命。2022年北京-张家口冬奥会对于中国来说,不仅仅是一场盛大的国际体育赛事,更是一场国际文化间的交流盛会。京张高铁作为这场国际盛事的主要客运线,在沿线环境中通过科学方法、前沿技术系统性地贯穿中国文化意象,通过高铁空间中的色彩和造型潜移默化地向世界输出新时代中国的文化自信,推动国际文化间和平友好交流。基于这样的时代背景,要求设计策划者能够运用系统性的创新思维,用艺术的力量让中国高铁不仅能够成为中国经济技术实力的体现,更能成为强有力的文化输出媒介,提升中国在国际社会中的形象。

一、研究意义和背景

在中国高铁建设中,科技创新、工程管理优化是其快速发展、完善中国基础建设、走向世界领先的核心驱动力,具有功能主义创新模式的典型性。从社会发展和构建国家形象的视角来看,高铁产业的持续性发展需要突破原有的功能主义创新模式,切合社会及时代变迁所产生的意识形态机遇,有意识制定文化战略,并建立有效的可持续性表达系统,并将之转化为科技创新和文化创新相结合的先进的产品力,助力中国文化软实力的构建和提升。

提高国家文化软实力、树立民族文化自信是党和国家的一项重大战略任务,也是当下中国新的时代追求。在此背景下,作为首都的北京肩负着全国文化中心建设的战略定位,作为世界级都市,北京文化软实力的城市传播与国家文化软实力的建设传播息息相关。继2008年夏季奥运会成功举办之后,将于2022年承办冬奥会的北京再次隆重登场,在全球瞩目的盛事中掀起新一轮文化软实力城市传播的高潮。

京张高铁的建设处于2022年冬奥会客运专线的特殊时代背景下,高铁等国家重大工程项目的建设更多地关注到其所承担的传播中国文化、构建中国国家形象"软实力"的责任。因此,对于高铁沿线环境的建设需更具系统观,从构成高铁环境的各个要素、功能和结构等方面深入研究,通过设计管理者统一部署、各单位协作,运用系统性思维将技术、艺术、服务和商业模式紧密结合,协同建设更加美好的城市文化传播媒介和城市公共服务空间。

基于高铁环境的传播是北京文化软实力构建的重要途径,是国家文化"软实力"构建的重要载体。无论是北京全国文化中心战略的实施,还是2022年冬奥会的顺利筹办,都需要通过创新性设计将文化软实力传播深入到城市空间中,以高铁空间为媒介导入新的传播契机,形成新的媒介空间热点。关于这一领域的设计基础研究对于当下的北京具有切实可行的实践价值。

从当下所处的互联网时代来看,城市、建筑(空间)、媒体、人之间形成了新的互动关系及传播路径,随着"网红建筑""网红城市"的涌现和新媒体技术的不断更新,城市空间出现表皮媒体化、城市功能网络化、城市空间形态互动化、城市空间认知碎片化等趋势特点。在这一趋势下,城市空间媒介中的文化表达对城市传播举足轻重。空间媒介中的文化表达不是孤立的、拼贴式的文化符号移植,而是综合性、系统性的文化传递。文化性和艺术性是空间媒介传播的核心要素。其中,"文化性"是人文价值观和文明成就的呈现,"艺术性"是创造力和美学观念的呈现。空间中存在的每一处界面,无论是文字信息还是公共设施,无论是视觉还是触觉,都是人们感受和认知城市文明的载体和过程。文化的传递即存在于这一切的载体和过程中,存在于这一切的宏观和微观设计中。而在这一切宏观或微观的设计中,只有出现具有独特性美学体验的表达才能称之为艺术性。

只有与时俱进地建立对空间文化性和艺术性的系统性认知,确立和完善文化表达系统,将建筑、展示、工业产品、信息、艺术等多重设计化零为整,结合新媒体环境进行创新设计,城市空间才能成为有温度、有灵魂的空间,其表达系统内容和形式可成为城市公共文化服务系统的衍生部分,为中国文化"走出去"带来新的传播契机,为中国文化和旅游产业融合发展提供新的样本,从而实现国家形象传播中空间媒介价值的最大化。

本文以京张高铁沿线环境建设为样本,进行国家文化软实力在空间媒介中的系统性表达、规划与设计的研究和探讨,为国家形象建设及传播和轨道交通设计领域提供一项具有样本性的实践探索,并进一步完善设计学科跨专业综合的基础研究。

二、国内外研究及应用现状

(一)国内外研究现状

关于城市轨道交通空间设计领域的研究,国内外主要集中在建筑学、城市规划学、交通工程学等相关学科,并少量涉及环境艺术设计学、景观设计学等相关学科视角与方法论的研究应用。

整体而言,目前城市轨道交通空间设计领域研究多偏向于具有规划性质的设计及设计策略研究,研究对象集中于换乘空间、地下空间及与商业空间衔接地段等。单独以设计学视角切入进行具体设计手法与实践探讨的研究相对较少。若出现,一般作为文中一小部分或子章节;若单独成文,则一般仅限于环境艺术或景观设计视角,尚未形成针对性的集空间、展示、工业产品、视觉传达、信息、艺术等相关设计学领域为一体的国家形象传播及文化表达系统研究。

在轨道交通空间的历史发展、设计建设方法研究等方面,国外较早产生了体系化研究成果,并各具所在国家地域性文化特质。20世纪50年代,以美国、日本及法国、英国等为代表的国家已开始关于城市交通换乘枢纽规划、设计及政策的系列研究与实践。其中,Harris、Vliet、Daamen、Hoogendoom等学者集中探讨行人人流特征及其对枢纽设施适配的相关影响。Kaakai在《Ahybrid Petri Nets-nased Simulation Model for Evaluating the Design of Railway Transit Stations》中提出了紧急状况下地铁枢纽站的设施适配性。英国《轨道技术》一书从设计背景到出入口、站台、站厅、换乘方式、垂直交通等方面,对地铁建筑体进行了综合性深入分析与探讨。德国学者于尔根的《轨道交通站建筑环境设计》梳理并归纳了德国轨道交通公共空间的发展历史、设计建设方法等,提出轨道交通建筑体的基础理论。吉迪恩·S.格兰尼、尾岛俊雄在《城市地下空间设计》一书指出日本地下商业结合铁路轨道的发展模式。日本日建设计编著的《站城一体化开发》,强调每个枢纽站点与周边环境空间的整合、集约化开发,提出了枢纽站与地下商业空间开发的站城一体化空间布局发展模式。轨道建筑综合体的一体化开发、城市社会化综合发展模式,是国外近年来在轨道公共空间领域研究的重点之一。

国内在城市轨道交通方面的理论研究,伴随中国城镇化发展和轨道交通的大规模建设而逐步兴起。20世纪90年代,研究方向集中在规划与选址,21世纪逐步走向规划与设计研究。目前,已从单体枢纽的优化设计转向立体换乘、商业空间结合、城市综合体开发等综合、体系化研究,并开始出现城市社会文化、价值系统等层面的初步探讨与场域性营造应用探索。

(二)国内外应用现状

近现代交通业随着工业革命的兴起,在西方发达国家已有百余年的积淀与发展,其在公共服务、产业发展、设计管理、品牌传播等领域均形成较完善的协同发展模式。在城市轨道交通建设和运营中,中国当下与西方发达国家尚有一定的差异性和距离。

从设计学科角度来看,发达国家和地区在公共交通空间所涉及的建筑、展示、工业产品、信息、艺术等各专项设计领域,不仅有专业化细分,更兼具系统性整合,形成了各自相对完善而独特的文化表达系统。不少城市的轨道交通空间充分体现了地域文化、民族特性,甚至形成了独特的城市IP,成为文化旅游产业亮点,助力城市传播。从下列典型性案例中可以看到世界轨道交通空间乃至公共交通空间的整体设计及其文化表达的趋势与特点。

1. 交通服务体系视觉识别系统专业化及文创化发展

交通服务体系中标识、导视等相关视觉识别系统和公共空间视觉管理系统的应用设计,在国外发展历史较长,其中不少优秀设计案例起到划时代引领作用,在实际应用中与旅客和城市建立独特的美学体验与深远的情感记忆,成为一个企业、一个城市的IP,从而走向传播和运营的文创化、品牌化。

法国戴高乐机场早在1975年就开始应用设计师Adrian Frutiger为新机场设计的专属字体Roissy。新字体切合新机场现代风格建筑环境。这一字体带着戴高乐机场的烙印载入了世界字体设计史,随着该字体成为国际英文字体应用最为广泛的六种字体之一,戴高乐机场在CI应用上的专业意识也广为人知。

目前,中国在城市轨道交通空间的视觉传达领域也有了初步探索,西安地铁率先推出了极具城市及线路文化特点的站名系统 VI 设计,具有较好的识别度。

2. 城市轨道交通空间的公共艺术与作为公共艺术本身的交通空间

从国际交通空间发展历程来看,为旅客提供多元化服务,以交通空间为基点发展城市服务综合体的作用已较为普遍,交通空间和旅客、市民、城市的文化联结越来越紧密,更以其特有的网络化窗口作用,成为一处天然的、亲民的、开放式的、日常化的文化与艺术的精神共享场所。公共艺术在交通空间的介入往往代言了一个设计者、一座城市,乃至一个民族、一个国家的人文追求与文化态度。

从国际城市轨道交通空间的公共艺术发展来看,城市轨道交通空间的艺术"博物馆"化是一种流行趋势,公共艺术已成为城市轨道交通空间建设中的一种系统化常规动作。被誉为"地下艺术殿堂"的瑞典斯德哥尔摩地铁系统,最大特征就是将整个地铁空间视作艺术创作的媒介,人们视线所及的一切——空间、装饰、展示、设备设施、导视等,无论是大视觉,还是小细节都形成一个有机联系的艺术整体。在各个不同的地铁站,围绕不同的文化主题,建设者和艺术家为民众创造出丰富而多元的美学体验。走入斯德哥尔摩地铁就像一场爱丽丝梦游仙境之旅,让人不得不叹服瑞典人的创造力及文化财富。斯德哥尔摩地铁当之无愧是全球"网红地铁"的鼻祖和焦点。

在中国,城市及交通空间建设者也对公共艺术有更深入的认知和更广泛的引入,这种"博物馆"概念近年来被积极引入地铁空间建设中。深圳出现了"地铁美术馆",上海申通地铁集团成立了公共艺术发展中心……以地铁站点作为网络,围绕"地方重塑""城市更新""文化自信"等理念,从"宏大叙事"到"小微空间",中国出现了大量有系统、有规划的地铁公共艺术。当下,地铁空间也开始引入更多的艺术创作形式,如装置、多媒体等,探索以更国际化、更现代性、更多元化的艺术语言来和空间、环境、市民进行对话。如深圳地铁皇岗口岸站出现的大型空间装置"联结";上海地铁汉中站出现的新媒体艺术装置"地下蝴蝶魔法森林"和结合转乘大厅柱体优化的"魔法门";上海交通大学站化身为"钱学森站",将钱学森先生的成就以文本化模式转化成地铁空间的展示及装饰语言……

可以看到,中国交通空间的公共艺术表达方式已从早期单一的"文化墙"

概念趋向更多元化的表达,与互联网时代新媒介环境进行互动。

3. 交通空间的人文价值系统性传递

交通空间作为城市服务综合体,是城市文明的载体,是城市建设者智慧的结晶。作为高密集度、高流动性的公共空间,交通空间往往是一个城市、一个国家、一个民族人文环境的缩影,是一个时代人文价值取向的风向标。在人文价值传递中,交通空间的文化性和艺术性表达是一种生长于空间中、渗透于服务中的系统化呈现。

荷兰阿姆斯特丹 Schiphol 机场第二候机厅巧妙化解旅客候机时的无聊状态,以主题性、互动性的设计,引导和满足不同年龄段与不同趣味的旅客在商业、休闲与文化上的需求,提供一种新的交通空间综合服务设计模式。环绕着候机厅中心广场,候机大厅被划分为七个不同的主题空间,各种故事性场景让空间层次更为丰富,随处可见的文化展示和艺术元素让惊喜无处不在,成为旅客之间打破陌生、认识交流的谈资,也让第二候机厅成为旅途中一段不乏亮点的回忆,历久弥新。

三、高铁环境中国家形象的传播策略

筹办冬季奥运会已成为开展国家营销、提升国家软实力和国家形象的战略手段与重要举措,在奥运专线环境中对于中国文化和民族精神的体现,对转变中国在国际社会中的形象与促进国家间的文化交流都具有十分重要和积极的作用。通过这场世界级的体育盛会,除了展现中国制造的水平提升,同时也需营造中国开放合作、文化自信的良好大国形象。因此,中国需要更多的优势领域来展现国家实力和民族自信。

铁路客运站原有的攻克重点在以功能主义为主导的工程设计、管理效率和技术应用领域,人文主义思维较为滞后。在人文性价值点的挖掘和表达方式上较为单一和符号化,有代表性的体验点和传播点相对较少。铁路建设者对"文化""艺术"的理解,更多地停留在建筑样式或室内空间装饰上对区域文化特点的"移植"性直观再现。这种片面的文化表达方式往往因为缺乏文化的内在性联系和多元呈现方式而流于形式,甚至千篇一律,由此导致了用户体验和传播上的"消化不良"。

高铁作为公共服务领域的重大重点技术和工程产品,沿用传统的工程设计方式来进行设计和建设已不足以登项国际舞台,这对新时代下的铁路客运站建设提出了新的要求。在国际竞争中,高铁创新设计的视角和方向需要跳出以往的工程设计先于艺术设计的模式,围绕"文化""艺术",从人文传播和用户体验两个角度来进行同步设计研究和实施,形成一种新的工程建设模式。

观念的转变,是这次创新设计项目的启动内核,只有具备国际一流的设计观,才可能创造出国际一流的产品。创新的关注点不仅仅局限于对技术的创新,而应转变为意识形态的创新。需要科技、艺术、文化、商业共同参与的创新,是基于知识社会条件下以人为本的创新模式。这是一个系统工程,涉及用户研究、材料、制造、设计管理、服务等许多领域,以使用者为核心,研究人的生理、心理、使用习惯、人与环境之间的关系等,设计以人为本、可持续发展的理念以及研究方法,帮助项目的决策者、管理者和实施者能够站在用户的角度,系统地思考问题,统筹各类资源,有效地节约成本,以达到事半功倍的效果。

京张建设项目通过引入有系统眼光和创新思维的艺术设计管理人才及管理模式,逐步改变当前技术人才集中,文化和艺术设计专业人才缺乏的现状,以艺术设计驱动,整合优质资源,为京张高铁建设项目注入更多的文化元素、艺术元素、科技元素,使之更具有文化特征、地域特征,全面提升项目的形象,以及社会影响力和国际影响力。

这要求设计管理者在策划和管理设计项目的过程中具有全局观,从系统的角度看待问题、发现问题;还需要设计管理者具有对设计问题深入研究,并探索解决方案的意识。这个过程是对中国文化深层次的开发与探索,也是对高铁环境中如何协调产品、服务、体验在不同维度之间关系,以达到艺术和文化在高铁空间中系统性展现的思考。同时,也是对设计问题内在联系的推理和总结,用于洞察核心问题、重构思维逻辑,帮助设计者跳脱出原有框架,指导设计在思维层面的创新,发掘更优的文化表达和用户体验提升的可能空间,以艺术驱动工程,以设计驱动创新。

系统性的研究与策略,可促使设计在思维层面的创新,有助于国家形象在高铁环境中多元、立体地呈现。高铁站房的设计不再仅仅是满足乘客出行需求的功能空间,更多的是传播中国文化和民族自信的载体,经由具象的文化展示和抽象的服务体验,综合呈现新时代中国的精神面貌。

四、高铁环境中国家形象的传播路径

对于高铁环境建设思维框架的思考，决定了建设的发展方向。在高铁沿线环境中贯穿艺术与文化的系统性表达，在目标层，是为了加强中国以高铁环境为主的国家软实力建设，实现伟大复兴的中国梦；在核心层，是通过冬奥会的举办，塑造新时代的国家形象，传播中国文化，增强民族自信心和凝聚力；在基础层面，则是借由这次盛会，观测和评估此类体育盛事给中国政治、经济、文化、教育、科技等方面带来的价值与影响。这是一个系统的过程，各要素和节点之间互相影响且相互联系。

基于这样的思考，高铁环境的设计需围绕中国文化和经济技术实力，进行全方位的、立体的、整体的战略考虑，这个过程具有可持续性、跨学科协作和文化传承性。在前期的设计研究过程中，从文化层面和服务层面对中国文化脉络、民族精神及乘客在高铁环境中体验的不同维度进行深入调研与分析，通过设计研究所得出的结果作为后期创新性设计理论依据和支撑。同时，在此过程中发掘机会点，输出创新性概念模型，通过结合设计管理者对项目目标建立心智模型，传达给与之相关的单位部门，最终输出统一的服务框架、可视体系和文化输出模型，综合体现设计创新的价值。

在设计实践中，对艺术与文化的表达和服务以及体验的提升是先于设计本身的，其首要的出发点是在满足基本功能的前提下，高铁环境如何提升艺术性、文化性和服务的价值，如何将人文、视觉、服务体验化零为整，呈现出一个协调的整体面貌，从而产生独有的文化意象，切合时代需求，确立独具中国特色的都市文化风尚、艺术审美格调，彰显国家"软实力"。通过经纬线的交织思维方式，从两个维度进行互证，是此次设计的基本方法。

如图1、图2所示，通过以服务型功能为导向，以用户体验为中心，以独有的文化意象和以人为本的公共平台为结果，从人文感知窗口和智能、智慧交通基础两方面，为设计活动提供了可视化的行动框架；基于行动框架，设计者从人文体验、视觉体验和服务体验三个维度，综合提升轨道空间的服务系统；再经由城市形象表达系统、信息传达系统、硬件服务系统和软件服务系统四个展示载体，作为文化意象和人本服务的最终呈现形式。

从思维到实践，系统性思维可帮助高铁环境的设计从抽象分析和概念提取到具象的创新实践，这个过程是非线性的、交叉进行的。通过多角度的思考，

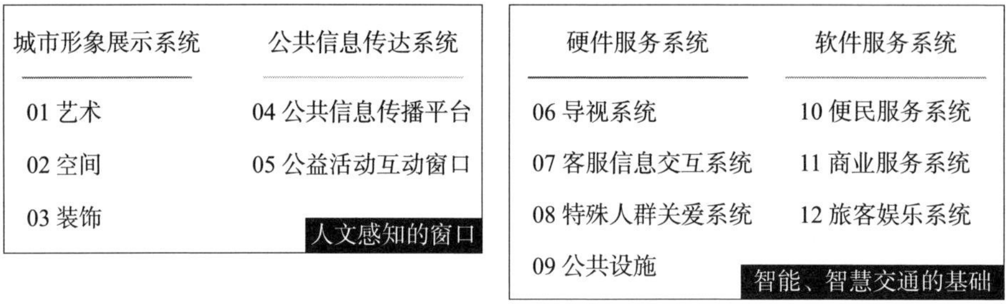

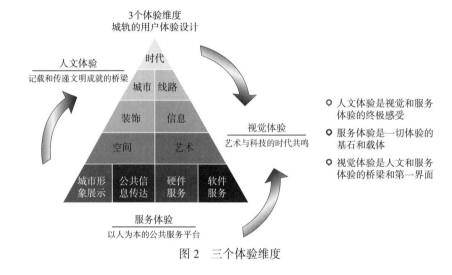

图1 两个服务维度和四个设计系统

图2 三个体验维度

设计管理者得以利用跨知识领域的智慧,发掘创新关键点,为高铁环境注入独属中华民族的文化脉络,为旅客提供更好的服务和体验,为高铁附加更多的人文属性与社会价值。在这个过程中,对知识系统探索的广度和深度决定着创新的可能空间,持续不断的创新,是改善用户体验、提升国家形象的不竭动力。系统性思维是一种设计思维方式,也是一种实用哲学,既是分析过程,也是综合过程,在思维层面能帮助设计者系统地、全面地看待问题,在实践层面能提供可视化的行动模型,在理论领域和实践领域同时发挥作用。而设计管理者则是这个新型设计管理模式的实践者和推动者,通过系统性思考,让高铁环境为每一位乘客提供更好的服务,创造更良好的人文体验,接受来自国际各界人士高频次的检验与传播。

国家文化软实力建设是中国在世界舞台中树立强有力的文化自信形象关键一环,以高铁空间为展示界面,对于新时代中国国家形象的构建与呈现具有强有力的助推作用。通过2022年北京冬奥会，中国可向世界展示新时代科技发展的"硬实力"和文化强国的"软实力"，以更加良好的国家形象立足于国际社会中，营造良好的舆论环境和外交氛围。这是一个系统工程，需要中国政府对此进行长远规划，并将其作为国家战略的重要组成部分，同时也需要全国人民在党的领导下，持之以恒，积微成著，以更好的国际形象迎接国际挑战。

参考文献

当代中国与世界研究院课题组,于运全,张楠,孙敬鑫.2016—2017年中国国家形象全球调查分析报告.对外传播,2018（2）:18-21.

许昊皓.媒体与建筑——互联网时代传播媒介下的城市空间.住区,2017（5）:30-36.

刘娜,张露曦.空间转向视角下的城市传播研究.现代传播（中国传媒大学学报）,2017,39（8）:48-53,65.

吴瑞琳,熊承霞.城市形象传播下的城市文本研究.新闻传播,2018（20）:14-16,19.

王恒利,周文静,王立燕.新时代下北京冬奥会的使命传承.哈尔滨体育学院学报,2018,36（4）:64-69.

刘东锋.冬奥会对国家形象与软实力的影响机制研究.体育学研究,2019,2（1）:17-25.

关于清华大学海外形象塑造与传播的思考

范红[①]　周鑫慈[②]

【摘要】 随着全球高等教育改革的不断深入,高校间的市场和资源竞争日趋激烈,为了加强自身国际知名度和影响力,各大高校越发注重自身品牌形象的海外塑造与传播。在国家"双一流"大学建设背景下,清华大学全面启动"全球战略",力争建设为"中国特色、世界一流"的综合性大学。要想在全球高校品牌竞争中脱颖而出,必须打造具有差异化、可识别度高的高校品牌形象。本文引入高校形象识别系统(UIS)理论,从理念识别、行为识别和视觉识别对清华大学海外品牌形象进行"多维塑造"分析,重点向海外公众呈现一个以"追求学术与真理"为核心理念、以"无体育不清华"为校园特色,具有"中西融合"文化元素的清华大学品牌形象。利用海外社交媒体矩阵进行整合传播,根据世界各国年轻人的群体特征、媒介使用偏好、信息消费习惯等,有针对性地将清华大学明确、清晰、独特的品牌形象进行海外传播。

【关键词】 高校品牌形象、UIS理论、社交媒体、形象塑造与传播

一、引言

随着全球化的不断深入与发展,全球高等教育改革不断深入,高校间的市场和资源竞争日趋激烈,为了加强自身国际知名度和影响力,各大高校开启了着力于自身品牌形象海外塑造与传播的新转向。沙普里奥(Chapleo)在研究中提到,英国早在21世纪初就开始了高校品牌化的相关活动。罗尔夫(Rolfe)

[①] 范红:清华大学国家形象传播研究中心主任,清华大学新闻与传播学院教授、博士生导师。
[②] 周鑫慈:清华大学新闻与传播学院博士生。

认为,"高校品牌传播"(higher education branding)这一概念在不断的实践中逐渐成型,并成为英国大学的战略议程。美国大学也极为重视品牌化实践,美国著名综合性报道评论周刊《美国新闻与世界报道》(*US News & World Report*)每年都会发布权威的世界大学排名,而美国大学的入榜数量多年居世界各国大学之最。

在这种全球趋势下,兼之中国构建国家形象、软实力的政策环境,为进一步提升中国教育发展水平、增强国家核心竞争力,2015年11月,国务院正式印发《统筹推进世界一流大学和一流学科建设总体方案》,明确提出"双一流大学"在推进国际交流合作中,要"切实提高我国高等教育的国际竞争力和话语权,树立中国大学的良好品牌和形象"[1],这就要求中国高校必须面向世界打造自身品牌形象、加大海外传播力度。

清华大学在2005年就成立了海外宣传办公室,并于2016年将英文名字从"Overseas Promotion"(海外推广)更换为"Global Communication Office"(全球传播办公室),开始正式立足本土、面向世界,全面启动实施"全球战略",力争成为具有清华风格的"中国特色、世界一流"综合性大学。清华大学要想在全球高校"品牌竞争"中脱颖而出,就必须打造具有差异化、可识别度高的品牌形象,以不断提升海内外的传播力和影响力。

Kantar Media 在《2019年社交媒体趋势》(*Social Media Trends 2019*)中指出,世界40%的人口在使用社交媒体,社交媒体用户活跃度不断攀升[2]。据皮尤研究中心(Pew Research Center)2018年3月发布的《2018年美国社交媒体使用情况》(*Social Media Use in 2018*)显示:美国18~24岁的年轻人,频繁使用各大社交媒体平台,其中超过80%的人使用脸书(Facebook)和优兔(YouTube)。此外,使用Snapchat、Instagram、推特(Twitter)的人分别为78%、71%、45%。可见,以图片、视频、信息分享为主的社交媒体,呈现出"基于以人为节点的关系网络越来越明显"[3],其创意性、趣味性和互动性也受到了国内外年轻用户的青睐。因此,利用社交媒体进行清华大学海外品牌形象的塑造与传播成为必然趋势。

---

[1] http://www.gov.cn/zhengce/content/2015-11/05/content_10269.htm
[2] https://www.kantarmedia.com/thinking-and-resources/latest-thinking/socialmediatrends2019
[3] 谭天,张子俊.我国社交媒体的现状、发展与趋势.编辑之友,2017(1):20-25.

本文将引入高校形象识别系统（UIS）理论，从理念识别、行为识别和视觉识别对清华大学海外品牌形象进行"多维塑造"分析，以此来塑造具有差异化、可识别度高的品牌形象。同时，基于中国目前主流媒体形成的全方位、多媒体的海外传播格局，本文还将探索清华大学如何利用海外社交媒体矩阵进行整合传播，以进一步提升自身知名度、美誉度、好感度及忠诚度等综合国际竞争力。

二、高校品牌形象的内涵及相关概念

（一）品牌形象

美国市场营销协会（AMA）将品牌界定为"一种名称、术语、标记、符号或设计，或是它们的组合运用，其目的借以辨认某个销售者或某群销售者的产品或服务，并使之同竞争对手的产品和服务区别开来"[①]；大卫·奥格威（David Ogilvy）则将品牌视为一种综合的个性传达；威廉·麦克尤恩（William McEwen）认为，品牌是企业的无形资产；菲利普·科特勒（Philip Kotler）和加里·阿姆斯特朗（Gary Armstrong）认为，成功的品牌价值可以获得消费者的偏好和忠诚。由此可见，品牌是建立一套具有差异化、个性化的身份识别体系，在满足消费者需求的基础上，搭建与消费者的情感联结，进一步与消费者形成固定的情感依附，成为品牌自身价值的无形资产。

"形象"这一概念从心理学上来说，是"人们通过视觉、听觉、触觉、味觉等各种感觉器官在大脑中形成的关于某种事物或人的整体印象"；从传播学上来说，是"信息传递过程的产物"，各种各样的信息通过媒介传递给受众，受众基于自己的认知基础对所接受到的信息进行加工，进而形成带有情感属性的信息；[②] 从形象学研究来说，通常形象的塑造源于我者与他者之间不同的自我认知与自我意识。亨利·巴柔（D.H.Pageaux）认为，"一切形象都是源于自

---

① 菲利普·科特勒.营销管理：新千年版（第10版）.梅汝和等译.北京：中国人民大学出版社，2001：486.
② 范红.国家形象的多维塑造与传播策略.清华大学学报：哲学社会科学版，2013，28（2）：141-152、161.

我与'他者'、本土与'异域'关系的自觉意识之中"。① 综上,我们可以概括"形象"是一种基于自我与他者互动所产生的意义生产,在人脑中形成的系统性、概括性、固定性的认知体系。

品牌与形象虽是单独的两个概念,实际上却又不可分割。品牌决定了形象的特征与本质,而形象可以看作是品牌所投射出的显性表征。由此可以看出,成功的品牌能够在众多品牌中脱颖而出,而好的形象则会为品牌带来知名度、美誉度及忠诚度。因此,形象的塑造与传播是品牌战略中的重要一环,品牌建设需要多维度、多角度、多层次地建立差异性认知系统,进而在受众心中形成识别效应。

(二)高校品牌形象

不似企业以追求利润的最大化为主要目的,高校的核心目标是以育人为主,围绕这一核心目标主导着教学、科研的实践活动。奥斯曼(Osman)认为,在世界高等教育走向全球化和市场化的进程中,众多高校都在为生源问题展开激烈竞争,而市场化被视作是促进高校改革与发展的外部动力,因此,费尔克劳夫(Fairclough)在研究中提出,高校更需要兼具好公共事业性和市场企业性的运作方式。将高等教育置于更广泛的市场营销和实体品牌范畴,成为高校战略发展的必然趋势。Bulotaite从组织、品牌架构的视角出发,认为高校是一个相对复杂的组织,然而品牌化却可以将复杂的高校体系化繁为简,从而提升高校自身吸引力和注意力。在如何增加高校品牌吸引力和竞争力方面,阿根提(Argenti)认为一个成功品牌对于高校的价值在于能够吸引更好的生源和师资,同时也能够有效减少发展危机,而Bulotaite强调,相较于企业品牌,高校品牌更能够带来情感上的认同与依附,杰文斯(Jevons)出于对高校品牌发展的长远考虑,提出高校自身应主动寻求自身优势,打造品牌差异化。

(三)高校形象识别系统(UIS)

CIS(Corporate Identity System),即企业形象识别系统,是一套综合展现企业特质的形象识别体系,最早应用于商业领域,旨在围绕独特的企业理念开展企业行为活动及视觉设计,通过明确企业自身品牌的差异化和个性化,从容地获

---

① 孟华. 比较文学形象学. 北京:北京大学出版社,2001:155.

得社会公众的喜爱和认可。通常由理念识别（Mind Identity，简称"MI"）、行为识别（Behavior Identity，简称"BI"）、视觉识别（Visual Identity，简称"VI"）三个层次构成。具体来说，企业的理念识别是企业经营的总体宗旨和方针，主要体现在企业价值观、使命、愿景、口号等；行为识别是企业理念识别的执行层面，通过具体的企业行为或活动贯穿理念，如产品开发、市场经营、员工培训、企划活动等；视觉识别是围绕企业理念识别和行为识别展开的企业视觉形象设计，以从直观形象上增加企业的辨识度，如Logo、产品包装、网站设计、空间环境等。

随着高等教育不断走向全球化和市场化，各大高校所面临全球性竞争的挑战也愈演愈烈，如教育资源的竞争、高校发展空间的竞争、综合国力的竞争等问题。因此，在竞争中，高校的海外传播力及自身品牌形象也愈显重要，这就需要借鉴企业战略传播、品牌营销等相关的理论与经验，加强高校在全球市场竞争的差异化和个性化，充分展现高校自身的独特魅力。

有学者就将CIS理论引入中国现代高校形象识别系统，即UIS（University Identity System），旨在"通过对办学理念、行为方式及视觉识别进行全面、系统的设计，并通过全面统一的传播，以塑造独特的学校个性，展示教学科研水平和人才形象的高等学校形象设计工程"。高校形象识别系统（UIS）基于CIS形象识别系统的三个维度，结合教育领域特色，具体体现为：

（1）高校理念识别（MI）。它是高校办学的核心价值取向，属于高校上层建筑范畴，用以指导高校办学与实践，具体体现为高校的办学方针、发展战略、指导思想、学校精神、办学特色、校风、校训等。

（2）高校行为识别（BI）。其主要根据高校理念识别的指导而制定，用以规范高校内部的管理、教学、科研，以及对外的一切社会事务和活动。主要包括校规、校纪及学校各种规章制度、师生员工培训、教育教学活动开展、科研课题研究及成果和公共关系等。其中，高校的组织机构系统及运作系统、教学科研活动管理状况通常被视为高校行为识别的关键部分。

（3）高校视觉识别（VI）。其是指学校的整体视觉形象，是将理念识别与行为识别等抽象化的概念以符号、图像、文本和实物等具象化、直观化的方式呈现出来，让人们能够迅速识别高校的属性和气质。主要包括校徽、校名、校色等基本视觉要素，同时，依托于建筑及空间、教学环境、办公用品、服装配饰、宣传品、高校官网等广泛的媒介应用，系统化、整体化的视觉设计能够集中展现出一所高校的精神风貌和个性特色。

UIS 理论关键在于"识别",理念、行为、视觉从不同维度建构高校的独特性、统一性和权威性。形象地说,"理念识别"如同"树根",赋予高校发展的深层文化内涵和价值取向;"行为识别"如同"树干",教学与科研活动作为高校办学特色的重要支撑;"视觉识别"如同"树叶",对于高校的身份建构和品牌形象塑造具有强烈的吸引力、冲击力和感染力。因此,UIS 理论对于现代高校品牌身份的识别和建构具有重要的理论价值和实践意义。

三、UIS 理论框架下的清华大学海外品牌形象塑造

品牌定位是学校自身定位的核心体现。清华大学要通过建立一个什么样的国际形象,来实现什么样的目标追求,决定了清华大学如何去进行品牌整体形象的预先设计。结合新形势下的国际背景,以及学校建设所面临的新挑战,清华大学明确提出了建设具有"全球视野"的"世界一流、中国特色、清华风格"的"综合性、研究型、开放式"高水平大学的总体战略目标。具体结合 UIS 理论框架,从理念识别、行为识别及视觉识别"全方位、多层次"地进行清华大学海外品牌形象塑造。

(一)理念识别:聚焦"追求学术与真理"的核心理念

清华大学得益于悠久的历史积淀与文化底蕴,在国内建立了一套明确且完善的理念识别系统:"自强不息、厚德载物"的校训、"行胜于言"的校风和"严谨、勤奋、求实、创新"的学风,以及"爱国奉献、追求卓越"的传统与"人文日新"的精神,构成了"清华精神"的核心内涵,在清华人中具有强烈的感染力和号召力。同时,以"中西融汇、古今贯通、文理渗透"为办学风格,以"又红又专、全面发展"为培养特色,力争成为一所具有中国特色、清华风格的世界一流大学。

从以上理念识别系统可以看出,清华大学系统地回答了"我们是谁""我们想成为谁"这一核心身份命题。"我们是谁"是清华大学如何对自身形象进行定位;"我们想成为谁"关乎清华大学在全球发展中的发展目标。清华大学以"自强不息、厚德载物"和"行胜于言"为代表的人文精神理念,已经作为"清华精神"在国内深入人心,但对全球而言,清华大学的理念识别系统仍需进一步优化。清华大学的理念识别包括学术独立、以人为本、追求卓越、服务

社会、均衡和谐等,既有理想成分,也有实际体现,既有超越的目标和精神,又有经验的形式和行为,但从全球传播视角出发,其问题在于大而全、广而泛,未形成明确、精练的核心理念。

具体来说,清华大学的校训"自强不息、厚德载物"出自《周易》"天行健,君子以自强不息;地势坤,君子以厚德载物",可以理解为"天(即自然)因不断变化而表现出蓬勃生命力,君子处世应像自然万象一样,追求不断进步、奋发图强、永不停息;大地气势雄浑和顺,君子也应具有仁厚美德,心怀天下,容载万物"。而在全球传播中,清华大学蕴含深意的校训难以被准确地翻译成其他语言,而且翻译后中华文化的智慧和美感也将大打折扣,不仅不利于海外传播、推广,也难以引起国外受众的共鸣。清华大学"行胜于言"的校风重在彰显清华精神中"脚踏实地""重视实干"的特质,然而求真务实则是做人做事最基本的标准,在全球传播中很难凸显其价值特色。而以哈佛、耶鲁、剑桥、牛津为代表的老牌世界一流大学的价值理念,均明确聚焦于对"真理"的追求,例如,哈佛大学的校训为拉丁文"Amicus Plato, Amicus Aristotle, Sed Magis Amicus VERITAS",中文译为"要与柏拉图为友,要与亚里士多德为友,更要与真理为友";耶鲁大学校训是"Lux et Veritas",中文译为"真理和光明"。因此,清华大学在海外传播中的理念识别,应更加聚焦"追求学术与真理"的核心理念,同时凸显"努力""勤奋""追求卓越"等普世价值理念,传播能够引发海外受众共鸣的价值追求。

(二)行为识别:凸显"无体育不清华"的校园文化

清华大学在"双一流"建设中,实行党委领导下的校长负责制,尊重学术自由,保障教授治学,培育和凝聚了一批又一批高水平的专家学者。但在国际传播中,极具行政化色彩与人们普遍认同的世界一流大学治校理念是不相符的。根据"人们排斥与其消费习惯不相等的事物"的品牌定位理论基础,清华大学在海外形象传播中需进一步进行去行政化宣传,如在学校海外官网的"校长寄语"中,更应强调办学理念与办学特色、人文精神与人文关怀以及全球领导力与胜任力的人才培养实践,避免使用行政化的工作总结、单一化的活动宣传等普遍关注度较低、价值理念有差异的内容。

此外,清华大学需要在行为识别上积极寻求与世界一流大学的共振点。当今的世界一流大学一直秉持两种传统:一是注重对科学研究的探索;二是注重对公平、公正的体育竞技精神的培养,在智力与体力的双重培养下,不断激发学生的灵感和创造力。例如,在英美,牛津大学与剑桥大学、哈佛大学与耶鲁大学一直都有赛艇比赛的传统,赛艇比赛不仅成为这几所世界名校之间一年一度的盛事,也在世界范围内产生了极大的影响力。同样,斯坦福大学与加州大学伯克利分校每年也会上演橄榄球大赛,吸引数万人的参与和关注。

这与清华大学在国内独树一帜的"无体育不清华"的特色不谋而合,清华大学一直具有优良的体育传统,注重对学生体育教育和健康素质的培养,"为祖国健康工作五十年"的口号也熏陶了一代代清华人。近年来,清华大学将体育教育纳入学科建设轨道,加大力度对体育场馆和设施的建设,以及组织开展丰富多样的体育赛事与活动。因此,清华大学在海外传播中应强调自身的体育特色,展现校园体育传统和体育文化,通过积极创建、参与世界一流大学的体育竞技,树立"无体育不清华"的国际品牌形象行为识别。

(三)视觉识别:挖掘"中西融合"的文化元素

视觉识别系统可分为两个部分:一是视觉标识,二是视觉应用。视觉标识是静态的视觉识别元素,但如果得以充分应用、展示和管理,会让视觉识别系统深入人心。

在视觉标识方面,清华大学的校花主要为紫荆花,紫色是清华大学视觉形象上使用的标准色,在清华大学校徽、校旗、学校官网等其他视觉衍生物上随处可见,紫色塑造了清华视觉识别上的独特性,在传播过程中能够迅速吸引受众的注意力。校徽是学校视觉识别系统中的重要标识,也是一所大学精神和外在形象的具体展现。清华大学校徽与国际众多名校一样采用了圆形设计,为三个同心圆构成的圆面,外环为中文校名(繁体)、英文校名(TSINGHUA UNIVERSITY)和建校时间,中环左右并列着"自强不息"与"厚德载物",中心为五角星,具有很强的辨识度和传播力。在视觉应用方面,清华大学对于视觉标识从设计制作到传播推广,有着一套规范化、系统化的使用和管理标准。紫色与清华校徽这两个重要视觉元素,不断在建筑、空间、装饰、衍生品中重复出现,给人一种清晰的导向性,有利于加强清华视觉形象的典型性和象征性,同时也有利于形成清华师生、员工的身份认同。

视觉标识除了视觉设计还应发掘更多与文化内涵和时代价值相结合的元素,充分彰显独一无二的视觉特色。从清华大学海外品牌形象塑造与传播的需要来看,"古今贯通中西融会"的传统和特色应充分运用到清华大学的视觉识别系统,其中,清华大学的建筑风格和空间传达就是一个典型的文化标识资源,兼具国际主流审美与东方文化传统特色。"清华园"内的水木清华、二校门、工字厅、古月堂,都是体现传统东方皇家园林和东方审美艺术特色建筑的代表。清华早期"四大建筑":大礼堂、图书馆、科学馆、西体育馆,都得益于美国著名建筑师亨利·墨菲(H.K.Murphy)的设计,将西方古典建筑元素运用得淋漓尽致;此外,清华大学艺术博物馆、新清华学堂、美术学院、第六教学楼等建筑也体现了创新融合的现代感和时尚感。

另外,视觉标识的产品化和生活化也是视觉识别系统的一个重要趋势,像哈佛大学的视觉识别系统几乎在生活中随处可见,如服饰、办公用品、生活用品、纪念品等几大类,各类还进一步延伸出子类别。清华大学也有专门的纪念品服务中心和网店,涉及门类也十分广泛,但在视觉识别产品化方面还需进一步加强文创设计,注入自身的文化特色,将中西文化的融合体现到产品设计中。从品牌差异化的角度来看,清华大学在塑造国际品牌形象方面,要充分挖掘具有"中西融合"的文化元素,建立得天独厚、识别度高的视觉特色,并兼具东方文化的底蕴以及走向国际化交流的开放与包容。

四、清华大学海外形象基于社交媒体的传播策略

大学的发展在于人才的培养,在全球高校竞争日益激烈的今天,如何吸引更多的优质生源成为高校不断进步发展的活力所在。学生所选择的高校、所享受的教育资源及在校期间的表现,直接与未来的职业发展和生活品质有着密切联系,因此,学生在教育市场成为最重要、最挑剔的"消费者"。不断提升大学自身教育科研水平,满足学生们的共同期待,改进校园服务方式等都是一所大学综合实力的体现,而创新传播方式、改进传播策略是大学品牌形象成功吸引目标受众的关键。

2019年全美大学招生情况统计显示,52.6%的美国大学生(本科或研究生)平均年龄集中在20~21岁。① 根据皮尤研究中心(Pew Research Center)

---

① EDUCATIONDATA.ORG: College Enrollment & Student Demographic Statistics.https://educationdata.org/college-enrollment-statistics/

2019年发布的一项关于"世代群体划分"研究的数据显示,"Z世代"("Generation Z")指的是1997年至2012年出生的年轻一代(7~22岁),他们不仅是数字原生代,也是社交媒体原生代,已经成为一股不可忽视的经济与文化力量。[1] 可见,能否成功吸引青少年群体的关注和喜爱成为清华大学进行海外形象传播的关键,更深刻影响着清华大学在海外影响力的未来发展。因此,要根据"Z世代"的群体特征、媒介使用偏好、信息消费习惯等有针对性地开展海外传播策略。

(一)用户思维:以年轻人兴趣和需求为导向

"Z世代"作为全球高校招生的主要目标,他们是移动社交平台的主要使用者和参与者。2019年,他们通过社交媒体、智能终端等新技术手段进行沟通交流(73%)、信息获取(41%)和分享表达(25%)。[2] 基于社交媒体的无界性、即时性、互动性和娱乐性等特征,学生们既是信息的消费者也是信息的生产者,他们通过社交媒体交流和分享经验,特别是优兔和Instagram这样的视频、图片类社交平台越来越受欢迎,因此,越来越多的大学利用社交媒体传播具有吸引力的内容,加强与学生的线上互动,并利用社交媒体建立校友关系网络。有鉴于此,作为社交媒体原生代的青少年群体不仅是清华大学海外形象传播的受众目标,未来也能够体现用户价值,对清华大学的海外形象进行二次传播。

据此,清华大学在海外形象传播策略上,首先,要转变传统的"传者与受众"的线性思维,而要以人性化、市场化的"产品与用户"多元服务思维为主导。利用海外社交媒体的大数据采集和分析技术,精确掌握用户画像,进而了解用户对清华大学哪一方面感兴趣,以用户兴趣偏好和需求为导向,有针对性地制订对用户真正有价值的传播内容。其次,清华大学需要根据全球发展战略,将自身定位为符合世界各国年轻人审美和喜好的社区形象,为年轻人量身打造多元、开放的分众兴趣社区,紧跟世界潮流和热点话题并且主动制造或借势热点话题,充分展现具有活力与创意的清华大学形象,进而引发用户的情感共鸣,

---

[1] Pew Research Center: Defining generations: Where Millennials end and Generation Z begins.https://www.pewresearch.org/fact-tank/2019/01/17/where-millennials-end-and-generation-z-begins/

[2] Business Insider: The oldest GenZer doesn't remember life before Facebook, and that's led to some dark consequences.https://www.businessinsider.com/gen-z-establishes-identity-using-social-media-2019-7?IR=T

让世界各地的每一个年轻人都能在清华社区找到属于自己的认同感和归属感。

（二）立体传播：打造海外社交传播媒体矩阵

对于高校的海外品牌形象来说，社交媒体相较于学校官网，能够为海外用户展现更加生活化、细节化的校园形象，同时也为学校提供了一个直接与海外潜在生源互动的机会。如今，全球众多高校在社交媒体使用上，除了简单分享校园图文、视频和校园活动外，还将社交媒体的功能发挥在从学生申请、入学到毕业的每一个流程中。"Best Colleges"曾根据世界各大知名高校的社交媒体表现评选出"高校社交媒体之星"，排名前5的分别是：哈佛大学、斯坦福大学、耶鲁大学、麻省理工学院和密歇根大学－安娜堡分校。这些学校的共同特点就是充分发挥了社交媒体平台的传播力，特别在脸书、推特和Instagram上取得了很好的传播效果，能够巧妙地利用流行文化、转发和标签功能，创造并传播引人入胜的内容与活动。[1]

2019年，Business Insider通过对1 884名美国青少年社交媒体使用行为的调查，指出最受年轻人欢迎的社交媒体为：Instagram（65%）、YouTube（62%）、Snap（51%），此外，报告显示TikTok也逐渐成为美国青少年喜欢使用的社交媒体之一（11%）[2]。清华大学早已建立了自己的海外社交媒体账号，基本完成对海外社交媒体矩阵的布局：脸书作为浓缩版网站，推特作为信息发布平台，Instagram和优兔通过分享校园图片和视频等视觉化形式吸引年轻人，Linked-in则以社会参与为导向，发挥清华大学专业、高品质的资源优势，并通过不断拓展传播渠道与更多的年轻用户群体进行沟通，建立情感联结。

在此基础上，清华大学在海外社交媒体渠道选择和布局方面，还需进一步研究海外年轻用户的社交媒体使用习惯，评估有效渠道影响力，更加有针对性地选择投放平台，同时，还要注意根据不同平台特性打造专属传播内容和语境。在"视觉转向"时代，更加倾向于以图片和视频为主的Instagram与YouTube，还可进一步利用TikTok的影响力和传播力，展现清华大学的创意、

---

[1] "The Stars of College Social Media" https://www.bestcolleges.com/features/best-college-social-media/

[2] "The most popular social media platform with Gen Z" https://www.businessinsider.sg/gen-z-loves-snapchat-instagram-and-youtube-social-media-2019-6?r=US&IR=T

时尚与活力,吸引更多的年轻人关注。

(三)挖掘故事:体现人文关怀与社会责任

习近平总书记近年来多次提出"讲好中国故事,传播好中国声音",高校作为传播民族文化精神,展现中国国家形象的重要载体,对于高校来说"讲好中国大学故事,传播好中国大学声音"同样重要。清华大学虽然在利用海外社交媒体进行品牌形象传播中取得了一定成绩,但与全球知名高校相比,其社交媒体平台的粉丝量、转发量和点赞量等综合影响力还相距甚远。因此,为了进一步加强清华大学的国际关注度和影响力,还需进一步打造能够彰显自身特色,引发更多海外用户情感共鸣的传播内容。

结合上文分析的关于清华大学UIS形象识别系统,对应清华大学的理念识别、行为识别和视觉识别挖掘丰富的故事内涵,可以从整体上建立三个故事门类:清华精神、清华力量、清华魅力,围绕每个故事门类建立不同的子门类,进而全方位打造清华大学传播内容体系(见表1)。

表1 清华大学传播内容体系

清华精神	清华力量	清华魅力
历史文化	科研成果	建筑风物
人文关怀	学术贡献	校园环境
家国情怀	社会责任	学生活动
求真务实	国际参与	创新设计
拼搏奋进	杰出人物	时尚趣味

人,必然是讲故事的核心。关注现实中人的命运、人的情感、人的创造和人的生活,必将会赋予故事生命力,以鲜活的人物串联起清华精神、清华力量和清华美感,用叙事的方式代替告知式的新闻宣传,更加注重人性化的情感联结,拉近与用户的情感距离,让人们在一个个生动的清华故事中认识清华、喜爱清华、选择清华。具体举例来说,在清华精神方面,西南联大时期,战争烽火中,清华人仍抱有信念、弦歌不辍,个人命运与国家命运融为一体的家国情怀;在清华力量方面,例如,发布科研成果时,一方面是新闻信息发布;一方面是挖掘科研团队背后的心路历程,以人物特写的方式讲述清华的社会贡献与时代

使命；在清华美感方面，清华的建筑风物不仅仅是静态的文化遗产，也是承载了丰富历史文化与时代记忆的有形载体，因此要挖掘建筑风物与清华的历史、文化内涵、时代变迁，以及人的故事，赋予建筑风物"前世今生"的动态意义。

参考文献

Chapleo, C. What defines "successful" university brands?. *International Journal of Public Sector Management*. Vol.23, 2010（3）：169–183.

Rolfe, H. University Strategy in an Age of Uncertainty: The Effect of Higher Education Funding on Old and New Universities. *Higher Educaiton Quarterly*, 2003, 57（1）：24–47.

Don, F. Westerheijden, Bjorn Stensaker, Maria Joao Rosa. Quality Assurance in Higher Education: Trends in Regulation, *Translation and Transformation*. 2007（9）：53–54.

Osman, H. Re-branding academic institutions with corporate advertising: a genre perspective. *Discourse & Communication*, 2008, 2（1）：57–77.

Fairclough, N. Critical Discourse Analysis and the Marketisation of Public Discourse: The Universities. 2nd edition. 2010, 91–125.

Bulotaite, N. University heritage: an institutional tool for branding and marketing. *Higher Education in Europe*, 2003, 28（4）：449–454.

Argenti, P. Branding B-Schools: Reputation Management for MBA Programs. *Corporate Reputation Review*, 2000, 3（2）：171–178.

E. Hazelkorn. Rankings and the Reshaping of Higher Education: The Battle for World-Class Excellence. 2011, 9.

范红，王缅．大学声誉与我国大学国际传播模式探索——以清华大学海外宣传办公室为例．新闻战线，2018（24）：9–10.

方增泉，祁雪晶，杨可，李君．"双一流"战略背景下中国高校海外网络传播力现状及发展对策建议．情报工程，2018，4（2）：83–89.

张洪忠，方增泉，祁雪晶，杨可，王乐，汤艺甜．"双一流"战略背景下中国高校海外网络传播力分析．情报工程，2017，3（5）：21–32.

叶李娜，刘尧．UIS战略及其在我国高校实施的现状与对策．长春工业大学学报（高教研究版），2006（2）．